Géographie 3e/6e

Savoirs & Savoir-faire

Mireille BEKAERT
Luc BOSSON
Corinne EVRARD
Olivier GOBERT
Christian JACQUES
Philippe LOTHER

de boeck

Table des matières

A. SAVOIRS

1. ORGANISATIONS DE TERRITOIRES-SOCIÉTÉS

2. DYNAMIQUES DU DÉVELOPPEMENT

3. DYNAMIQUES DES POPULATIONS

4. DYNAMIQUES SOCIO-ÉCONOMIQUES

5. LA TERRE

6. ENVIRONNEMENT

7. RÉFÉRENCES SPATIALES

B. SAVOIR-FAIRE

Présentation du manuel

À QUI S'ADRESSE-T-IL ?

Ce manuel s'adresse aux élèves de la 3e à la 6e année de l'enseignement de transition général et technologique.

À QUOI PEUT-IL SERVIR ?

En définissant les compétences terminales et les savoirs requis en géographie à la fin des « Humanités », nos responsables politiques, démocratiquement élus, ont précisé clairement ce qu'un jeune citoyen doit apprendre à l'école.

Vivre en société nécessite d'accepter certaines règles. Dans la vie, l'école n'est pas le seul endroit où on peut apprendre des choses. Néanmoins, elle reste un lieu de vie qui doit aider chaque élève à développer certaines compétences qu'il ne peut pas toujours apprendre ailleurs. Ce manuel a été rédigé dans cet esprit.

La Géographie apprend à comprendre les relations entre les hommes et les territoires qu'ils occupent. Il est parfois indispensable de connaître des notions de base d'autres sciences humaines ou sociales pour comprendre ces relations.

À côté des références géographiques, vous trouverez aussi des références concernant d'autres disciplines (l'économie, l'histoire, la sociologie, la géologie, la climatologie, etc.). Ce manuel ne propose pas des fiches complètes pour chaque discipline abordée. Son ambition est ailleurs. Il s'agit de proposer des clés de lecture diverses (géographiques, économiques, sociologiques, etc.) pour comprendre l'organisation des territoires et des sociétés.

COMMENT S'EN SERVIR ?

Ce manuel de géographie doit donc être utilisé comme un livre de référence dans lequel vous trouverez des explications essentielles à propos de questions que vous vous posez. Il ne s'agit pas d'un livre dont il faudrait étudier les chapitres les uns après les autres.
Comme dans tous les livres, certaines parties peuvent paraître plus difficiles à comprendre. Il faut les aborder progressivement, de la 3e à la 6e année, avec l'aide du professeur.

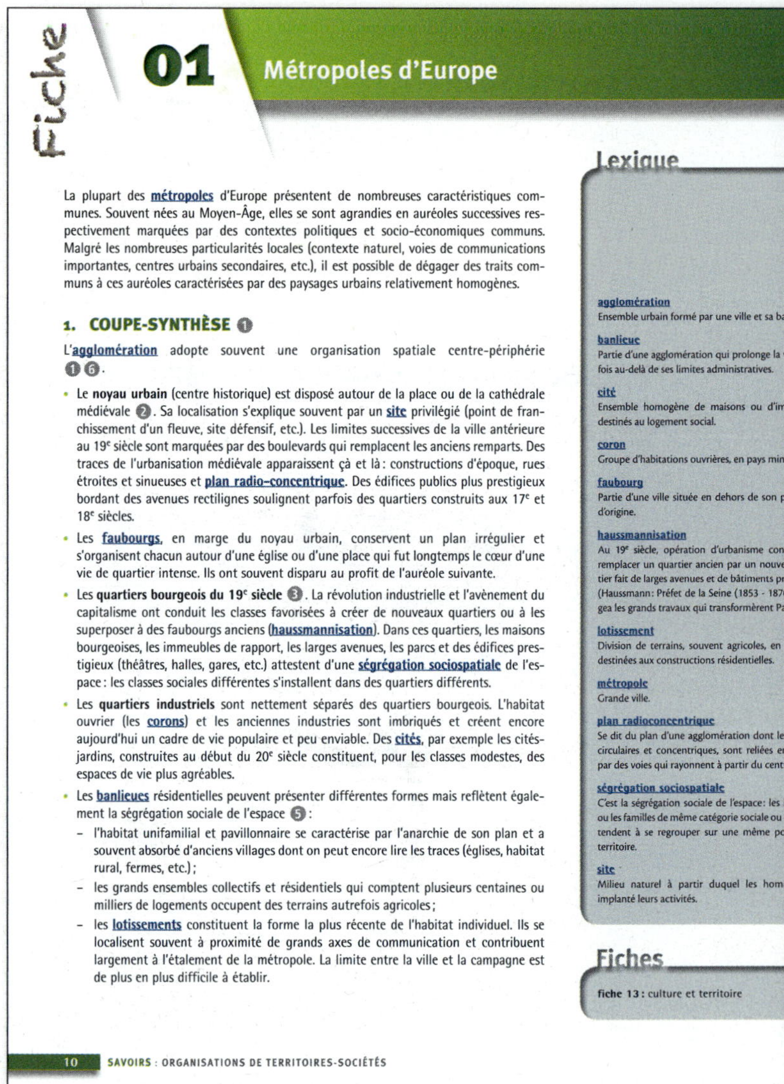
Fiche 01 Métropoles d'Europe

La plupart des métropoles d'Europe présentent de nombreuses caractéristiques communes. Souvent nées au Moyen-Âge, elles se sont agrandies en auréoles successives respectivement marquées par des contextes politiques et socio-économiques communs. Malgré les nombreuses particularités locales (contexte naturel, voies de communications importantes, centres urbains secondaires, etc.), il est possible de dégager des traits communs à ces auréoles caractérisées par des paysages urbains relativement homogènes.

1. COUPE-SYNTHÈSE ❶

L'agglomération adopte souvent une organisation spatiale centre-périphérie ❶ ❻.

- Le **noyau urbain** (centre historique) est disposé autour de la place ou de la cathédrale médiévale ❷. Sa localisation s'explique souvent par un site privilégié (point de franchissement d'un fleuve, site défensif, etc.). Les limites successives de la ville antérieure au 19e siècle sont marquées par des boulevards qui remplacent les anciens remparts. Des traces de l'urbanisation médiévale apparaissent çà et là : constructions d'époque, rues étroites et sinueuses et plan radio-concentrique. Des édifices publics plus prestigieux bordant des avenues rectilignes soulignent parfois des quartiers construits aux 17e et 18e siècles.
- Les faubourgs, en marge du noyau urbain, conservent un plan irrégulier et s'organisent chacun autour d'une église ou d'une place qui fut longtemps le cœur d'une vie de quartier intense. Ils ont souvent disparu au profit de l'auréole suivante.
- Les **quartiers bourgeois du 19e siècle** ❸. La révolution industrielle et l'avènement du capitalisme ont conduit les classes favorisées à créer de nouveaux quartiers ou à les superposer à des faubourgs anciens (haussmannisation). Dans ces quartiers, les maisons bourgeoises, les immeubles de rapport, les larges avenues, les parcs et des édifices prestigieux (théâtres, halles, gares, etc.) attestent d'une ségrégation sociospatiale de l'espace : les classes sociales différentes s'installent dans des quartiers différents.
- Les **quartiers industriels** sont nettement séparés des quartiers bourgeois. L'habitat ouvrier (les corons) et les anciennes industries sont imbriqués et créent encore aujourd'hui un cadre de vie populaire et peu enviable. Des cités, par exemple les cités-jardins, construites au début du 20e siècle constituent, pour les classes modestes, des espaces de vie plus agréables.
- Les banlieues résidentielles peuvent présenter différentes formes mais reflètent également la ségrégation sociale de l'espace ❺ :
  - l'habitat unifamilial et pavillonnaire se caractérise par l'anarchie de son plan et a souvent absorbé d'anciens villages dont on peut encore lire les traces (églises, habitat rural, fermes, etc.) ;
  - les grands ensembles collectifs et résidentiels qui comptent plusieurs centaines ou milliers de logements occupent des terrains autrefois agricoles ;
  - les lotissements constituent la forme la plus récente de l'habitat individuel. Ils se localisent souvent à proximité de grands axes de communication et contribuent largement à l'étalement de la métropole. La limite entre la ville et la campagne est de plus en plus difficile à établir.

Lexique

agglomération
Ensemble urbain formé par une ville et sa ban

banlieue
Partie d'une agglomération qui prolonge la vi fois au-delà de ses limites administratives.

cité
Ensemble homogène de maisons ou d'imm destinés au logement social.

coron
Groupe d'habitations ouvrières, en pays minie

faubourg
Partie d'une ville située en dehors de son pé d'origine.

haussmannisation
Au 19e siècle, opération d'urbanisme consi remplacer un quartier ancien par un nouvea tier fait de larges avenues et de bâtiments pre (Haussmann : Préfet de la Seine (1853 - 1870) gea les grands travaux qui transformèrent Pari

lotissement
Division de terrains, souvent agricoles, en p destinées aux constructions résidentielles.

métropole
Grande ville.

plan radioconcentrique
Se dit du plan d'une agglomération dont les circulaires et concentriques, sont reliées ent par des voies qui rayonnent à partir du centre

ségrégation sociospatiale
C'est la ségrégation sociale de l'espace : les in ou les familles de même catégorie sociale ou et tendent à se regrouper sur une même por territoire.

site
Milieu naturel à partir duquel les homm implanté leurs activités.

Fiches

fiche 13 : culture et territoire

10 SAVOIRS : ORGANISATIONS DE TERRITOIRES-SOCIÉTÉS

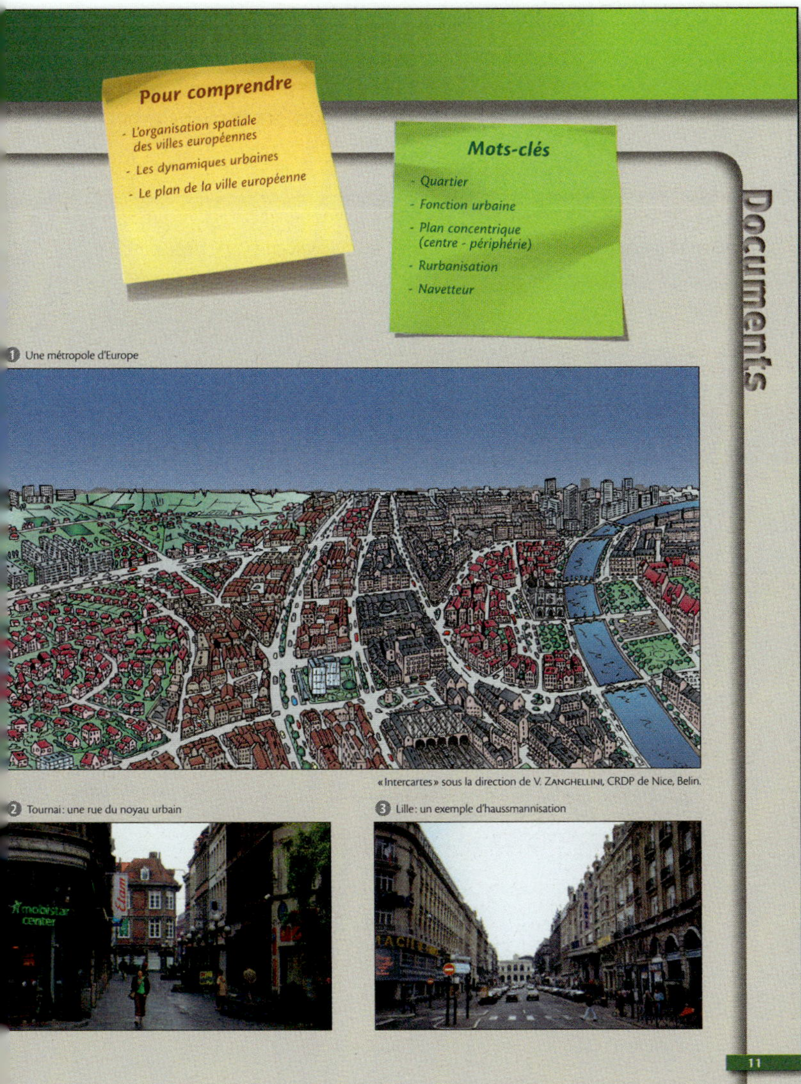

COMMENT EST-IL ORGANISÉ ?

Pour la partie **SAVOIRS**, chaque fiche est composée, en page de gauche, d'un texte où sont expliquées les principales notions. Les définitions de termes importants sont données dans la colonne « Lexique ».

En page de droite, des documents permettent de mieux comprendre le texte principal et, sous forme d'introduction, l'utilité de la fiche est précisée (« Mots-clés » et « Pour comprendre »).

Pour la clarté de l'ensemble, les fiches sont regroupées par thème.

Pour la partie **SAVOIR-FAIRE**, chaque fiche propose des méthodes de travail et des techniques géographiques qui, en association avec les savoirs étudiés, rendent possible la mise en œuvre des compétences.

La table des matières, les liens mentionnés dans chaque fiche, les définitions et l'index permettent à l'élève de « naviguer » progressivement de façon autonome dans le manuel et de découvrir par lui-même les interrelations entre les fiches.

SIGNIFICATION DES SYMBOLES UTILISÉS

1 Renvoi à un document.

Mot bleu : mot défini dans la rubrique « Lexique ».

Web

Lien vers un site Internet

Fiches

fiche 21 :
lien vers une autre fiche.

Extraits des compétences terminales en géographie

INTRODUCTION

La finalité du cours de géographie est de rendre intelligibles les territoires proches comme plus lointains, ce qui permet à l'élève de se situer par rapport aux enjeux spatiaux et sociaux et d'acquérir savoirs, savoir-faire et attitudes afin d'agir de manière responsable, individuellement et collectivement. Pour tendre vers cette finalité, l'élève doit pouvoir exercer des compétences sur un espace déterminé : il s'agit du territoire-société, c'est-à-dire un territoire sur lequel des hommes vivent et s'organisent.

LES COMPÉTENCES

L'élève doit être capable de décrire et d'expliquer le fonctionnement d'un territoire-société (ville, région, pays, groupe de pays, monde). Il le fera en appréhendant les dimensions spatiales d'un événement ou d'un problème qui concerne les collectivités humaines. Cette analyse se fera aux échelles adéquates.

LES SAVOIRS

Ces savoirs ne seront pas maîtrisés pour eux-mêmes mais dans la perspective de comprendre :

- la diversité des milieux terrestres ;
- les inégalités et disparités territoriales ;
- les interrelations entre l'homme et son environnement ;
- la répartition et les déplacements des hommes ;
- la répartition des activités humaines et leurs dynamiques ;
- les tensions et les conflits territoriaux.

Ils permettront d'analyser l'organisation des territoires-sociétés à différentes échelles.

Ministère de la Communauté française de Belgique,
Administration générale de l'Enseignement et de la Recherche scientifique,
Direction de la recherche en Éducation et du pilotage (Interréseaux),
Géographie, Compétences terminales et savoirs disciplinaires des Humanités générales et technologiques, Annexe VI, 1999.
http://www.agers.cfwb.be/pedag/textes/compterm/compterm.htm.

A. Savoirs

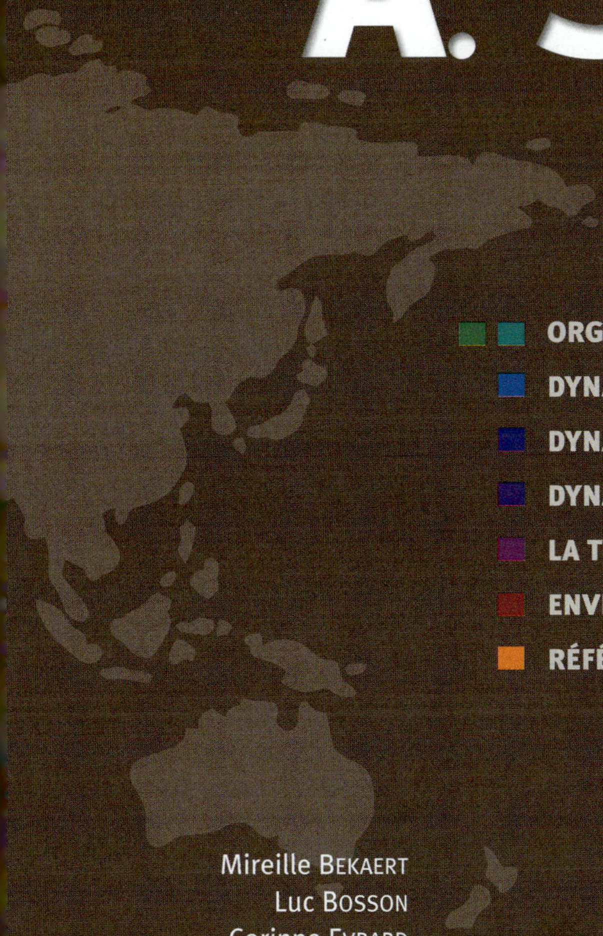

Mireille Bekaert
Luc Bosson
Corinne Evrard
Olivier Gobert
Christian Jacques
Philippe Lother

Fiche

01 Métropoles d'Europe

La plupart des **métropoles** d'Europe présentent de nombreuses caractéristiques communes. Souvent nées au Moyen-Âge, elles se sont agrandies en auréoles successives respectivement marquées par des contextes politiques et socio-économiques communs. Malgré les nombreuses particularités locales (contexte naturel, voies de communications importantes, centres urbains secondaires, etc.), il est possible de dégager des traits communs à ces auréoles caractérisées par des paysages urbains relativement homogènes.

1. COUPE-SYNTHÈSE ❶

L'**agglomération** adopte souvent une organisation spatiale centre-périphérie ❶ ❻.

- Le **noyau urbain** (centre historique) est disposé autour de la place ou de la cathédrale médiévale ❷. Sa localisation s'explique souvent par un **site** privilégié (point de franchissement d'un fleuve, site défensif, etc.). Les limites successives de la ville antérieure au 19e siècle sont marquées par des boulevards qui remplacent les anciens remparts. Des traces de l'urbanisation médiévale apparaissent çà et là : constructions d'époque, rues étroites et sinueuses et **plan radio-concentrique**. Des édifices publics plus prestigieux bordant des avenues rectilignes soulignent parfois des quartiers construits aux 17e et 18e siècles.
- Les **faubourgs**, en marge du noyau urbain, conservent un plan irrégulier et s'organisent chacun autour d'une église ou d'une place qui fut longtemps le cœur d'une vie de quartier intense. Ils ont souvent disparu au profit de l'auréole suivante.
- Les **quartiers bourgeois du 19e siècle** ❸. La révolution industrielle et l'avènement du capitalisme ont conduit les classes favorisées à créer de nouveaux quartiers ou à les superposer à des faubourgs anciens (**haussmannisation**). Dans ces quartiers, les maisons bourgeoises, les immeubles de rapport, les larges avenues, les parcs et des édifices prestigieux (théâtres, halles, gares, etc.) attestent d'une **ségrégation sociospatiale** de l'espace : les classes sociales différentes s'installent dans des quartiers différents.
- Les **quartiers industriels** sont nettement séparés des quartiers bourgeois. L'habitat ouvrier (les **corons**) et les anciennes industries sont imbriqués et créent encore aujourd'hui un cadre de vie populaire et peu enviable. Des **cités**, par exemple les cités-jardins, construites au début du 20e siècle constituent, pour les classes modestes, des espaces de vie plus agréables.
- Les **banlieues** résidentielles peuvent présenter différentes formes mais reflètent également la ségrégation sociale de l'espace ❺ :
  - l'habitat unifamilial et pavillonnaire se caractérise par l'anarchie de son plan et a souvent absorbé d'anciens villages dont on peut encore lire les traces (églises, habitat rural, fermes, etc.) ;
  - les grands ensembles collectifs et résidentiels qui comptent plusieurs centaines ou milliers de logements occupent des terrains autrefois agricoles ;
  - les **lotissements** constituent la forme la plus récente de l'habitat individuel. Ils se localisent souvent à proximité de grands axes de communication et contribuent largement à l'étalement de la métropole. La limite entre la ville et la campagne est de plus en plus difficile à établir.

Lexique

agglomération
Ensemble urbain formé par une ville et sa banlieue.

banlieue
Partie d'une agglomération qui prolonge la ville, parfois au-delà de ses limites administratives.

cité
Ensemble homogène de maisons ou d'immeubles destinés au logement social.

coron
Groupe d'habitations ouvrières, en pays minier.

faubourg
Partie d'une ville située au départ en dehors de son enceinte, aujourd'hui en périphérie du centre.

haussmannisation
Au 19e siècle, opération d'urbanisme consistant à remplacer un quartier ancien par un nouveau quartier fait de larges avenues et de bâtiments prestigieux (Haussmann : Préfet de la Seine (1853 - 1870), il dirigea les grands travaux qui transformèrent Paris).

lotissement
Division de terrains, souvent agricoles, en parcelles destinées aux constructions résidentielles.

métropole
Grande ville jouant un rôle de capitale régionale et possédant un important rayonnement économique et culturel.

plan radioconcentrique
Se dit du plan d'une agglomération dont les artères, circulaires et concentriques, sont reliées entre elles par des voies qui rayonnent à partir du centre.

ségrégation sociospatiale
C'est la ségrégation sociale de l'espace : les individus ou les familles de même catégorie sociale ou ethnique tendent à se regrouper sur une même portion de territoire.

site
Milieu naturel à partir duquel les hommes ont implanté leurs activités.

Fiches

fiche 13 : culture et territoire

Pour comprendre

- L'organisation spatiale des villes européennes
- Les dynamiques urbaines
- Le plan de la ville européenne

Mots-clés

- Quartier
- Fonction urbaine
- Plan concentrique (centre - périphérie)
- Rurbanisation
- Navetteur

1 Une métropole d'Europe

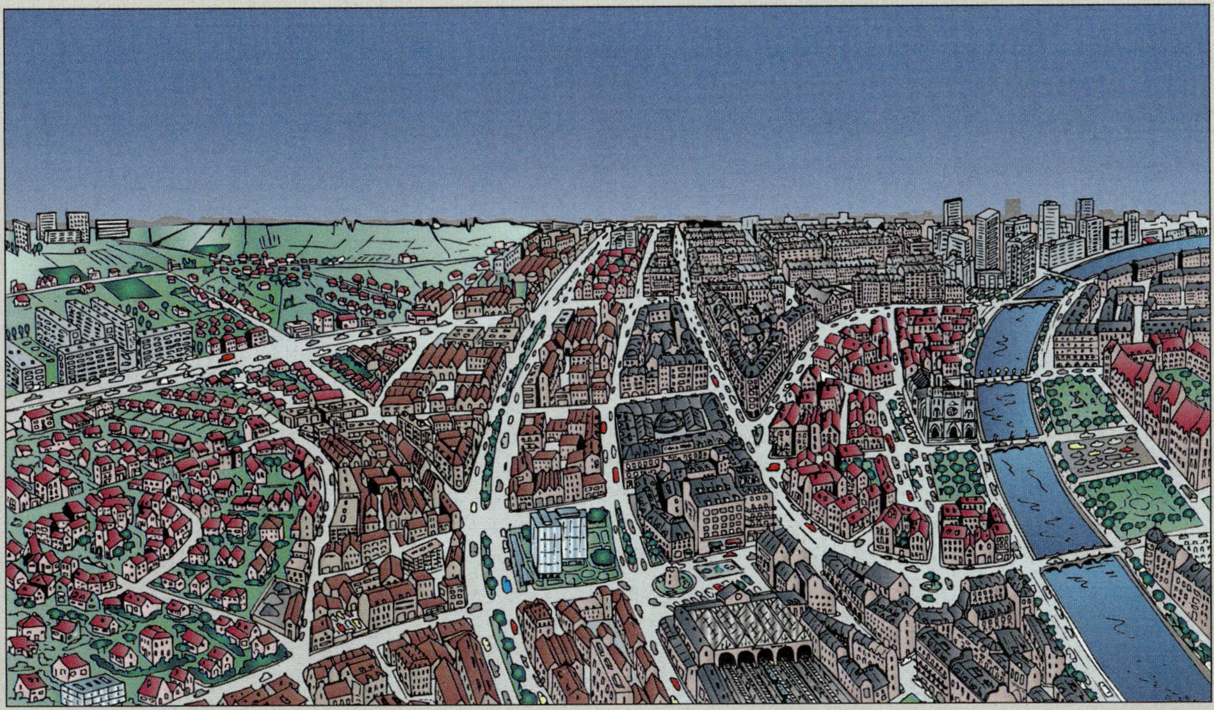

« Intercartes » sous la direction de V. Zanghellini, CRDP de Nice, Belin.

2 Tournai : une rue du noyau urbain

3 Lille : un exemple d'haussmannisation

2. DYNAMIQUES URBAINES

Autrefois très densément peuplé, le noyau ancien s'est progressivement vidé de ses habitants et de ses activités traditionnelles (par exemple, le **commerce de détail** y survit péniblement). Les causes de cette désertion sont nombreuses (vétusté et exiguïté du bâti, voirie inadaptée à la circulation d'aujourd'hui, etc.). Seules quelques administrations de première importance (hôtel de ville, police) s'y localisent. Cependant, en raison des avantages d'une situation centrale et parfois prestigieuse et de l'agrément de ces vieux quartiers (musées, églises, quais, etc.), s'opère actuellement une rénovation au profit des **fonctions** de tourisme, de loisirs et du commerce de détail de luxe. La **spéculation foncière** engendrée par cette rénovation tend à rejeter dans les banlieues les classes populaires qui s'y étaient concentrées.

Selon l'importance de la ville, le quartier récent des affaires (le secteur tertiaire) a colonisé le centre ancien ou, le plus souvent, les quartiers bourgeois du 19e siècle. Les logements bourgeois y côtoient aujourd'hui les immeubles imposants des banques, assurances, compagnies commerciales, administrations, etc. Les gares, situées en marge de la ville du 19e siècle sont aujourd'hui au centre même de l'agglomération et assurent le transit des **navetteurs** entre les banlieues et le centre.

Les quartiers industriels et ouvriers sont devenus inadaptés aux nécessités de l'industrie moderne et aux aspirations de la plupart des habitants. Ils se désertifient. Néanmoins, ils font parfois l'objet de rénovations importantes principalement destinées au retour de la fonction résidentielle. On veille alors à les équiper des services sociaux et commerciaux de proximité (écoles, centres de loisirs, commerces de détail, etc.).

Les banlieues urbaines plus lointaines tendent à ressembler au modèle des villes nord-américaines : des **quartiers monofonctionnels** ❹ reliés entre eux par des voies de communications rapides (principalement des routes). C'est le cas des **cités-dortoirs**, des **parcs industriels** ou d'activités tertiaires et des **complexes commerciaux** ❼ ou de loisirs. Autour de la **grande distribution** s'installent d'autres types de commerces pour constituer de grands complexes qui attirent de plus en plus de clients. Cela nuit parfois aux activités et à l'attractivité du centre-ville.

3. PLAN RADIOCONCENTRIQUE

Ce plan est assez répandu dans les villes européennes (Bruxelles, Paris, Moscou, etc.). Il est caractérisé par la présence d'auréoles, ceinturées par des boulevards périphériques, et par des radiales correspondant aux autoroutes ou axes de pénétration urbaine ❻. Son origine est liée à la présence d'enceintes successives ceinturant la ville. Souvent, les anciennes fortifications sont devenues des axes routiers ou autoroutiers (ex. : la petite ceinture à Bruxelles).

Ce plan, fortement lié à l'histoire des villes, renforce la notion de centre et périphérie et provoque des engorgements à l'intersection des radiales (pénétrantes) et des rocades (périphériques ou ring autoroutier).

La coupe de la métropole européenne permet d'identifier les différentes parties du centre vers la périphérie ❽.

L'étalement des villes et la **rurbanisation** des campagnes rendent de plus en plus floue la « limite ville-campagne ».

Lexique

CBD (Central Business District)
Centre des affaires des grandes agglomérations d États-Unis, caractérisé par la domination des burea et des fonctions tertiaires, des immeubles imposan et la verticalité du paysage urbain. Ce type de cent se retrouve aujourd'hui dans de très nombreus grandes métropoles mondiales.

cité-dortoir
Partie d'une agglomération qui n'accueille que fonction résidentielle.

commerce de détail
Vente de marchandises à l'unité ou par petites qua tités.

complexe commercial
Vaste ensemble commercial composé de la gran distribution et de nombreux commerces de détail.

fonctions
Fonction dominante assurée par un quartier d'u ville (résidence, commerce, industrie, services, etc.)

grande distribution
Vente de marchandises sur de grandes surfac (supermarché, hypermarché).

navetteur
Personne qui migre quotidiennement entre son li de résidence et son lieu de travail.

quartier monofonctionnel
Fonction unique assurée par un quartier.

parc industriel ou commercial
Espace aménagé pour recevoir des entreprises indu trielles ou commerciales. Souvent localisé près c nœuds de communication autoroutiers.

rurbanisation
Développement des villages proches des grand villes dont ils constituent des banlieues.

spéculation foncière
Ensemble d'opérations conduisant à une hausse prix du sol, des loyers et des constructions.

Fiches

fiche 8 : zone tempérée
fiche 11 : un modèled'organisation spatiale : centre et périphérie
fiche 13 : culture et territoire
fiche 14 : localisation des activités

4 Paris : CBD de « La Défense »

5 Wavre : une banlieue résidentielle

6 Plan radioconcentrique

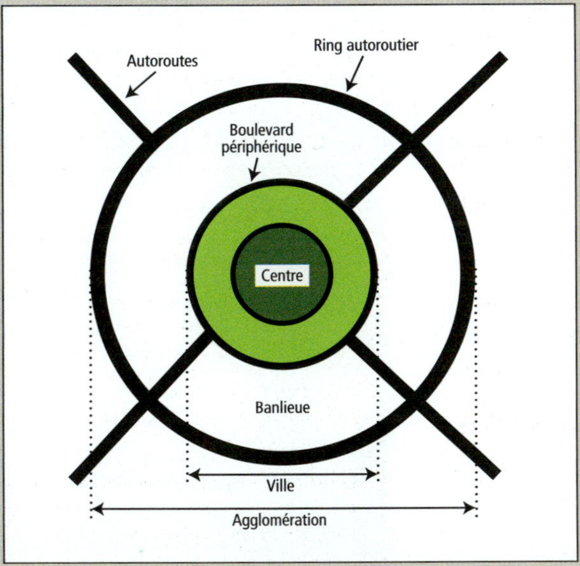

7 Mons : un complexe commercial

8 Coupe-synthèse d'une métropole européenne

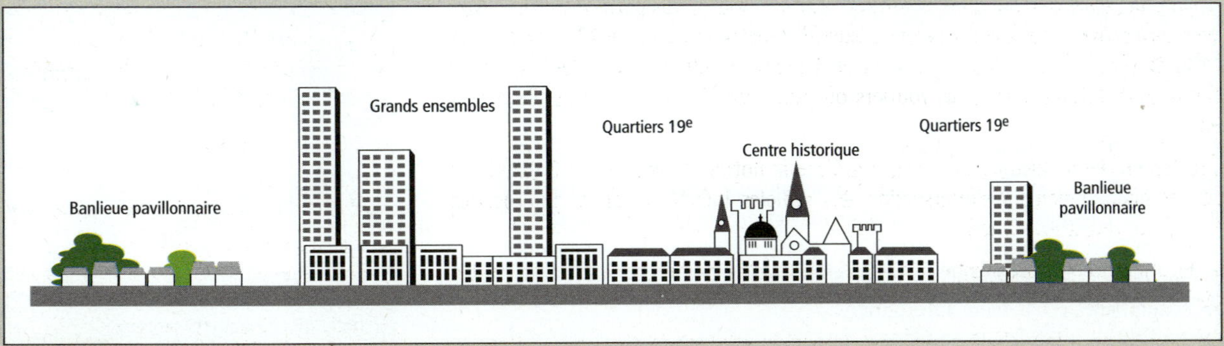

Fiche **02** Métropoles d'Amérique du Nord

L'agglomération nord-américaine est caractérisée par le contraste entre les quartiers centraux et la périphérie : contraste de paysages, mais aussi contraste social et ethnique. À l'opposé de la verticalité du centre, les quartiers résidentiels s'étalent sur d'immenses espaces où prédominent les pavillons individuels entourés de gazon. Telle une énorme pieuvre, la ville nord-américaine englobe progressivement des espaces de plus en plus éloignés ❸.

1. COUPE-SYNTHÈSE ❶

1.1 LES CENTRES URBAINS

Les centres urbains regroupent à la fois des quartiers d'affaires et des quartiers résidentiels.

- Le centre des villes ❷ est consacré aux affaires, aux services divers : c'est le **CBD** ou la **city**. On y travaille, on n'y habite pas. Grouillantes d'activités le jour, les rues sont bordées d'immeubles déserts la nuit. Les quartiers du centre expriment la puissance des cités américaines. En raison des prix élevés des terrains, on a construit en hauteur. Le goût du record a conduit à multiplier les étages tant aux États-Unis que dans d'autres métropoles comme celles des pays asiatiques. Ces tours sont occupées par des bureaux et des commerces.
- Tout autour se situent des quartiers résidentiels. Ces quartiers se caractérisent par des ségrégations sociales importantes. Au fur et à mesure que certains immeubles se dégradaient, ils ont été abandonnés par les populations aisées, puis par les classes moyennes, au profit des minorités défavorisées : Noirs de Harlem ou du Bronx à New York, Mexicains à l'Est de Los Angeles. Dans ces **ghettos**, en proie à la délinquance (drogue, racket, etc.), l'État de droit a parfois des difficultés à se maintenir. Actuellement, certaines autorités municipales mettent en place un système baptisé « tolérance zéro » qui vise à diminuer la délinquance. Cette zone d'habitat collectif n'existe que dans les grandes villes du Nord-Est des États-Unis ; ailleurs, le ghetto prend une forme de zone pavillonnaire dégradée, par exemple celui de Watts à Los Angeles. Mais, jouxtant ces quartiers, il existe également un habitat résidentiel pour les catégories sociales aisées ❹.

1.2 DES QUARTIERS INDUSTRIELS

Des quartiers industriels se localisent à proximité immédiate du centre de l'agglomération, dans des zones bien desservies par les réseaux de circulation (voies ferrées, autoroutes, aéroports), et parfois à proximité du port. Ces quartiers sont aujourd'hui en voie de réhabilitation suite au déclin des activités qui y étaient représentées. On notera d'ailleurs l'importance de l'emprise des voies de circulation, avec notamment les gigantesques échangeurs autoroutiers bordant les villes américaines.

1.3 LA BANLIEUE PAVILLONNAIRE

Plus de quatre Américains sur dix habitent dans une **banlieue** desservie par des routes ou des autoroutes. Le paysage ouvert et verdoyant de cette banlieue à faible densité est dominé par la maison individuelle en retrait de la rue, entourée par une pelouse. Les centres commerciaux et les entreprises ont suivi le mouvement de la population et se sont installés à proximité des échangeurs autoroutiers.

Lexique

banlieue
Partie d'une agglomération qui prolonge la ville, parfois au-delà de ses limites administratives.

city
Quartier financier des grandes villes.

ghetto
Quartier d'une ville où une minorité vit séparée du reste de la société, le plus souvent à cause de l'hostilité du reste de la population. Cette ségrégation est souvent d'origine économique et ethnique, mais elle peut être aussi d'origine religieuse.

Fiches

fiche 13 : culture et territoire
fiche 14 : localisation des activités

Pour comprendre

- L'organisation spatiale des villes nord-américaines
- La crise des centres urbains
- Les dynamiques urbaines
- Le plan de la ville nord-américaine

Mots-clés

- CBD
- Ghetto
- Métropole polycentrique
- Suburbanisation
- Plan en damier

1 Une métropole d'Amérique du Nord

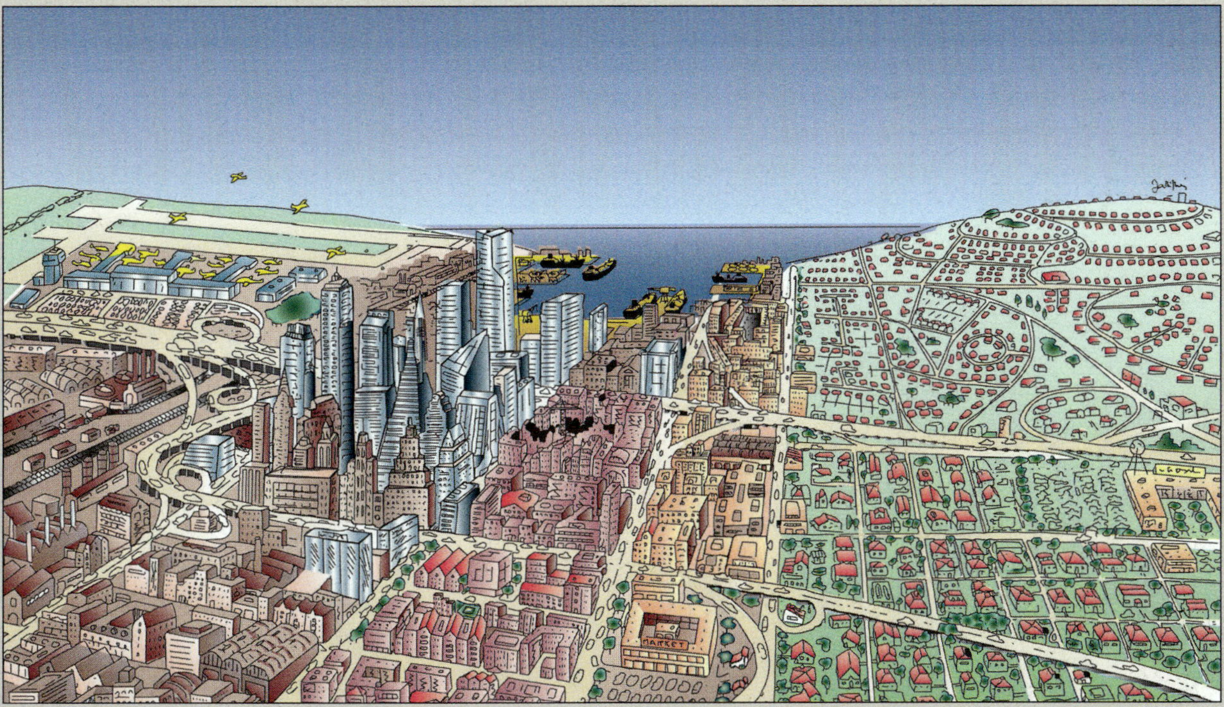

« Intercartes » sous la direction de V. Zanghellini, CRDP de Nice, Belin.

2 San Francisco : CBD

3 Salt Lake City : extensions urbaines

2. DYNAMIQUES URBAINES

L'agglomération américaine est de plus en plus polynucléaire 5. En effet, après des décennies de suburbanisation, surgissent en périphérie de nouveaux centres qui modifient profondément son tissu social et économique. L'automobile y joue un rôle essentiel et de gigantesques autoroutes structurent l'espace urbain animé par de vastes migrations pendulaires. Toute l'économie postindustrielle migre vers la périphérie, le long d'axes de communication rapides où se développent de nouveaux noyaux d'activités avec centres commerciaux, entreprises, équipements de services et de loisirs. Certains pôles ou axes regroupent les activités de haute technologie (high-tech corridors), entourés de zones résidentielles comme Pablo Alto dans la Silicon Valley, la route 128 et la route 495 près de Boston, le Sunset Corridor à Portland. La multiplication de ces technovilles contribue à l'étalement urbain et à l'émergence de métropoles polynucléaires, sans frontières précises.

Une reconquête et une rénovation des quartiers d'habitation et industriels dégradés se sont effectuées dans les années 80. Des entrepôts, des usines, des logements, souvent proches des gares, des zones portuaires, sont reconvertis en bureaux, en équipements culturels ou en habitations. On réhabilite des friches industrielles en y installant de nouvelles industries ou services de pointe, des commerces ou des immeubles de luxe, dans l'espoir d'y attirer à nouveau les classes aisées.

L'extension des banlieues a démarré dans les années 20 et s'est accélérée à la fin des années 50. Depuis 20 ans, seule la périphérie des agglomérations gagne des habitants. Cet étalement est lié à la diffusion de l'automobile, à l'augmentation du niveau de vie et au développement des loisirs. Enfin le refus des WASP de côtoyer les immigrants d'Europe du Sud et de l'Est, les Noirs ou les Hispaniques a créé un dualisme social : en général, les quartiers centraux appartiennent aux immigrés récents et aux Noirs, la banlieue aux WASP.

3. PLAN EN DAMIER

Le plan en damier est sans doute la caractéristique la plus connue des villes américaines 6. À vrai dire, le plan en damier n'est pas d'origine américaine. Il est présent depuis longtemps dans les villes d'Europe et du Moyen-Orient.

Fin du 18e siècle, le gouvernement des États-Unis, propriétaire à ce moment-là de millions d'hectares de terres vierges, a décidé d'adopter pour ces terrains un système d'arpentage gouvernemental en carré. Ceux qui ont acheté des terrains ont acquis des parcelles carrées. Fort logiquement, le plan en damier s'est imposé.

Dans une perspective actuelle, ce plan en damier est loin d'être idéal. D'un côté, un système en carré rend difficile le mouvement diagonal : dans une ville grande comme Chicago, exemple-type d'une ville en damier, un voyage nord-sud et puis est-ouest exigeait des kilomètres supplémentaires, avant la présence récente de quelques rues diagonales. Ajoutons aussi que le damier des villes du 19e siècle est, en général, trop étroit pour la circulation et la construction du 20e siècle ; les carrés élémentaires sont trop petits.

La coupe-synthèse de la métropole nord-américaine permet d'identifier les différentes parties des villes polynucléaires 7.

Lexique

agglomération polynucléaire
Agglomération qui s'est développée à partir de p[…]sieurs centres initiaux ou qui connaît l'émergence [de] nouveaux centres périphériques alors que le cen[tre] ancien décline.

économie postindustrielle
Économie dans laquelle l'industrie n'est plus l'éléme[nt] central du développement économique et social [d'un] pays mais reste un moteur de la prospérité. Ce[tte] situation est, depuis une trentaine d'années, celle [des] pays les plus développés où dominent désormais [les] services et les commerces.

friche industrielle
Espace industriel à l'abandon.

migration pendulaire
Déplacement quotidien du domicile au lieu de trav[ail] et du lieu de travail au domicile.

suburbanisation
Processus de développement des banlieues. D[es] espaces ruraux périurbains vont s'ouvrir à l'urbanis[a]tion, à la construction de logements et d'axes [de] transport.

technoville
Ville qui se développe autour de parcs scientifiqu[es], de pôles de recherche et de haute technologie, le pl[us] souvent en périphérie d'une grande métropole.

white anglo-saxon protestant (WASP)
Désigne le fond du peuplement américain, constit[ué] de colons blancs puritains, auxquels la société dom[i]nante américaine s'est longtemps identifiée.

Fiches

fiche 14 : localisation des activités

4 San Francisco : quartier résidentiel

5 Modèle de la ville nord-américaine

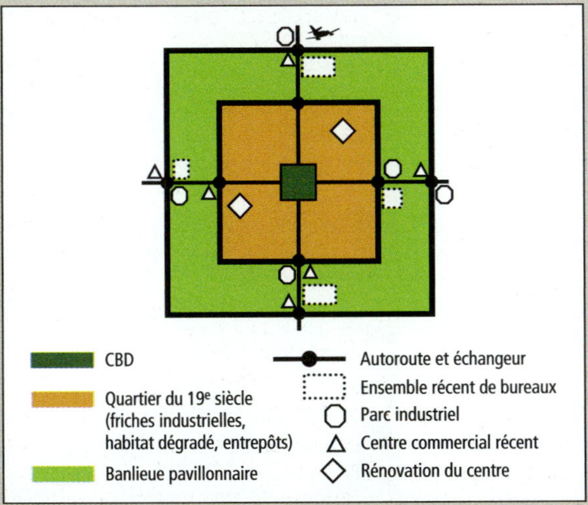

6 San Francisco : plan en damier

San Francisco, Guide de tourisme, Michelin, 1999.

7 Coupe-synthèse d'une métropole nord-américaine

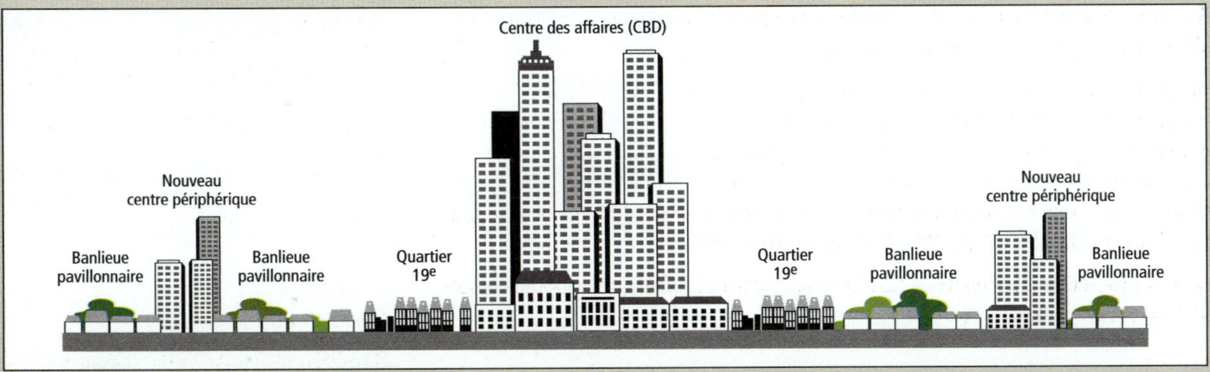

Fiche 03

Zone aride : le désert saharien

Le modèle envisagé pour caractériser les régions arides est le **Sahara**. Il s'agit du désert le plus vaste du monde après l'Antarctique. Il occupe les deux-tiers du continent africain et s'étend sur une superficie comparable au continent européen. Le terme désert suppose l'absence ou la quasi-absence de végétation, donc **l'aridité**. Au désert est associée paradoxalement mais assez logiquement, l'idée d'un océan. En effet, les dunes sont les vagues, les chameaux sont des vaisseaux du désert, les caravanes des convois, les villes bordières des ports, et la bordure du désert est le **sahel**, qui signifie rivage.

1. CONTRAINTES CLIMATIQUES

Le Sahara fait partie des déserts chauds localisés sous les tropiques là où règnent des hautes pressions quasi permanentes qui empêchent la formation de pluies. Ce type de désert est caractérisé par la rareté et l'irrégularité des précipitations, des températures moyennes élevées (25 à 30°C), de grands écarts thermiques journaliers et annuels ainsi que par une forte insolation pouvant atteindre 90 % du maximum théorique. Dans les déserts, les précipitations sont insuffisantes pour permettre une agriculture sans irrigation. Il pleut moins de 250 mm par an. Mais ces chiffres sont des moyennes qui ne rendent pas compte de la très forte irrégularité des pluies : dans certains cas, il ne pleut pas pendant plusieurs années. Quoi qu'il en soit, les déserts ont un caractère en commun : l'absence de couverture végétale continue.

2. FORMES DÉSERTIQUES

Les régions arides du Sahara sont celles où, par suite de l'insuffisance des ressources en eau, la couverture végétale et les sols sont trop réduits pour assurer une protection efficace de la roche contre les principaux agents atmosphériques tels que le vent ou les fortes amplitudes thermiques. Sur la coupe synthèse ①, on peut ainsi observer un relief aux formes déchiquetées, aux parois rocheuses nues et entaillées par de petits vallons asséchés. Un cours d'eau appelé **oued** descend de ce massif élevé et draine une **palmeraie**. La fourniture d'eau est en règle générale insuffisante pour que l'oued puisse traverser toute la région aride. Il se perd alors dans un **chott** ④.

Les dunes résultent quant à elles de l'accumulation de fines particules arrachées au relief par les vents. Ce sont les formes les plus représentatives des déserts. Certaines dunes apparaissent isolées telles les **barkhanes**, d'autres sont regroupées et forment alors un **erg** qui peut couvrir plusieurs milliers de km^2 comme dans le cas du grand erg oriental au Sahara ②. Les paysages désertiques sont aussi marqués par l'opposition entre les vastes surfaces caillouteuses dénommées **regs** ③, les plateaux bien horizontaux ou légèrement inclinés marqués par l'alternance de couches de roches de dureté différente (hamada au Sahara), et les immenses **glacis** aux pentes faibles et régulières qui sont les lieux d'implantation des rares activités humaines au même titre que les vallées larges à fond plat ①.

3. MISE EN VALEUR DES ZONES ARIDES

L'**agriculture irriguée** s'impose dans ces zones arides. Elle occupe des surfaces dont l'étendue dépend étroitement du stock d'eau disponible.

Lexique

agriculture irriguée
Apport d'eau (barrage, pompage) sur un terrai cultivé ou une prairie en vue de compenser l'insuff sance des précipitations et de permettre le dévelop pement des plantes.

aridité
État résultant d'un climat qui n'assure pas un min mum d'approvisionnement en eau pour les plant cultivables.

barkhane
Dune mobile en forme de croissant.

chott
Dépression fermée, dont le fond est occupé par u marécage salé, dans les régions arides. Un autre term plus précis est également utilisé pour désigner ce typ de dépression : sebkha.

erg
Vaste étendue couverte de dunes dans les déserts d sable.

glacis
Plan incliné à faible pente situé entre un relief et un plaine.

oued
Cours d'eau temporaire dans les régions arides e semi-arides.

palmeraie
Plantation de palmiers.

reg
Étendue désertique formée de cailloux où les part cules fines ont été enlevées par le vent.

Sahara
Mot arabe qui désigne une vaste plaine désertiqu mais aussi une terre de couleur fauve.

sahel
Région de l'Afrique, bordant le Sahara au sud. C'es une bande orientée ouest-est, étirée du Sénégal a Soudan, à la pluviosité réduite et surtout irrégulièr couverte d'une maigre steppe. Le terme a désign autrefois les régions proches du littoral en Algérie e en Tunisie.

Fiches

fiche 12 : clés de lecture de l'organisation de territoires-sociétés

fiche 34 : zones bioclimatiques

fiche 36 : érosion

Pour comprendre

- Les contraintes climatiques en milieu aride
- Les principales formes de reliefs désertiques
- La mise en valeur des zones arides
- Les problèmes de la désertification

Mots-clés

- Aridité
- Désert
- Désertification
- Erg – reg
- Oasis – oued

1 Zone aride : le désert saharien

Source : « Intercartes » sous la direction de V. Zanghellini, CRDP de Nice, Belin.

2 Algérie : le grand erg oriental

3 Maroc : un reg

03 Zone aride : le désert saharien

3.1 LES PETITES OASIS ❶

Les **oasis** traditionnelles s'étalent soit le long d'un oued à partir duquel l'eau est détournée, ou autour d'un puits creusé pour capter les réserves des nappes souterraines. L'oasis peut augmenter ses ressources en eau en utilisant l'eau infiltrée dans le sous-sol. En effet, les habitants ont creusé un système de galeries souterraines dénommé foggara au Sahara grâce auquel l'eau s'écoule vers la palmeraie. L'agriculture s'efforce d'être **intensive** par la superposition des cultures : l'oasis est en effet presque toujours une palmeraie ❺ où, à l'ombre des palmiers dattiers, le paysan cultive du blé, des haricots, des courges, des oignons, des carottes ou des piments sur de très petites parcelles de quelques mètres carrés parfois. On distingue de temps à autre, entre la strate supérieure arborée et la strate inférieure cultivée, une strate intermédiaire d'arbres fruitiers tels que des orangers, pêchers, figuiers, amandiers ou grenadiers. Mais les rendements sont assez médiocres vu la pauvreté des sols et leur **salinisation**. Les cultivateurs y remédient en répandant du terreau à base de fumier animal ou de compost.

Les villages fortifiés (**ksar** ❻) ont souvent mal résisté aux intempéries et ont parfois été abandonnés par leurs habitants pour un nouveau noyau villageois jouxtant l'ancien. Remarquez aussi la présence d'un camp de nomades éleveurs de troupeaux ❶. La dispersion et l'irrégularité des ressources végétales rendent nécessaire le recours à un intermédiaire, en l'occurrence l'animal, qui transforme en protéines les herbes et les épineux qu'il absorbe. Cette « usine sur pattes » qu'est le bétail a permis au **nomadisme pastoral** de conquérir les espaces désertiques et semi-désertiques au prix d'adaptations admirables. Aujourd'hui, le nomadisme est partout en péril et en recul.

3.2 LES GRANDES PLAINES IRRIGUÉES ❶

Il faut une énorme alimentation en eau pour que la simple oasis devienne une vaste plaine cultivée comme le long du Nil en Égypte ❼. Ces grands périmètres irrigués sont alors créés grâce à l'augmentation de la disponibilité en eau, rendue possible par des pompages dans les nappes fossiles encore plus profondes, ou des dérivations du cours d'eau à partir de grands barrages. Ces aménagements requièrent des investissements considérables qui, pour être rentabilisés, entraînent souvent le développement de **cultures commerciales** (coton, fruits, etc.) recherchées sur les marchés urbains nationaux ou mondiaux ❽.

3.3 RESSOURCES ÉNERGÉTIQUES

Le sous-sol de certains déserts (Sahara, Arabie, etc.) est riche en hydrocarbures qui ont donné lieu à une intense exploitation comme en Algérie ou en Libye, marquée dans le paysage par les **derricks**, les réservoirs et les **oléoducs**. La dynamique de développement provient alors de centres de décision extérieurs au désert ce qui provoque une forte « artificialisation » de ces zones arides.

4. LA DÉSERTIFICATION

La **désertification** affecte surtout les espaces localisés en bordure des déserts tels le Sahel ❾. Pour endiguer la désertification, plusieurs solutions ont d'ores et déjà été envisagées comme le reboisement, la lutte contre la pression démographique, l'amélioration de la **production vivrière** sans augmentation des superficies cultivées, une meilleure gestion des techniques d'irrigation ou encore une réduction des troupeaux et de leur mobilité. Il est à noter que le creusement de puits dans les zones semi-arides a souvent aggravé la désertification autour de ces points d'eau en y concentrant les troupeaux sans augmenter les ressources en fourrage, ce qui a provoqué le piétinement et le broutage excessif donc la dégradation de ces espaces.

Lexique

commerciale (culture)
Culture destinée à être vendue (arachide, coton, caf etc.).

derrick
Structure métallique supportant l'outil destiné à for un puits de pétrole.

désertification
Destruction du potentiel biologique d'une régic (disparition du sol), destruction pouvant mener a désert sous l'action de facteurs principalemer humains tels que la surexploitation et l'extension de terres cultivables, le surpâturage, le déboisement c le mauvais fonctionnement des systèmes d'irrigatio

intensive (agriculture)
Agriculture (culture et élevage) sur une étendue re treinte, produisant un fort rendement à l'hectare o par tête de bétail (opposé à agriculture extensive).

ksar
Village fortifié en Afrique du Nord dont les maisor et les murailles sont construites en boue séchée.

nomadisme pastoral
Mode de vie de personnes qui se déplacent avec leu troupeaux.

oasis
Dans un désert, lieu habité, cultivé, vert et disposar d'eau, avec une population sédentaire.

oléoduc
Conduite de pétrole (pipe-line).

production vivrière
Produits destinés à l'alimentation humaine.

salinisation des sols
Excès de sels, dans le sol, remontés par évaporation.

Fiches

fiche 39 : actions humaines et leurs conséquences

4 Tunisie : Chott El Jerid

5 Tunisie : palmeraie avec ses étages successifs de végétation

6 Maroc : ksar en bordure d'un oued

7 Égypte : vallée du Nil

8 Madagascar : champ de canne à sucre avec irrigation par pompage

9 Sahel : un milieu fragile

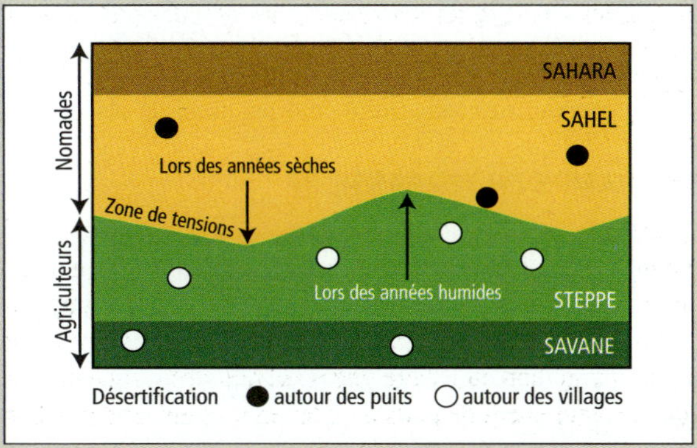

D'après Transparency encyclopedia Geography, TTE, 1998.

Fiche

04 Zone tropicale : rizières et forêt équatoriale

Les paysages très humanisés, très aménagés des rizières et des plantations s'opposent aux paysages, relativement naturels, de la forêt. Entre ces deux milieux, se trouvent les **fronts pionniers**. À ces quatre grands types de paysages agraires et d'occupation du sol (rizière, plantation, forêt et front pionnier) correspondent quatre types de paysannerie : paysans de la forêt (**essarteurs**), riziculteurs, pionniers et planteurs.

1. PAYSAGES RIZICOLES

1.1 UN DELTA RIZICOLE EN ASIE ❶ ❷

Une très grande partie de la population de l'Asie tropicale s'entasse dans les vallées et les deltas.

Le paysage rural se caractérise par une occupation intense des sols autour de la culture du riz ❶. L'absence de saison froide, en climat tropical, permet de cultiver le riz tout au long de l'année et de faire, parfois, deux à trois récoltes par an. Les parcelles de toute petite taille, d'un vert uni (situées près des villages), représentent les pépinières où le riz est semé très serré ; quand il a suffisamment poussé, il est repiqué dans des champs plus vastes. Les champs sont constamment occupés. C'est un système agricole intensif, où la fertilité des sols est entretenue par l'apport de fumure animale, par les limons des crues et, de plus en plus, par l'utilisation d'engrais chimiques.

Le paysage est découpé en parcelles multiples et de petites tailles ❹, séparées par des **diguettes**. La culture du riz exige des travaux considérables d'aménagement et d'entretien, menés depuis de nombreux siècles par une population nombreuse. Elle demande en effet une main d'œuvre importante pour le labour, le repiquage, puis la récolte du riz. La région basse de la plaine alluviale est à un niveau inférieur par rapport à celui du fleuve, c'est donc une zone inondable. C'est pourquoi il a fallu aménager des **digues** pour retenir et contrôler l'eau pendant la période de la crue du fleuve.

La petite taille des parcelles traduit une division du sol très ancienne par héritage, dans des sociétés à forte croissance démographique. L'habitat se concentre sous forme de villages ou de hameaux sur des terre-pleins, voire des digues, entourés d'arbres apportant fraîcheur et fruits, et de jardins cultivés. Le transport des productions vivrières et des matériaux se fait par le fleuve, principal axe d'échanges.

Ce territoire est constamment menacé par les irrégularités du climat (typhons) et du fleuve (crues). Malgré son aspect très structuré, ce milieu est fragile. Il nécessite des efforts permanents de la communauté villageoise pour maintenir le réseau des digues et diguettes.

1.2 DES CHAMPS EN TERRASSE ❸

Sur les pentes des collines ou sur les versants des vallées, les populations aménagent des terrasses pour pouvoir cultiver et utiliser les eaux de ruissellement durant la saison sèche. On y cultive surtout le riz, qui donne des rendements importants, mais il faut que les paysans veillent à ce qu'il n'y ait jamais d'excès d'eau dans les régions des terrasses, ce qui détruirait en quelques jours les plants de riz. Un système d'évacuation des eaux en excès pendant la saison des pluies est indispensable.

Lexique

digue
Ouvrage destiné à contenir les eaux, à élever leur niveau ou à guider leur cours.

diguette
Petit muret de terre destiné à contenir les eaux dans les rizières.

essarteur
Paysan qui pratique l'essartage (défrichement d'un terrain boisé, avec brûlis des bois inutilisables et épandage de la cendre produite, dans le dessein d'une mise en culture temporaire du terrain défriché).

front pionnier
Territoire où les populations nouvellement arrivées s'installent, défrichent et mettent en valeur un espace forestier encore vierge de présence humaine (du moins si l'on excepte les populations autochtones).

Fiches

fiche 34 : zones bioclimatiques

Pour comprendre

- L'organisation spatiale d'un delta rizicole
- L'organisation spatiale de la forêt équatoriale

Mots-clés

- Rizières
- Champs en terrasse
- Plantation
- Front pionnier

1 Asie : un delta rizicole

« Intercartes » sous la direction de V. Zanghellini, CRDP de Nice, Belin.

2 Delta du Mékong : marché flottant

3 Bali : rizières en terrasses

2. LA FORÊT ÉQUATORIALE ❻

La forêt dense ❼ domine le paysage des grands bassins fluviaux (Congo, Amazone, etc.) et des montagnes des régions tropicales humides. Cette forêt s'organise en plusieurs strates : l'étage des arbres géants (30 mètres, voire 50 mètres de haut) dominant l'étage des arbres moyens (15-20 mètres) et l'étage inférieur des arbustes (0 à 10 mètres).

Les hommes sont rares. Quelques villages subsistent, dans les clairières, vivant de la chasse, de la cueillette, de l'agriculture (**essartage**, **culture sur brûlis**), parfois du tourisme. Contrairement à un préjugé très répandu dans les basses terres, ils ne dégradent pas ce milieu tant que la pression démographique n'oblige pas à trop raccourcir la durée de la **jachère** forestière.

Mais d'autres activités « modernes » modifient ce paysage : l'exploitation forestière, l'exploitation minière ou pétrolière, ainsi que de grandes plantations ou exploitations agricoles. La pénétration de la forêt se fait par les fleuves ou les axes routiers (ex. : transamazonienne).

2.1. PLANTATIONS

Généralement, les plantations s'installent après un **défrichement**. Le feu est bouté au sol pour obtenir le dégagement de vastes surfaces agricoles et y réaliser de grandes plantations agricoles ❺. La canne à sucre, le thé, le café, le tabac, la banane, les ananas, l'hévéa, les palmiers à huile, sans parler bien sûr des épices, constituent les plantations les plus fréquentes.

La taille de la plantation dépasse souvent 40 ha et peut aller jusqu'à 15 000 ha. La monoculture règne, utilisant un grand nombre d'**entrants** et des méthodes scientifiques. La production est orientée vers le marché international. Une transformation industrielle étant nécessaire immédiatement après la récolte, des usines se trouvent à proximité des plantations. Généralement, ces plantations sont reliées à des ports par des voies de communications.

2.2. FRONTS PIONNIERS

Les cent dernières années ont été caractérisées par un accroissement considérable des superficies cultivées aux dépens de la forêt. Ce phénomène a commencé par l'expansion des plantations à l'époque coloniale, puis a été relayé par celle des fronts pionniers ❽. Dans ce cas précis, des paysans défrichent leurs parcelles. Le bois est brûlé ou vendu à des scieries qui suivent l'onde pionnière. Les terrains sont ensuite mis en culture. Cette mise en valeur répond-elle uniquement à une pression démographique ? En fait, les migrants qui s'installent sur le front pionnier sont effectivement issus de régions surpeuplées. Mais cette pression démographique n'est pas le seul facteur à l'origine des fronts pionniers. L'inégale répartition des terres entre grands propriétaires terriens et paysans sans terre est également un facteur à prendre en considération pour expliquer la ruée vers les terres pionnières. Il est étroitement lié à la pression démographique et à l'ouverture économique de ces régions qui sont devenues exportatrices de produits agricoles. La progression des fronts pionniers a causé des dommages excessifs au milieu écologique : déforestation sauvage avec toutes les conséquences que cela entraîne en matière de stérilisation et d'érosion des sols. Les facteurs **anthropiques** sont souvent la cause de ces déséquilibres.

Lexique

anthropique
Dont la formation résulte essentiellement de l'action humaine, en parlant d'un paysage, d'un sol, etc. (érosion anthropique).

culture sur brûlis
Champs ou partie de la forêt incendiés afin de permettre la culture. Les cendres constituent un embryon de fumure.

défrichement
Action d'enlever la végétation naturelle avant de procéder à des cultures.

entrants
Produits qui sont utilisés pour la culture (semences, engrais, pesticides, etc.).

essartage
Défrichement d'un terrain boisé, avec brûlis des bois inutilisables et épandage de la cendre produite, dans le dessein d'une mise en culture temporaire du terrain défriché.

jachère
Parcelle non cultivée temporairement pour permettre la reconstitution de la fertilité du sol.

Fiches

fiche 19 : blocages du développement économique

fiche 39 : actions humaines et leurs conséquences

4 Java : rizières

5 Philippines : plantation d'ananas

6 La forêt amazonienne

« Intercartes » sous la direction de V. Zanghellini, CRDP de Nice, Belin.

7 Guyane française : forêt dense

8 Guyane française : front pionnier (bananiers)

Fiche 05

Zone tropicale : un village africain et la montagne andine

1. VILLAGE AFRICAIN

1.1 ORGANISATION DU TERRITOIRE ❶

La principale caractéristique est la disposition concentrique du **finage** exploité autour du noyau villageois. On peut aussi parler d'une organisation spatiale centre-périphérie.

- Au centre, l'habitat est groupé ❷. Il est fait de **cases** rondes traditionnelles. Des constructions rectangulaires plus récentes apparaissent. La taille de ces maisons, le nombre de pièces et l'utilisation d'autres matériaux reflètent la richesse du propriétaire. Lieu de rassemblement, le centre du village se distingue par un espace ouvert autour de l'arbre à palabres.
- Autour du village, s'étend une couronne de jardins ❶ qui, bénéficiant des déchets ménagers et du fumier du petit bétail, sont cultivés sans interruption : légumes, condiments, arbres fruitiers et, parfois, quelques céréales. Ces jardins sont souvent clôturés et cultivés de manière permanente et intensive ❸. Du village partent des chemins vers les autres espaces cultivés.
- Au-delà, les champs temporaires trouent la **savane** ou la forêt. Les mieux cultivés sont les plus proches du village et, au fur et à mesure qu'on s'en éloigne, la proportion de **jachères** augmente. Le finage se dilue alors en parcelles de plus en plus éloignées dans la brousse. C'est dans ces champs temporaires que se côtoient les cultures **vivrières** ❹ et les **cultures commerciales** ❺.

Dans certaines régions, souvent les plus sèches, l'élevage est l'activité principale : c'est le domaine des **pasteurs**. Autour du campement provisoire s'étend la brousse qui n'est pas ou peu cultivée. Ces éleveurs se déplacent constamment avec leurs troupeaux pour trouver de nouveaux pâturages et rechercher des points d'eau.

1.2 DE L'AGRICULTURE ITINÉRANTE SUR BRÛLIS À L'AGRICULTURE SÉDENTAIRE

Le défrichement des parcelles se fait par la technique du **brûlis**. Les semis s'effectuent dès l'arrivée des premières pluies. Les travaux agricoles demandent beaucoup de main-d'œuvre car ils ne sont pas mécanisés. Il s'agit d'une **agriculture extensive**. Sans apport de fumure, le sol s'épuise rapidement. La durée de culture d'une parcelle dépend des plantes cultivées, de leur succession, de la nature des sols, mais aussi de la distance au village, de la disponibilité en terre et en force de travail. Après quelques années (3 à 7 ans), on les abandonne et on défriche de nouvelles parcelles, ce qui conduit l'agriculteur à pratiquer une agriculture itinérante. Les anciens champs, mis en jachère, redeviennent savane ou forêt et, sous ce couvert végétal, le sol se reforme. Après 10-20 ans, les villageois pourront à nouveau les cultiver.

Le passage de l'agriculture itinérante à l'agriculture sédentaire se produit par le passage à une **agriculture intensive** qui exige un apport permanent de fumure. C'est en effet l'engrais qui fertilise le champ, en renouvelant rapidement les éléments du sol épuisé par la culture. Dans le meilleur des cas, la jachère n'est donc plus nécessaire ; au plus, on laisse le champ se reposer 2 ou 3 ans. Mais cette courte jachère ne nécessite pas un déplacement des cultures.

Lexique

agriculture extensive
Culture qui met à profit la fertilité naturelle du sol sur de grandes surfaces, avec repos périodique de la terre, et rendements assez faibles (opposée à culture intensive).

agriculture intensive
Culture sur une étendue restreinte, produisant un fort rendement à l'hectare, d'une façon continue (opposée à culture extensive).

brûlis
Technique consistant à brûler les herbes et les broussailles sur une étendue de terrain pour en améliorer le sol et le mettre en culture (culture sur brûlis).

case
Maison traditionnelle construite en matériaux locaux : armature en bois et argile (torchis) et couverture végétale.

culture commerciale
Culture destinée à être vendue (arachide, coton, café, etc.).

culture vivrière
Culture destinée à l'alimentation humaine et généralement autoconsommée dans les pays du tiers monde (blé, mil, sorgho, etc). Ce terme s'emploie généralement par opposition aux cultures commerciales, d'exportation, de rente qui, elles, sont destinées à être vendues et généralement exportées.

finage
Ensemble des terres exploitées traditionnellement par la communauté villageoise : les champs, les prairies, la forêt.

jachère
Parcelle non cultivée temporairement pour permettre la reconstitution de la fertilité du sol.

pasteur
Berger qui garde les troupeaux.

savane
Mosaïque de formations végétales herbacées, hautes et fermées, dont le cycle biologique est étroitement adapté au climat tropical à saisons pluviométriques marquées. Elle est le résultat de la dégradation d'une forêt.

Fiches

fiche 34 : zones bioclimatiques

Pour comprendre

- *L'organisation spatiale d'un village africain*
- *L'étagement des activités dans les Andes*
- *Un processus de désertification*

Mots-clés

- Désertification
- Culture commerciale / d'exportation
- Agriculture itinérante sur brûlis / sédentaire
- Culture extensive / intensive
- Latifundia – minifundia

1 Afrique sub-saharienne : un village

« Intercartes » sous la direction de V. Zanghellini, CRDP de Nice, Belin.

2 Burkina Faso : village

3 Côte d'Ivoire : jardin clôturé d'un village

2. LA MONTAGNE ANDINE

2.1 ORGANISATION DU TERRITOIRE 6

La Cordillère des Andes borde la côte ouest de l'Amérique du Sud et culmine à près de 7000 mètres. Dans la région intertropicale, elle présente, sur son flanc est, un « étagement » de la végétation naturelle et des cultures directement lié aux conditions climatiques et, donc, à l'altitude.

- Les basses terres et le **piémont** (moins de 1500 m) constituent un étage dont le climat et la végétation se différencient peu de ceux des grandes plaines voisines (ex. : l'Amazonie) : chaleur et humidité ont permis à la forêt dense de s'épanouir 7. Celle-ci est trouée de grandes clairières ouvertes par le feu qui sont occupées soit par de petites exploitations agricoles soit par de grandes exploitations : fruits tropicaux, canne à sucre, hévéa, etc.
- Sur les terres moyennes (entre 1500 et 3500 m), le climat tropical humide s'atténue ; on parle alors de « terres tempérées ». Les grandes plantations de café (Colombie, Brésil) en occupent les meilleures terres et les espaces les plus plats. Le maïs y est cultivé par les « petits » paysans, relayé plus haut par les pommes de terre et certaines céréales qui peuvent pousser jusqu'à 3500 m. 8
- Au-delà de 3500 m, ce sont les hautes terres ou « terres froides » : le froid et la sécheresse relative rendent les cultures à faible rendement. Depuis longtemps, cet étage est utilisé pour l'élevage (moutons, lamas, etc.) qui tire profit d'un tapis herbeux plus ou moins fourni. Dans certaines régions des Andes, cet étage est appelé altiplano 9.
- Au-dessus de 5000 m, c'est l'étage de la très haute montagne avec quelques glaciers assez courts. En effet, la proximité par rapport à l'équateur repousse à très haute altitude la limite des neiges permanentes 10.

2.2 DYNAMIQUE DES POPULATIONS ET DES TERRITOIRES

Les terres moyennes (entre 1500 et 3000 m) étaient occupées par les empires précolombiens, notamment pour la production de maïs. Par contre, les terres basses et les hautes terres étaient peu cultivées. Les communautés villageoises des Andes savaient utiliser les différents étages pour y trouver des ressources complémentaires.

La colonisation et la mondialisation ont contribué à la constitution de grands domaines agricoles (**latifundias**) appartenant à de grands propriétaires fonciers et tournés vers les cultures d'exportation. Cette monopolisation des meilleures terres a rejeté les masses paysannes pauvres sur de petites propriétés (**minifundias**), parfois situées dans la montagne.

2.3 LA DÉSERTIFICATION

La pression démographique conjuguée à la pression économique et financière (extension des cultures commerciales) est préjudiciable pour le milieu naturel car les défrichements accentuent les phénomènes de dégradation et d'érosion des sols. Le processus de **désertification** se met en place. Il est d'autant plus poussé qu'il se produit dans des milieux fragiles, comme par exemple la zone sahélienne ou les versants de montagnes. Il se traduit dans les paysages par l'apparition de zones stériles où la végétation ne repousse plus.

Face à cette situation, la population a tendance à migrer vers les villes (exode rural) ou d'autres régions. Il en résulte de nombreuses tensions sociales.

Lexique

désertification
Processus de destruction du potentiel biologique d'une région (disparition du sol), destruction menant inéluctablement au désert sous l'action de facteurs principalement humains tels que la surexploitation et l'extension des terres cultivables, le surpâturage, le déboisement ou le mauvais fonctionnement des systèmes d'irrigation.

latifundia
Grande propriété exploitée de manière très extensive.

minifundia
Petite propriété des masses paysannes pauvres résultant de la monopolisation de la plus grande partie des terres par les latifundias. L'agriculture est pratiquée de manière intensive.

piémont
Talus continu de pente assez forte, au pied d'un massif montagneux, et formé de cônes de déjection soudés les uns aux autres.

Fiches

fiche 3 : zone aride
fiche 17 : développement et aménagement du territoire
fiche 28 : mondialisation
fiche 38 : risques naturels
fiche 39 : actions humaines et leurs conséquences

4 Côte d'Ivoire : culture vivrière (riz)

5 Côte d'Ivoire : cultures commerciales (café, banane, ananas)

6 La montagne andine

« Intercartes » sous la direction de V. ZANGHELLINI, CRDP de Nice, Belin.

7 Pérou : forêt amazonienne avec un village de clairière

8 Lac Titicaca : cultures traditionnelles en terrasses

9 Altiplano péruvien : pâturages et troupeaux de lamas

10 Pérou : hautes montagnes (> 5000 mètres)

Fiche

06 Métropoles des pays du Sud

Les villes sont apparues dans les pays du Sud bien avant l'expansion coloniale. Elles étaient le centre de décisions, d'activités religieuses ou intellectuelles. Partout, elles jouaient un rôle commercial important. Toutefois, de nombreuses villes du Sud, principalement en Afrique noire et en Amérique latine, sont des créations coloniales. Dans pratiquement tous les cas, la croissance de l'urbanisation dans les pays du Sud est très récente et spectaculaire.

1. COUPE-SYNTHÈSE ❶

- Le centre historique constitue le cœur géographique de la ville, même si, parfois, il a perdu ses fonctions essentielles.
  - En Amérique latine, il s'agit du centre colonial dessiné par les Espagnols ❷. Le plan en damier est omniprésent.
  - En Afrique du Nord, il s'agit de la **médina** ❸, ville traditionnelle qui date du Moyen-Âge.
  - Dans le reste de l'Afrique, il s'agit souvent de la ville coloniale.
  - En Asie, ce quartier est soit d'origine coloniale, soit proche des palais impériaux (ex. : cité interdite de Pékin).
- Les quartiers populaires, formés de maisons ou d'immeubles de qualité souvent médiocre (voire de taudis), sont également très peuplés. Les centres d'animation sont le marché traditionnel et la gare routière où arrivent les habitants des campagnes environnantes venant vendre ou acheter en ville ❹.
- Les quartiers pauvres (**bidonvilles**, **favelas**) ❺ sont situés dans des zones dangereuses : versants ravinés par les pluies tropicales (risques fréquents de glissement de terrain), zones inondables, etc.
- Les zones industrielles ❻ périphériques sont reliées au centre ville par le chemin de fer. Lorsque la ville est côtière, les zones industrielles sont associées à la zone portuaire (**zone franche**).
- Le quartier moderne ❼ comporte de grands immeubles récents (tours) construits à la place de bâtiments anciens ou sur des terrains en périphérie. Ce quartier abrite souvent le **CBD** (quartier des affaires) : administrations, banques, sièges des firmes multinationales, grands hôtels, centres commerciaux immenses et ultramodernes. Dans certaines villes, il peut coexister plusieurs quartiers de ce type. Lorsque la localisation s'y prête (en bordure de mer), le front de mer est voué aux grands immeubles de luxe avec des hôtels pour le tourisme international.
- Les quartiers résidentiels luxueux ❽ se localisent dans des espaces verts très aérés, souvent en périphérie. Les villas avec piscine y constituent la norme. Généralement, ces quartiers sont protégés par des gardes privés.

2. DYNAMIQUES URBAINES

À partir du 16e siècle, la ville « européenne », liée à la colonisation, apparaît. C'est à partir d'elle que se réalisent le drainage des ressources naturelles et l'importation des produits manufacturés. Elle est intégrée au commerce international. L'autre, la ville ancienne, demeure souvent le siège du commerce intérieur traditionnel. Une coupure ethnique et culturelle s'affirme. On la retrouve dans la plupart des territoires colonisés.

Lexique

bidonville
Quartier d'une ville constitué de constructions sommaires réalisées à partir de matériaux de récupération (bidons, tôles, etc.) et dont les habitants vivent dans des conditions difficiles et peu hygiéniques, notamment à la périphérie des grandes villes.

Central Business District (CBD)
Centre des affaires des grandes agglomérations des États-Unis, caractérisé par la domination des bureaux et des fonctions tertiaires, des immeubles imposants, et la verticalité du paysage urbain. Ce type de centre se retrouve aujourd'hui dans de très nombreuses grandes métropoles mondiales.

favela
Bidonville, au Brésil.

médina
Ville arabe, naguère plus ou moins fermée, et organisée autour de la mosquée, avec ruelles, impasses, maisons aveugles sur la rue et ouvertes sur une cour intérieure, et dotée de lieux publics.

zone franche
Zone économique de productions et/ou d'échanges, bénéficiant de privilèges fiscaux et juridiques. Dans les ports francs, les échanges sont exemptés de taxes ; les zones franches industrielles échappent aux contraintes douanières et fiscales, et même au droit du travail du pays d'accueil.

Fiches

fiche 13 : culture et territoire
fiche 17 : développement et aménagement du territoire

Pour comprendre

- L'organisation spatiale des villes du Sud
- Les dynamiques urbaines
- Les caractéristiques communes des villes du Sud

Mots-clés

- Bidonville
- Centre – périphérie
- Exode rural
- Mégalopole
- Zones franches
- Économie informelle

1 Une ville du Sud

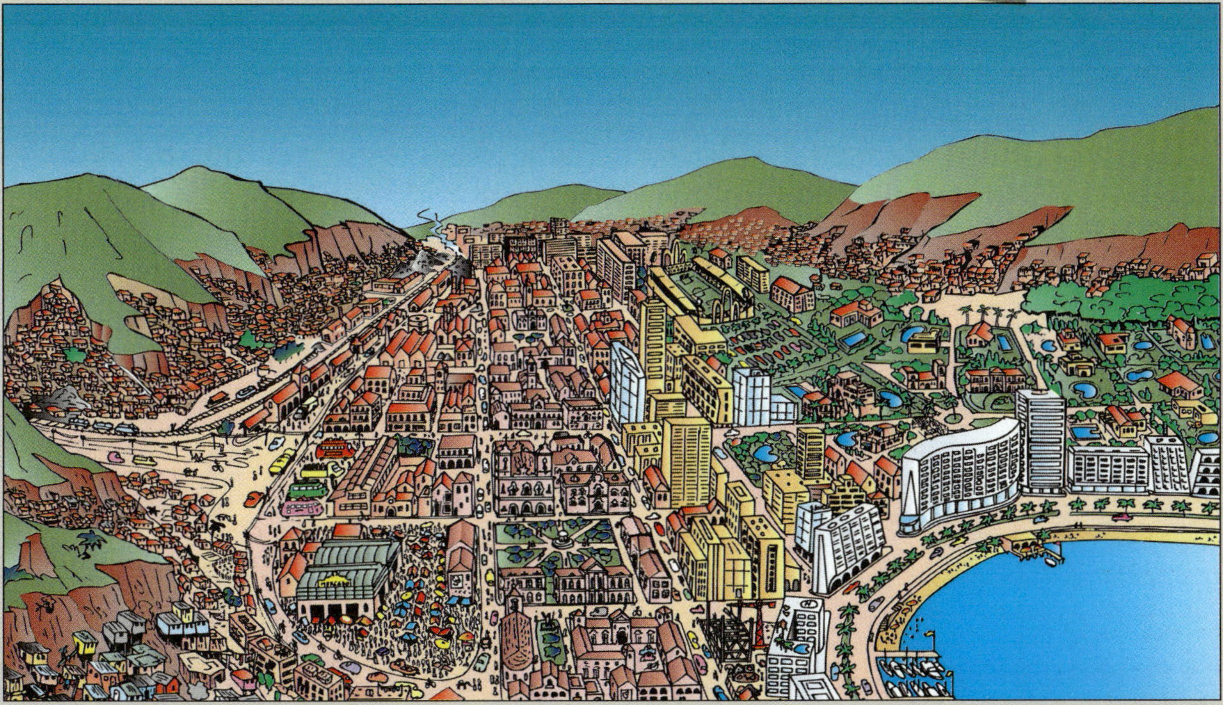

« Intercartes » sous la direction de V. Zanghellini, CRDP de Nice, Belin.

2 Cuzco (Pérou) : centre historique

3 Marrakech : médina et souk

C'est aussi dans les villes que s'implantent les groupes ethniques étrangers: chinois, indiens, parfois arabes. Ils monopolisent certains commerces de détail, organisent l'**usure**, ou bien servent d'intermédiaires dans les échanges entre le grand commerce et le reste de la population. Partout, l'administration prospère. Elle donne souvent naissance à une classe moyenne de fonctionnaires, d'origine locale très largement occidentalisée. Les relations de la ville avec le reste du pays varient d'une région à l'autre. Toutefois, au fur et à mesure que se poursuit la croissance urbaine et que s'amplifie la déstructuration de l'agriculture traditionnelle et de l'artisanat, ces relations se distendent.

À partir de 1920 et surtout de 1945, une autre population afflue dans ces villes: celle des masses rurales, victimes du mythe urbain. La ville attire comme un aimant les paysans pauvres, les jeunes qui veulent s'éloigner de leur famille, tous ceux qui espèrent y trouver un travail et une vie moins misérable. Malheureusement, cet **exode rural** a rarement coïncidé, comme en Europe, avec un besoin de main-d'œuvre urbaine. Sans grande possibilité de travail, presque sans revenus, les anciens ruraux se sont agglomérés dans des bidonvilles. Cette population a des difficultés pour s'intégrer dans l'économie et la société moderne. Elle devient très autonome et reconstitue une sorte d'économie avec une production et un commerce de biens et de services dont les prix sont à la portée des revenus misérables de ses habitants (**économie informelle**). Depuis deux décennies, la rupture entre la ville moderne et la ville informelle n'a fait ainsi que s'accentuer.

3. LES CARACTÉRISTIQUES COMMUNES

Les métropoles des pays du Sud présentent des caractéristiques communes.

- Elles sont **tentaculaires** et en croissance rapide.
- Les équipements urbains sont insuffisants.
  - Les déplacements y sont difficiles: l'expansion de la ville a été plus rapide que les infrastructures. Les embouteillages, liés au développement de la voiture, sont gigantesques. Les transports en commun sont souvent insuffisants.
  - L'évacuation des ordures et des eaux usées est un autre problème. La construction d'un système d'égouttage est souvent trop onéreux pour ces villes. Ce problème est encore plus important dans les bidonvilles où les conditions d'hygiène sont souvent déplorables.
  - Le réseau d'adduction d'eau est peu développé. En moyenne, plus de 50% des habitants n'ont pas accès à la distribution d'eau potable.
- L'économie informelle est très présente: cireurs de chaussures, marchands ambulants, «trieurs» de poubelles, porteurs, vendeurs de loterie, mécaniciens des rues, colporteurs de denrées alimentaires, vendeurs de boissons, etc. Ce secteur non officiel ou informel absorbe pour ainsi dire tous les gens désireux de travailler. Ils proviennent principalement des bidonvilles. Quel que soit le travail qu'ils effectuent, ils ont en commun certaines caractéristiques. Ni leur travail, ni leur revenu ne sont enregistrés auprès des autorités, ce qui fait qu'ils ne sont pas protégés par les réglementations légales concernant le salaire minimum et la sécurité sociale. Leur productivité est réduite mais leur intensité de travail est fort élevée. Selon les estimations, 30 à 70% de la population active (15 à 65 ans) dans les grandes villes du tiers monde travaillent dans le secteur informel. Le travail des enfants y prend une part importante.

Lexique

économie informelle
Désigne de petites activités non structurées par opposition à l'économie moderne ou officielle. Les législations sont ignorées, les petits boulots précaires permettent de survivre.
Syn. Économie souterraine, au noir.

exode rural
Départ, sans espoir de retour, de paysans vers la ville, par abandon d'une vie agricole traditionnelle.

tentaculaire (ville)
Qui se développe dans toutes les directions.

usure
Pratique qui impose des taux d'intérêts très élevés aux emprunteurs.

Fiches

fiche 19: blocages du développement économique

4 Viêt-nam : marché traditionnel

5 Manille : bidonville

6 Le Cap en Afrique du Sud : zone industrialo-portuaire

7 Singapour : CBD

8 Guatemala-city : quartier résidentiel luxueux

Fiche 07

Zone méditerranéenne : dynamiques spatiales et milieu naturel

1. DYNAMIQUES SPATIALES ❶ ❷

1.1 EN PLAINE : HORTICULTURE SPÉCIALISÉE, URBANISATION ET TOURISME DE MASSE

Jadis désertées en raison du **paludisme** inhérent à la présence de marécages et d'une hydrographie capricieuse, les basses terres ont aujourd'hui pris leur revanche. Dès le 19e siècle, les assainissements entrepris dans les zones marécageuses ont permis le développement d'une **agriculture maraîchère** irriguée ❸. Le développement du chemin de fer permit aux producteurs de gagner des marchés de plus en plus lointains. Cette agriculture spécialisée coexistait alors avec l'agriculture méditerranéenne traditionnelle qui se cantonnait sur les hautes plaines, les collines et la montagne. Mais depuis une vingtaine d'années, les plaines ont pratiquement concentré toute l'activité agricole à haute productivité. Elles sont aussi devenues des espaces touristiques où des chapelets de **stations balnéaires** ❷ ❹ hébergent des estivants sans cesse plus nombreux. Les rares grandes villes qui s'y étaient bâties connaissent également un développement sans précédent. L'étalement de leur périphérie fait concurrence aux **huertas** qui jusqu'il y a peu jouxtaient leurs banlieues. Les contraintes du relief des collines et des montagnes proches concentrent également dans les plaines toutes les grandes infrastructures de transport moderne : autoroute, ligne TGV, port et aéroport. On ne compte plus les parcs d'activités aux sorties des autoroutes ou en périphérie des zones portuaires. La lutte pour la maîtrise de l'espace et surtout de l'eau est rude car autant l'agriculture que le tourisme et l'urbanisation en sont de grands consommateurs. Dans ce contexte où la campagne se voit progressivement colonisée par des activités non agricoles, seules des exploitations à haute productivité restent rentables. Aussi voit-on, années après années, disparaître les petits producteurs au profit d'une concentration de la production de fruits et légumes dans des exploitations aux mains de réseaux commerciaux puissants. Eux seuls détiennent les capitaux indispensables à la modernisation de la production et sont capables de commercialiser les produits à l'échelle continentale voire planétaire. Les rivages méditerranéens sont ainsi devenus les plus grands potagers et vergers de l'Europe en même temps qu'ils ont vu leurs côtes accueillir annuellement plus de 150 millions de touristes.

1.2 DANS LES COLLINES : AGRICULTURE EN SURSIS, PÉRIURBANISATION ET TOURISME DIFFUS

Autour des villages perchés ❺ qui concentraient autrefois l'essentiel de la population s'étaient développées des auréoles de cultures qui mélangeaient production de céréales et arboriculture (vignes et oliviers principalement). Cette polyculture méditerranéenne avait atteint son apogée au début du 20e siècle lorsqu'une population nombreuse fournissait les bras nécessaires pour mettre en culture les petits champs en terrasses qui occupaient les versants des collines. Dès l'après guerre de 14-18, l'**exode rural** déclencha une baisse continue des effectifs villageois. Faute de main d'œuvre et face à une production difficilement mécanisable en raison de l'exiguïté des parcelles et d'une topographie très accidentée, la production agricole a déserté nombre de terrasses. Elle a glissé dans la plaine libérant de larges espaces en périphérie des villages. Ceux-ci, après une décroissance démographique souvent sévère durant tout le 20e siècle connaissent un renouveau depuis une vingtaine d'années. D'une part, des touristes ont racheté et réhabilité des maisons villageoises abandonnées voire des villages entiers. D'autre part le développement d'infrastructures de transport modernes dans les plaines a déclenché une vague de **périurbanisation** dans les villages les mieux desservis.

Lexique

agriculture maraîchère
Culture intensive des légumes.

exode rural
Départ, sans espoir de retour, de paysans vers la ville, par abandon d'une agriculture traditionnelle.

horticulture
Culture des légumes, des fleurs, des arbres et arbustes d'ornement.

huerta
Zone irriguée, très intensivement cultivée, aux techniques traditionnelles.

paludisme
Maladie parasitaire transmise par la piqûre d'un moustique.

périurbanisation
Processus d'extension spatial de la ville. Ce sont de nouvelles périphéries, développées à partir des années 1970, et dont l'habitat est composé de lotissements et de maisons éparses.

station balnéaire
Ville touristique en bord de mer.

Pour comprendre

- Les dynamiques spatiales
- Le géosystème méditerranéen

Mots-clés

- *Géosystème compartimenté, fragile et instable*
- *Sécheresse et inondation*
- *Agriculture maraîchère irriguée*
- *Tourisme de masse*
- *Maîtrise de l'eau*
- *Incendies*

1 Des basses terres de plus en plus convoitées, des montagnes en perdition

D'après Y. Lacoste - P. Ghirardi, *Géographie* 4e, Nathan et CEFOGEO.

2 Schéma des dynamiques spatiales

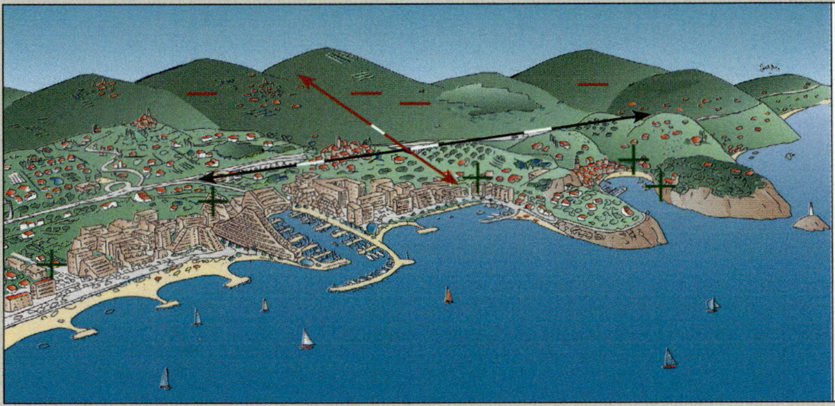

Axe de déplacements et des échanges actuels

Axe de déplacements et des échanges traditionnels

Espaces délaissés (répulsifs)

Espaces attractifs

« Intercartes » sous la direction de V. Zanghellini, CRDP de Nice, Belin.

1.3 UNE MONTAGNE DÉSERTÉE

Zone refuge pour les troupeaux pendant la sécheresse estivale durant des siècles, la montagne a perdu son activité d'élevage extensif avec le développement d'un élevage industrialisé en plaine. Les anciens parcours à moutons ont été abandonnés à la **friche** et souvent reboisés. Mais la disparition du nettoyage des sous-bois brouté jadis par le bétail provoque l'apparition de broussailles très sensibles à l'incendie (6). La désertification de la montagne avec la disparition de ce **pastoralisme** ajoute à son isolement et en fait un milieu de plus en plus fragile.

2. MILIEU NATUREL COMPARTIMENTÉ, FRAGILE ET INSTABLE

2.1 UN RELIEF MORCELÉ ET DES CONTRASTES TOPOGRAPHIQUES VIOLENTS (1)

La plaine littorale se subdivise le plus souvent en une plaine humide située dans l'axe d'un cours d'eau et une plaine sèche composée d'anciens dépôts d'alluvions légèrement surélevés par rapport à la plaine alluviale.

Les collines forment une zone de contact entre plaine et montagne qui a longtemps constitué un espace privilégié d'occupation humaine au-dessus des plaines marécageuses infestées de moustiques vecteurs de la malaria. Les collines convenaient parfaitement pour y installer des villages perchés en site de défense à l'abri d'envahisseurs venus de la mer ou circulant dans les plaines.

La montagne tient une place importante dans la plupart des pays. Elle fait à la fois figure d'espace difficile (pente, altitude) mais aussi d'espace longtemps recherché (pluviosité). De façon générale, la montagne est mieux arrosée que les plaines avoisinantes et elle apparaît souvent comme une île verte et fraîche dominant les plaines stérilisées en été par la sécheresse, l'opposition étant d'autant plus marquée qu'on descend vers le Sud. Vu la déclivité importante de cette zone, les cours d'eau sont, en général, de type torrentiel et les vallées présentent alors un encaissement important qui leur confère souvent l'allure de gorges.

2.2 LE CLIMAT : ÉTÉ CHAUD ET SEC, HIVER DOUX ET HUMIDE (7)

Le climat méditerranéen est un climat de transition entre les climats de la zone tropicale aride et ceux de la zone tempérée. Aux premiers, il emprunte chaleur et sécheresse ; aux seconds, humidité et parfois frimas. Le climat méditerranéen se caractérise par une température moyenne annuelle voisine de 15°C ; l'hiver est doux, en janvier, la température est proche de 10°C et l'été est chaud, en juillet, elle dépasse souvent les 25°C. Mais la caractéristique la plus remarquable du climat méditerranéen est l'absence de précipitations en été. La saison sèche dure au minimum trois mois, mais elle s'allonge graduellement au fur et à mesure que l'on s'éloigne vers le Sud ou vers l'Est. Les précipitations se concentrent sur l'automne et surtout l'hiver. Les variations pluviométriques interannuelles peuvent être très grandes. La tendance à l'aridité des régions méditerranéennes est parfois renforcée par des vents secs et froids d'origine continentale comme le Mistral ou la Tramontane. L'intensité de la chaleur estivale associée à une sécheresse sévère est l'une des contraintes majeures du climat méditerranéen. Ces caractéristiques climatiques agissent sur l'adaptation de la végétation méditerranéenne (réduction de la taille des feuilles, les vernis, les duvets, le renforcement des tissus) et sur l'hydrographie (crues d'automne et d'hiver ainsi que pénurie d'eau en été) avec l'obligation de gérer les ressources en eau disponibles qui parviennent de plus en plus difficilement à couvrir les besoins grandissants de l'agriculture et du tourisme. D'importants ouvrages hydrauliques (barrages, canaux) ont d'ailleurs été aménagés ou sont en projet (8). Ils ont pour objectifs de collecter les eaux dans les zones de montagnes où les précipitations sont plus abondantes et de les canaliser vers les plaines où la demande engendrée par l'agriculture irriguée et les stations balnéaires est la plus forte. Ils peuvent aussi parfois réguler les débits élevés de la période hivernale.

Lexique

friche
Terre non cultivée, autre qu'une jachère agricole.

pastoralisme
Mode d'exploitation agricole fondé sur l'élevage extensif.

3 Plaine du Roussillon : agriculture maraîchère irriguée

4 La Grande Motte

5 Costa Blanca : village perché

6 Traces d'incendies

7 Nice : diagramme ombrothermique (43° lat. Nord)

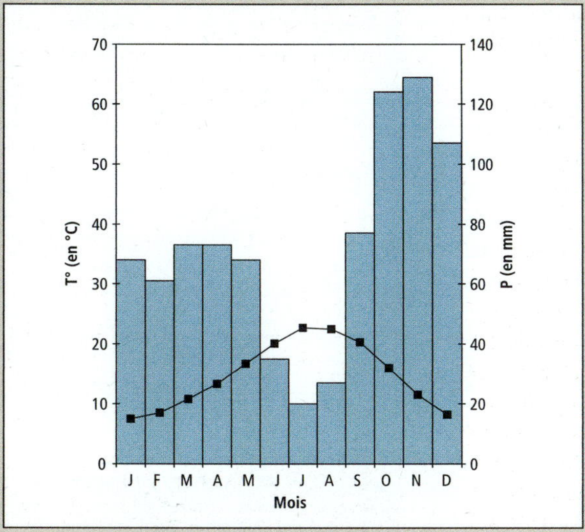

8 Croatie : Lac de barrage

Fiche

08 Zone tempérée : un village européen

1. ORGANISATION DU TERRITOIRE

Sans doute parce qu'ils nous sont plus familiers, il nous paraît parfois plus difficile de dégager les traits communs des territoires ruraux des régions tempérées européennes ❶.

- De manière générale, le **site** apparaît comme un élément important pour comprendre l'organisation du territoire ❷. Le relief et l'hydrographie ont souvent été des éléments déterminants dans le choix d'un lieu de vie par une communauté villageoise (ex. : pente du terrain, exposition favorable, proximité de l'eau, crainte des inondations). Néanmoins, la diversité des lieux occupés par les centres villageois montre que d'autres éléments naturels (ex. : qualité du sol) ou d'autres facteurs (ex. : proximité d'un axe de communication) ont parfois influencé leur installation.
- Autour de l'église et de la place du village, l'habitat groupé est associé à des jardins, vergers et petites prairies : c'est l'auréole villageoise ❸. Autour de celle-ci, les défrichements successifs ont permis aux villageois, qui étaient en majorité des agriculteurs, de mettre les **parcelles** en cultures (**labours**) ou de les destiner à l'élevage du bétail (**pâtures**). La répartition des labours et des pâtures est souvent influencée par l'humidité du sol : les premiers réclament des terres plus sèches tandis que les secondes s'accommodent de terres plus humides (ex. : fond de vallée) ou par la proximité des fermes (le bétail réclamant de nombreux soins se trouve à proximité de celles-ci).
- Plus loin, subsistent les vestiges de la forêt qui recouvraient ces régions tempérées. Cette forêt a parfois totalement disparu dans les régions les plus densément peuplées.
- L'ensemble des terres exploitées traditionnellement par la communauté villageoise porte le nom de **finage** ❹. Cette organisation de l'espace constitue donc un exemple du modèle centre-périphérie.

2. DYNAMIQUES DU TERRITOIRE

Les changements que connaît l'agriculture d'aujourd'hui ont des conséquences importantes dans les campagnes ❶. L'agrandissement des exploitations, la réduction de leur nombre et leur spécialisation transforment les paysages ruraux (ex. : construction de nouveaux bâtiments, suppression des haies, **remembrements** agricoles, etc.) et conduisent progressivement à les uniformiser.

Par ailleurs, les campagnes remplissent de plus en plus d'autres fonctions sociales et économiques, surtout à proximité des grandes villes. Les citadins s'y installent en rénovant d'anciennes fermes ou en aménageant des **lotissements** (**rurbanisation**) ❺. Cette situation engendre des **migrations pendulaires** de plus en plus importantes. De grands espaces sont progressivement colonisés par des parcs d'activités (industriels, commerciaux ou de services), par des parcs de loisirs ou de grandes infrastructures de communications (ex. : autoroutes ❶, lignes à grande vitesse, etc.).

Ces mutations liées ou non aux activités agricoles rompent souvent des équilibres écologiques anciens.

Lexique

finage
Ensemble des terres exploitées traditionnellement par la communauté villageoise : les champs, les prairies, la forêt.

labour
Champ cultivé.

lotissement
Division de terrains, souvent agricoles, en parcelles destinées aux constructions résidentielles.

migration pendulaire
Déplacement quotidien du domicile au lieu de travail et du lieu de travail au domicile.

parcelle agricole
Portion délimitée de terrain occupée par une seule affectation.

pâture
Parcelle de prairie destinée à l'élevage (= pâturage).

remembrement
Redistribution et réaménagement des parcelles agricoles en vastes surfaces de cultures plus faciles à exploiter.

rurbanisation
Développement des villages proches des grandes villes dont ils deviennent des banlieues.

site
Milieu naturel à partir duquel les hommes ont implanté leurs activités.

Fiches

fiche 1 : métropoles d'Europe

Pour comprendre

- L'organisation spatiale d'un village européen
- Les dynamiques rurales
- Les paysages ruraux de la zone tempérée
- L'évolution de l'agriculture

Mots-clés

- Site
- Auréole villageoise
- Finage
- Openfield
- Bocage

1 Zone tempérée : un village européen

« Intercartes » sous la direction de V. Zanghellini, CRDP de Nice, Belin.

2 Chassepierre : l'influence du site

3 Marquain : l'auréole villageoise

3. OPENFIELD OU BOCAGE

L'organisation du territoire décrite ci-dessus était assez générale jusqu'au 19e siècle. Pour des raisons souvent socioéconomiques (ex.: augmentation de la population, proximité d'une ville importante), certaines régions se sont spécialisées dans les cultures et d'autres dans l'élevage. Cette spécialisation a abouti à deux types de paysages différents: l'**openfield** ❼ ❾ ou le **bocage** ❻ ❽. Vouloir rattacher chaque région à l'un de ces deux modèles serait une erreur car, dans la plupart des cas, les fermes ont continué à produire des denrées issues des cultures (blé, maïs, betterave, pomme de terre, etc.) et de l'élevage (lait, beurre, viande, etc.). Néanmoins, connaître les caractéristiques de ces deux types de paysages permet de mieux comprendre la dynamique des territoires ruraux d'aujourd'hui.

Dans les régions d'openfield, l'habitat est très groupé, l'auréole villageoise est encore bien marquée et, dans le finage, les parcelles cultivées dominent largement. Le réseau routier est peu dense et forme une étoile à partir du centre du village. Les parcelles cultivées ne sont pas entourées de clôtures (non encloses) et quelques **bosquets** sont disséminés dans le finage ❼. La vue porte très loin; on parle alors de paysage ouvert.

Dans les régions bocagères, le centre du village reste identifiable mais l'habitat est dispersé ❻. L'activité dominante est l'élevage ce qui nécessite, pour l'agriculteur, d'être à proximité de son **cheptel** nécessitant des soins quotidiens. Cette dispersion a entraîné un réseau très dense des routes et chemins. Les prairies dominent largement et sont entourées de clôtures naturelles (haies) ou artificielles (fils barbelés ou électriques). Les haies, les rangées d'arbres, les bosquets plus nombreux et l'habitat dispersé ne permettent pas de voir très loin; on parle de paysage fermé.

4. L'AGRICULTURE AUJOURD'HUI

Jusqu'au 19e siècle, les agriculteurs produisaient essentiellement pour eux-mêmes (autoconsommation). L'augmentation de la population et la révolution industrielle ont imposé à l'agriculture de produire davantage à des prix toujours plus bas. En Belgique, les agriculteurs ne représentent plus que 2 % de la **population active**!

Moins d'exploitations agricoles, c'est vrai, mais la taille de celles-ci a considérablement augmenté. Des progrès techniques (matériel agricole de plus en plus performant, gestion par l'informatique, etc.) et biochimiques (nouvelles semences, engrais, pesticides, etc.) ont rendu possible une augmentation des **rendements** et de la **productivité** agricole. L'**élevage hors-sol** s'est largement répandu. L'agriculture moderne s'intègre de plus en plus à l'économie mondiale et devient un maillon du **complexe agro-industriel**.

La course à la productivité et aux rendements toujours plus élevés produit parfois une rupture de l'équilibre entre les activités agricoles et le milieu naturel ou la qualité des produits. Pollution des nappes phréatiques par les engrais, épandage du lisier, crise de la dioxine, crise de la «vache folle», etc. sont des exemples de ce déséquilibre.

L'agriculture est devenue un enjeu stratégique important car, pour sa production alimentaire, aucun État ne souhaite dépendre totalement des importations. La Politique Agricole Commune de l'Union européenne influence énormément la vie des agriculteurs et, par conséquent, l'organisation des territoires ruraux.

Lexique

bocage
Région où les champs et les prés sont enclos par des levées de terre portant des haies ou des rangées d'arbres, et où l'habitat est dispersé généralement en fermes et en hameaux.

bosquet
Petit bois.

cheptel
Ensemble du bétail d'une exploitation agricole.

complexe agro-industriel
Secteur industriel qui regroupe la production, la transformation et la commercialisation des denrées agricoles.

élevage hors-sol
Élevage industriel de bétails ou de volailles confiné dans un espace réduit et nourri avec des aliments fabriqués industriellement.

openfield
Paysage de champs ouverts ou paysage de campagne. Il est caractérisé par un habitat groupé et un parcellaire géométrique.

population active
Population qui a un emploi ou qui est à la recherche d'un emploi. Les étudiants, les retraités, les enfants de moins de 15 ans ainsi que les femmes au foyer ne figurent pas dans la population active.

productivité
Rapport mesurable entre une quantité produite (de biens, etc.) et les facteurs de production (machines, matières premières, travail et capital financier) mis en œuvre pour y parvenir. Le mot est souvent employé comme un synonyme de rendement: le rendement agricole est la productivité de la terre cultivée. Par exemple, les progrès techniques et informatiques assurent chaque année des gains de productivité.

rendement agricole
Production par unité de surface ou par tête de bétail.

Fiches

fiche 10: Union européenne
fiche 28: mondialisation

4 Brabant wallon : un finage

5 Brabant wallon : rurbanisation

6 Boulonnais : paysage bocager

7 Hesbaye : paysage ouvert

8 Le bocage

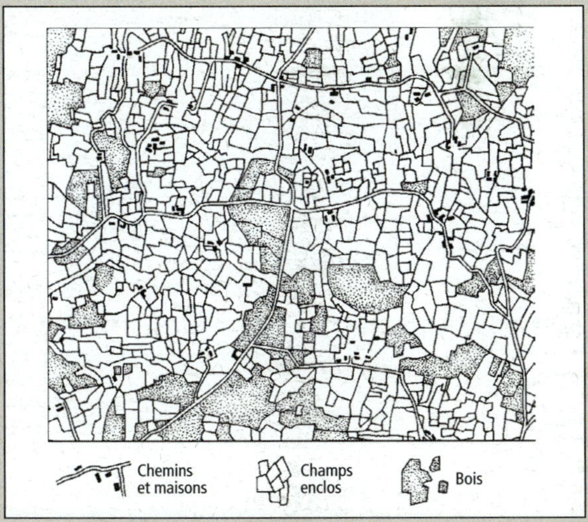

R. Lebeau, *Les grands types de structures agraires dans le monde*, Masson, 1979.

9 L'openfield

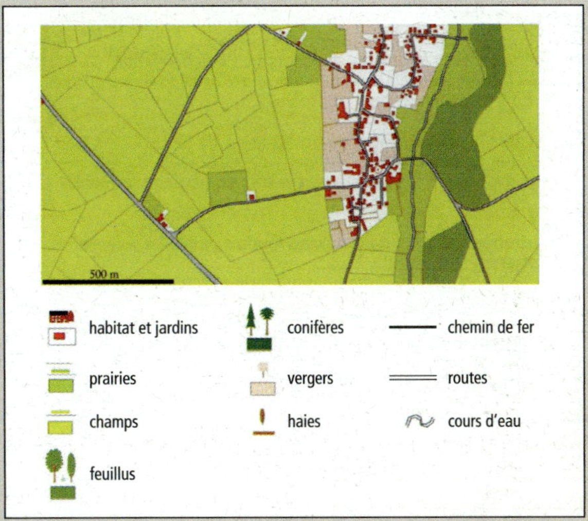

État de l'environnement wallon, Paysage, 1996.

Fiche 09 Belgique

1. UN ÉTAT FÉDÉRAL

1.1 RÉGIONS ET COMMUNAUTÉS

La Belgique est un État fédéral ❶ qui se compose de trois régions (la Région wallonne, la Région flamande et la Région bruxelloise) et de trois communautés (la Communauté française, la Communauté flamande et la Communauté germanophone). D'un État unitaire, la Belgique est devenue peu à peu un État fédéral suite aux revendications flamandes et wallonnes ❷.

La frontière entre la Région wallonne et la Région flamande correspond à la frontière linguistique, établie en 1962 ❶. La Région bruxelloise est une enclave dans la Région flamande ❶. De part et d'autre de cette frontière, des communes (ex. : Fourons, Comines, etc.) ont obtenu un statut spécial pour l'emploi des langues (communes à facilités). Il en va de même pour des communes de la périphérie de la Région bruxelloise qui bénéficient également de facilités.
La Belgique comprend également quatre régions linguistiques (la région de langue française, la région de langue néerlandaise, la région bilingue de Bruxelles-Capitale et la région de langue allemande). Ces régions linguistiques déterminent l'emploi de la langue officielle, notamment pour tous les contacts avec l'administration.

La Belgique est divisée en dix provinces (❸ p. 175). Précisons que les dix-neuf communes de la Région bruxelloise ne font partie d'aucune province. Enfin, l'entité territoriale de base est la commune. Il en existe 589 en Belgique.

1.2 LES PRINCIPALES COMPÉTENCES

- L'**État** : l'État fédéral belge gère principalement la sécurité sociale, les fonctions d'autorité (défense nationale, fiscalité, justice, sécurité intérieure, etc.), la politique étrangère et la politique économique générale. Le Parlement vote des lois.
- Les **Régions :** elles ont acquis une large autonomie et de nombreuses compétences, principalement liées au territoire : économie, transports, travaux publics, cadre de vie, fiscalité (additionnels régionaux à l'impôt des personnes physiques ; l'Etat fédéral ne percevra plus que 75 % de l'Impôt des Personnes Physiques - IPP), emploi, la mobilité, etc. Les Parlements wallons et flamands votent des décrets, tandis que le Parlement bruxellois vote des ordonnances.
- Les **Communautés :** elles sont responsables des matières culturelles y compris l'enseignement et de certaines matières touchant les personnes (ex. : soins de santé à domicile, maison de repos, handicapés, allocations familiales). Les Parlements communautaires votent des décrets.
- Les **Provinces** : elles interviennent essentiellement en matière d'aménagement du territoire, de travaux publics, d'enseignement, de politique sociale et peuvent prendre des initiatives dans les domaines culturel et sportif.
- Les **Communes** : elles s'occupent notamment de l'état civil, de certains travaux publics, d'aménagement du territoire, de développement économique local, de gestion du patrimoine, d'enseignement, d'activités sociales et de la police locale.

2. ORGANISATION DU TERRITOIRE

Même si l'espace agricole et forestier représente l'essentiel de nos paysages, les pôles urbains concentrent la production des biens et des services, donc de la richesse de la

Lexique

Communauté flamande
Elle correspond aux habitants de la Région flamande plus les Flamands de la Région bruxelloise. Sa capitale est Bruxelles (siège des institutions).

Communauté française
Elle correspond aux habitants de la Région wallonne moins les Germanophones mais comprend les Francophones de la Région bruxelloise. Sa capitale est Bruxelles (siège des institutions).

Communauté germanophone
Elle correspond aux habitants des communes suivantes : La Calamine, Raeren, Lontzen, Eupen, Butgenbach, Bullange, Amblève, Saint-Vith, Burg-Reuland. Sa capitale est Eupen (siège des institutions).

compétence
Matière dont s'occupe un pouvoir.

enclave
Territoire situé à l'intérieur d'un autre.

État fédéral
Se dit d'un État dans lequel les diverses compétences sont partagées entre un gouvernement fédéral (central) et les collectivités (régions, communautés, lander...) qui forment cet État (ex. : États-Unis, Allemagne, Belgique).

pôle
Centre attractif.

Région bruxelloise
Elle correspond au territoire non repris dans les dix provinces, c'est-à-dire les dix-neuf communes de l'agglomération bruxelloise. Sa capitale est Bruxelles.

Région flamande
Elle comprend les provinces d'Anvers, de Flandre occidentale, de Flandre orientale, de Limbourg et du Brabant flamand (article 5 de la Constitution). Sa capitale est Bruxelles.

Région wallonne
Elle comprend les provinces de Hainaut, de Liège, de Luxembourg, de Namur et du Brabant wallon (article 5 de la Constitution). Sa capitale est Namur.

suffrage censitaire
Système dans lequel le droit de vote est réservé aux contribuables versant un montant minimal (cens) d'impôts.

Web

site du gouvernement belge
www.belgique.fgov.be

Fiches

fiche 12 : clés de lecture de l'organisation de territoires-sociétés
fiche 43 : références spatiales en Belgique

Pour comprendre

- La fédéralisation de la Belgique
- L'organisation de l'État belge
- Des dynamiques territoriales
- Les principales orientations économiques

Mots-clés

- Fédéralisation
- Régions
- Communautés
- Compétences
- Compétitivité

1 Les Régions et les Communautés

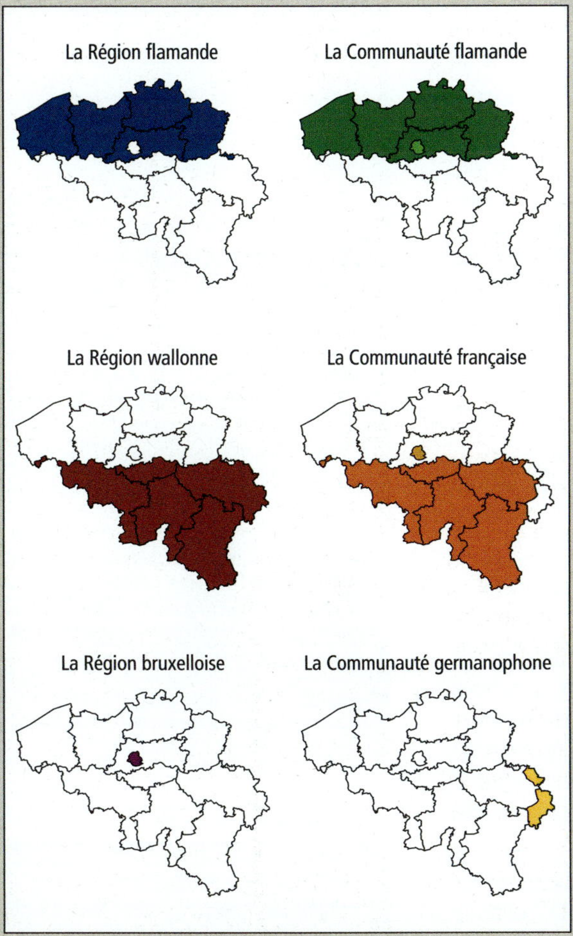

2 Les origines de la fédéralisation

Les révolutionnaires mettent en place en 1831 un État unitaire et centralisé, dominé par une bourgeoisie francophone qui s'empare du pouvoir grâce au système du **suffrage censitaire**. [...]

En 1847 la majorité de la nation est dominée par l'autre partie, minoritaire. À cette donnée chiffrée s'ajoute la grave crise économique flandrienne du milieu du 19e siècle qui, obligeant un grand nombre de Flamands à émigrer vers le sud, accentuera ce sentiment de dépendance et d'inégalité. De cette situation naîtra le mouvement flamand. Celui-ci exige une reconnaissance de la culture et de la langue flamandes. Il obtiendra des résultats: emploi du flamand en justice (1873); obligation de l'enseignement en flamand dans les classes inférieures des écoles moyennes officielles (1883). [...] En 1919, sous l'influence des activistes, les Flamands exigent la flamandisation intégrale de l'enseignement, de la justice, de l'administration publique, la division de l'armée en unités linguistiques séparées et une réorganisation de l'administration. [...]

À partir des années 1950-1960, parallèlement aux pressions flamandes, s'affirme de plus en plus une volonté fédéraliste wallonne, justifiée par des considérations économiques, à savoir la gravité du déclin wallon et corrélativement le développement de l'économie flamande, celle-ci bénéficiant des investissements de l'État central grâce au poids majoritaire des Flamands au Parlement. [...]

Les lois linguistiques de 1962-1963 traduisent cette volonté d'autonomie mais en y injectant en plus un principe de territorialité (fixation notamment de la frontière linguistique), première pierre d'un nouvel édifice institutionnel façonné ensuite par trois révisions constitutionnelles issues de compromis politiques variés et complexes.

La révision de 1970 marque l'étape décisive de cette transformation. Elle introduit deux nouveaux principes: celui de Communauté, entité composée à partir d'un critère d'appartenance culturelle, une exigence flamande, et celui de Région, fondé sur une notion de territoire, traduction des désirs francophones d'une autonomie dans les matières socio-économiques.

D'après Jean-Pierre Nandrin (FUSL), dans *Le Soir*, 15 décembre 1992.

Belgique ❸. Cette production dépend essentiellement des échanges que la Belgique effectue avec l'étranger. Des **interfaces** apparaissent entre la Belgique et les pays limitrophes, les frontières ont disparu. Des **axes** de communication, principalement autoroutiers, structurent le territoire belge et facilitent les échanges. Les points d'accès aux **réseaux** (échangeur autoroutier, gare, aéroport) sont des lieux privilégiés pour l'implantation d'entreprises. De nouveaux réseaux (ex. : TGV) peuvent modifier l'importance de certaines villes ou de certaines régions. Disposer d'une gare TGV, c'est être connecté directement à un réseau à grande vitesse. Les nœuds (point d'accès à un réseau) vont jouer un rôle très important dans le développement des villes et des régions (ex. : Liège). D'autres réseaux, moins visibles (Internet), peuvent également influencer le développement économique. Disposer de réseaux de télécommunications performants peut assurer un développement dans les secteurs de pointe.

Des tensions existent entre les Flamands et les Francophones du pays, symbolisées par la frontière linguistique et les communes à facilités ❺.

Des **contraintes** apparaissent avec le massif ardennais : contraintes climatiques pour l'agriculture et difficultés pour les communications ❺.

Les dynamiques sont contrastées dans les différentes régions ❹ ❻ ❼. Au point de vue économique, le triangle Gand – Anvers – Bruxelles et le Brabant wallon constituent les pôles économiques de la Belgique tant pour leur dynamisme que pour leur richesse. Certaines zones en Wallonie connaissent un développement encourageant de leurs activités comme le Sud de la province de Luxembourg ou le Namurois. La province du Hainaut connaît toujours une dynamique moins forte que le reste du pays. La reconversion des anciennes activités lourdes (sidérurgie, charbonnages) prend du temps, même si des espoirs apparaissent avec la naissance de pôles de développement autour des aéroports (Charleroi et Liège). Ce développement entraîne également son lot de protestations pour un meilleur équilibre entre le développement économique et les conditions de vie des populations locales.

Par contre, au point de vue démographique, les dynamiques sont inversées ❹ ❼. La Flandre vieillit plus vite que la Wallonie. Cette situation, à terme, pourrait engendrer de nouveaux problèmes notamment à propos des pensions.

3. LES ENJEUX ÉCONOMIQUES

Le niveau de l'activité économique en Belgique dépend largement de l'importance de nos importations et de nos exportations. L'économie belge est donc **ouverte**. Notre commerce extérieur se fait principalement avec les pays de l'Union européenne et essentiellement avec nos voisins : Allemagne, Pays-Bas et France. Notre économie dépend largement de capitaux étrangers : un emploi sur deux est directement lié à des capitaux étrangers. Enfin, il ne faut pas oublier le poids de la dette publique qui a culminé en 1993 (137 % du PIB) pour ensuite diminuer à 95 % en 2005 et tendre vers 100 % en 2011 ❽.

En fonction de ces considérations, le gouvernement belge a choisi une politique basée sur le maintien de la **compétitivité** par rapport à nos principaux partenaires. La politique économique, permettant d'adhérer à la monnaie unique (EURO), a permis de diminuer les déficits publics, de lutter contre l'inflation et de maîtriser les coûts salariaux. Les résultats sont globalement positifs : la Belgique a adhéré à l'union monétaire (1999) et nous disposons de l'EURO depuis le 1er janvier 2002. Le maintien de la compétitivité reste un enjeu important pour notre économie pour réduire le sous-emploi et maintenir notre croissance. La crise financière de 2008 a toujours des répercussions sur la situation budgétaire de la Belgique qui reste préoccupante dans un environnement de la zone EURO de plus en plus fragile.

Lexique

axe
Grande voie de communication.
Alignement relatif à des flux (déplacements, échanges, expansion, etc.).

compétitivité économique
Capacité de supporter la concurrence des partenaires commerciaux.

contrainte naturelle
Difficulté liée au milieu naturel qu'il faut surmonter pour vivre et aménager le territoire.

interface
Ligne de contact entre deux espaces distincts, à travers laquelle se produisent des échanges et des influences dans les deux sens.

ouverture d'une économie
C'est la part de l'économie nationale qui dépend des échanges avec l'extérieur. L'ouverture d'une économie se mesure par le rapport entre les exportations et la somme du PIB et des importations.

réseau
Ensemble des axes et des pôles d'un territoire.

Fiches

- **fiche 1 :** métropoles d'europe
- **fiche 8 :** zone tempérée : un village d'europe
- **fiche 14 :** localisation des activités
- **fiche 15 :** identité territoriale et conflits
- **fiche 17 :** développement et aménagement du territoire
- **fiche 25 :** politiques économiques
- **fiche 26 :** population active
- **fiche 29 :** dette

Pour comprendre

- L'intégration européenne
- Des politiques européennes
- Les rôles de l'Union européenne
- Les institutions européennes

Documents

Mots-clés

- Intégration
- Adhésion
- Institution
- Politique commune

1 La construction européenne de 1957 à 2011

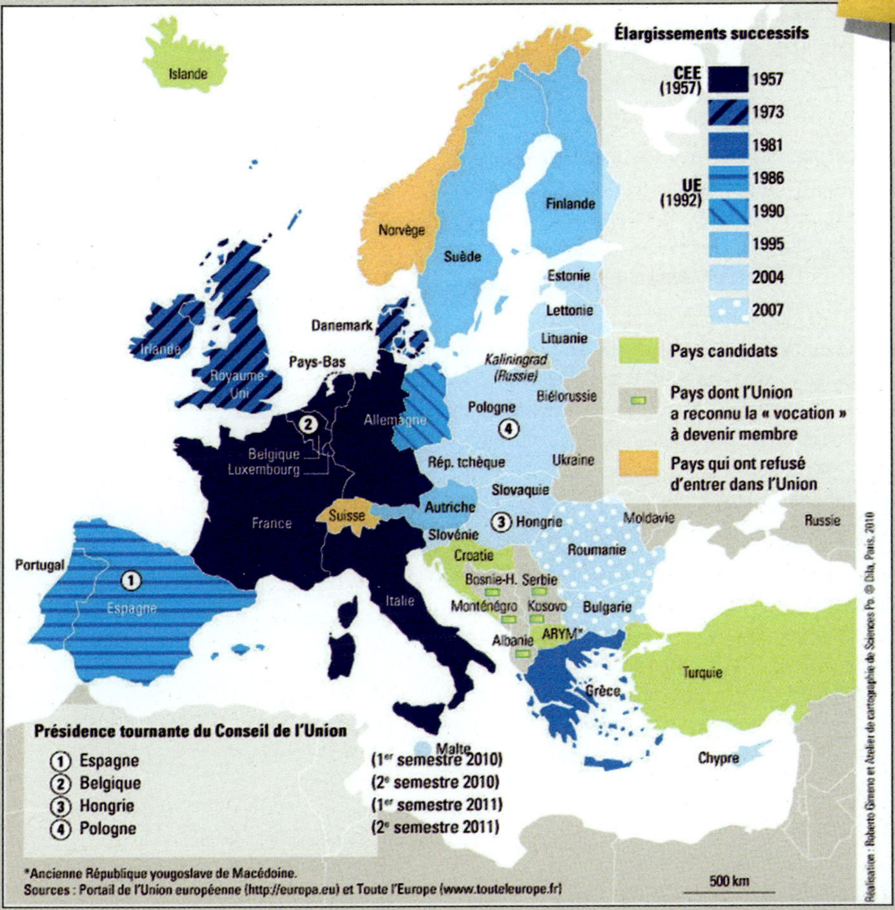

© *Questions internationales*, numéro 45, La Documentation française, Paris, septembre-octobre 2010.
http://www.ladocfrancaise.gouv.fr/revues/qi/sommaires/45/sommaire45.shtml

2 L'Europe et la crise économique mondiale : réponse - bilan

De 2008 à 2011, la crise financière américaine (faillite de Lehman Brothers), s'est répandue en Europe. Les états européens sont intervenus massivement pour sauvegarder les banques notamment belges. La dette publique dans la zone euro est passée de 65 % à 85 % du PIB entre 2007 et 2010. La crise financière s'est transformée en crise de l'EURO.
L'Union européenne devra vraisemblablement promouvoir une meilleure coordination macroéconomique dans la zone euro pour préserver la monnaie européenne.

Extraits de « **L'Europe et la crise économique mondiale expliquée en 10 fiches** » réalisées par Sebastian Paulo - avril 2011 - www.robert-schuman.eu

La Fondation Robert Schuman publie 10 fiches inédites qui mettent en perspective l'ensemble des réponses mises en place par l'Union européenne pour faire face à la crise économique mondiale. Les six premières fiches abordent la crise financière mondiale et les mesures prises au niveau international et européen pour gérer ses conséquences et réduire la probabilité de sa résurgence dans l'avenir. Les quatre dernières fiches portent sur la crise de l'euro et la réforme de l'Union économique et monétaire.

Les 10 fiches sont consultables à l'adresse suivante : http://www.robert-schuman.eu/tout-comprendre-sur-la-crise-financiere.php

La Politique agricole commune (PAC) a pour objectif d'assurer l'approvisionnement alimentaire de l'Union en garantissant un niveau de vie suffisant aux agriculteurs et en respectant les équilibres écologiques (±50 % du budget de l'Union européenne). Au cours du temps, cette politique a favorisé l'augmentation de la taille des exploitations agricoles, ce qui a eu comme conséquence la disparition des petites exploitations. Au départ **protectionniste**, la PAC est en voie de réforme pour répondre aux exigences de l'**OMC**.

Actuellement, la politique sociale est en retard par rapport aux politiques commerciales et monétaires. Mais, n'y a-t-il pas un danger de construire une Europe qui ne serait qu'un grand «supermarché»? Le problème est de déterminer le sens de cette cohésion sociale: vers la protection sociale la plus élevée (Allemagne, France, Benelux) ou vers un «minimum» social à l'anglaise? À l'heure actuelle, toute **directive** à caractère social doit être prise à l'unanimité au **Conseil des Ministres**, ce qui bloque toute avancée dans ce domaine!

Et pourtant, les enjeux sont importants. Comme les entreprises disposent d'un grand marché, elles recherchent les pays où les coûts de production sont les plus bas. Cette situation engendre une concurrence «déloyale» de certains pays européens. En effet, les entreprises ont tendance à localiser leurs productions dans des pays où la protection sociale (cotisations sociales) est plus basse qu'ailleurs. Cette situation encourage la délocalisation. Certains pays, pour éviter ces délocalisations et ces pertes d'emploi, sont parfois contraints de modifier leurs législations sociales, ce qui est souvent synonyme de diminution de la protection sociale.

Il y a, bien-sûr, de nombreuses autres politiques menées par l'UE (l'environnement, la formation des jeunes, la santé, etc.). On critique souvent l'insuffisance des politiques européennes en matière de défense et de politique étrangère. L'Union de l'Europe Occidentale (UEO), alliance militaire, éprouve des difficultés à se mettre en place dans un contexte largement dominé par l'OTAN. L'UE semble se diriger vers la mise sur pied d'une force d'intervention rapide. Plusieurs grandes puissances, membres de l'UE, souhaitent, par ailleurs, garder leur autonomie en matière de politique étrangère. Ces questions sont rendues d'autant plus difficiles à gérer dans un contexte international en pleine recomposition.

3. LES INSTITUTIONS

Indispensables à son fonctionnement, l'Union européenne s'est dotée d'institutions dont les plus importantes sont la **Commission**, le **Parlement**, le **Conseil des ministres**, le **Conseil européen**, la **Cour de justice**, le **Comité économique et social**.

C'est le Conseil des Ministres qui adopte les directives, soit à la **majorité qualifiée**, soit à l'unanimité. Cette dernière procédure octroie à chaque membre un **droit de veto** et peut bloquer le fonctionnement de l'Union européenne. Avant l'élargissement de l'Union européenne, certains pays, comme la Belgique, souhaitent que pratiquement toutes les décisions soient prises à la majorité qualifiée.

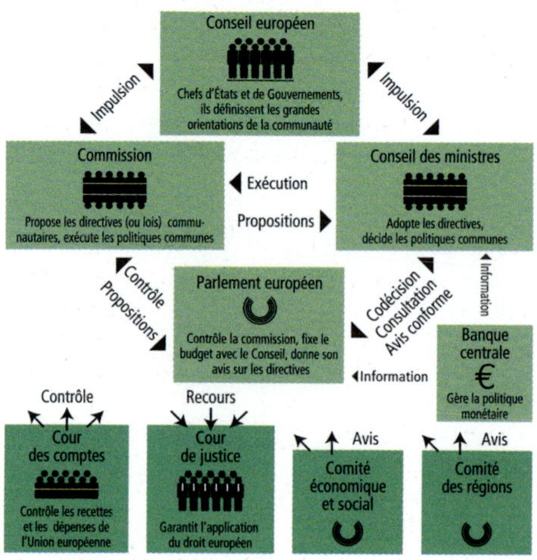

Lexique

Comité économique et social
Organisation qui siège à Bruxelles, formée de 344 membres des 27 pays adhérents, qui donne son avis dans de nombreux domaines notamment ceux touchant les employeurs, les travailleurs et d'autres groupes d'intérêts (professions libérales, consommateurs, syndicats, etc.).

Commission européenne
Elle se compose de commissaires qui s'engagent à servir les intérêts de l'Union et non ceux de leur gouvernement national. Actuellement, la Commission est l'institution la plus importante car c'est elle qui veille à la mise en œuvre des règlements et des directives, elle a l'initiative des projets de loi et suggère les orientations pour le développement de l'Union.

Conseil des ministres
En fonction des sujets, les ministres nationaux se réunissent à Bruxelles pour voter des directives. Cela correspond au pouvoir législatif. Le Parlement excerce aussi ce pouvoir (procédure de codécision).

Conseil européen
Il est constitué des chefs d'États et/ou de gouvernements. Il a lieu quatre fois par an, habituellement à Bruxelles, et il détermine les grandes orientations de l'Union européenne.

Cour de justice
Elle assure le respect du droit dans l'Union. Les plaintes peuvent être déposées par les États membres, les institutions, les sociétés et les citoyens de l'UE. Elle siège à Luxembourg.

directive
Loi européenne supplantant les lois nationales.

droit de veto
Possibilité d'un membre de s'opposer seul à une décision d'une assemblée.

majorité qualifiée
Procédure de vote en vigueur pour la plupart des décisions européennes. Le vote de chaque pays est pondéré selon une valeur fixe, relative à la taille de sa population. à présent, chaque décision prise à la majorité qualifiée doit obtenir un minimum de 74 % des votes pour être adoptée. Par ailleurs, les États membres constituant la majorité qualifiée doivent représenter au moins 62 % de la population de l'Union.

Organisation Mondiale du Commerce (OMC)
L'OMC, créée en 1995, compte 145 membres. Alors que le GATT se bornait à la réduction des barrières douanières sur les marchandises, l'OMC se concentre sur les services, les relations entre le commerce et le régime de la concurrence ou le fonctionnement des marchés publics.

Parlement européen
Le Parlement est un forum démocratique. Il compte aujourd'hui 785 députés, élus tous les 5 ans, qui se réunissent à Strasbourg lors des séances plénières mensuelles et à Bruxelles pour les réunions en commissions restreintes. Depuis 1993, il a vu son pouvoir renforcé: autorité budgétaire et vote de confiance pour la Commission.

3 Pourquoi l'Europe a besoin de vous ?

Il y a soixante ans, l'histoire de l'Europe a pris un tournant décisif. Le 9 mai 1950, Robert Schuman, ministre français des Affaires étrangères, a invité les pays européens, et notamment l'Allemagne, à s'engager dans une entreprise politique commune. Au sortir de la Seconde Guerre mondiale, c'était un acte courageux en faveur de la paix et de la réconciliation. Dès lors, la guerre entre voisins européens au sein de l'Union est devenue impensable. Le pouvoir d'attraction de l'Union a accéléré l'effondrement du communisme et la fin de la guerre froide. Peu à peu, les gouvernements européens ont trouvé les moyens de résoudre ensemble leurs différends. Les champs de bataille meurtriers ont cédé la place aux salles de négociation de Bruxelles, ce qui est un grand progrès.

À ses débuts, c'est-à-dire à l'époque de Robert Schuman, de Konrad Adenauer, de Paul-Henri Spaak et des autres pères fondateurs, l'Europe réunissait six pays qui s'occupaient de charbon et d'acier. Aujourd'hui, notre Union compte 27 démocraties et 500 millions de citoyens répartis sur le continent européen, de la Finlande au Portugal et de l'Irlande à la Roumanie. Nous partageons le plus grand marché du monde, un important ensemble de lois, une monnaie commune (pour la plupart d'entre nous), des frontières et des institutions politiques communes ; nous partageons un passé et un avenir communs.

Or, partager n'est pas toujours facile. Certes, nous en recueillons les fruits, dans la mesure où nous en sortons tous renforcés et que les possibilités qui nous sont offertes s'en trouvent accrues. Ce qui est la raison de notre engagement. Mais partager signifie également que, parfois, les problèmes rencontrés par un seul nous affectent tous. Dès l'instant où l'on poursuit un but commun pour servir les intérêts de chacun, il faut être prêt à faire face, ensemble, aux difficultés imprévues. La solidarité n'a pas de sens si elle ne s'exerce que quand tout va bien.

Notre réussite passée n'est pas suffisante pour bâtir un avenir commun. Chaque génération doit encore être convaincue à nouveau que nous avons besoin de l'Union.

Pourquoi nos 27 pays continuent-ils de travailler ensemble ? Parce que leurs 27 gouvernements se rendent compte qu'à l'heure de la mondialisation, ils ne sont plus en mesure à eux seuls de garantir le bien-être et la sécurité de leurs citoyens. Par conséquent, même s'ils ne sont pas d'accord sur tout et que leurs positions sont parfois même diamétralement opposées, les 27 gouvernements préfèrent être membres du club européen que de rester seuls à l'écart.

Mais pourquoi ont-ils besoin de vous pour participer à cette entreprise ? Parce qu'aucun gouvernement ne peut se passer du soutien de sa population. Permettez-moi donc de vous dire ce que cela signifie pour vous et ce que l'Europe attend de vous.

L'Union européenne offre de nombreux avantages pratiques aux consommateurs, aux voyageurs ou aux entrepreneurs. Aujourd'hui, les citoyens européens peuvent trouver des vols bon marché pour se rendre dans les villes ou sur les plages de tout le continent. Le coût des appels téléphoniques au sein de l'Union est très inférieur à ce qu'il était autrefois. On peut acheter en toute sécurité des produits de tous les pays de l'Union européenne. Faire la file aux postes-frontières est désormais de l'histoire ancienne. On peut facilement faire ses études à l'étranger. Effectivement – comme nos brochures institutionnelles ne manquent pas de le souligner – l'Europe a ouvert un espace de liberté et d'opportunités.

Mais, soyons francs, ces avantages concrets ont bien peu de poids face à une crise telle que celle que nous traversons ces temps-ci. Les responsables politiques doivent aussi apporter des réponses convaincantes aux questions difficiles. Par exemple, pourquoi avons-nous décidé, quinze pays européens et le FMI, de prêter 110 milliards d'euros pour venir en aide à la Grèce et assurer l'avenir de l'euro ? Ou encore, pourquoi considérons-nous, les 27 pays européens, que les Balkans occidentaux, région qui a tant souffert de la guerre dans un passé récent, devraient un jour se joindre à nous ? Ces questions ne représentent pas seulement des possibilités concrètes pour certains, elles concernent la stabilité existentielle et la paix pour tous. En ma qualité de président du Conseil européen, dans le cadre duquel les 27 chefs d'État ou de gouvernement, y compris votre Premier ministre, se réunissent pour discuter des perspectives et des difficultés qui nous concernent tous en tant qu'Européens, permettez-moi de vous parler en leur nom. Nous ne vous demandons pas de manifestations d'enthousiasme. Nous ne vous demandons pas d'agiter le drapeau européen ni d'entonner en chœur un chant de paix. Nous vous demandons juste d'être conscients du fait que lorsque nous négocions un accord ou lorsque nous trouvons une solution à la crise du jour, bien souvent l'enjeu dépasse l'accord proprement dit, dépasse la crise elle-même. Au plus fort de ces moments, c'est le sort de l'Europe même qui est en jeu. Ensemble, nous défendons un trésor qui nous est précieux.

Permettez-moi de vous rappeler ce que nous défendons. Les Européens occupent une place privilégiée dans le monde. On nous envie la stabilité politique, la prospérité et les systèmes sociaux, ainsi que la qualité de vie de nos pays. Vous, les cinq cents millions d'hommes et de femmes qui vivez dans l'Union européenne, vous faites partie de ceux qui ont le plus haut niveau d'éducation et de formation au monde. Nous sommes la première puissance commerciale au monde. Ce sont des réalisations dont il y a lieu d'être fier et qui témoignent de notre capacité unique à évoluer dans le temps tout en préservant notre patrimoine. Nous avons toujours cette capacité.

Toutefois, dans un monde en mutation, d'autres régions sont prêtes à nous dépasser dans le domaine économique. Nos emplois et notre influence sont en jeu. Le nationalisme ou le populisme n'apportent aucune réponse à ces défis. Pour défendre nos valeurs, nos intérêts et nos emplois européens, nous devons continuer à agir ensemble et, lorsque nous agissons individuellement, nous devons le faire dans un même esprit. Le monde d'aujourd'hui nous impose notamment d'élaborer une politique économique plus forte et d'être plus unis sur le plan de la politique étrangère et de la lutte contre le changement climatique. Je suis heureux de constater que tous les membres du Conseil européen sont disposés à assumer cette responsabilité commune.

Il y a soixante ans, Robert Schuman et ses compagnons se sont engagés dans un projet commun. Les pays qui y ont adhéré l'ont fait à leur plus grand bénéfice. Ce projet n'est plus limité à « Bruxelles ». Il concerne la prospérité, la sécurité et la destinée commune de 500 millions de personnes vivant dans 27 démocraties sur notre beau continent.

Aujourd'hui, je ne vous demande qu'une chose : de vous arrêter un instant pour prendre conscience de ceci : nous, Européens, sommes ensemble dans ce destin commun.

VAN ROMPUY, dans *Le Soir*, 7 mai 2010

Fiche 11

Un modèle d'organisation spatiale : centre et périphérie

1. L'ORGANISATION DU SYSTÈME MONDE

Le fonctionnement du système monde repose sur les impulsions données par trois grands centres (la triade). Les autres territoires s'organisent par rapport à ces trois **centres** ❶ ❷.

1.1 LES CENTRES

La bipolarisation Est-Ouest autour des États-Unis et de l'URSS a constitué la donnée fondamentale de l'organisation du monde jusqu'en 1989. Depuis la chute du Mur de Berlin, le monde est devenu polycentrique : les États-Unis, l'Union européenne et le Japon (la triade). La richesse, l'influence politique, la puissance militaire, les multinationales, le commerce se concentrent dans ces zones.

- Cette organisation polycentrique n'empêche pas les États-Unis de jouer un rôle dominant au niveau mondial, surtout depuis la Guerre du Golfe (1990-1991) et depuis leur intervention militaire en Afghanistan et en Irak, où ils tentent de mettre en place un « nouvel ordre ou un nouveau désordre mondial » selon les points de vue. Ce rôle dominant est surtout le résultat de la puissance politique et militaire des États-Unis.
- L'Union européenne est toujours en phase de construction et doit faire face à des problèmes économiques et sociaux comme une croissance économique faible et un chômage massif persistant. De plus, cette institution est gravement touchée depuis 2010 par la crise de la dette dans la zone euro. Cette crise a débuté en Grèce et s'est étendue à de nombreux autres pays comme l'Irlande, l'Italie ou encore l'Espagne.
- Sans armée et sans diplomatie unifiée, quel rôle jouera l'Union européenne sur la scène internationale ? Berceau de la démocratie et principale puissance économique mondiale, l'Europe pourrait être le pôle de stabilité et de paix dont le monde a besoin.
- Le Japon est, quant à lui, une grande puissance économique, commerciale et financière. Mais il est toujours absent du jeu diplomatique international. Pour combien de temps encore ?

1.2 LES PÉRIPHÉRIES

- Les périphéries intégrées ou associées sont celles qui subissent une influence positive du centre et qui sont prises dans une spirale du développement. Certains espaces sont plutôt intégrés, voire associés aux centres. Les investissements étrangers et nationaux ont pris une ampleur telle que ces pays sont en train d'assurer leur décollage économique. Tel est le cas de la Chine, du Brésil, du Mexique, des nouveaux pays industrialisés de l'Asie du Sud-Est (Singapour, Taiwan, etc.), de pays de l'Europe de l'Est ou centrale (Pologne, Slovénie, Croatie, Tchéquie, Hongrie), de la Turquie.
- Par contre, il existe également des périphéries dominées, exploitées, délaissées qui ont beaucoup de difficultés à s'insérer dans le système monde et à tirer profit de leur situation. Certains pays sont dominés au sens plein du terme comme ceux qui font partie de la catégorie des « Pays les moins avancés » frappés par une démographie galopante, par une instabilité politique chronique et par une très forte dépendance de leur population à l'égard de l'agriculture de subsistance. Leur PIB moyen par habitant est d'ailleurs d'environ 240 dollars, en comparaison des 25 000 dollars par habitant des pays développés. Les PMA présentent des déficits importants en terme d'alphabétisation et de santé. Ils forment aujourd'hui un groupe de 49 pays qui représente 10 % de la population mondiale. La plupart de ces pays sont situés en Afrique (Congo, Mali, Niger, Sénégal...).

Lexique

centre
C'est une région regroupant une importante masse de population, en avance sur les autres par son niveau de vie. Le centre a une capacité de développement à partir de ses propres ressources humaines et financières, et une capacité d'innovation (esprit d'entreprises largement répandu, créativité, laboratoires, centres de recherche). Mais, il est également capable d'attirer à lui, en provenance d'autres régions, non seulement des hommes, mais aussi des capitaux.

écoumène
Partie de la Terre habitée par l'homme.

périphérie
Elle se définit par rapport au centre dont elle est le complément. Elle se caractérise par un niveau de vie moins élevé, des productions moins élaborées (mais surtout par un affaiblissement et une perte de substance au profit du centre). Il existe deux types de périphérie : la périphérie intégrée et la périphérie dominée.
- La périphérie intégrée ou associée est une zone qui subit une influence positive du centre et qui, par ses relations avec le centre, accroît son niveau de vie.
- La périphérie dominée ou délaissée est celle qui subit des influences négatives du centre et qui reste dans une situation de blocages économiques.

Fiches

fiche 10 : Union européenne
fiche 12 : clés de lecture de l'organisation de territoires-sociétés

Pour comprendre

- L'organisation du système monde
- L'organisation spatiale de l'Union européenne
- Les dynamiques territoriales en Europe
- Le modèle centre-périphérie

Mots-clés

- Centre
- Périphérie
- Isolat

1 L'organisation spatiale du monde (modèle simplifié)

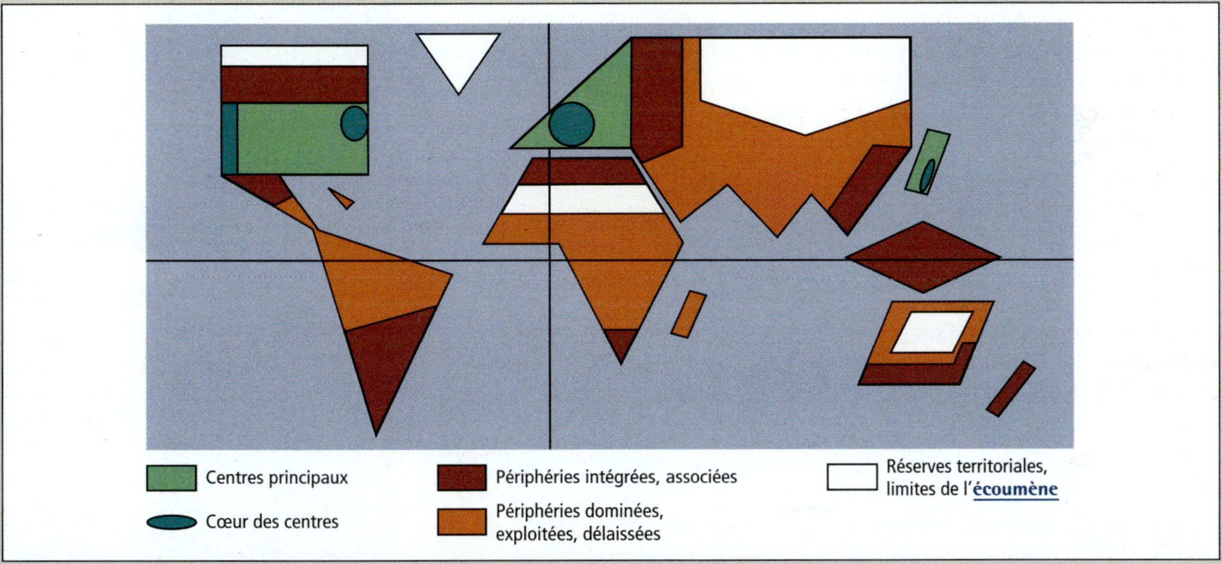

2 Le système monde autour de la triade

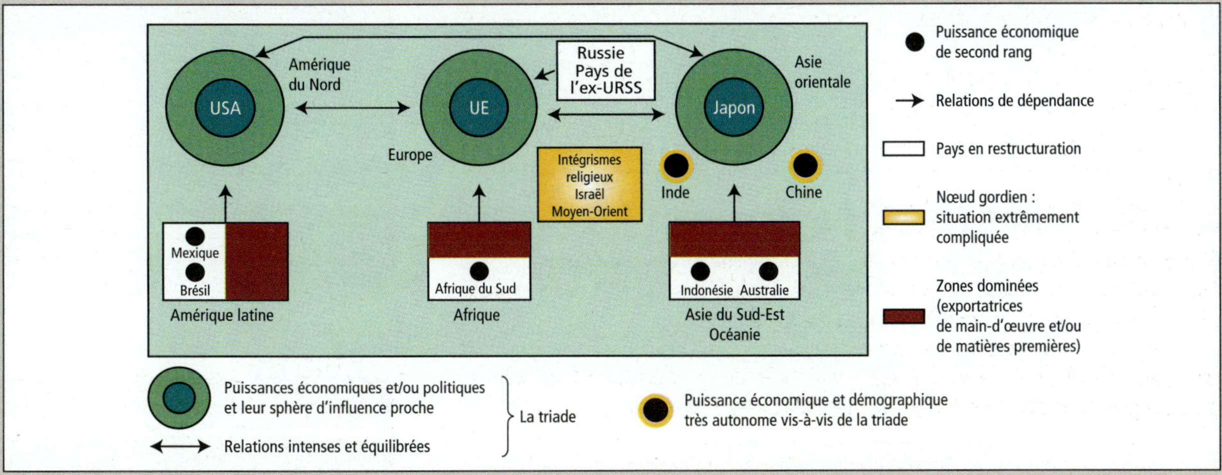

D'après *Géographie : L'organisation de l'espace mondial*, Belin, 1995.

1.3 LES ISOLATS

Il existe aussi des États suffisamment vastes pour pouvoir compter essentiellement sur leurs propres forces et garder une certaine distance avec les centres dominants. À certaines périodes de leur histoire récente, la Chine et l'Inde ont été de véritables **isolats**.

1.4 VERS UN NOUVEL ORDRE MONDIAL ?

Jusqu'en 1989, le fonctionnement du système monde était simple : on appartenait à un bloc ou à un autre (capitaliste / communiste), à l'exception des pays non alignés. Mais aujourd'hui, le déclin du communisme, la mondialisation des échanges, les inégalités accrues, les extrémismes de tout bord, les aspirations nationales, la montée de l'intégrisme islamique et le terrorisme international sont la toile de fond de ce système monde. 1989, avec la chute du Mur de Berlin, aura été une année charnière dans l'histoire mondiale : le capitalisme et le libéralisme sont sortis vainqueurs de cette lutte contre le communisme. Mais, le capitalisme et le libéralisme qui se nourrissent de la concurrence se trouvent maintenant dans une situation de monopole. Quel sera leur devenir ?

2. L'ORGANISATION SPATIALE DE L'EUROPE ❸

Le centre principal est constitué des régions les plus favorisées. C'est l'axe principal du développement européen. Les géographes nomment cette zone la banane européenne qui s'étend de Londres à Rome. Il existe des centres secondaires qui s'organisent autour de deux axes. Le premier s'articule le long des villes de Lille, Paris, Lyon et Marseille. Le second, en développement, concernent les villes de Hambourg, Berlin, Prague, Vienne, Zagreb. Ces ensembles correspondent à un espace très peuplé et très industrialisé qui possède les centres de décisions (banques, assurances, groupes industriels, institutions européennes, etc.). C'est également l'Europe de la première révolution industrielle et des marchands (ports mondiaux). Un nouveau réseau de transport, le TGV, vient en partie renforcer et modifier cette structure.

Les façades atlantique et méditerranéenne (pays ibériques, sud de l'Italie, Balkans) et l'Europe de l'Est constituent la ou les périphérie(s) annexée(s). Le niveau de vie a progressé plus lentement, l'économie est restée longtemps agricole. Ces régions, mal intégrées au centre ou dépendantes, sont terres d'émigration. Cependant, des dynamiques positives apparaissent, souvent basées sur les nouvelles technologies ou le tourisme.

Ce découpage masque les difficultés rencontrées par certaines régions industrielles en déclin (nord et est de la France, Wallonie, Pays de Galles, Limbourg des Pays-Bas, etc.). Ces régions en proie à des difficultés regroupent les zones dont la prospérité fut assurée par des activités industrielles aujourd'hui en déclin (industries charbonnières, sidérurgiques, textiles, etc.). Chômage élevé, émigration croissante, difficultés de moderniser les infrastructures, poids des problèmes écologiques, etc., telles sont les difficultés propres à ces régions.

3. CENTRE-PÉRIPHÉRIE : UNE CLÉ DE LECTURE

Cette clé de lecture permet de lire l'organisation de territoires à différentes échelles. Elle peut s'utiliser pour une ville, pour une région mais également pour des pays ou à l'échelle planétaire. Elle peut s'utiliser de plusieurs manières ❹ :

- le centre est pris dans un sens géométrique (modèle auréolaire : ville européenne) ;
- le centre concentre la richesse. Les flux entre lui et la périphérie sont à son avantage (analyse économique) ;
- le centre exprime une relation de domination de la périphérie (analyse plus politique).

Lexique

isolat
Région qui n'entretient pratiquement aucun lien avec les autres. Il s'agit surtout d'isolat relatif.

Fiches

fiche 1 : métropoles d'Europe
fiche 2 : métropoles d'Amérique du Nord

3 L'Union européenne: centres et périphéries

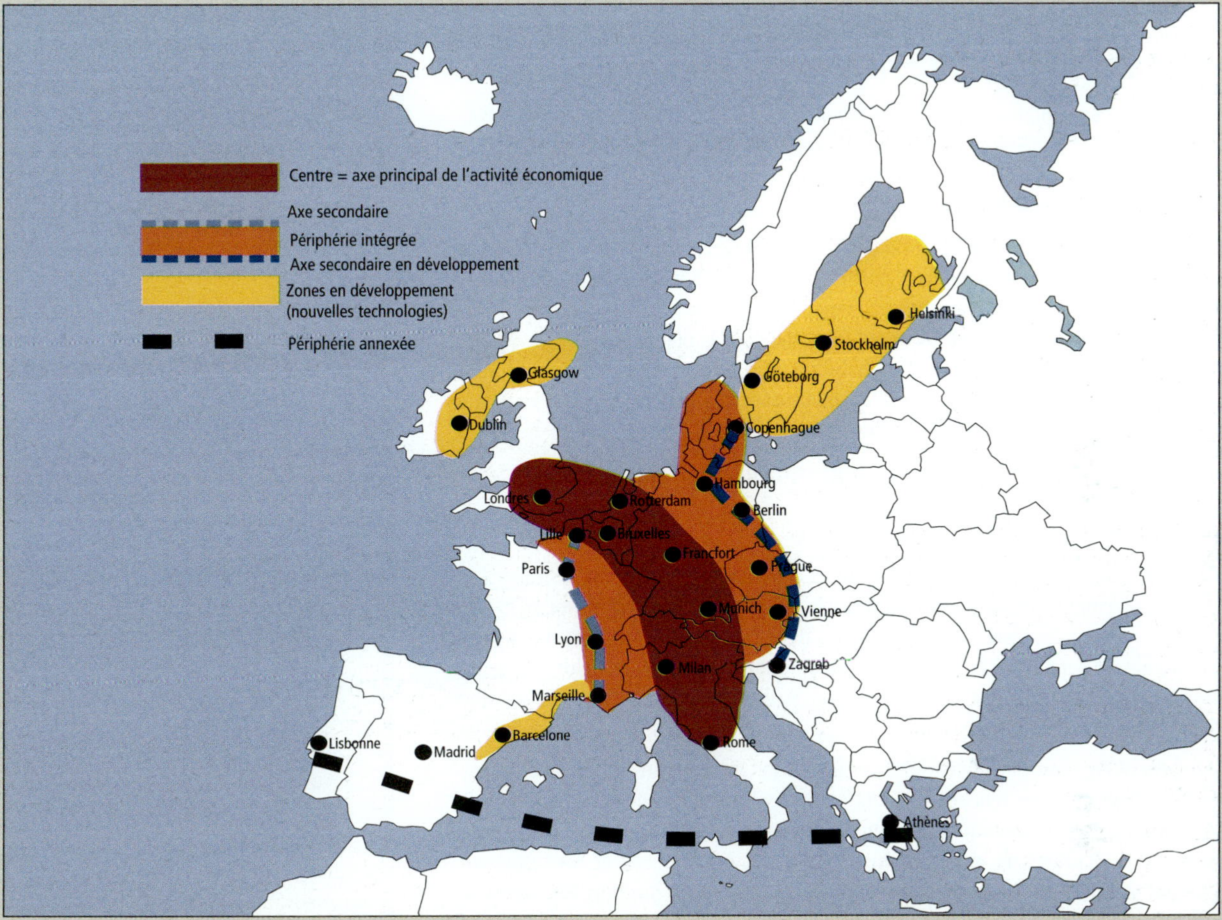

D'après A-M Gerin-Grataloup, *Précis de géographie*, Nathan, 1995 et G. Collet, Ph. Hertig, *Europe, des Europes*, LEP, 1996.

4 Centre et périphérie

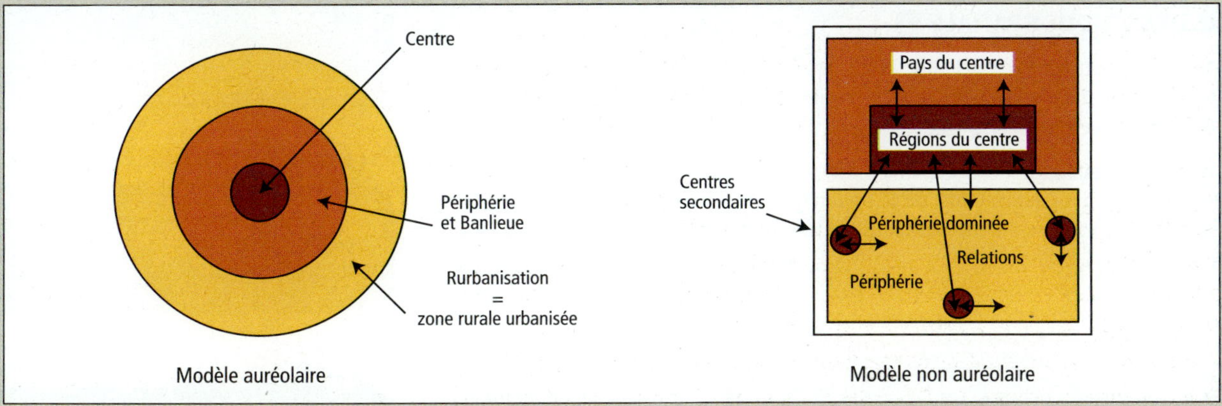

D'après A-M Gerin-Grataloup, *Précis de géographie*, Nathan, 1995.

Fiche

12 Clés de lecture de l'organisation de territoires-sociétés

1. LES ÉLÉMENTS QUI STRUCTURENT LE TERRITOIRE

Nous donnerons trois exemples relativement simples où l'identification de certains éléments qui structurent le territoire permet d'en comprendre partiellement l'organisation.

1.1 UNE OASIS SAHARIENNE ❶

La proximité de l'eau explique la localisation de l'habitat et des cultures. En effet, l'**irrigation** des parcelles cultivées est réalisée à partir d'un cours d'eau (ici un **oued**) ou par pompage dans la **nappe phréatique**. Les palmiers dattiers y trouvent également l'eau nécessaire. L'agriculture est donc exclusivement localisée dans la plaine alluviale. Le village s'est installé sur le bas du versant afin que les habitants disposent facilement d'eau, soient près des cultures mais ne risquent pas d'avoir les pieds dans l'eau en cas de crue. La partie supérieure des versants et le plateau sont désertiques.

Cet exemple montre l'étroite relation entre le **contexte naturel** et l'**affectation du sol**.

1.2 LA HIÉRARCHIE URBAINE EN BELGIQUE

En fonction de la qualité et de la rareté des biens et des services recherchés, les Belges se déplacent successivement vers des villes différentes selon leur niveau d'équipement. De façon générale, les deux facteurs explicatifs de ces déplacements sont la distance à parcourir (ou le temps de parcours) et le niveau d'équipement de chaque ville. Celui-ci dépend souvent de l'importance numérique de la population. À chaque ville correspond donc une zone d'influence pour un niveau déterminé ❸.

Le réseau urbain belge n'est pas homogène. Certains habitants doivent se déplacer beaucoup plus que d'autres pour rencontrer leurs souhaits (ex. : les Ardennais). Parfois, le **découpage administratif** (communes, provinces, régions) ne tient pas compte de cette hiérarchie urbaine. Des axes de déplacements privilégiés apparaissent et sont souvent matérialisés par des infrastructures de communication importantes (autoroutes, lignes de chemin de fer, etc.). Les frontières (nationales, linguistiques, naturelles, etc.) peuvent constituer des barrières ou des ouvertures. Par exemple, les métropoles étrangères proches (Lille, Aachen) influencent l'organisation du territoire belge.

1.3 UNE DYNAMIQUE SPATIALE ❷

L'évolution de la population en Belgique n'est pas homogène. Des régions voient leur population diminuer (indice inférieur à 100), tandis que la population augmente dans d'autres régions (indice supérieur à 100).

Pour découvrir la **dynamique** d'un territoire, il faut décrire les changements dans la localisation des activités, des équipements, de la population, des catégories de personnes, de la richesse produite, etc. Il est donc indispensable de mettre en évidence des variations dans le temps.

Lexique

affectation du sol
Nature de l'occupation du sol.

contexte naturel
Ensemble des relations qui lient le sol, le sous-sol, le relief, le climat, l'hydrologie, la végétation et la faune.

découpage politique et administratif
Division du territoire en entités territoriales politiques et administratives relativement autonomes (communes, régions, État, etc.).

dynamique territoriale
L'étude des dynamiques territoriales est toujours basée sur une étude relative, c'est-à-dire par rapport à d'autres régions ou à d'autres années. On parlera alors de régions en déclin par rapport à des régions en progrès ou de dynamique négative par rapport à une dynamique positive.

irrigation
Apport d'eau sur un terrain cultivé ou une prairie en vue de compenser l'insuffisance des précipitations et de permettre le plein développement des plantes.

nappe phréatique
Nappe d'eau souterraine, formée par l'infiltration des eaux de pluie et alimentant des puits et des sources.

oued
Cours d'eau temporaire dans les régions arides et semi-arides.

Web

organisation de plusieurs espaces géographiques

www.educreuse23.ac-limoges.fr/ loewy/swf

Fiches

fiche 3 : zone aride
fiche 43 : références spatiales en Belgique

Pour comprendre

- La répartition et les déplacements des hommes
- La répartition des activités
- Les inégalités et les disparités territoriales
- L'organisation d'un territoire
- Les tensions territoriales

Mots-clés

- Affectation du sol
- Contexte naturel
- Pôle, axe et réseau
- Découpage politique et administratif
- Barrière et ouverture
- Dynamique territoriale
- Acteur spatial

1 Une oasis saharienne (vue en coupe)

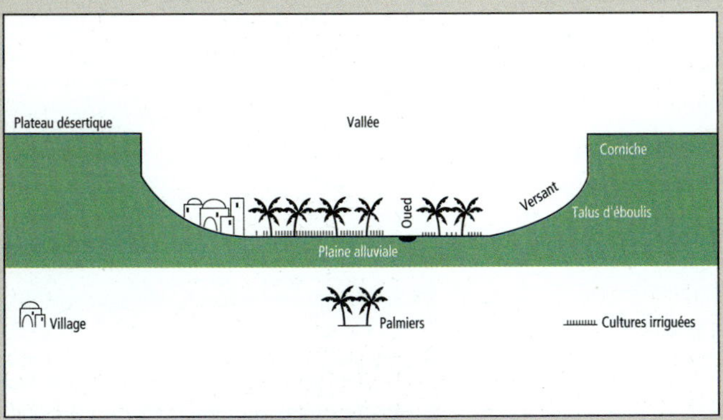

2 Belgique : évolution de la population (1981 - 2009)

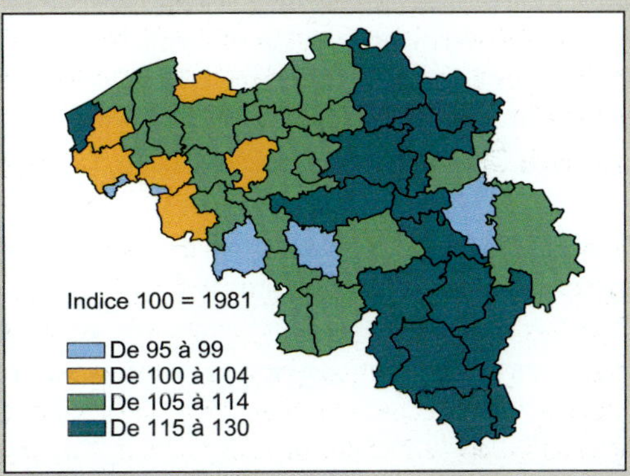

Source : INS.

3 Hiérarchie urbaine et zones d'influence en Belgique

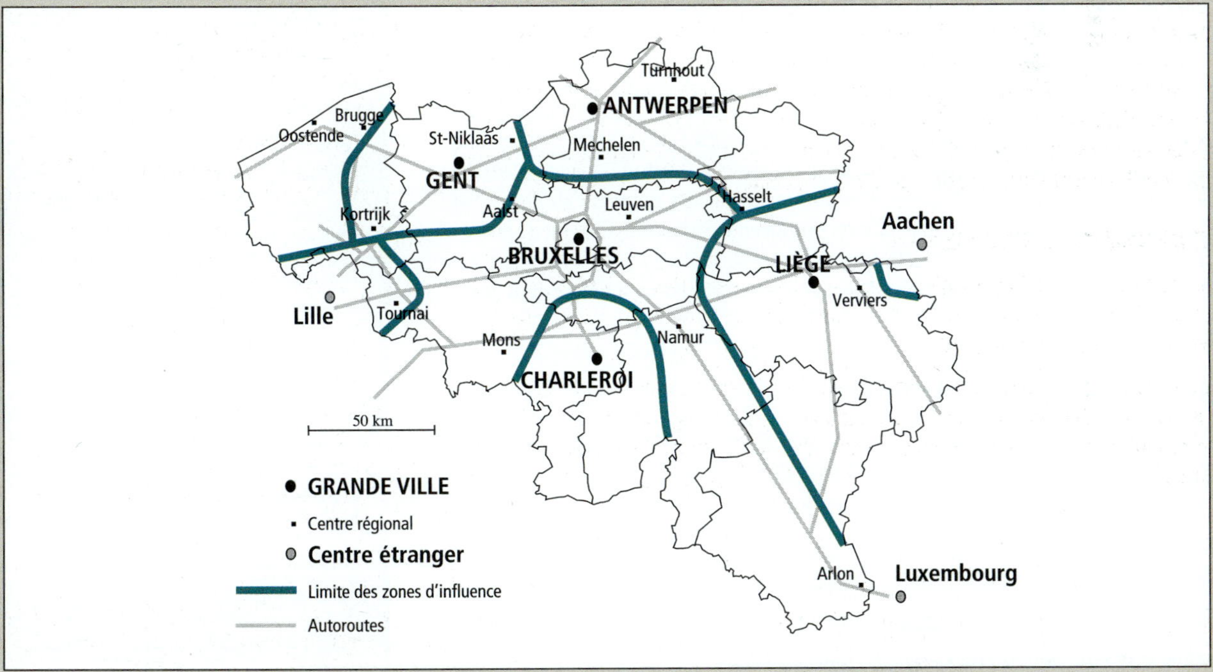

D'après *Le Grand Atlas*, De Boeck, 2004.

1.4 SYNTHÈSE

De ces trois exemples, nous pouvons distinguer les éléments qui structurent le territoire :

- les **pôles** = les villes ;
- les **axes** = les autoroutes (les routes, les voies de chemin de fer) ;
- les **réseaux** = organisation des axes autoroutiers (lignes de chemin de fer) ;
- les **barrières** = les **frontières** (linguistiques, nationales, naturelles) ;
- les **ouvertures** = les **interfaces**.

Il est parfois difficile d'identifier correctement tous les éléments qui structurent le territoire et d'établir les relations entre ces éléments structurants car des facteurs extérieurs au territoire peuvent intervenir. Par exemple, l'organisation spatiale d'une oasis saharienne peut être influencée par un réseau commercial qui dépasse ses frontières.

Pour comprendre l'organisation spatiale d'un **territoire-société** et son fonctionnement, il faut pouvoir identifier les éléments suivants ❹ : le contexte naturel ; l'affectation du sol ; les découpages politiques et administratifs ; les pôles, les axes et les réseaux ; les barrières et les ouvertures ; les dynamiques territoriales.

2. LES ACTEURS QUI AGISSENT SUR LE TERRITOIRE

Pour comprendre l'organisation spatiale d'un territoire-société et son fonctionnement, il faut également identifier les **acteurs** de l'espace. En effet, un territoire-société est une portion d'espace appropriée, habitée et exploitée par une société. Il est aussi un lieu d'échanges. Par ces quatre actions, la société gère ou « aménage » son territoire. Mais toute société est complexe et les acteurs spatiaux d'un même territoire peuvent le percevoir différemment car leurs intérêts sont divergents. Ils peuvent, dès lors, envisager des stratégies d'aménagement différentes.

Les principaux acteurs spatiaux sont : les individus et les familles ; les associations ; les entreprises ; les collectivités territoriales (communes, régions, etc.) ; les États ; les ensembles et organismes internationaux (UE, ONU, OTAN, etc.). De plus, un territoire-société envisagé à l'échelle locale ou régionale peut parfois être influencé par des acteurs extérieurs. Par exemple, la politique agricole menée par l'Union européenne influence fortement l'organisation du territoire des villages belges. Ces acteurs « produisent » donc un espace qui est le résultat combiné de multiples relations à des échelles différentes (analyse **multiscalaire**).

3. UNE LECTURE GÉOGRAPHIQUE

Il existe plusieurs façons d'étudier un territoire-société. Mais la spécificité de l'approche géographique répond à cinq critères (D. Belayew, 1991). Elle est :

- spatiale = basée sur le territoire et son organisation ;
- anthropocentrée = centrée sur l'homme ;
- multiscalaire = envisagée simultanément à des échelles différentes ;
- globale = envisagée de façon **systémique** et non artificiellement découpée en thèmes ;
- dynamique = tenant compte des évolutions dans le temps.

Lexique

acteur spatial
Personne morale (État, commune, entreprise, association, etc.) ou personne physique (citoyen) qui agit sur le territoire et l'aménage.

axe
Grande voie de communication.
Alignement relatif à des flux (déplacements, échanges, expansion, etc.).

barrière
Obstacle à la facilité ou à la liberté des échanges ; les barrières peuvent être naturelles ou anthropiques.

frontière
Limite du territoire d'un État (frontière politique) ; limite séparant deux zones plus ou moins abstraites (frontière linguistique). La frontière est donc une limite, une interface privilégiée entre des systèmes différents.

interface
Ligne de contact entre deux espaces distincts, à travers laquelle se produisent des échanges et des influences dans les deux sens.

multiscalaire (analyse) ou changement d'échelle
Analyse qui envisage des phénomènes explicatifs pouvant jouer à des niveaux différents de l'échelle géographique (ex. : niveaux local, régional, national, mondial).

ouverture
Possibilité d'échanges avec l'extérieur.

pôle
Centre d'action autour duquel tout semble « tourner ». Un pôle attire vers lui l'attention, les clients, les migrations.

réseau
Ensemble des axes et des pôles d'un territoire.

systémique (analyse)
Analyse qui envisage les faits, non pas isolément mais globalement, en tant que parties intégrantes d'un ensemble dont les différents composants sont dans une relation de dépendance réciproque.

territoire-société
Ensemble des interactions entre une société et le territoire qu'elle occupe. C'est une portion d'espace appropriée, habitée et exploitée par une société.

Fiches

fiche 9 : Belgique

fiche 11 : un modèle d'organisation spatiale : centre et périphérie

fiche 17 : développement et aménagement du territoire

④ Organisation spatiale de la métropole japonaise

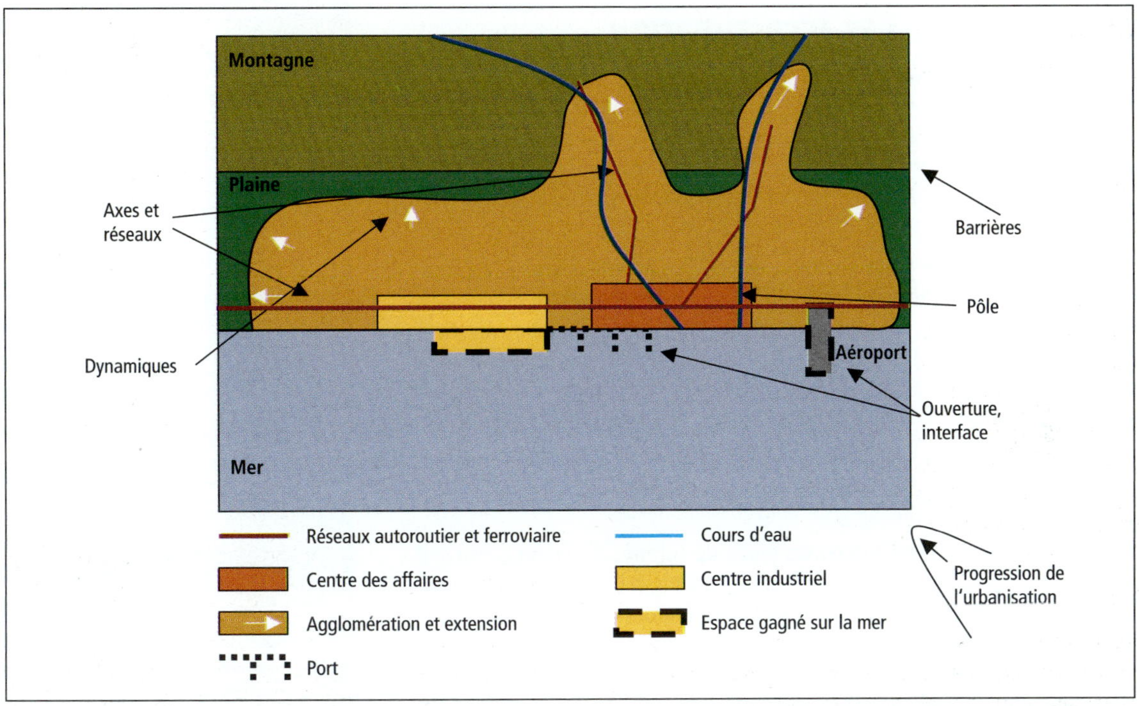

D'après Géographie terminales, Hachette Éducation, 1998, p. 163.

Baie de Tokyo – Zone urbaine et espaces gagnés sur la mer

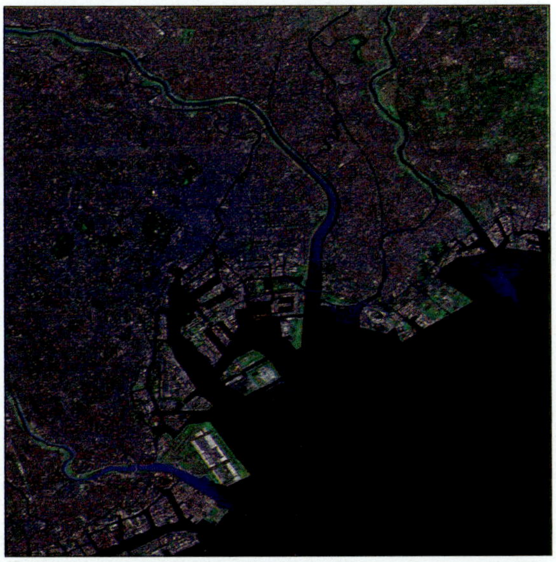

Terraserver, EarthSat.

Kyoto – Contraste plaine - collines

Fiche

13 Culture et territoire

1. DIVERSITÉ CULTURELLE ET ACCULTURATION

Chaque **ethnie** a sa propre **culture**. En effet, une ethnie peut se caractériser par un ensemble d'habitudes et de comportements (techniques, économiques, rituels, religieux, sociaux, etc.) qui la différencient d'autres ethnies. Dès sa naissance, chaque individu imite et apprend les habitudes, les comportements et les modes de pensée du groupe dans lequel il vit. Progressivement, il s'identifie à son ethnie ou à la société dans laquelle il vit. On dit qu'il **se socialise**.

Le monde d'aujourd'hui permet une grande mobilité des individus tant à l'échelle régionale qu'à l'échelle internationale. À l'échelle d'une région, les villageois et les citadins vivent de plus en plus les uns avec les autres. De nombreux villageois se rendent quotidiennement en ville pour y travailler, effectuer des achats ou bénéficier de services divers. Par ailleurs, de nombreux citadins vont habiter à la campagne. On parle alors de « migrants alternants » et de **migrations pendulaires**. À l'échelle internationale, les migrations amènent des hommes, venus de pays différents, à vivre ensemble. Ces migrations internationales s'expliquent par la mobilité du travail, la recherche d'un emploi ou la fuite d'un pays pauvre ou en guerre et la quête d'un pays où l'on croit pouvoir vivre mieux.

Dès lors, des habitants issus d'ethnies différentes (donc de cultures différentes) peuvent cohabiter sur un même territoire. Cela entraîne souvent des échanges bénéfiques pour tous les membres de la société qui partagent et qui empruntent des comportements et des connaissances issus d'autres cultures. Dans ce cas, la **diversité culturelle** est ressentie positivement. Parfois, les apports d'une culture « dominante » l'emportent sur les autres, on parle alors d'**acculturation**. Ce phénomène peut également être observé lorsque des cultures différentes sont en contact à travers des médias (ex. : par de nombreux aspects de notre vie quotidienne, on peut mesurer l'impact de l'« american way of life » dans notre société).

2. SÉGRÉGATIONS SOCIOSPATIALES

C'est le plus souvent en ville que des individus issus de classes sociales ou de cultures différentes sont amenés à vivre ensemble. Dans la plupart des agglomérations, on constate que les familles se regroupent dans certains quartiers en fonction de la classe sociale à laquelle elles appartiennent ou, dans les plus grandes villes, en fonction de leur origine ethnique. On voit ainsi apparaître des quartiers assez homogènes au niveau de la population qui y habite.

Plusieurs critères existent pour mesurer ces contrastes : densité de l'habitat ou de la population, qualité des logements ou des infrastructures, coexistence avec d'autres fonctions urbaines, niveau des revenus, prix des loyers, etc. Une agglomération peut devenir une « mosaïque » de quartiers aux caractéristiques sociales différentes ❶❷❸❹.

Souvent, la **densité de population** est importante dans les quartiers modestes où l'habitat coexiste avec la fonction industrielle. Par contre, la densité de population est plus faible dans les quartiers aisés où les habitations se dispersent parmi des jardins privés ou publics. On peut même assister à la concentration d'un groupe ethnique ou immigré dans un

Lexique

acculturation
Processus par lequel un groupe humain assimile tout ou partie des valeurs culturelles d'un autre groupe humain.

culture
Ensemble des connaissances, des croyances religieuses, de l'art, de la morale, du droit, des coutumes et de toutes les capacités et habitudes qui caractérisent une société.

densité de population
Nombre d'habitants par unité de surface (ex. : habitants/km²).

diversité culturelle
Présence sur un même territoire et dans une même société de groupes d'individus de cultures différentes.

ethnie
Ensemble d'individus que rapproche un certain nombre de caractères de civilisation, notamment la communauté de langue et de culture.

migration pendulaire
Déplacement quotidien du domicile au lieu de travail et du lieu de travail au domicile.

ségrégation sociospatiale
C'est la ségrégation sociale de l'espace : les individus ou les familles de même catégorie sociale ou ethnique tendent à se regrouper sur une même portion de territoire.

se socialiser
S'adapter aux exigences de la vie sociale. Le processus par lequel un individu s'intègre et s'adapte à la société est la socialisation.

Fiches

fiche 1 : métropoles d'Europe
fiche 2 : métropoles d'Amérique du Nord
fiche 15 : identités territoriales et conflits
fiche 22 : mouvements migratoires
fiche 27 : notions sociales

Pour comprendre

- La répartition de la population
- La culture comme facteur de localisation
- Le regroupement social

Mots-clés

- Ethnie
- Culture
- Diversité culturelle
- Ségrégation sociospatiale
- Prix du sol

❶ Bruxelles : % d'étrangers dans la population totale (2008)

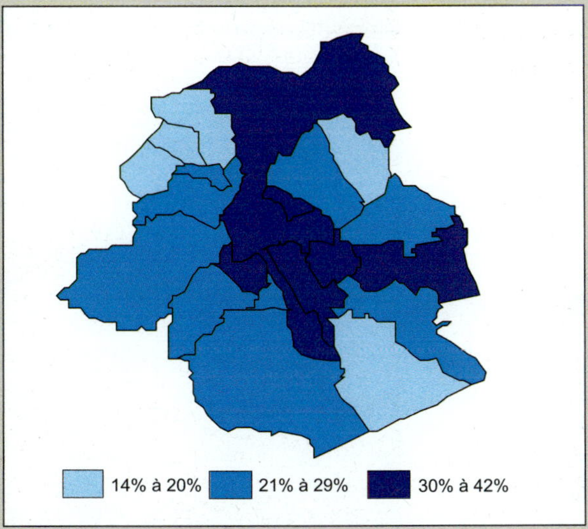

Source : INS.

❷ Bruxelles : loyer mensuel de logements en euro (2008)

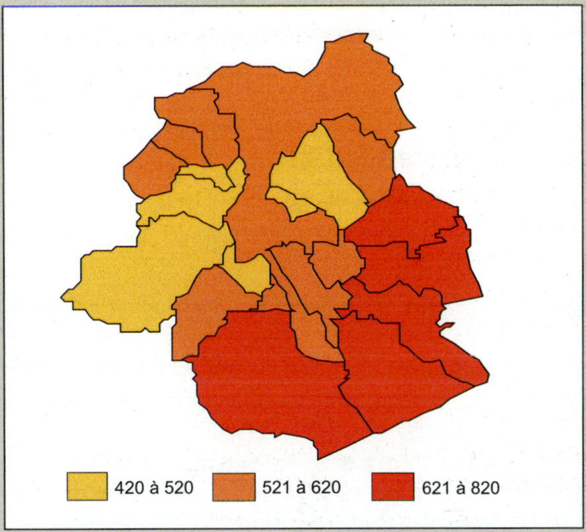

Source : l'Observatoire de la Santé et du Social de Bruxelles-Capitale..

❸ Bruxelles : évolution du revenu moyen (2001-2006)

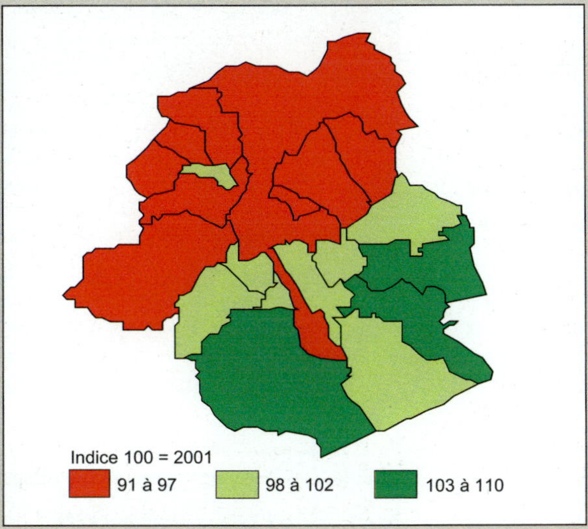

Source : INS.

❹ Bruxelles : taux de chômage des moins de 25 ans (2008)

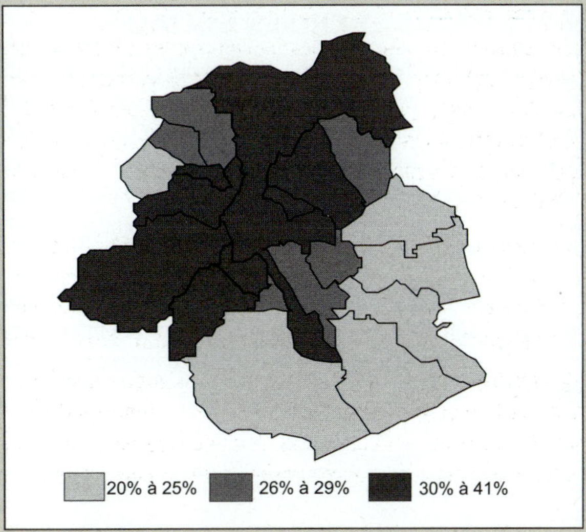

Source : l'Observatoire de la Santé et du Social de Bruxelles-Capitale.

quartier existant, progressivement délaissé par les autres habitants. On parle alors de **ghetto**. Dans les pays pauvres, l'exclusion sociale peut même aboutir à la naissance de **bidonvilles**.

Ces regroupements de populations s'expliquent par deux phénomènes : le sentiment d'appartenance et le prix des logements.

2.1 LE SENTIMENT D'APPARTENANCE

Il est compréhensible que des individus ou des familles qui ont un mode de vie identique tendent à se rapprocher. Ce comportement est commun à la plupart des classes sociales et des ethnies. De plus, les aspirations des classes sociales varient en fonction de leur niveau de vie 5.

2.2 LE PRIX DES LOGEMENTS

Puisqu'elles ont des niveaux de vie assez semblables, il est normal que des familles de classes sociales proches habitent dans des quartiers qui leur sont financièrement accessibles.

Le prix du sol et des logements varie très fort d'un endroit à l'autre d'une **agglomération**. Il dépend, en effet, de nombreux critères : accessibilité, calme, présence ou absence d'autres fonctions urbaines (usines, commerces, infrastructures de loisirs, etc.), qualité de l'environnement, etc. Généralement, le prix du sol et des logements diminue lorsqu'on s'éloigne du centre-ville 6. Dès lors, une famille s'installera dans un quartier où le logement correspond le plus à ses aspirations en tenant compte du prix qu'elle peut concéder pour y accéder. Il n'est donc pas étonnant de rencontrer dans un même quartier une majorité de familles appartenant à des classes sociales proches.

La **rente foncière** est un élément clé pour comprendre la ségrégation sociale de l'espace.

3. SÉGRÉGATIONS ET CRISES SOCIALES

Certains quartiers de grandes villes sont devenus des ghettos. Ils abritent, en effet, une très forte densité de catégories sociales défavorisées. C'est notamment le cas de grands ensembles résidentiels périphériques et des quartiers où cohabitent l'habitat ouvrier et les anciennes industries. La densité de population y est très forte, le cadre de vie est désagréable, les services collectifs manquent et le chômage y est important. Le désœuvrement, la délinquance et la violence peuvent apparaître. La moindre étincelle peut faire basculer ces tensions en crise grave (émeutes, rébellions, etc.).

Conscients de ces dangers, les pouvoirs publics ont tendance aujourd'hui à « réinvestir » dans ces quartiers : amélioration du cadre de vie, nouvelles infrastructures, services sociaux plus proches des habitants, etc. Il s'agit là d'un enjeu important de la « politique de la ville » de demain.

Lexique

agglomération
Ensemble urbain formé par une ville et sa banlieue.

bidonville
Quartier d'une ville, souvent localisé en périphérie, constitué de constructions sommaires réalisées à partir de matériaux de récupération (bidons, tôles, etc.) et dont les habitants vivent dans des conditions difficiles et peu hygiéniques.

ghetto
Quartier d'une ville où une minorité vit séparée du reste de la société, le plus souvent à cause de l'hostilité du reste de la population. Cette ségrégation est souvent d'origine économique et ethnique, mais elle peut être aussi d'origine religieuse.

rente foncière
Le sol est un bien soumis à la loi de l'offre et de la demande ; dès lors, son prix pèse sur le coût de la construction et des loyers.

Fiches

fiche 6 : métropoles des pays du Sud

fiche 17 : développement et aménagement du territoire

5 De l'enfer au paradis

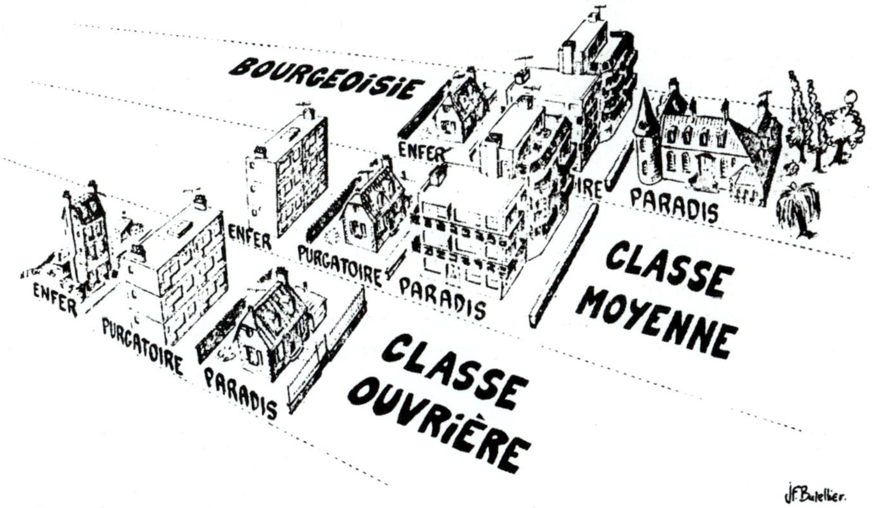

Ce dessin illustre la ségrégation sociospatiale qui s'opère dans nos villes (ex.: entre l'habitat ouvrier, celui des classes moyennes et celui de la bourgeoisie). En outre, il montre combien les aspirations de chaque classe sociale est fonction de son niveau de vie.

J.-F. BATTELIER.

6 Le prix du sol comme facteur de localisation

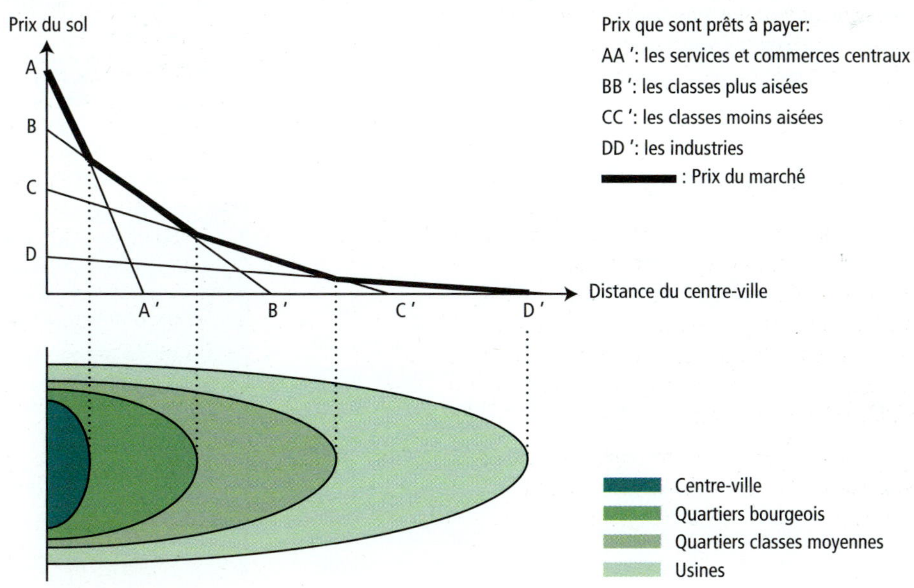

On pourrait ajouter à ce modèle d'autres acteurs de l'espace (agriculteurs, parcs commerciaux, zones de loisirs, etc.).
Ce modèle auréolaire de la ville n'est cependant pas le seul possible car d'autres facteurs peuvent intervenir pour expliquer les localisations comme, par exemple, les axes de communication et les moyens de communication.

Fiche

14 Localisation des activités

Le choix de la localisation d'une activité économique dépend de nombreux éléments appelés facteurs de localisation ❶. Ces facteurs varient en fonction du type d'activités (industrielles ou de services) et même en fonction de la branche d'activités. Par exemple, les facteurs de localisation sont différents pour une aciérie et pour une sucrerie, pour une agence bancaire et le siège central d'une banque.

1. FACTEURS ET DYNAMIQUES DES LOCALISATIONS INDUSTRIELLES

La localisation des activités industrielles obéit généralement à la recherche maximale du profit. Pour atteindre un profit maximum, une entreprise doit réduire ses coûts de production (ex. : prix des **matières premières** et des sources d'énergie) et augmenter ses ventes (le produit fini).

1.1 LES COÛTS DE TRANSPORT

Traditionnellement, l'entreprise se localise à l'endroit où la somme des coûts de transport de ces trois facteurs (matières premières, sources d'énergie et marché) est la plus faible. C'est le modèle de Weber ❹. Ce modèle montre comment une entreprise essaye de minimaliser les coûts du transport.

Les progrès technologiques et la diminution du coût des transports ont néanmoins modifié les localisations traditionnelles des entreprises ❺. Certaines **industries de base** (ex. : sidérurgie, pétrochimie) ont choisi de s'installer dans les zones portuaires. Cette localisation leur assure un accès plus aisé au marché mondial et la possibilité de diversifier leurs approvisionnements. Les **industries légères** étaient traditionnellement localisées dans les villes. Leur modernisation et leur accessibilité les poussent de plus en plus à s'installer dans des parcs industriels situés en périphérie le long des axes autoroutiers. Les zones industrielles, laissées ainsi à l'abandon, deviennent des **friches industrielles**.

De nouvelles organisations de la production, comme les **flux tendus**, incitent les fournisseurs (**sous-traitants**) à s'installer à proximité des grandes usines d'assemblage (ex. : automobile, camion, etc.).

Les transports jouent donc un rôle de plus en plus prépondérant dans la localisation des entreprises. Elles s'installent à proximité des nœuds de communication (routiers, ferroviaires ou fluviaux), dans des zones de **ruptures de charge** (aéroports et ports) ou près de leurs fournisseurs. La mondialisation et l'accroissement des échanges conduisent de nombreuses entreprises à se localiser dans les zones portuaires. On assiste ainsi à une littoralisation des activités ❸.

1.2 LES COÛTS SALARIAUX

Certaines productions nécessitent beaucoup de main d'œuvre (ex. : les manufactures textiles). Ce facteur devient alors prépondérant et ces entreprises s'installent à des endroits qui tiennent principalement compte des éléments suivants : niveau des salaires, législation du travail, niveau de formation des salariés, etc.

Lexique

flux tendus
Système de production industrielle qui réduit le stocks de fournitures et de pièces au strict nécessai pour le fonctionnement de l'entreprise.

friche industrielle
Zone industrielle, momentanément sans emploi, e attente de reconversion.

industrie de base
Industrie qui travaille pour les autres industrie Généralement, il s'agit d'industries qui utilisent beau coup de matières premières et nécessitent des inve tissements importants (sidérurgie, pétrochimi cimenterie, chimie, etc.). On les appelle égalemer industrie lourde.

industrie légère
Industrie qui utilise peu de matières premièr fabrique des produits souvent à forte valeur ajouté par unité produite, parfois à forte intensité capitali tique. Exemples : textile, jouets, électronique, etc.

matière première
Matériau d'origine naturelle qui est l'objet d'un transformation artisanale ou industrielle. La laine, coton, le pétrole, le minerai de fer, etc. sont d matières premières.

rupture de charge
Interruption d'un transport due à un changement d véhicule ou de mode de transport.

sous-traitant
Entrepreneur chargé d'une partie du travail concéd à un entrepreneur principal. Exemple : un constru teur automobile fait appel à de multiples sous-tra tants pour fabriquer les pares-brises, les sièges, etc.

Fiches

fiche 28 : mondialisation

Pour comprendre

- La répartition des activités humaines
- La localisation des industries et des services
- Des dynamiques de localisation

Mots-clés

- Parc industriel
- Délocalisation
- Nœud de communication

1 Quelques facteurs de localisation d'une entreprise

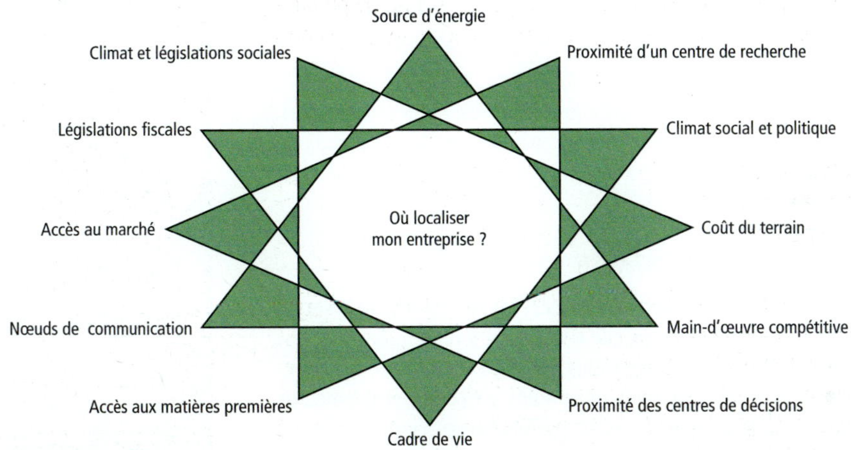

3 Coûts salariaux et délocalisations

Le fléau a encore frappé. En Mayenne, dans les Vosges et dans le Jura. Il laisse derrière lui plusieurs centaines de victimes. Des ouvrières et des employés désemparés du groupe Seb. La triste litanie des fermetures d'usines continue… Le pape français du petit électroménager devait annoncer, cette semaine, l'arrêt de plusieurs sites. Le groupe qui il y a peu encore se vantait de fabriquer ses poêles Tefal avec des ouvriers français ne semble plus pouvoir résister aux bas coûts asiatiques. Il vient ajouter son nom à la longue liste des «sabreurs» d'usines: Hewlett-Packard, Metaleurop, Salomon, Alcatel…

Le Nouvel Obs, 26 janvier 2006 - n° 2151.

Il y a à peine deux mois, IBM annonçait son intention de supprimer entre 10 000 et 13 000 emplois sur un total de près de 319 000 salariés dans 170 pays, soit de 3% à 4% des effectifs mondiaux. Principales activités visées: les services informatiques aux États-unis et en Europe, dont les performances sont jugées médiocres. […]

Selon un document interne publié vendredi 24 juin sur le site du syndicat américain Wash Tech, c'est à peu près le même nombre de personnes que le numéro un mondial de l'informatique envisagerait d'embaucher en 2005 en Inde. Le syndicat, affilié à l'AFL-CIO et établi à Seattle pour défendre les salariés de la haute technologie américaine, révèle le chiffre de 14 000 embauches. Le document interne qu'il s'est procuré montre une rapide augmentation des effectifs d'IBM en Inde: 6 070 salariés en 2002, 24 150 en 2004, et jusqu'à 38 196 en 2005. […]

Pour IBM, dont la moitié du chiffre d'affaires provient aujourd'hui de la vente de services, le coût de revient d'un ingénieur devient en effet une variable essentielle. Un ingénieur américain coûterait 75 000 dollars par an, contre 15 000 pour un indien…

Cécile Ducourtieux, avec AFP, dans *Le Monde*, 28 juin 2005.

2 Les estuaires

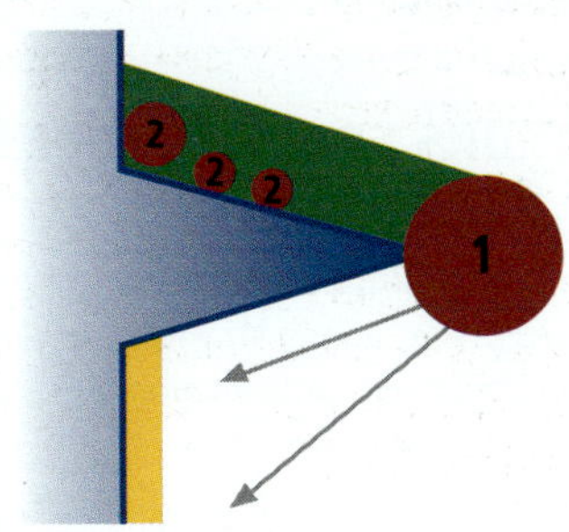

1 la métropole de fond d'estuaire
2 les avant-ports en eau profonde
■ les zones industrialo-portuaires
■ à l'opposé, les plages

La configuration des estuaires permet à de grands navires de pénétrer assez loin en amont. C'est pourquoi les grands ports occupent souvent des sites d'estuaire.

D'après A.-M. Gerin-Grataloup, *Précis de géographie*, Nathan, 1995

14 Localisation des activités

Dans le cadre d'une économie de marché de plus en plus ouverte (mondialisation), la recherche des bas salaires conduit certaines **multinationales** à délocaliser leur entreprise pour s'installer dans des pays plus attractifs ❷ et parfois dans des **zones franches**. Dans ces pays, la **législation sociale** et la modicité des **charges salariales** leur assurent des profits maxima. Dans certains cas, on peut s'interroger sur les conditions de vie de ces salariés et estimer que la production n'a pas respecté une **éthique** acceptable.

Les législations sociales et le poids des charges salariales sont encore sensiblement différents d'un pays à l'autre de l'Union européenne. Il n'est, dès lors, pas rare de constater des **délocalisations** d'un pays de l'Union européenne vers un autre ❷.

1.3 LES COÛTS FINANCIERS

D'un pays à l'autre, et même parfois d'une région à l'autre, il peut exister des coûts financiers très différents qui doivent être intégrés aux coûts de production : prix du terrain, taxe d'installation, fiscalité, taxes douanières, octroi de primes à l'embauche, etc.

Les **paradis fiscaux** et les zones franches sont la partie la plus visible de ces différences. Mais, afin d'attirer des entreprises sur son territoire, un pays, une région ou une commune peut offrir des avantages aux investisseurs potentiels (ex. : don d'un terrain aménagé, réduction des charges fiscales, etc.).

1.4 LES CONTRAINTES ENVIRONNEMENTALES

La législation concernant la protection de l'environnement est un facteur de localisation de plus en plus important. Dans les pays développés, elle a tendance à regrouper les industries dans des zones éloignées de l'habitat (ex. : **parcs industriels**). La coexistence des zones d'habitat avec certaines activités économiques peut néanmoins poser des problèmes de voisinage car les unes et les autres s'étendent et finissent parfois par se rejoindre.

Dans de nombreux pays du tiers-monde, les contraintes environnementales ne sont pas aussi strictes que dans les pays développés. Certaines multinationales n'hésitent pas à y produire, sans respecter l'environnement. Là aussi, on peut s'interroger sur l'éthique de certaines productions.

2. FACTEURS ET DYNAMIQUES DES LOCALISATIONS DES SERVICES

Les centres-villes (CBD) attirent encore les grands centres de décisions privés ou publics : sièges d'entreprises, administrations, organisations internationales, etc. ❺. Les nouvelles technologies de l'information et de la communication permettent cependant à certaines entreprises de services de s'installer à l'extérieur des villes.

Pour faciliter l'accessibilité automobile et bénéficier d'espaces plus importants et moins chers, le commerce de **grande distribution** se localise aujourd'hui à l'extérieur de la ville. Il a joué un rôle moteur dans cette dynamique puisqu'on constate qu'une partie importante du **commerce de détail** a suivi ce déplacement. Les nombreux complexes commerciaux actuels se regroupent en périphérie. Certaines activités culturelles et de loisirs quittent souvent le centre-ville pour les mêmes raisons.

Alors que, jadis, le centre-ville était souvent plurifonctionnel, les dynamiques des activités industrielles, commerciales et de services ont conduit à une spécialisation de l'espace. Cela engendre nécessairement un accroissement des déplacements et la mobilité des hommes devient un enjeu contemporain essentiel.

Lexique

charges salariales
Coût salarial d'un employé pour l'employeur. Il co respond au salaire brut plus les charges sociales.

commerce de détail
Vente de marchandises à l'unité ou par petites quar tités.

délocalisation
Déplacement d'une activité ou d'une fonctio implantée dans un lieu vers un autre lieu. Exemple d'un pays du Nord vers un pays du Sud, du centre ville vers la périphérie.

éthique
Qui respecte les principes de la morale ainsi que ce taines valeurs (ex. les droits de l'homme, le dévelop pement durable).

grande distribution
Vente de marchandises par de grandes surface (supermarché, hypermarché).

législation sociale
Lois stipulant les droits et les devoirs des travailleu et des employeurs (ex.: nombre d'heures de trava hebdomadaire, durée du préavis pour un licencie ment, etc.).

multinationale (transnationale)
Entreprise dont le siège social et le capital se situer dans un pays et dont les usines et les centres d recherche sont dispersés dans plusieurs pays où firme multinationale a créé des filiales.

paradis fiscaux
Pays ou place financière qui font bénéficier d'avar tages fiscaux les personnes qui y font des opération des dépôts, etc.

parc industriel
Espace aménagé pour recevoir des entreprises indu trielles et commerciales, souvent localisé près de nœuds de communication autoroutiers.

zone franche
Zone économique de production et/ou d'échange bénéficiant de privilèges fiscaux et juridiques. Dar les ports francs, les échanges sont exemptés de taxe les zones franches industrielles échappent au contraintes douanières et fiscales, et même au dro du travail du pays d'accueil.

Fiches

fiche 1 : métropoles d'Europe
fiche 2 : métropoles d'Amérique du Nord

Pour comprendre

- Les politiques de développement
- Le rôle des organisations non gouvernementales (ONG)
- Les interventions des hommes sur les territoires

Mots-clés

- Aide au développement
- Autodéveloppement
- Développement durable
- Aménagement du territoire

1 L'origine de l'aide extérieure au développement

Nous devons nous engager dans un programme novateur et audacieux visant à mettre au service de l'avancement et de la croissance des régions sous-développées les bienfaits de nos acquis scientifiques et de notre progrès industriel. Plus de la moitié des peuples de la terre vivent dans des conditions qui confinent à la misère. Ils manquent de nourriture. La maladie est leur lot. Leur économie demeure primitive et stagnante. Leur pauvreté constitue un problème et une menace non seulement pour eux, mais aussi pour les régions plus prospères.

Déclaration de Harry Truman, Président des États-Unis (1949)

2 L'acculturation !

PLANTU.

3 Le développement endogène au Burkina Faso

Lors d'un séjour à Ouahigouya en décembre 1992 (Burkina Faso), nous avons rencontré et interviewé B. L. OUEDRAOGO, responsable de l'ONG Se Servir de la Saison Sèche en Savane et au Sahel (« 6S »).

Votre région, le Yatenga, connaît une désertification importante. Quelles sont les actions entreprises pour remédier à cette situation ?

BLO : *Les paysans mènent des activités communautaires : construction de diguettes, de digues pour favoriser l'infiltration de l'eau et lutter contre l'érosion ; des activités sociales : mise sur pied de centres nutritionnels communautaires, d'éducation sanitaire, de promotion féminine ; des activités économiques qui doivent amener l'autonomie des associations : maraîchage, élevage en stabulation avec fosse à fumier, banque d'épargne et de crédit. Une grande partie de ces activités vise à une meilleure gestion de l'environnement qui permet de lutter efficacement contre la désertification. Un processus de développement endogène sur base de l'identité culturelle a pris naissance.*

C'est quoi le développement endogène ?

BLO : *La méthode consiste à partir de ce que l'homme est, donc de sa nature ; à partir de ce que l'homme sait, donc de ses savoirs et savoir-faire ; de ce qu'il vit, donc de sa culture ; de ce qu'il sait faire, donc des techniques qu'il maîtrise ; de ce qu'il veut, donc de ses aspirations. C'est la méthode mère à partir de laquelle nous travaillons. Quand c'est bien appliqué, on aboutit à notre philosophie d'action qui consiste à développer sans abîmer.*

Développer sans abîmer quoi ?

BLO : *Notre culture et la nature. Trop souvent, l'Africain, pour se développer, a dû imiter l'Européen, ce qui peut se traduire par l'image suivante : l'arbre représente la société. On coupe les racines de l'arbre et on plante un autre arbre ; c'est l'acculturation. Nous préférons partir de ce qui existe (la tradition), tout en abandonnant les valeurs désuètes et nous incorporons des valeurs occidentales qui permettent d'améliorer la société, ce qui peut se traduire par l'image suivante : on coupe certaines branches d'un arbre et on greffe de nouvelles tiges ; c'est l'inculturation ou le développement endogène.*

1.3 LE DÉVELOPPEMENT DURABLE

Le **développement durable** repose sur deux grands principes : il doit être écologiquement sage et socialement équitable. Les conditions d'un développement durable sont : la lutte contre la pauvreté, la modification des modes de consommation « non viables », la nécessité d'incorporer les coûts écologiques en faisant en sorte que les prix reflètent la valeur et la rareté des ressources et l'urgence d'une transition énergétique. Le développement durable (ou soutenable) est un développement qui répond aux besoins du présent sans compromettre la capacité des générations futures de répondre aux leurs.

Les progrès de la désertification, l'effet de serre, l'apparition du trou d'ozone, l'épuisement des ressources en eau potable, l'urbanisation galopante du monde en développement, les prélèvements exagérés effectués sur les ressources naturelles ont contribué à l'émergence d'une nouvelle conception du développement. Le développement ne peut plus se mesurer uniquement par la richesse produite.Il doit avoir pour but le bien-être de tous, et il serait dangereux de sacrifier des équilibres garantissant la survie de l'espèce humaine sur l'autel d'une rentabilité à court terme dont seule profite une minorité.

2. AMÉNAGEMENT DU TERRITOIRE

Une politique d'**aménagement du territoire** vise à organiser la répartition spatiale des activités, des populations et des moyens de transport ❹ ❺. Les États, les Régions, etc., mettant en œuvre ces politiques d'aménagement, peuvent poursuivre des finalités diverses :

- réduire les disparités régionales ;
- favoriser les investissements étrangers ;
- favoriser un moyen de communication ou un autre ;
- organiser les zones résidentielles, les zones de loisirs, les zones industrielles pour améliorer le bien-être général ou pour améliorer la productivité économique.

Les politiques d'aménagement du territoire ne sont pas neutres. En voici quelques exemples :

- faut-il spécialiser des territoires ou au contraire faut-il mélanger l'activité industrielle et les zones résidentielles ?
- faut-il favoriser les déplacements en transport en commun ? Quelle place accorder au vélo ? Faut-il développer le réseau routier sachant que l'utilisation de la voiture individuelle sera encouragée ?
- faut-il soutenir les territoires en difficultés dans un souci de justice sociale ou favoriser les territoires performants pour améliorer la performance du pays tout entier ?
- faut-il installer une **zone franche** ❻ pour attirer des investisseurs étrangers, donner des concessions pour exploiter des matières premières avec ou sans conditions environnementales ?
- faut-il favoriser les cultures commerciales et les grandes plantations au détriment des cultures vivrières ?

Lexique

aménagement du territoire
Gestion raisonnée de l'espace en vue de concourir à la fois à son développement économique, social, culturel et environnemental.

développement durable
La notion de développement durable a été introduite en 1987 par le célèbre rapport Bruntland (« Notre avenir à tous »). Il devenait un repère pour tous ceux qui étaient convaincus de la nécessité de poursuivre la croissance sans pour autant saccager une planète de plus en plus mal en point.
La protection des écosystèmes planétaires fait partie intégrante du processus de développement et les États ont pour devoir d'œuvrer à leur sauvegarde. Les différents États du globe ont des responsabilités « communes, mais différenciées » dans cette entreprise, donc, la souveraineté nationale prime en dernier ressort sur les exigences du bien commun.

multinationale
Selon Vernon, entreprise ayant des filiales industrielles dans six pays étrangers au moins et dont le chiffre d'affaires est supérieur à 100 millions de dollars. Selon le Bureau International du Travail, entreprise établie dans six pays au moins et dont 25 % du chiffre d'affaires est réalisé à l'étranger.

zone franche
C'est une zone d'implantation industrielle ou commerciale. Elle bénéfice d'avantages fiscaux (pas de droits de douane, possibilité de rapatrier les bénéfices, exemption d'impôts, etc.), financiers (pas de contrôle des changes), juridiques (pas de syndicats, législation sociale favorable).

Fiches

fiche 12 : clés de lecture de l'organisation de territoires-sociétés

fiche 28 : mondialisation

fiche 39 : actions humaines et leurs conséquences

4 Un million de Wallons en plus à loger en 2050

Le gouvernement wallon s'est accordé jeudi sur la mise en œuvre des noyaux d'habitat. Cet outil aidera à mieux appréhender l'augmentation de la population de Wallonie d'ici 2050 sur le plan de l'habitat.
Selon les derniers chiffres du Bureau du Plan, la Wallonie devrait abriter un million de personnes en plus dans quarante ans. Pour faire face à ce défi, le gouvernement souhaite favoriser les noyaux d'habitat dans les communes. L'idée vise en particulier à densifier ces noyaux et à éviter la dispersion de l'habitat hors des centres, très coûteuse pour les pouvoirs publics, qui doivent pourvoir à la voirie, au transport public, etc., et source d'une grande consommation d'énergie, a expliqué le ministre de l'Aménagement du territoire, Philippe Henry (Ecolo). Ces 50 dernières années, la tendance en Wallonie a été à l'étalement de l'habitat. Selon une étude citée dans un courrier récent de l'Institut Wallon de l'Etude, de la Prospective et de la Statistique (IWEPS), sur les 73.000 logements créés entre 2001 et 2008, seulement 32 % ont pris place dans un noyau d'habitat. Les communes seront invitées à identifier sur la base de plusieurs critères les zones les plus propices à devenir un noyau d'habitat. Le gouvernement définira ensuite leur périmètre. Dans ces noyaux, la Région veillera à favoriser la construction de logements publics et renforcera les aides aux logements privés. Des dispositions relatives à ces noyaux devraient également être intégrées dans le Code Wallon de l'Aménagement du Territoire de l'Urbanisme et du Patrimoine (CWATUP) et le Schéma de Développement de l'Espace Régional (SDER), tous les deux en cours d'évaluation.

La Dernière Heure, 1er septembre 2011.

5 Plans de secteur en région wallonne

La Région wallonne est couverte par 23 plans de secteur, adoptés entre 1977 et 1987.
L'objet principal du plan de secteur est de définir les affectations du sol au 1/10 000 (1cm=100 mètres), afin d'assurer le développement des activités humaines de manière harmonieuse et d'éviter la consommation abusive d'espace.
Les plans de secteur ont valeur réglementaire. On ne peut y déroger que selon les procédures prévues par le Code wallon de l'Aménagement du territoire, de l'urbanisme et du patrimoine (CWATUP).
Depuis leur adoption, ils ont fait l'objet de nombreuses révisions. Le Gouvernement wallon a en effet estimé nécessaire de les adapter pour y inscrire de nouveaux projets : routes, lignes électriques à haute tension, tracé TGV, nouvelles zones d'activité économique, zones d'extraction, etc.
La procédure de révision et la légende ont été modifiées à plusieurs reprises.
A ce jour, la gestion du plan de secteur relève de la Direction de l'Aménagement régional (DAR) qui est en charge de l'outil « plan de secteur » : évolution au regard des objectifs régionaux, notamment du développement économique dans une perspective durable, information, sensibilisation, lien avec la planification stratégique régionale et avec les outils communaux.
Les révisions sont instruites par la DAR, à l'exception de celles qui ont été attribuées à la cellule de développement territorial (CDT), également dénommée « ESPACE », dont la création a été décidée par le Gouvernement wallon le 19 septembre 2005.

Région wallonne, 2011.

6 Aménagement du territoire : les zones franches

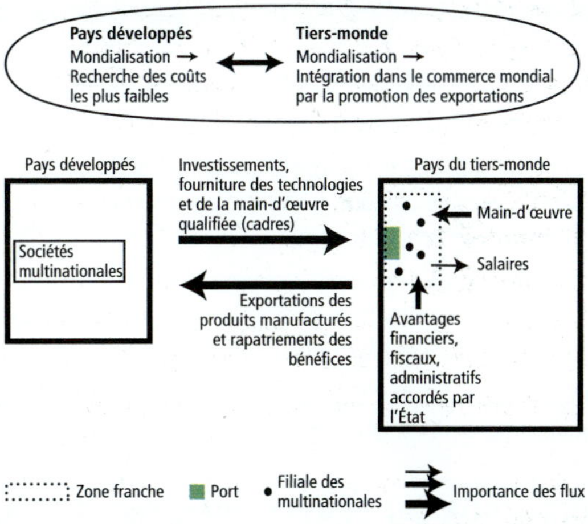

L'essor des zones franches est un des aspects spatiaux concrets de la mondialisation de l'économie et un outil de développement économique et d'aménagement du territoire. De nombreuses entreprises **multinationales** (ou transnationales) se sont implantées dans ces zones franches pour bénéficier des avantages fiscaux, législatifs, etc. Mais, elles ont rarement engendré un développement du reste du pays et sont devenues des kystes de croissance.

D'après B. Merenne-Schoumaker, *La localisation des industries*, Nathan Université, 1991, p. 90.

Fiche

18 Indicateurs du développement

Chaque fois que nous parlons du **développement** des pays, nous faisons appel à des représentations, à des clichés, à des images. Mais, est-il possible de mesurer, d'une manière plus objective, le degré de développement d'un pays? Existe-t-il une hiérarchie du développement?

Pour mesurer le développement et classer les pays, il faut utiliser des indicateurs mesurables et disponibles pour l'ensemble des pays du monde ❷. Parmi ceux-ci, le **Produit Intérieur Brut par habitant** est sans conteste le plus utilisé, même s'il est de plus en plus remplacé par l'**Indicateur du Développement Humain (IDH)**.

1. LE PRODUIT INTÉRIEUR BRUT PAR HABITANT

Cet indicateur, facile à trouver et disponible pour tous les pays, donne une indication sur le «niveau de vie moyen» de la population d'un territoire ❶. Il donne l'impression d'être objectif, mais présente quelques inconvénients:

- le **PIB/hab.** d'un pays ne met pas en évidence les disparités sociales et régionales. Il cache souvent de très grandes disparités dans la répartition de la richesse;
- le PIB se calcule d'après les statistiques économiques officielles. L'économie informelle (petits métiers de rues, ateliers non déclarés, papiers falsifiés, mafia,...) échappe à ces statistiques;
- le PIB/hab. ne prend pas en compte l'économie traditionnelle d'un pays à majorité rurale, c'est-à-dire l'autoconsommation;
- le PIB/hab. ne mesure pas le pouvoir d'achat réel de la population. En effet, les besoins ne sont pas les mêmes partout (chauffage, voitures, etc.) et le prix des biens et des services diffèrent dans chaque pays;
- dans les pays «développés», les dépenses liées à la sécurité, à combattre la pollution, etc., signes d'un «mal-développement», sont comptabilisées dans le PIB et gonflent ainsi artificiellement notre richesse et notre mieux vivre!

Ainsi, en fonction des considérations qui précèdent, l'indicateur «PIB/hab.» tend à surestimer notre niveau de vie et à sous-estimer le niveau de vie de la plupart des pays du Sud.

2. L'INDICATEUR DU DÉVELOPPEMENT HUMAIN

Cet indicateur place les femmes et les hommes au centre de tout développement. C'est ainsi que, pour construire cet indicateur, il a fallu définir trois critères du développement humain et associer, à chaque critère, un indicateur mesurable et disponible.

L'IDH ❶ a le mérite d'englober des possibilités humaines autres que le revenu. L'expérience récente en matière de développement montre que l'accroissement de la production et de la richesse est un moyen tandis que le bien-être de l'homme est la fin ultime du développement. Autrement dit, le revenu est un bon estimateur de l'ensemble des choix qui s'offrent aux individus (= moyen de les réaliser) mais le bien-être d'une société dépend de l'utilisation qui est faite du revenu et non de son niveau. Le revenu financier n'est donc pas une fin en soi mais bien le moyen d'améliorer le bien-être (qualité de vie).

Lexique

développement
Processus qui conduit à mieux satisfaire les besoins vitaux, sociaux et culturels de tous les habitants d'une société. Cela se traduit par une amélioration qualitative et durable des structures économiques, sociales, culturelles, démographiques, politiques, etc. d'une société. La croissance économique est une condition nécessaire mais pas suffisante pour améliorer le bien-être des individus.

Indicateur du Développement Humain (IDH)
Indicateur mis au point en 1990 par le PNUD. Il s'agit d'un indice qui intègre trois éléments du développement à savoir l'espérance de vie, l'alphabétisation des habitants et les revenus.

Produit Intérieur Brut par habitant (PIB/hab.)
Le PIB est la somme des valeurs ajoutées produites sur le territoire national, quelle que soit la nationalité des producteurs, par l'ensemble des unités de productions marchandes et non marchandes (biens et services). Si on divise le PIB par le nombre d'habitants, on obtient le PIB/hab.

Web

statistiques de la Banque mondiale
www.worldbank.org/data/wdi/

statistiques du Programme des Nations Unies pour le Développement (PNUD)
www.undp.org

Pour comprendre

- Les mesures du développement et leurs limites
- Les inégalités du développement dans le monde

Mots-clés

- *Disparité du développement*
- *Produit Intérieur Brut par habitant (PIB/hab.)*
- *Indicateur du Développement Humain (IDH)*

❶ Classement des pays d'après l'IDH et le PIB/habitant (2010)

Pays	IDH (2010)		PIB par habitant (en PPA en $ - 2010)	
	Rang	Valeur IDH	Rang	PIB ($)
Norvège	1	0,938	4	58 278
Australie	2	0,937	13	40 286
Nouvelle-Zélande	3	0,907	34	27 520
États-Unis	4	0,902	9	46 653
Irlande	5	0,895	15	38 768
Liechtenstein	6	0,891	1	94 569
Pays-Bas	7	0,890	12	41 004
Canada	8	0,888	14	39 035
Suède	9	0,885	18	36 139
Allemagne	10	0,885	20	34 743
Japon	11	0,884	25	33 649
Corée, Rép. de	12	0,877	30	29 326
Suisse	13	0,874	11	43 109
France	14	0,872	27	33 103
Israël	15	0,872	32	28 292
Finlande	16	0,871	24	34 107
Islande	17	0,869	26	33 422
Belgique	18	0,867	21	34 734
Danemark	19	0,866	19	35 736
Espagne	20	0,863	28	30 475
Hong Kong, Chine (RAS)	21	0,862	10	45 049
Grèce	22	0,855	31	28 608
Italie	23	0,854	29	30 080
Luxembourg	24	0,852	3	76 440
Autriche	25	0,851	17	37 602
Royaume-Uni	26	0,849	23	34 342
Singapour	27	0,846	7	50 266
République tchèque	28	0,841	39	24 419
Slovénie	29	0,828	35	26 527
Andorre	30	0,824	16	38 056
Slovaquie	31	0,818	43	22 341
Émirats arabes unis	32	0,815	5	56 485
Malte	33	0,815	44	21 581
Estonie	34	0,812	47	18 355
Chypres	35	0,810	37	25 737
Brunei Darussalam	36	0,805	8	49 915
Hongrie	37	0,805	45	18 986
Qatar	38	0,803	2	77 178
Bahreïn	39	0,801	33	27 838
Portugal	40	0,795	41	23 019
Pologne	41	0,795	46	18 406
Barbade	42	0,788	42	22 794
Bahamas	43	0,784	36	25 887
Lituanie	44	0,783	51	15 327
Chili	45	0,783	54	14 780
Argentine	46	0,775	53	14 931
Koweït	47	0,771	6	50 284
Lettonie	48	0,769	60	13 224
Monténégro	49	0,769	65	12 462
Croatie	50	0,767	49	16 980

Pays	IDH (2010)		PIB par habitant (en PPA en $ - 2010)	
	Rang	Valeur IDH	Rang	PIB ($)
Timor-Leste	120	0,502	158	906
Swaziland	121	0,498	98	5 058
Lao, Rép. dém. pop.	122	0,497	124	2 404
Îles Salomon	123	0,494	123	2 546
Cambodge	124	0,494	133	1 952
Pakistan	125	0,490	121	2 625
Congo	126	0,489	105	4 583
Sao Tomé-et-Principe	127	0,488	134	1 875
Kenya	128	0,470	137	1 622
Bangladesh	129	0,469	143	1 458
Ghana	130	0,467	140	1 533
Cameroun	131	0,460	130	2 219
Myanmar	132	0,451	139	1 596
Yémen	133	0,439	122	2 595
Bénin	134	0,435	141	1 506
Madagascar	135	0,435	156	958
Mauritanie	136	0,433	132	2 037
Papouasie-Nouvelle-Guinée	137	0,431	125	2 395
Népal	138	0,428	151	1 189
Comores	139	0,428	152	1 174
Togo	140	0,428	160	846
Lesotho	141	0,427	138	1 605
Nigeria	142	0,423	128	2 289
Ouganda	143	0,422	148	1 251
Sénégal	144	0,411	135	1 830
Haïti	145	0,404	169	104
Angola	146	0,403	93	5 959
Djibouti	147	0,402	129	2 274
Tanzanie, Rép.-Unie de	148	0,398	145	1 426
Côte d'Ivoire	149	0,397	136	1 696
Zambie	150	0,395	142	1 497
Gambie	151	0,390	144	1 446
Rwanda	152	0,385	153	1 102
Malawi	153	0,385	159	902
Soudan	154	0,379	127	2 300
Afghanistan	155	0,349	146	1 419
Guinée	156	0,340	154	1 037
Éthiopie	157	0,328	155	991
Sierra Leone	158	0,317	161	825
République centrafricaine	159	0,315	162	766
Mali	160	0,309	150	1 207
Burkina Faso	161	0,305	149	1 217
Liberia	162	0,300	166	400
Tchad	163	0,295	147	1 331
Guinée Bissau	164	0,289	164	554
Mozambique	165	0,284	157	929
Burundi	166	0,282	165	403
Niger	167	0,261	163	677
Congo, Rép. dém. du Congo	168	0,239	167	327
Zimbabwe	169	0,140	168	187

Classement des 50 premiers et des 50 derniers.
Source : PNUD.

Pour exploiter au mieux ses potentialités et ses ressources propres, l'homme doit	Indicateurs choisis
vivre plus longtemps et en bonne santé	L'**espérance de vie** car cet indicateur mesure indirectement l'accès aux soins de santé et la qualité de l'alimentation.
être instruit	La composante «éducation» de l'IDH est maintenant mesurée en termes d'années de scolarisation des adultes âgés de 25 ans et en termes d'années de scolarisation escomptées pour les enfants d'âge scolaire. Cet indicateur composite remplace le **taux d'alphabétisation**.
disposer de ressources permettant un niveau de vie convenable	Le PIB par habitant qui mesure l'accès aux ressources nécessaires

3. LE MAL-DÉVELOPPEMENT

La production de la richesse (PIB et PIB/hab.) ne donne pas d'indications sur les conditions dans lesquelles elle a été produite, ni sur la répartition de celle-ci.

Le développement mis en place dans un pays peut engendrer :

- des inégalités sociales et économiques très grandes au sein d'un même pays ou entre les pays ❸ ❹ ;
- une dégradation des conditions de vie des individus ;
- une dégradation de l'environnement (pollution, destruction du milieu, etc.).

Ces différents éléments sont des signes du **mal-développement** qui est un concept utilisé aussi bien pour les pays du Nord que pour les pays du Sud.

4. UNE TERMINOLOGIE VARIÉE

Quel terme faut-il utiliser pour désigner un ensemble de pays présentant des caractéristiques semblables au point de vue du développement ? Le choix est vaste !

Nous désignons les pays ayant un genre de vie et une production économique différents des nôtres comme étant des **pays sous-développés**, des **pays en développement**, des **pays émergents** ou encore comme faisant partie du **tiers-monde** ou des **tiers-mondes**. Inversement, les pays occidentaux sont qualifiés de **pays développpés**.

Toute cette terminologie, cette classification n'est pas neutre. Chaque terme a un sens particulier qui correspond à la manière dont on définit le développement et à la manière dont on tente de le mesurer. Néanmoins, on désigne également les pays développés par le terme «pays du Nord» et les autres par le terme «pays du Sud», faisant ainsi référence à la localisation des pays riches (❸ p. 171).

Lexique

alphabétisation (taux d')
Proportion de la population qui sait lire et écrire par rapport à la population totale (exprimé souvent en %).

espérance de vie
Durée moyenne de la vie pour une population donnée dans un espace défini. Se calcule comme le rapport entre la somme des âges des décès en un an et le nombre de décès.

mal-développement
Terme utilisé pour souligner les effets néfastes des choix effectués en matière de développement par certains pays. Les efforts accomplis ont tendance à aggraver la situation des habitants les plus pauvres. Le mal-développement se trouve aussi bien dans les pays du Nord que dans les pays du Sud.

pays développés
Pays démocratiques dont la population jouit d'un revenu et d'un niveau de vie élevés.

pays émergents
Cette expression tend à remplacer les «Nouveaux pays industrialisés», très en vogue dans les années 1980 pour désigner notamment les «quatre dragons d'Asie» (Corée du Sud, Taïwan, Singapour et Hong Kong) ainsi que les «jeunes tigres» (Philippines, Thaïlande et Malaisie). Cette expression caractérise les pays qui présentent une part croissante du volume des activités industrielles et tertiaires dans leur système productif, ainsi qu'une part croissante de leurs exportations dans le commerce mondial. La Chine, l'Inde ou le Brésil, entre autres, relèvent aujourd'hui de cette catégorie.

pays en développement (PED)
Pays qui seraient dans un processus de développement.

pays sous-développés
Pays en situation d'infériorité par rapport aux pays occidentaux.
Pays où les besoins économiques fondamentaux de l'homme (alimentation, santé, éducation) ne sont pas satisfaits.

tiers-monde ou tiers-mondes
Expression utilisée par A. Sauvy en 1952 : «Ce tiers-monde ignoré, exploité, méprisé comme le Tiers-État.» Dans les années 1950, de nombreux pays souffrent des mêmes maux que le Tiers-État : carences alimentaires, faible scolarisation, problèmes de santé, agriculture peu productive, industrialisation limitée, PIB faible, sous-emploi, travail des enfants, fortes inégalités sociales.
Le terme a une connotation politique. Le troisième monde, c'est celui qui se dresse entre le monde capitaliste et le monde communiste. Attention, ce terme donne l'impression d'un monde homogène, ce qui n'est évidemment pas le cas. D'ailleurs, certains parlent de tiers-mondes.

Fiches

fiche 41 : références spatiales dans le monde

2 Le développement suivant quatre indicateurs (2010)

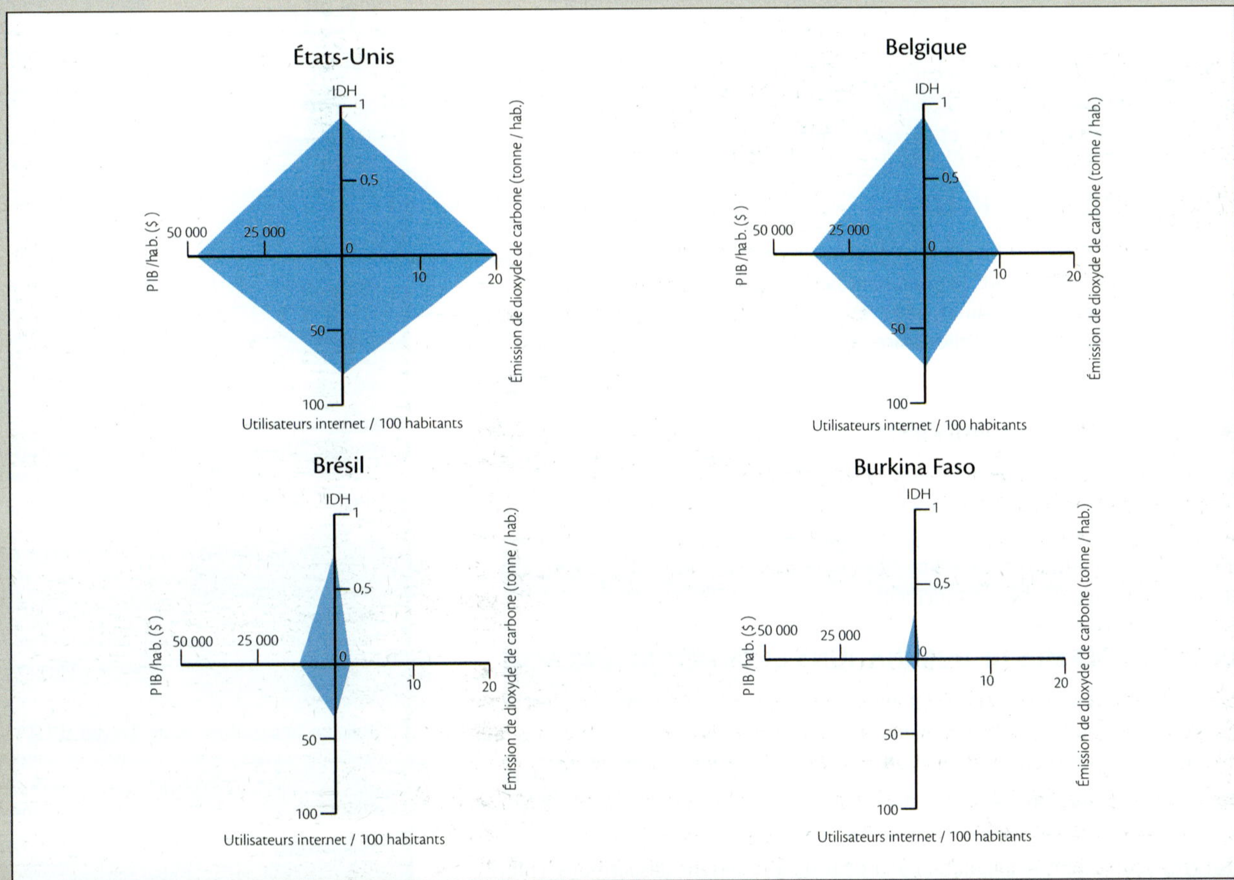

3 Inégalité entre les peuples

Les chiffres sont connus, mais on en tire mal les conséquences: un milliard d'humains, soit 20% de la population mondiale, consomment 80% de l'ensemble des richesses disponibles. Cela signifie que les « riches », les habitants du Nord, consomment en moyenne seize fois plus que les « pauvres », ceux du Sud. Si, par un coup de baguette magique, l'égalité était rétablie demain, les privilégiés d'aujourd'hui verraient leurs ressources divisées par quatre. Bien sûr ce miracle n'a guère de chance de se produire, mais son évocation montre que le chemin vers l'égalité implique une diminution considérable de la consommation du Nord. […]
La fuite vers la croissance ne peut donc que maintenir, et même agrandir, le fossé entre les deux humanités. Le rapport de un à seize, dans l'accès aux biens disponibles, entre les pauvres et les riches, deviendra un rapport de un à vingt, puis de un à trente, à cinquante,… Combien de temps un tel déséquilibre sera-t-il supporté par ceux qui en sont les victimes?

A. Jacquard, *J'accuse l'économie triomphante*, Calman-Lévy, 1995.

4 Inégalité entre les citoyens

Tout aussi instable risque d'être l'équilibre, à l'intérieur des nations, entre ceux qui se trouvent au sommet de l'échelle des ressources et sont bien décidés à conserver leurs privilèges et ceux qui végètent à la base et rêvent d'un meilleur partage. L'efficacité indéniable des nations du Nord a été permise par un système de production, le capitalisme, qui a fait ses preuves depuis près de deux siècles, mais qui est en cours de profonde et rapide transformation. […]
Dans une société menée par la compétition, la machine remplace l'homme, et l'homme n'a plus d'utilité. Il n'est même plus nécessaire d'exploiter les travailleurs; il suffit de se passer d'eux. À l'exploitation a succédé l'exclusion.

A. Jacquard, *J'accuse l'économie triomphante*, Calman-Lévy, 1995.

Fiche

24 Agents économiques

L'économie d'un pays dépend des relations entre quatre agents principaux : les entreprises (fonction de production), les ménages (fonction de consommation), l'État (fonction de régulation) et le système financier (fonction de financement). Mais, un pays ne peut pas (ne peut plus) vivre sans relation avec l'extérieur. Il faut donc tenir compte de ces échanges avec le reste du monde ❶.

1. LES ENTREPRISES

Les entreprises (publiques ou privées) assurent la fonction de production de biens et de services. Pour réaliser cette production, elles utilisent différents facteurs de production : le travail, le capital financier et les matières premières. La taille d'une entreprise se mesure soit par rapport au nombre de travailleurs, soit par rapport aux capitaux investis, soit par rapport au **chiffre d'affaires**. Actuellement, on constate, dans les pays industrialisés, une tendance à la constitution de grandes entreprises par **fusion** pour faire face au grand marché européen et à la mondialisation. Ces fusions permettent une diminution des coûts de production grâce aux **économies d'échelle**.

La croissance du chiffre d'affaires d'une entreprise est liée à l'**investissement**, à la mise sur le marché de nouveaux produits ou services (recherche) ou à la conquête de nouveaux marchés. L'objectif d'une entreprise privée est de maximiser son profit en vendant ses produits. La fixation du prix de vente dépend de certains facteurs comme la concurrence (loi de l'offre et de la demande ❷) et des **coûts de production**. Si les coûts de production sont inférieurs au prix d'équilibre, l'entreprise effectuera un bénéfice. Si ses coûts de production sont supérieurs, elle n'est plus compétitive et devra s'adapter.

Parfois, les règles de la concurrence ne sont pas respectées : on parlera de situation de **monopole** ou de **cartel**. Ces deux structures non concurrentielles sont, en général, interdites par la loi (protection des consommateurs).

La **société anonyme** et la **société de personnes à responsabilité limitée** sont les formes juridiques des entreprises les plus répandues en Belgique. Il est possible de devenir copropriétaire d'une entreprise en achetant des **actions**. Les bénéfices des entreprises sont redistribués aux co-propriétaires, aussi appelés actionnaires, sous forme de **dividendes**. Par contre, si une entreprise accumule des pertes, elle sera déclarée en **faillite**.

Les entreprises publiques (SNCB, La Poste) reçoivent des subsides de l'État qui leur précise dans un contrat de gestion les services minima qu'elles doivent rendre au public. Cependant, l'ouverture à la concurrence européenne et mondiale les pousse à rechercher des partenaires étrangers afin d'être rentables (économies d'échelle). Service public et rentabilité sont parfois deux contraintes difficilement conciliables.

2. LES MÉNAGES

Les ménages consomment des biens et des services et proposent leur force de travail aux entreprises ou à l'État.

Pour pouvoir consommer, les ménages doivent disposer de revenus. Ceux-ci sont soit des salaires (revenus du travail), soit des allocations sociales (allocations familiales, pensions, allocations de chômage), soit des revenus du capital (loyers, dividende, intérêts). Un même salaire ne permet pas d'acheter la même quantité de biens et de services selon les pays et les années. C'est la raison pour laquelle il est préférable de parler de **pouvoir d'achat**.

Lexique

action
Titre représentant une part du capital dans les sociétés anonymes.

cartel
Entente réalisée entre des entreprises indépendantes d'une même branche industrielle afin de limiter ou de supprimer la concurrence par des accords et une réglementation commune.

chiffre d'affaires d'une entreprise
Montant total hors taxes des ventes de biens et de services réalisées par une entreprise durant une année.

coûts de production
Dépenses qu'une entreprise supporte à l'occasion de sa production. Pour maximiser son profit, une entreprise cherche à réduire ses coûts de production.

dividende
Part de bénéfice attribuée à chaque action d'une société.

économie d'échelle
Réduction des coûts de production d'une entreprise suite à un accroissement de sa dimension.

faillite
État d'une entreprise qui ne peut plus payer ses créanciers.

fusion
Réunion de sociétés indépendantes qui regroupent leurs biens sociaux et forment une nouvelle entité juridique.

investissement
Achat des facteurs de production : travail, machines, matières premières et capital financier.

monopole
Privilège exclusif, de droit ou de fait, que possède un individu, une entreprise ou un organisme public de fabriquer, de vendre ou d'exploiter certains biens ou services.

pouvoir d'achat
Quantité de biens et de services que l'on peut se procurer à partir de ses revenus.

société anonyme (SA)
Société de capitaux, dont le capital est divisé en actions négociables.

société de personnes à responsabilité limitée (SPRL)
Société de capitaux dont le capital est divisé en parts sociales qui ne peuvent être cédées librement à des personnes étrangères à la société.

Fiches

fiche 14 : localisation des activités
fiche 26 : population active

Pour comprendre

- Le rôle des agents économiques
- Le rôle de l'État
- Le rôle de l'EURO

Mots-clés

- Agents économiques
- Loi de l'offre et de la demande
- Consommation – production
- Euro
- Commerce extérieur

1 Le circuit macro-économique simplifié

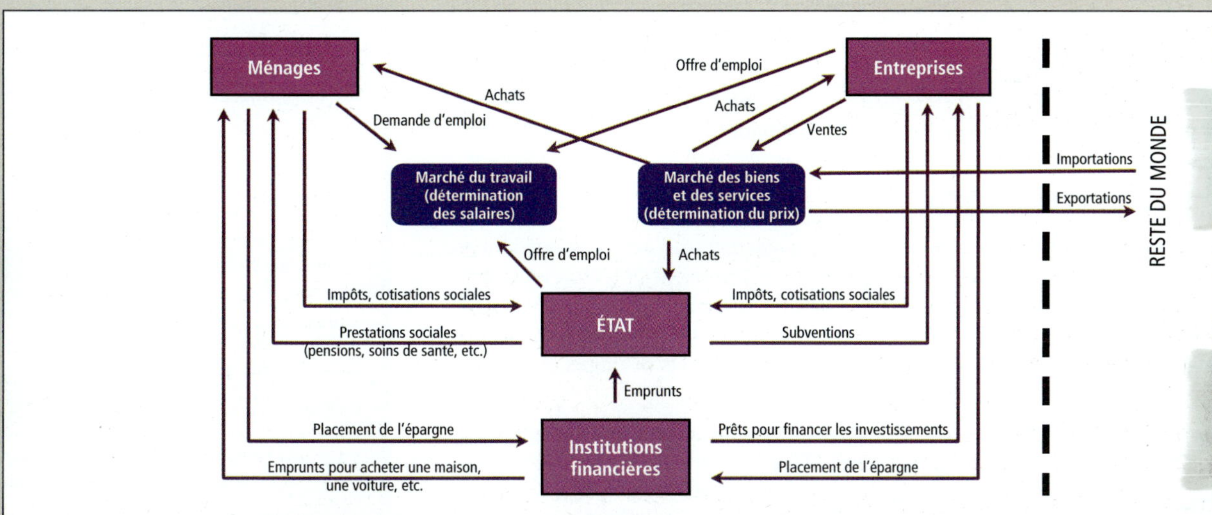

D'après Ph. Maystadt et F. Minet-Dermine, *Comprendre l'économie*, Luc Pire, 2003.

2 La loi de l'offre et de la demande

Une entreprise produit des pommes qu'elle vend au marché. Voici les comportements des acheteurs et des vendeurs. En confrontant l'offre et la demande, on obtient le prix d'équilibre (prix du marché) et les quantités vendues (quantité du marché). Lorsque les quantités offertes sont égales aux quantités demandées, le prix d'équilbre est atteint.

- Si le prix est trop élevé (> au prix d'équilibre) —> peu d'acheteurs (demande diminue).
- Si la demande diminue —> le prix diminue.
- Si le prix diminue —> la demande augmente (plus d'acheteurs).
- Si le prix est trop bas (< au prix d'équilibre) —> beaucoup d'acheteurs (demande augmente).
- Si la demande augmente —> le prix augmente.
- Si le prix augmente —> la demande diminue (moins d'acheteurs).

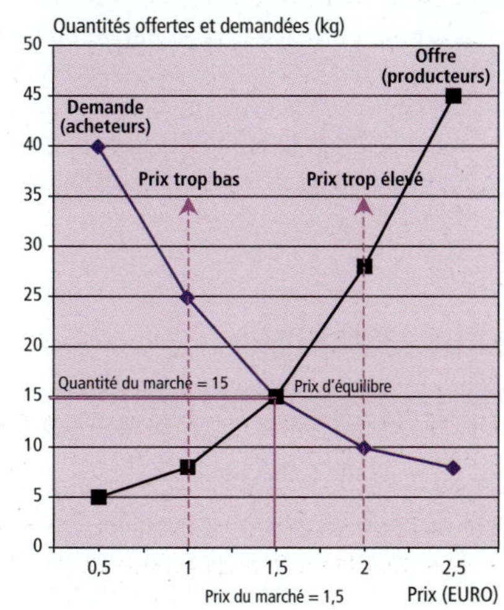

D'après J.Bremond et A. Geledan, *Nouveaux dictionnaires des sciences économiques et sociales*, Belin, 2002.

Si la consommation des ménages est inférieure aux revenus, il y a épargne. Par contre, si la consommation est supérieure aux revenus, les ménages s'endettent. La structure de la consommation varie en fonction de l'origine sociale et des revenus. Pour les faibles revenus, les dépenses sont consacrées essentiellement aux biens et services indispensables (logement, nourriture, habillement). Au fur et à mesure que les revenus augmentent, les dépenses de loisirs augmentent.

3. L'ÉTAT

L'État est un agent économique au même titre que les entreprises et les ménages. Il consomme et assure des services à la population. Parfois, il peut également produire des biens (entreprises d'État). L'État assure des fonctions propres: la défense du territoire (armée), la sécurité intérieure (police locale et police fédérale), les relations extérieures, le respect des lois (justice), la sécurité sociale (soins de santé, pensions, allocations familiales, etc.), etc. Pour remplir ses fonctions et financer ses dépenses, l'État prélève des **impôts** ❸. S'il dépense plus que ses recettes, l'État s'endette. À travers le **budget de l'État** et son évolution, il est possible de déterminer les choix de politiques économiques.

4. LE SYSTÈME FINANCIER

Les agents économiques placent leurs revenus, leurs épargnes au sein des institutions financières. Ils reçoivent un revenu en contrepartie de ce placement (intérêts créditeurs). Les institutions financières prêtent de l'argent aux agents économiques qui ont besoin d'un financement. En contrepartie, ceux-ci paieront des intérêts débiteurs. Le revenu des institutions financières correspond à la différence entre les intérêts débiteurs et les intérêts créditeurs.

Pour réaliser des échanges commerciaux, les agents économiques utilisent une **monnaie** ou plusieurs monnaies. Depuis le 1er janvier 1999, l'**EURO** est devenu la monnaie de plusieurs pays européens (zone EURO) et depuis le 1er janvier 2002, nous pouvons utiliser l'EURO sous forme de papier monnaie et de pièces. L'émission de l'EURO est gérée et contrôlée par la banque centrale européenne (le siège de la BCE est à Francfort). Celle-ci veille à la valeur de l'EURO en maintenant l'inflation sous la barre des 2 %. D'autres dispositions ont été prises pour garantir le stabilité de l'EURO ❹.

La valeur de l'EURO fluctue par rapport à celle du Dollar ou du Yen. Cette variation dépend principalement de l'offre et de la demande des marchés financiers. Si des personnes achètent beaucoup d'EUROS et vendent des dollars, le cours de l'EURO augmente tandis que celui du dollar diminue. On dit que l'EURO s'est apprécié tandis que le dollar s'est déprécié. Dès lors, le pouvoir d'achat des Européens augmente s'ils se rendent aux États-Unis et, inversément, le pouvoir d'achat des Américains diminue s'ils viennent en Europe. Par contre, cela peut réduire les exportations européennes vers les États-Unis.

5. LE COMMERCE EXTÉRIEUR

Les pays vivent rarement en vase clos (autarcie). Ils effectuent des échanges de biens, de services et de capitaux. Pour connaître la situation d'un pays, on examine généralement la **balance commerciale** et la **balance des paiements**.

Le commerce extérieur est de plus en plus dépendant d'instances internationales comme l'**OMC** qui déterminent les règles commerciales que les États doivent respecter. L'OMC vise, essentiellement, à réduire les entraves à la libre circulation des biens, des services et des capitaux.

Lexique

balance commerciale
Exportations moins importations d'un pays.

balance des paiements
C'est l'ensemble des échanges d'un pays avec le reste du monde (marchandises, services, transferts de capitaux).

budget de l'État
Ensemble des comptes prévisionnels et annuels des ressources et des charges de l'État. Le budget de l'État est également une loi qui permet à l'État de lever des impôts et d'engager des dépenses.

droits de douane
Taxes versées aux frontières. Actuellement, ces droits de douanes ne s'appliquent que pour des pays extérieurs à l'Union européenne. Les droits de douanes ont été supprimés à l'intérieur de l'Union européenne.

droits d'enregistrement
Somme versée à l'État lors de l'acquisition de biens immobiliers.

droits de succession
Somme versée à l'État lors d'un héritage.

euro (€)
Monnaie européenne adoptée par l'Union européenne. En 2012, 17 pays l'ont adoptée pour constituer la zone EURO (❸, Fiche 42).

impôts
Recette de l'État ou d'une collectivité locale perçue auprès des agents (particuliers, entreprises) conformément à un dispositif légal qui leur fait obligation de payer (lois budgétaires et fiscales).

impôts directs
Impôt prélevé sur les revenus des ménages et des entreprises.

impôts indirects
Impôt prélevé sur la consommation de biens et de services (TVA, accises, taxes).

monnaie
Unité monétaire adoptée par un État.

Organisation Mondiale du Commerce (OMC)
L'OMC, créée en 1995, compte 153 membres. Alors que le GATT se bornait à la réduction des barrières douanières sur les marchandises, l'OMC se concentre sur les services, les relations entre le commerce et le régime de la concurrence ou le fonctionnement des marchés publics. L'OMC gère également les différends commerciaux entre les États.

Fiches

fiche 25 : politiques économiques
fiche 28 : mondialisation

3 Belgique : le budget fédéral simplifié en 2010

Les recettes	Millions d'euros	%
Impôts directs dont :	48 600	50%
Impôt sur les revenus (personnes physiques)	39 200	40%
Impôts sur les bénéfices des sociétés	9 400	10%
Impôts indirects dont :	40 600	42%
Droits de douane et accises	9 600	10%
TVA, **Droits d'enregistrement,**	31 000	32%
Recettes non fiscales	4 200	4%
Total des recettes fiscales	93 400	96%
Droits de succession	1 900	2%
Autres	2 400	2%
Total recettes en capital	4 300	4%
TOTAL des recettes (1)	97 700	100%
Les dépenses	Millions d'euros	%
Dotations à l'Union européenne	2 400	2%
Dotations des Communautés et des Régions	36 700	34%
Dotations attribuées à la sécurité sociale	14 600	13%
Transferts à d'autres entités	54 300	50%
Départements d'autorité (justice, intérieur, armée, police, finances, etc.)	10 800	10%
Sécurité sociale	22 700	21%
Cellule économique (mobilité, transport, PME, politique scientifique)	4 400	4%
Total des dépenses courantes	37 900	35%
Intérêts dette publique	11 500	11%
Autres opérations dont opérations de trésorerie	5 200	5%
Total des dépenses (2)	108 900	100%
Solde net à financer (1) - (2)	-11 200	

Source : BNB

4 Ce qu'il faut savoir sur le nouveau traité européen

[...] Ce traité vise avant tout à remédier au manque de discipline budgétaire que le traité de Maastricht n'avait pas su prévenir. À de rares exceptions (Finlande, Luxembourg), tous les pays de la zone euro ont à un moment ou un autre enfreint la limite des 3 % du déficit pendant plusieurs années, constatent les experts d'Oddo Securities. La Grèce ne l'a jamais respecté, ce qui a été masqué dans les années précédant son adhésion à la zone euro par un maquillage des statistiques. Le Portugal enfreint la règle depuis 2003. L'Allemagne a enfreint la règle entre 2002 et 2005 et sort de deux années de déficit excessif. La France, de son côté, a enregistré un déficit excessif à sept reprises au cours des dix dernières années. Et ses finances publiques seront encore dans le rouge cette année.

La limite tolérée des déficits publics était et reste 3 % du PIB. Cependant, les pays s'engagent à avoir des « budgets équilibrés » ou « en excédent » sur l'ensemble d'un cycle économique. C'est la fameuse règle d'or. De fait, le déficit structurel – hors impact de la conjoncture économique – ne devra pas dépasser 0,5 % du PIB. Les pays qui affichent une dette globale modérée, c'est-à-dire « nettement en dessous de 60 % du PIB », auront droit à un déficit structurel toléré de 1 %. Le traité introduit un mécanisme de correction automatique en cas de dépassement. Il oblige les États à décrire les mesures correctrices en cas de déficits excessifs. Les pays devront transmettre par avance leur programme d'émission de dette à la Commission et au Conseil. Enfin et surtout, la règle de la majorité qualifiée inversée est instituée pour toutes les propositions et recommandations de la Commission européenne. En d'autres termes, il devient donc impossible pour une coalition opportuniste de pays de s'opposer à des avertissements de la commission, comme cela avait été le cas en 2002-2004 pour l'Allemagne, la France et l'Italie, explique Bruno Cavalier, économiste d'Oddo Securities. [...]

Sébastien Julian, dans *L'Express*, mars 2012.

25 Politiques économiques

La situation économique d'un pays se mesure à travers quatre grands indicateurs : la **croissance**, le **chômage**, l'**inflation** et le commerce extérieur ❶. Une baisse de la croissance, une hausse du chômage, une montée de l'inflation, un déficit des échanges avec les autres pays sont les signes d'une **crise** ou d'une **récession**.

Deux courants de pensée s'affrontent pour trouver les remèdes à ces crises : le courant interventionniste, d'inspiration keynésienne et le courant libéral ❷.

1. LES POLITIQUES ÉCONOMIQUES EN BELGIQUE

1.1 LES POLITIQUES INTERVENTIONNISTES (KEYNÉSIANISME)

Depuis 1945 jusqu'en 1982, le rôle des pouvoirs publics s'est accru dans l'économie : politique industrielle (intervention publique importante dans les charbonnages, la sidérurgie), investissements massifs dans les infrastructures autoroutières et portuaires, nombreuses réglementations touchant le marché du travail, extension de la sécurité sociale (assurer une meilleure justice sociale), etc. Pour mener à bien ces politiques, l'État belge a dû augmenter les impôts mais également s'endetter, surtout dans les années 70 (❽, fiche 9). C'était l'époque de « l'État-providence » et des politiques keynésiennes.

Cette politique, d'inspiration keynésienne, attribue les **crises économiques** au dysfonctionnement du marché. L'État doit donc intervenir dans l'économie pour rétablir la croissance, maintenir le plein emploi et assurer une justice sociale. Pour résoudre une crise économique, l'État doit augmenter ses dépenses pour favoriser l'activité économique. Cette politique donna d'excellents résultats dans les années 50 et 60. Mais, dans le courant des années 70, cette politique entraîna des déséquilibres profonds : déficit budgétaire élevé ❸, déficit de la **balance des paiements**, **inflation** importante, **dévaluation**. Il en reste une administration publique très lourde dont le coût de gestion représente un élément sensible du budget.

1.2 LES POLITIQUES NÉOLIBÉRALES

À partir de 1982, la Belgique va modifier sa politique économique. Au lieu de considérer le marché inefficace et responsable des crises, les néolibéraux attribuent à l'État la responsabilité des crises (des déséquilibres). La solution doit donc passer par moins d'intervention de la part de l'État et laisser le marché réguler l'activité économique. Nous entrons dans l'ère des **privatisations**, de la flexibilité, de la lutte contre l'inflation, de la diminution des impôts, de la limitation des dépenses de l'État ❸.

L'intégration européenne (marché unique, union monétaire) et la mondialisation ont eu pour effet d'imposer des normes de concurrence internationales à notre économie. Étant membre de l'Union européenne, la Belgique a adhéré à l'union monétaire (EURO) et a respecté les critières de convergence du Traité de Maastricht, à savoir : une inflation inférieure à 2 %, un déficit budgétaire inférieur à 3 % du PIB et sa dette publique tend vers 60 % du PIB (❽, fiche 9).

Pour atteindre ces critères, la Belgique a dû mettre en place des **politiques monétaristes** et de limitation des dépenses publiques. Le respect de ces critères a comme objectif de disposer d'une monnaie stable et forte, gage d'une « économie saine ».

Lexique

balance des paiements
C'est l'ensemble des échanges d'un pays avec le reste du monde (marchandises, services, transferts de capitaux).

capacité ou besoin de financement
Différences entre les recettes et toutes les dépenses.

chômage (taux de)
C'est le rapport entre les personnes sans emploi et la population active. Il est exprimé en pourcent.

crise économique
Situation d'un système économique atteint de graves dysfonctionnements (pénuries, dégradation du pouvoir d'achat, inflation, chômage, etc.) dont les causes sont d'ordre conjoncturel ou structurel.

croissance
Augmentation sur une longue période du niveau de l'activité économique (généralement mesuré par l'augmentation du PIB).

dévaluation
Action de dévaluer c'est-à-dire de diminuer la valeur d'une monnaie par rapport aux monnaies étrangères.

inflation
Situation caractérisée par une hausse généralisée, durable et plus ou moins importante des prix. On mesure l'inflation par l'augmentation de l'indice des prix à la consommation.

keynésianisme
Courant de pensée qui se réfère à John Maynard, lord Keynes (1883-1946). Auteur de la *Théorie générale de l'emploi, de l'intérêt et de la monnaie* (1936), il prôna une relance de la consommation, une baisse du taux d'intérêt et un accroissement des investissements publics pour assurer le plein-emploi. Sa doctrine a eu une influence considérable sur la pensée et les politiques économiques du 20e siècle. J. M. Keynes préconise l'intervention de l'État qui soutiendra la demande par la distribution de revenus, les politiques de grands travaux publics notamment.

politique monétariste
Politique qui préconise un strict contrôle de l'émission monétaire pour freiner l'inflation, une des causes du chômage. Cette politique désapprouve l'intervention de l'État et le déficit budgétaire. Cette politique a été prônée par M. Friedman.

privatisation
Action de vendre une entreprise publique (qui appartient à l'État) à des actionnaires privés.

récession
Ralentissement conjoncturel du niveau de l'activité économique (PIB).

solde primaire
Différence entre les recettes et les dépenses courantes (hors charges d'intérêts).

Fiches

fiche 12 : Belgique

Pour comprendre

- Les politiques économiques en Belgique
- Le rôle de l'État dans l'économie
- Des modèles économiques

Mots-clés

- Interventionnisme
- Néo-libéralisme
- Régulation
- État-providence

Documents

1 Belgique : le carré magique

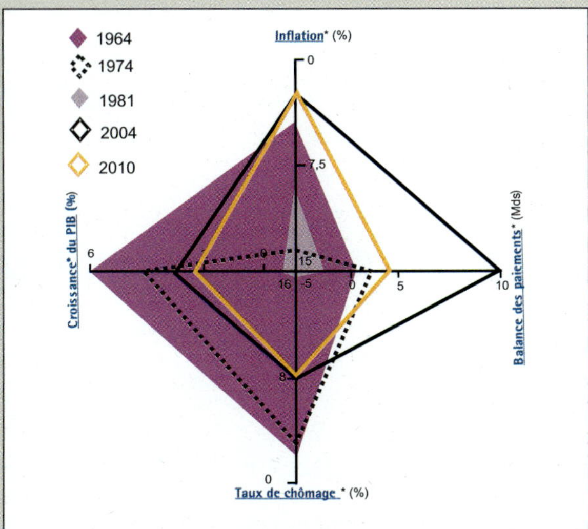

Source : BNB.

2 Quelques mots-clés des politiques économiques actuelles

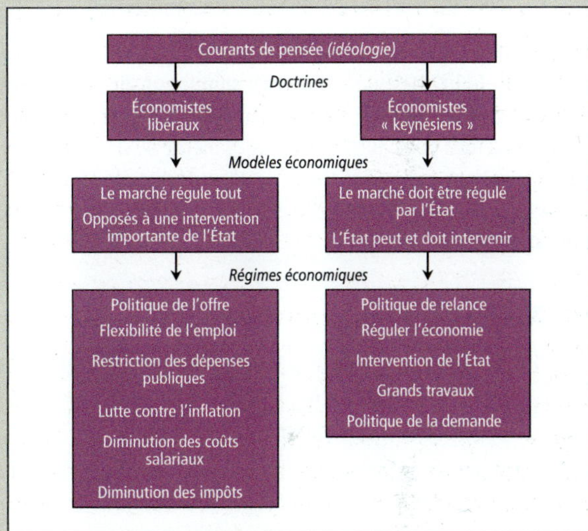

3 Belgique : évolution du déficit de l'Etat fédéral

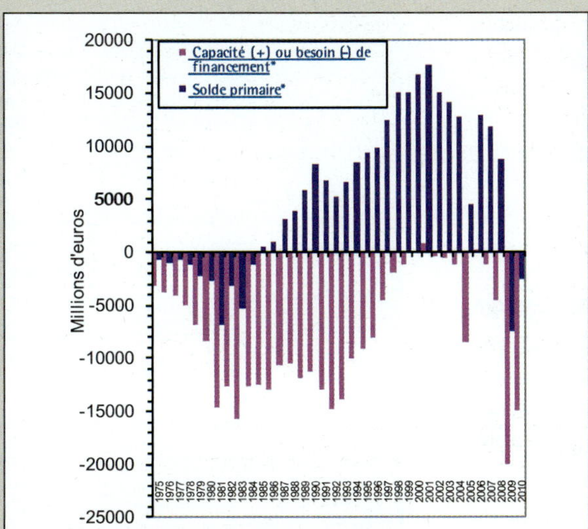

Source : BNB.

4 Belgique : évolution des dépenses de sécurité sociale

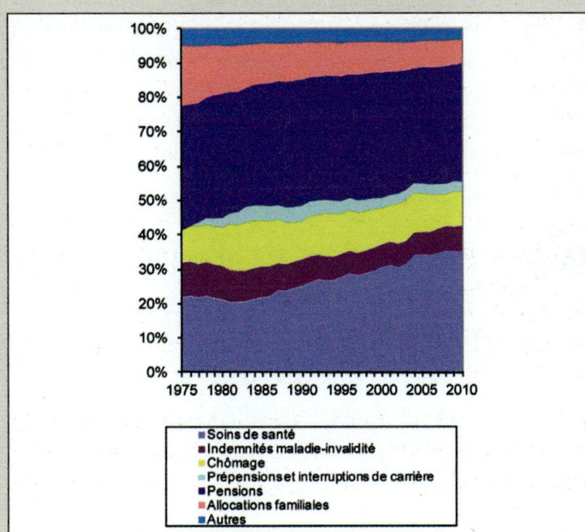

Source : BNB.

2. LES POLITIQUES ÉCONOMIQUES

La politique économique est l'ensemble des mesures prises par l'État pour influencer le niveau et l'orientation de la vie économique. On peut distinguer deux grands courants (5).

- Les défenseurs d'une intervention importante de l'État, sans nier nécessairement l'existence d'effets pervers, estiment qu'une intervention bien adaptée peut être créatrice d'emplois et facteur de croissance de la production. L'État joue un rôle régulateur de l'économie et un rôle de redistribution, de répartition de la richesse (4). C'est le courant keynésien.
- Pour les économistes **néoclassiques**, l'intervention de l'État en matière économique doit se réduire à la mise en place et au maintien des conditions de la concurrence. Le marché régule l'économie.

Actuellement, les politiques néoclassiques dominent la pensée économique. Certains parlent même de **pensée unique**. Les partis de gauche, traditionnellement keynésiens, ont également pratiqué des politiques néolibérales même si, des pays comme la Belgique ou la France ont réussi à conserver un système de sécurité sociale efficace. Une « troisième voie », qui concilierait les exigences du marché et celles du développement durable et humain, est peut-être en train de voir le jour.

3. LES CAPITALISMES

On peut distinguer trois grandes phases dans l'histoire du **capitalisme** :

- 1791 : le capitalisme contre l'État (en réaction au pouvoir de l'État). Ce capitalisme très libéral a aussi été qualifié de capitalisme sauvage ;
- 1891 : le capitalisme encadré par l'État. L'État impose des limites, des règlements (régulation et intervention de l'État dans l'activité économique) ;
- 1991 : le capitalisme à la place de l'État. C'est la période de la **dérégulation**, de la flexibilité (néolibéralisme).

Depuis la déroute du communisme (État = marché), symbolisé par la chute du mur de Berlin, le capitalisme s'est imposé. Mais, il existe deux modèles capitalistes : le **modèle américain ou anglo-saxon** (économie de marché pure) et le **modèle rhénan** (économie libérale mixte). En fait, il ne s'agit pas que d'économie : ces modèles ont des répercussions sur le politique, le social, etc. Il s'agit donc de deux concepts de société très différents. On n'assiste plus au combat entre le capitalisme et le communisme mais bien à l'affrontement entre les capitalismes rhénan et néo-américain.

4. QUELS RÔLES POUR LE MARCHÉ ET L'ÉTAT ?

Notre société subit des mutations profondes : intégration européenne, **mondialisation**, révolution numérique (ordinateur, GSM, Internet), révolution des services, etc.

Notre société doit s'adapter à ces changements (6). Mais comment ? Vers plus ou moins de dérégulation, vers plus ou moins de redistribution, vers plus ou moins de privatisation ? À travers ces questions, se profile la nouvelle définition du rôle de l'État dans nos sociétés et donc son rôle dans l'économie.

Lexique

capitalisme
Système économique et social fondé sur la propriété privée des moyens de production et d'échange. (Le capitalisme se caractérise par la recherche du profit, l'initiative individuelle, la concurrence entre les entreprises.)

dérégulation
Assouplissement ou suppression des dispositions (lois, règlements) encadrant le fonctionnement d'une activité économique, d'une profession.

modèle américain ou anglo-saxon
Il est basé sur la réussite individuelle et le profit financier à court terme (États-Unis, Royaume-Uni).

modèle rhénan
Il est basé sur la réussite collective, le consensus, le souci du long terme (Allemagne, Japon, Benelux, Europe).

mondialisation
La mondialisation constitue à la fois le processus et le résultat du processus selon lequel l'économie, l'environnement, la finance, les échanges commerciaux, etc. tendent à revêtir une dimension planétaire. La planète tend à devenir un vaste et unique marché.

néoclassique
Regroupement de tous les auteurs libéraux qui ont succédé aux classiques dans la conviction que la concurrence pure et parfaite est autorégulée et assure l'optimum économique. Ils prônent le libre-échange et l'intervention minimale de l'État.

pensée unique
C'est raisonner de la même manière partout à travers le monde, et de penser uniquement à travers un prisme, celui de l'économie et de la promotion des échanges internationaux.

Fiches

fiche 12 : Belgique
fiche 13 : Union européenne
fiche 24 : agents économiques

5 Grille de lecture simplifiée des politiques économiques et du rôle de l'État

Rôle de l'État	Économie de marché « pure »	Économie libérale mixte	Économie planifiée
État régulateur	Règles se limitant à permettre le bon fonctionnement du marché	Vaste gamme régulatrice possible, imposant certaines contraintes au marché	Pas besoin de régulation puisque pas de marché (mais marché noir !)
État redistributeur	Aides minimales aux plus pauvres, charité	Redistribution ± forte : - imposition ± lourde - sécurité sociale ± étendue	Redistribution maximale ; officiellement pas de classe sociale (mais nomenklatura !)
État entrepreneur	Fonctions de l'État-gendarme	Développement ± important du secteur non marchand et intervention limitée dans le secteur marchand	L'État = l'entrepreneur
Conclusion	Le TOUT MARCHÉ inexistant car intenable socialement (moralement)	ÉQUILIBRES MULTIPLES MARCHÉ-ÉTAT les moins mauvaises des solutions	Le TOUT ÉTAT = ÉCHEC car intenable techniquement, inefficace
Valeurs dominantes	Liberté-individualisme-responsabilité	Combinaison responsabilité-solidarité	Idéalisation de l'homme-solidarité
Détention du pouvoir	Toute puissance de la classe dirigeante économiquement = DANGER	Pouvoir partagé	Toute puissance de la classe dirigeante politiquement = DANGER

Ph. Maystadt et F. Minet-Dermine, *Comprendre l'économie*, Luc Pire, 2003.

6 Quels rôles pour le marché et l'État ?

« L'État ne peut administrer l'économie. »

Tout est parti de cette petite phrase sortie de la bouche de Lionel Jospin. Il faut dire que le premier ministre français prononçait ces mots alors que la direction de Michelin annonçait le même jour des bénéfices records à ses actionnaires, et des suppressions massives d'emplois à ses travailleurs. L'économie ne peut être administrée par la loi, ajoutait Lionel Jospin. Au sens strict, personne ne songerait aujourd'hui à contester ces paroles, notamment celles d'administrer. Mais dans le contexte, elles résonnaient comme un aveu d'impuissance. Impuissance de l'État précisément face aux pouvoirs économiques et aux diktats du marché, mais aussi abandon du volontarisme politique. Depuis lors, le premier ministre français a corrigé le tir et a redonné sa place aux mots « régulation, réglementation, volonté politique ». [...]

Au cours des dernières années, le libéralisme qui s'incarne dans cette société du marché a remporté de grandes victoires politiques en faisant admettre par tous, y compris largement à gauche, que les contraintes et les exigences de la mondialisation étaient inéluctables et irréversibles. Que l'État ne pouvait pratiquement plus réguler et que la politique devait en quelque sorte s'effacer au profit de la seule logique du marché. On oublie qu'il s'agit là d'un credo souvent plus idéologique et même plus dogmatique qu'économique. Voilà en tout cas une question qui, au-delà de l'argumentation théorique, concerne directement notre vie quotidienne.

Hugues Lepaige, Matin Première, RTBF, 30 octobre 1999.

Fiche

26 Population active

1. DU PLEIN EMPLOI AU SOUS-EMPLOI

La **population active** correspond au facteur travail disponible dans un pays. Elle dépend du nombre d'habitants du pays et du **taux d'activité** ❶. Le nombre d'habitants est fonction des données démographiques tandis que le taux d'activité varie en fonction de critères sociaux et culturels (ex : âge de la pension, système de prépension, durée des études, accès au marché du travail pour les femmes, etc.) ❷.

Dans les pays européens et notamment en Belgique, la population active a augmenté ces dernières décennies ❸. Face à une stagnation du nombre d'emplois, le **sous-emploi** et le **chômage** ont fortement augmenté provoquant de nombreux problèmes sociaux. Les principaux facteurs explicatifs de l'augmentation de la population active sont l'augmentation du taux d'activité des femmes et l'arrivée, comme demandeurs d'emploi, des enfants du baby-boom (❺, p. 101). Par contre, la faible croissance du nombre d'emplois trouve son origine dans la crise économique ❹ mais surtout dans l'augmentation de la productivité. Cette hausse de la **productivité** permet de créer de plus en plus de richesse avec de moins en moins de personnes employées.

Le « modèle » économique de l'après-guerre qui a permis croissance et plein emploi ne fonctionne plus. Le système actuel génère une croissance faible avec moins de création d'emplois.

1.1 LUTTER CONTRE LE CHÔMAGE

Plusieurs pistes sont fréquemment évoquées pour lutter contre le chômage : améliorer la flexibilité du marché du travail, réduire les coûts salariaux et diminuer le temps de travail.

1.1.1 Améliorer la flexibilité du marché du travail

La création d'emploi peut être handicapée par une réglementation sociale trop contraignante. Ces règles, ces lois sociales empêchent les mécanismes du marché de réguler spontanément le chômage et d'atteindre le point d'équilibre où les offres d'emploi correspondent aux demandes d'emploi.

Ces règlementations ont été élaborées par l'État afin d'octroyer certains droits aux travailleurs. Pour mettre fin ou diminuer cette rigidité du marché de l'emploi et favoriser l'embauche de nouveaux employés, il faut déréguler le marché du travail afin d'améliorer la flexibilité de ce marché. Pouvoir licencier plus facilement du personnel pour s'adapter à la **conjoncture**, pouvoir répartir les heures de travail sur une base annuelle et non plus hebdomadaire, favoriser les emplois à mi-temps, favoriser le développement du travail intérimaire, etc. sont des exemples de cette flexibilité du marché du travail. Ces solutions peuvent engendrer la **précarisation** et la naissance des **emplois atypiques**. Ceux-ci touchent principalement les femmes, les moins qualifiés, les jeunes et parfois les travailleurs âgés.

1.1.2 La réduction du coût du travail

En fonction des lois du marché, si le coût du travail est trop élevé par rapport au salaire d'équilibre, il existe du chômage. Dès lors, pour résoudre cette situation, la diminution des charges sociales payées par l'employeur est souvent utilisée. Comment expliquer cette solution ?

Lexique

activité (taux d')
Rapport entre la population active totale et la population d'âge actif (15 à 64 ans). Il indique dans quelle mesure la population participe ou souhaite participer à la vie active. Ne pas confondre avec le taux d'emploi qui est le rapport entre la population active occupée et la population d'âge actif (15 à 64 ans).

chômage (taux de)
C'est le rapport entre les personnes sans emploi et la population active. Il est exprimé en pourcent.

conjoncture
Ensemble des éléments qui déterminent la situation économique, sociale, politique ou démographique à un moment donné (court terme).

emploi (taux d')
Le taux d'emploi est la proportion de personnes disposant d'un emploi parmi celles en âge de travailler (15 à 64 ans). Le taux d'emploi reflète la capacité d'une économie à utiliser ses ressources en main-d'œuvre.

emplois atypiques
Travailleurs qui ne bénéficient pas d'ancienneté, qui ont des salaires faibles et qui subissent régulièrement le chômage.

plein emploi
État dans lequel la population active est tout entière au travail. Même dans cette situation, il existe un taux de chômage faible de l'ordre de 3 %.

population active
Population qui a un emploi ou qui est à la recherche d'un emploi. Les étudiants, les retraités, les enfants de moins de 15 ans ainsi que les femmes au foyer ne figurent pas dans la population active.

précarisation
Situation peu stable, peu durable (emploi précaire).

productivité
Rapport mesurable entre une quantité produite (de biens, etc.) et les facteurs de production (machines, matières premières, travail et capital financier) mis en œuvre pour y parvenir. Le mot est souvent employé comme un synonyme de rendement : le rendement agricole est la productivité de la terre cultivée.
Les progrès techniques et informatiques assurent chaque année des gains de productivité.

Produit Intérieur Brut par habitant (PIB/hab.)
Le PIB est la somme des valeurs ajoutées produites sur le territoire national, quelle que soit la nationalité des producteurs, par l'ensemble des unités de production marchande et non marchande (biens et services). Si on divise le PIB par le nombre d'habitants, on obtient le PIB/hab.

sous-emploi
Le sous-emploi correspond à la différence entre la population active et la population active occupée (les emplois). Il y a bien sûr les chômeurs mais également d'autres catégories, comme les prépensionnés.

Fiches

fiche 23 : transition démographique

Pour comprendre

- Le marché du travail
- Les moyens de lutte contre le chômage
- Les mutations sociales de nos sociétés

Mots-clés

- Population active
- Plein emploi
- Sous-emploi
- Chômage
- Révolution post-industrielle

1 Le marché du travail

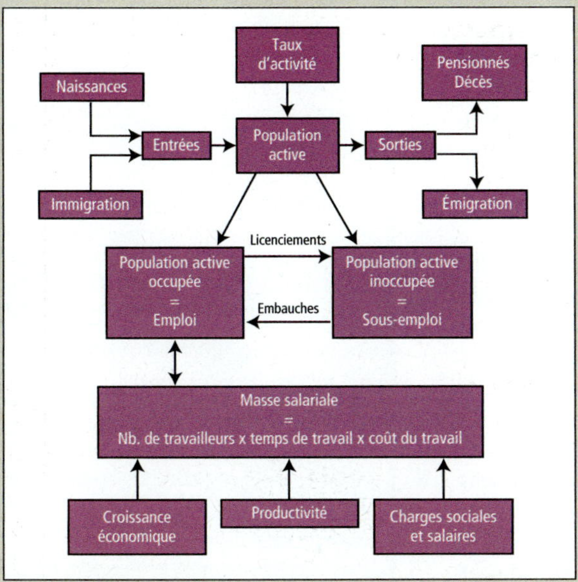

D'après B. Lejeune et G. Martin, *Guide d'économie*, Bordas, 1993.

2 Belgique : indicateurs sur l'emploi (2010)

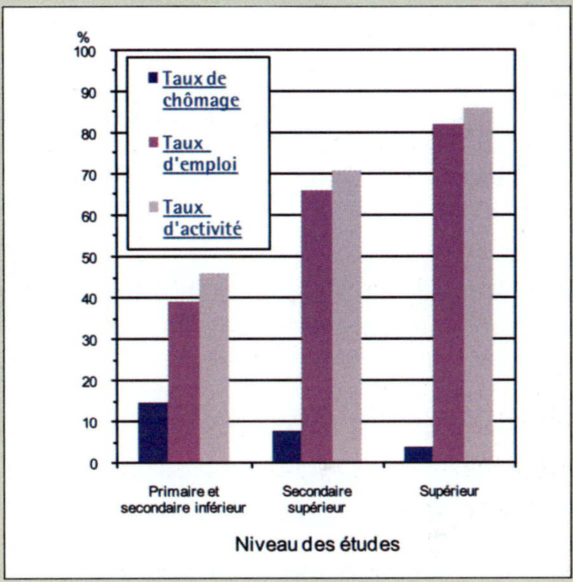

Sources : BIT, EUROSTAT, INS, ONEM.

3 Belgique : emploi et sous-emploi

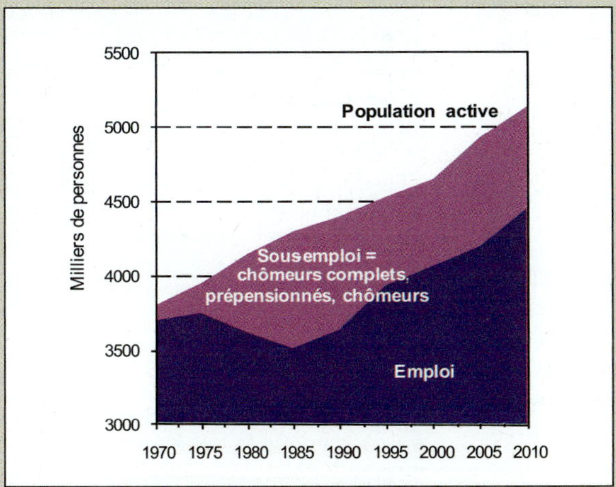

Sources : SPF Économie et EUROSTAT.

4 Belgique : taux de croissance du PIB

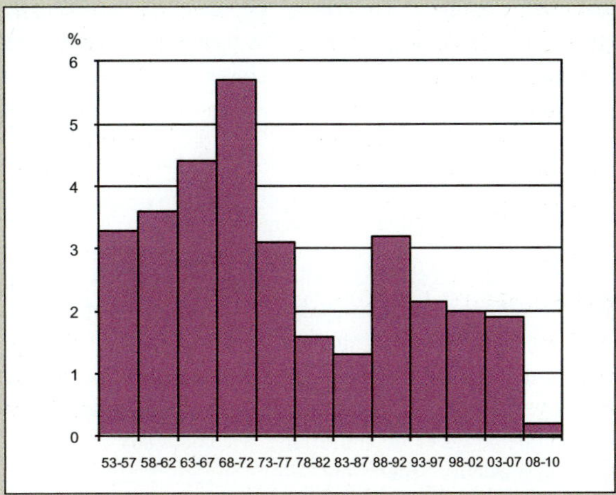

Source : BNB.

La mise en place d'un système de protection sociale en Europe s'est réalisée dans une période de plein emploi. Le financement de cette sécurité sociale s'est répercuté sur le coût salarial (charges sociales). Ainsi, la diminution du coût du travail peut se faire en diminuant les charges sociales, les travailleurs conservant leur salaire.

Derrière cette solution au problème de l'emploi, se dessinent des enjeux politiques et sociaux importants pour le fonctionnement de notre système de sécurité sociale. En effet, face à une diminution des recettes de la sécurité sociale, faut-il restreindre les prestations sociales (allocations de chômage, allocations familiales, pensions, soins de santé, etc.) ou faut-il instaurer un financement alternatif de la sécurité sociale (augmentation de la TVA ou d'autres taxes) ?

1.1.3 La réduction du temps de travail

Cette solution permet de partager le travail disponible entre un plus grand nombre de travailleurs. Mais, elle peut engendrer des problèmes dans l'organisation du travail. Cette réduction peut se faire avec maintien du salaire ou avec réduction salariale.

1.2 LE STATUT DU TRAVAIL DANS NOTRE SOCIÉTÉ

Avoir du travail permet d'obtenir un salaire et de trouver une place, un statut dans notre société. Le travail bénéficie d'ailleurs d'une forte reconnaissance à l'heure actuelle. Quelqu'un qui ne travaille pas, c'est quelqu'un qui est marginalisé et dans certains cas, exclu de la société. Le problème du chômage n'est donc pas uniquement un problème économique mais également un problème social.

2. SOCIÉTÉ POST-INDUSTRIELLE

La fin du millénaire correspond à une mutation profonde de notre société. Nous passons d'une société industrielle à une **société post-industrielle**, où le secteur des services emploie plus de 60 % de la population active et produit plus de 60 % de la richesse ❺ ❻. Néanmoins, de nombreuses sociétés humaines dans le monde sont encore essentiellement agricoles, tandis que d'autres sont principalement industrielles ❼.

La première révolution correspond à l'apparition de l'agriculture et à la sédentarisation des hommes (Néolithique). Ces changements ont permis à l'homme de dégager des surplus et ainsi d'introduire l'échange (commerce) et l'épargne (stockage). Avant, les hommes vivaient pour la plupart rassemblés en petits groupes nomades et assuraient leur subsistance moyennant la cueillette, la pêche, la chasse et l'élevage.

La deuxième révolution ou révolution industrielle marque le passage d'une société agricole à une société industrielle et urbaine. Elle a pris naissance en Europe au 18e siècle. Cette révolution industrielle a coupé le monde en deux, avec une civilisation industrielle dominatrice et une pléiade de colonies relativement soumises.

La troisième révolution (post-industrielle) est en route dans les pays dits « industrialisés » ❺ ❻ ❼. Notre mode de vie (développement des loisirs) et les processus de production se modifient. La connaissance (l'information, les images, la culture, etc.) devient la ressource centrale du système économique. L'informatique, les télécommunications, la biotechnologie, etc. sont des secteurs de cette troisième révolution. Comme dans toute période de changements et de mutations, les nouveaux équilibres ne sont pas encore atteints. Une ou plusieurs générations seront encore indispensables pour mettre en place cette nouvelle société post-industrielle.

Lexique

secteur primaire
Secteur de l'activité économique qui regroupe principalement les activités liées directement à l'exploitation du milieu naturel telles que l'agriculture, la pêche, les activités forestières et les mines.

secteur secondaire
Secteur comprenant les activités industrielles (activités de transformation). On exclut souvent les transports du secondaire pour les inclure dans le tertiaire.

secteur tertiaire
Secteur qui regroupe essentiellement des activités dites de service telles que les administrations, les banques, les assurances, les commerces, l'enseignement, etc.

société post-industrielle
Société dans laquelle l'industrie n'est plus l'élément central du développement économique et social d'un pays, tout en restant un moteur important de la croissance. Cette phase caractérise, depuis deux ou trois décennies, les pays développés les plus avancés, où les services et les activités de consommation sont devenus les fonctions dominantes.

Fiches

fiche 25 : politiques économiques
fiche 27 : notions sociales

5 Pays industrialisés : évolution de la population active

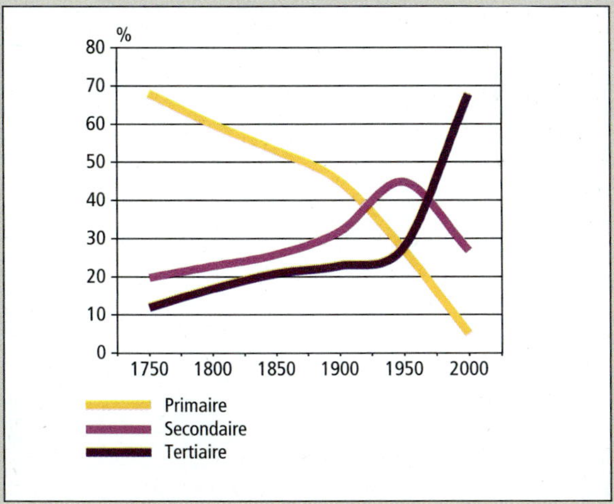

D'après D. Noin, *Géographie de la population*, Masson, 1998.

6 Belgique : contribution des secteurs économiques au produit intérieur brut

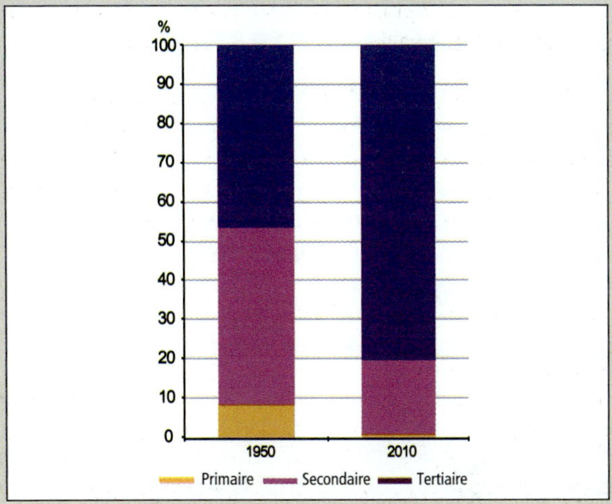

Sources : BNB et INS.

7 Répartition de la population par secteur d'activités (2008)

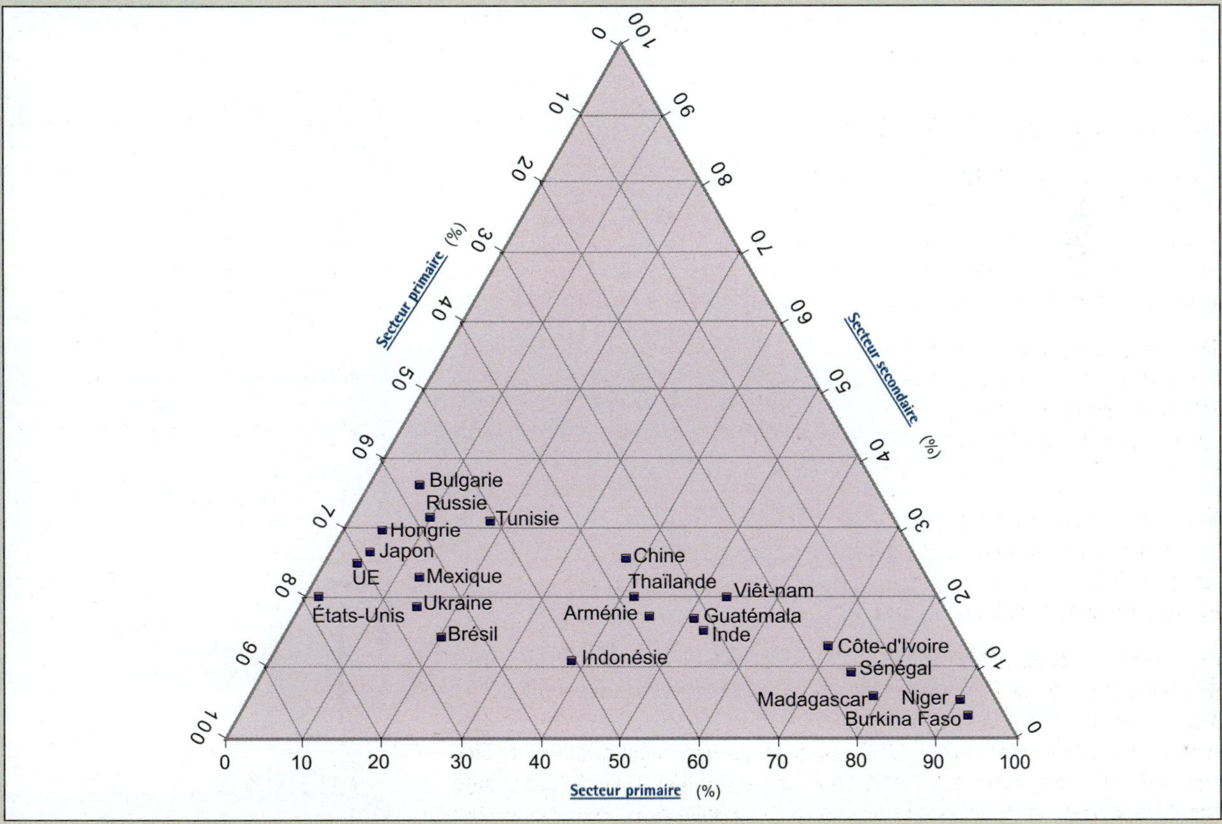

Source : The World Factbook CIA.

Fiche

27 Notions sociales

1. CLASSES SOCIALES ET STRATIFICATIONS

Dans une société, chaque individu occupe une position particulière qui ne dépend pas seulement de sa personnalité mais aussi de son origine sociale, c'est-à-dire sa famille et les gens qu'il côtoie le plus souvent. Il appartient ainsi à un groupe social. On remarque que ces groupes d'individus adoptent des styles de vie qui leur sont propres et que ceux-ci dépendent largement de leurs niveaux de revenus. Les styles de vie se traduisent en effet par le type de logement, de vêtements, d'alimentation, de loisirs, d'éducation, etc. Ces groupes forment des **classes sociales**. Les classes sociales traduisent les différences, sur base de critères économiques, entre les individus d'une même société : aristocrates, bourgeois, classe moyenne, classe ouvrière ❶. Par ses études, son travail ou d'autres activités, un individu peut, au cours de sa vie, passer d'une classe sociale à une autre. On parle alors de **mobilité sociale**.

La **stratification sociale** désigne les différentes façons de classer les individus dans une société en fonction de la position sociale qu'ils occupent. De ce point de vue, il est possible de distinguer autant de formes de stratifications sociales qu'il y a de critères de classement (ex. : revenu, profession, pouvoir, prestige, etc.). Il est également possible d'envisager la répartition sociale des individus suivant plusieurs critères ❷.

Les **castes** qui caractérisent l'organisation sociale de certains pays ne sont pas tout à fait des classes sociales car elles sont marquées par la transmission héréditaire et la mobilité sociale y est pratiquement impossible. Exemple : pour l'hindouisme, l'appartenance à une caste dépend de la naissance ; on appartient à la même caste que ses parents. Quelles que soient sa vie et son évolution personnelle, chaque individu appartiendra toujours à sa caste d'origine. C'est le cas en Inde où, pourtant, l'État ne différencie plus officiellement les individus en fonction de leur caste.

2. STATUT SOCIOPROFESSIONNEL

Le **statut social** d'un individu lui donne une position morale à laquelle est associé un degré de considération, d'estime et de respect de la part des autres membres de la société. Un même individu peut avoir plusieurs statuts liés à sa vie familiale (père, époux, etc.), à sa vie professionnelle (ouvrier, cadre, etc.), à ses activités personnelles (joueur de football, membre d'une association, etc.) ou à sa qualité de citoyen (électeur, assuré social, etc.). Face à chacun de ses statuts, tout individu a plusieurs rôles à exercer dans la société (éduquer ses enfants, effectuer correctement son travail ou participer aux élections). Ce sont, en quelque sorte, ses devoirs de citoyen.

Les personnes appartenant à une même catégorie professionnelle (ouvriers, employés, cadres, etc.) entretiennent souvent des relations entre elles, ont souvent des comportements et des opinions proches et se considèrent comme appartenant à une même catégorie sociale ou catégorie socioprofessionnelle. De plus, elles ont souvent des revenus assez similaires. On constate donc que des personnes appartenant à une même catégorie socioprofessionnelle font souvent partie de la même classe sociale et bénéficient, dès lors, du même **statut socioprofessionnel**.

Lexique

caste
Groupe social qui se distingue par des privilèges particuliers, un esprit d'exclusive à l'égard des autres. Groupe social, héréditaire et endogame, composé d'individus exerçant généralement une activité commune, surtout professionnelle, caractéristique de la société indienne.

classe sociale
Ensemble d'individus qui ont un mode de vie identique et des comportements semblables.

mobilité sociale
Possibilité pour les individus ou les groupes de changer de position sur le plan social, professionnel, etc.

statut social
Position reconnue par rapport aux autres membres de la société.

statut socioprofessionnel
Position reconnue dans la société en fonction de la profession exercée.

stratification sociale
Hiérarchisation des classes sociales dans une société.

Fiches

fiche 13 : culture et territoire

Pour comprendre
- Les disparités sociales
- La fracture sociale

Mots-clés
- Classe sociale
- Stratification sociale
- Bien-être
- Niveau de vie
- Exclusion sociale

1 Les classes sociales dans les villes américaines des années 1930

Une enquête et une analyse sociologique tenant compte de la profession, du quartier habité et des revenus ont permis de distinguer six classes différentes dans les villes étudiées.

- La classe « supérieure-supérieure », que compose une aristocratie locale fermée, descendant des premières familles installées dans la région. Il est rare que les membres de ce groupe contractent des alliances à l'extérieur du groupe.
- La classe « supérieure-inférieure » dont les membres, riches, mais d'une richesse plus récente que les précédents, sont considérés comme moins distingués.
- La classe « moyenne-supérieure », composée de membres des professions libérales et d'hommes d'affaires aisés, prenant part aux affaires de la cité et entourés de respect.
- La classe « moyenne-inférieure », comprenant des employés de bureau et des hommes d'affaires de moindre envergure. Elle est caractérisée par un mode de vie régulier et le souci de la respectabilité.
- La classe « inférieure-supérieure », composée de boutiquiers et ouvriers jouissant d'une aisance modeste et considérés comme menant une existence honnête et respectable.
- La classe « inférieure-inférieure », qui rassemble les ouvriers vivant dans des taudis et considérés comme amoraux et anti-sociaux.

D'après Lloyd Warner, Yankee City, 1949.

2 La structuration de l'espace social

Plus qu'une théorie des classes sociales, Pierre Bourdieu propose une analyse multidimensionnelle de l'espace social, défini comme un ensemble de positions sociales distinctes qui entretiennent entre elles des relations de proximité ou d'éloignement plus ou moins importantes. La distribution des positions dans l'espace social est structurée à partir de deux critères principaux : d'abord le volume du capital possédé, ensuite sa structure, c'est-à-dire la part respective du capital économique et du capital culturel (mesuré principalement par le niveau de diplôme) dans le capital global.

On arrive ainsi à composer une représentation de l'espace social qui comprend deux dimensions : un premier axe permet de différencier la classe dominante, les classes moyennes et les classes populaires en fonction du volume du capital, un second décompose les deux premières classes en fractions de classes, en fonction de la structure du capital (voir schéma ci-contre).

Les agents qui occupent une même position sociale ont un certain nombre de propriétés en commun qui s'expliquent par des conditions d'existence semblables. Ils partagent un même habitus de classe, c'est-à-dire un système de dispositions qui homogénéise leurs pratiques et leur vision du monde.

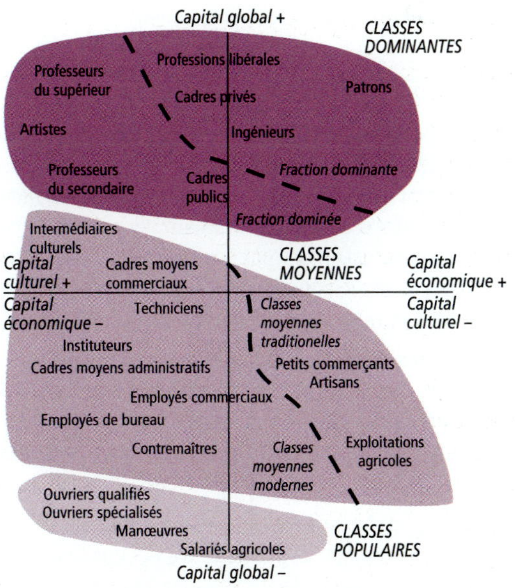

J. Etienne, F. Bloess, J.-P. Noreck et J.-P. Roux, *Dictionnaire de sociologie*, Hatier, 2004.

Classe sociale et statut socioprofessionnel sont donc des notions proches mais différentes. La tendance est grande de vouloir hiérarchiser les statuts, donc les personnes. Un «riche» doit-il avoir un meilleur statut qu'un «pauvre»? Un homme doit-il avoir un meilleur statut qu'une femme? L'ambiguïté des critères retenus pour établir une hiérarchie impose d'être très prudent à cet égard ❸.

3. NIVEAU DE VIE ET BIEN-ÊTRE

La qualité de vie d'un individu ou d'une classe sociale ne se mesure pas uniquement par sa richesse et son **niveau de vie**. D'autres critères entrent en ligne de compte: sa santé, son niveau d'éducation, l'environnement dans lequel il vit, etc. Son **bien-être** dépend donc autant de critères matériels (qualité du logement, accès aux services collectifs, abondance de l'alimentation, etc.) que d'aspects de sa vie qui sont plus difficilement mesurables (qualité de l'alimentation, niveau de stress, libertés individuelles, etc.). La qualité de vie d'une société passe donc par le bien-être des individus de toutes les classes sociales qui la composent.

Le seuil de pauvreté est un indicateur au-dessous duquel un individu ou une famille vit dans la précarité ❹. Les critères retenus pour établir ce seuil peuvent varier d'un endroit à l'autre ou d'une institution à l'autre. Le nombre estimé des «pauvres» peut donc varier en fonction du seuil choisi.

Le revenu moyen par habitant ❺ constitue un indicateur assez fiable de la répartition des richesses dans un pays. En Belgique, outre les différences importantes entre les Régions (bruxelloise, flamande et wallonne), on constate, à quelques exceptions près, la présence des revenus les plus élevés dans les régions urbaines des grandes villes. Les revenus moyens les plus faibles sont relevés dans les communes rurales et dans plusieurs communes de l'ancien axe industriel wallon. Il faut cependant souligner que le revenu moyen peut cacher d'importantes différences entre les individus d'une même commune et des revenus provenant des activités non déclarées (travail au noir).

4. EXCLUSION ET FRACTURE SOCIALE

La perte d'un emploi, des problèmes familiaux ou de santé peuvent entraîner des personnes dans l'**exclusion sociale**. En effet, les chômeurs de longue durée risquent de ne plus appartenir à aucune catégorie socioprofessionnelle et de ne plus bénéficier d'un statut socioprofessionnel. Certains citoyens n'ont pas droit aux allocations de chômage et vivent grâce à des allocations sociales octroyées par les centres publics d'aide sociale (CPAS), les mutuelles et parfois des associations caritatives. Certaines personnes sans aucune ressource peuvent devenir des «sans domicile fixe» (SDF).

L'absence de statut socioprofessionnel signifie alors l'absence de statut. Ces personnes risquent de ne plus être reconnues comme des citoyens à part entière. Elles éprouvent alors beaucoup de difficultés pour trouver un emploi et subvenir à leurs besoins (logement, alimentation, loisirs, etc.). Elles se sentent dès lors exclues de la société.

Cette extrême pauvreté baptisée aujourd'hui «exclusion» ne touchait qu'une frange de la population au temps de la prospérité (les «golden sixties»). Les mutations économiques actuelles, le système économique et politique en vigueur favorisent le revenu du capital au détriment du revenu du travail. Cette situation engendre une répartition moins équitable des revenus entraînant une augmentation des plus démunis: la **fracture sociale** grandit (société duale).

Lexique

bien-être
Situation procurée par la satisfaction des besoins matériels et par une qualité de vie qui rencontre les aspirations de chaque individu.

exclusion sociale
État d'extrême pauvreté laissant un individu en marge de la société.

fracture sociale
Écart qui s'est creusé, dans les pays riches, entre les possédants et les plus démunis.

niveau de vie
Ensemble des biens et des services qu'un individu, une classe sociale ou l'ensemble de la société peut se procurer.

Fiches

fiche 19: blocages du développement économique

fiche 26: population active

③ Les critères de différenciation

Critères de différenciation	Distinction type	Ambiguïté du critère
La fortune	Opposition entre les riches et les pauvres.	L'artisan qui dispose d'un revenu médiocre mais d'un patrimoine professionnel élevé est-il riche ou pauvre ?
Le prestige	Opposition entre les intellectuels et les manuels. Opposition entre ceux qui décident et ceux qui exécutent.	L'échelle de prestige varie avec le temps. Certaines professions sont descendues dans l'échelle : enseignants, médecins hospitaliers, etc. De nouvelles hiérarchies apparaissent : capitaine d'industrie avec le libéralisme.
Le niveau d'instruction	Différenciation entre diplômés de l'enseignement primaire, secondaire et supérieur.	Où situer les autodidactes ? Comment apprécier la dévalorisation des diplômes ?
L'âge	Distinction entre jeunes, adultes et personnes âgées	On est toujours le jeune et le vieux de quelqu'un. (P. Bourdieu).
Le sexe	Distinction entre hommes et femmes	Différenciation claire, mais l'ambiguïté réapparaît dès que l'on associe le sexe à d'autres critères. Exemple : le vote des femmes est plus conservateur que celui des hommes, mais le corps électoral féminin est plus âgé que celui des hommes : effet d'âge ou de sexe ?

D'après P. Bourdieu, *La distinction, critique sociale du jugement*, Minuit, 1979.

④ Calcul du risque de pauvreté en Belgique

Taux de pauvreté	
Les pourcentages ne sont pas cumulatifs mais représentent pour chaque catégorie définie le risque de pauvreté (%).	
Global pour la Belgique	14,6 %
0-15	18,5 %
16-24	14,8 %
25-49	11,4 %
50-64	12,3 %
65+	19,4 %
Propriétaire	9,1 %
Locataire	29,5 %
Travailleur	4,5 %
Chômeur	30,3 %
Retraité/pensionné	16,1 %

Le seuil de pauvreté équivaut à 60 % de la médiane du revenu disponible, à l'échelle individuelle. Cela correspond au calcul suivant : 60 % de 19.464 € par an équivaut pour une personne isolée à un seuil de 11.678 € par an, soit 973 € par mois.

SPF Economie - Direction générale Statistique et Information économique 2011.

⑤ Belgique : revenu moyen par déclaration fiscale (2008)

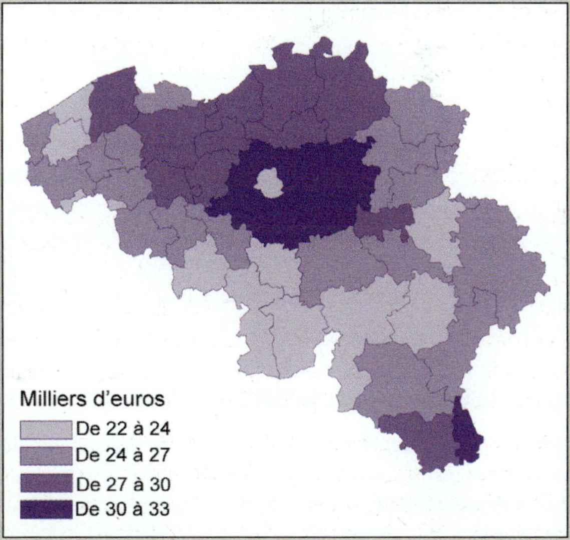

Source : INS.

Fiche

28 Mondialisation

1. LES ÉCHANGES COMMERCIAUX

La croissance du commerce mondial est le signe le plus visible de la **mondialisation** ❶. Environ 80 % des échanges de biens concernent les produits manufacturés, le solde étant représenté par les **produits primaires** ❷. Mais, cette répartition, à l'échelle mondiale, masque des inégalités géographiques. En effet, une grande partie des pays d'Afrique, d'Amérique du Sud et du Moyen-Orient exportent principalement des produits primaires ❷. Cette situation peut engendrer des déséquilibres importants appelés **détérioration des termes de l'échange**.

La répartition géographique des échanges ❸ met également en évidence le rôle important joué par les pays industrialisés et les pays asiatiques dans le commerce mondial. Certaines régions restent en marge du commerce mondial.

2. ORIGINES ET MOTEURS DE LA MONDIALISATION

Les progrès techniques (moyens et infrastructures de transports) ont facilité les échanges. Le déplacement des hommes, des marchandises, des capitaux et maintenant de l'information se fait de plus en plus rapidement et pour un coût de plus en plus faible.

Cette explosion des échanges commerciaux a été favorisée par les accords de **Bretton Woods** et la promotion du libre-échangisme assurée par les accords du **GATT** et de l'**OMC**.

Les politiques économiques des différents États, influencées par la pensée anglo-saxone (néolibéralisme), ont favorisé l'ouverture des économies par la dérégulation des marchés et les privatisations. Le **FMI** a largement répandu cette politique dans les pays du Sud par ses plans d'ajustements structurels.

Ainsi, les frontières n'existent plus pour les marchandises, les capitaux et les services. Il n'y a plus qu'un seul marché : le monde. Cette globalisation qui supprime la notion de frontière a été rendue possible par la vitesse de la communication : les réseaux de communication permettent de connecter tous les pays du monde. Si tout le monde est relié au même système d'informations, avec la même logique des échanges, tout autour de la planète vont se développer les mêmes réflexes, les mêmes manières de penser, les mêmes manières de juger et d'évaluer, les mêmes modes de consommation. On est en présence de la **pensée unique** ; le libéralisme n'a plus d'adversaire (1989 = chute du mur de Berlin). Paradoxalement, si les frontières n'existent plus pour le commerce, elles sont toujours bien présentes pour les hommes et les femmes qui souhaitent migrer !

3. LES ACTEURS DE LA MONDIALISATION

Les États-Unis, l'Union européenne, l'OMC, le FMI, la Banque mondiale et les multinationales sont les principaux acteurs de cette mondialisation. Mais, tous les pays ne sont pas concernés, ni même intégrés de la même façon au processus ❺ !

Lexique

Bretton-woods
Accords financiers internationaux conclus en 1944 à Bretton Woods (États-Unis) entre 44 pays. Le dollar (convertible en or) servira de monnaie de référence pour les échanges internationaux. En 1971, les États-Unis décident de supprimer la convertibilité du dollar en or. C'est la fin d'une période de stabilité monétaire et le début du système des changes flottants.

détérioration des termes de l'échange
Cela signifie qu'avec la même quantité de produits exportés, un pays ne peut plus s'acheter la même quantité de produits importés.

Fonds Monétaire International (FMI)
Institution centrale du système monétaire international, créée en 1945, comptant 188 États membres. L'une de ses fonctions principales est d'accorder des prêts aux États membres ayant des difficultés financières.

General Agreement on Tariffs and Trade (GATT)
Accords signés en 1947, auxquels ont adhéré plus de cent États, et qui ont servi de cadre à des négociations pour harmoniser les politiques douanières et favoriser le libre-échange. Le GATT a été remplacé par l'OMC en 1995.

mondialisation
La mondialisation constitue à la fois le processus et le résultat du processus selon lequel l'économie, l'environnement, la finance, les échanges commerciaux, etc. tendent à revêtir une dimension planétaire. La planète tend à devenir un vaste et unique marché.

Organisation Mondiale du Commerce (OMC)
L'OMC, créée en 1995, compte 153 membres. La Russie n'en fait pas encore partie mais fait de l'accession à l'OMC l'une de ses priorités. Alors que le GATT se bornait à la réduction des barrières douanières sur les marchandises, l'OMC se concentre sur les services, les relations entre le commerce et le régime de la concurrence ou le fonctionnement des marchés publics. L'OMC gère également les différends commerciaux entre les États.

pensée unique
C'est raisonner de la même manière partout à travers le monde, et de penser uniquement à travers un prisme, celui de l'économie et de la promotion des échanges internationaux.

produits primaires
Produits bruts donc non transformés (produits agricoles, de la pêche, miniers ainsi que les combustibles fossiles).

Web

OMC
www.wto.org

Pour comprendre

- La globalisation de l'économie
- La circulation et les échanges des biens, des services et des capitaux
- Les délocalisations

Mots-clés

- Internationalisation
- Globalisation
- Flux
- Dérégulation
- Intégration

Documents

1 Évolutions du commerce mondial et des tarifs douaniers dans les pays industrialisés

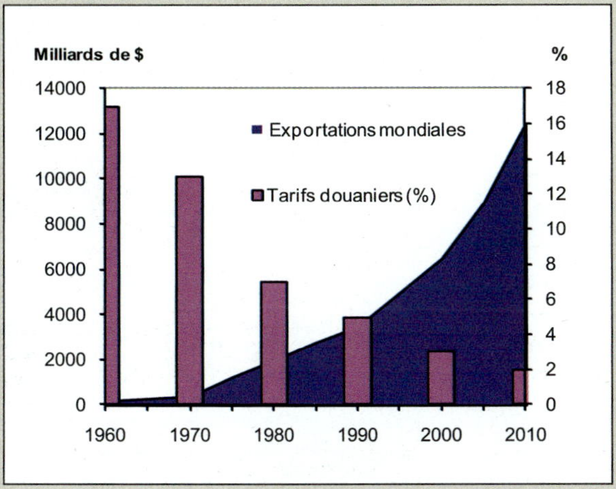

Sources: Banque mondiale et OMC.

2 Répartition des exportations de marchandises (2009)

		Produits agricoles	Combustibles	Produits manufacturés	Total
Amérique du Nord	Mds $	179	218	1 130	1 526
	%	12	14	74	100
Amérique du Sud et centrale	Mds $	140	178	126	444
	%	32	40	28	100
Europe	Mds $	528	483	3 879	4 890
	%	11	10	79	100
Communauté d'États indépendants (CEI)	Mds $	39	284	109	432
	%	9	66	25	100
Afrique	Mds $	39	246	74	359
	%	11	69	20	100
Moyen-Orient	Mds $	18	469	188	675
	%	3	70	27	100
Asie	Mds $	226	386	2 850	3 461
	%	7	11	82	100
Monde	Mds $	1 169	2 263	8 355	11 786
	%	10	19	71	100

Source: OMC.

3 Évolution de la répartition géographique des exportations et des importations de marchandises (%)

	Exportations				Importations			
	1953	1973	1993	2009	1953	1973	1993	2009
Amérique du Nord	24,8	17,3	18,0	13,2	20,5	17,2	21,4	17,5
États-Unis	18,8	12,3	12,6	8,7	13,9	12,3	15,9	12,9
Amérique du Sud et centrale	9,7	4,3	3,0	3,8	8,3	4,4	3,3	3,6
Europe	39,4	50,9	45,4	41,2	43,7	53,3	44,6	41,6
Communauté d'États indépendants (CEI)[1]			1,5	3,7			1,2	2,7
Afrique	6,5	4,8	2,5	3,2	7,0	3,9	2,6	3,3
Moyen-Orient	2,7	4,1	3,5	5,7	2,0	2,6	3,3	4,0
Asie	13,4	14,9	26,1	29,4	15,1	14,9	23,7	27,4
Chine	1,2	1,0	2,5	9,9	1,6	0,9	2,7	8,1
Japon	1,5	6,4	9,9	4,8	2,8	6,5	6,4	4,4

Source: OMC.

(1) Les chiffres sont sensiblement affectés par l'inclusion des échanges mutuels des États baltes et de la CEI entre 1993 et 2003.

L'OMC favorise la libéralisation des échanges des biens et des services en supprimant toutes les entraves au commerce international ❶ et les régimes préférentiels accordés par certains pays. Elle arbitre aussi les conflits commerciaux et elle peut sanctionner des États pour les forcer à libéraliser leur commerce.

Depuis quelques années, des voix s'élèvent pour dénoncer les excès de cette mondialisation. La réunion de Seattle en décembre 1999 qui devait lancer une nouvelle négociation commerciale, le « Millennium Round », a été fortement critiquée par des associations (**ONG**) qui prônent une mondialisation respectueuse des conditions sociales des travailleurs et un respect de l'environnement ; en d'autres termes, un développement durable ❹.

4. CONSÉQUENCES DE LA MONDIALISATION

Parfois accusée de tous les problèmes de nos économies, la mondialisation est un élément manifestement incontournable de nos sociétés. En tant que consommateur, par nos achats, nous participons également à la mondialisation.

Les conséquences les plus visibles de cette évolution sont :

- **une concurrence à l'échelle mondiale** : puisque le marché est mondial, la concurrence se fait à cette échelle ; la compétition est donc permanente. Il faut sans cesse être le plus compétitif ;
- **des délocalisations** : les entreprises ont la possibilité de se localiser là où les conditions de production sont les meilleures. On assiste ainsi au phénomène de délocalisation. Une entreprise ne ferme plus parce qu'elle fait des pertes, mais parce qu'elle peut espérer des bénéfices plus importants ailleurs !
- **la concentration des entreprises** : de plus en plus, des sociétés industrielles, des sociétés de services s'allient pour constituer des groupes de plus en plus grands à l'échelle continentale ou planétaire. En Europe, nous assistons à la constitution de groupes industriels de plus en plus imposants. Chaque fusion-acquisition se traduit par un plan de restructuration qui s'accompagne de pertes d'emploi ;
- **une nouvelle conception du travail et de l'emploi** : pour faire face à la compétition, il faut pouvoir s'adapter rapidement tant au niveau de l'organisation du travail qu'au niveau de la qualification. Un travailleur n'a plus la certitude de garder un emploi dans la même entreprise tout au long de sa carrière ;
- **la diminution des prix** : dans ce système de concurrence généralisé à l'échelle mondiale, les coûts de production ont tendance à diminuer. Le consommateur peut donc acheter des produits à des prix plus faibles. Par rapport à ce contexte, des associations nous interpellent pour que nous nous interrogions sur les conditions dans lesquelles ces produits ont été fabriqués ! Il s'agit également d'une interrogation **éthique** ;
- **l'instabilité des marchés financiers** : la spéculation financière se développe à l'échelle mondiale. Les capitaux se déplacent rapidement d'un pays dans un autre. Un développement durable peut-il se construire sur cette instabilité des marchés ?

Ce système produit de la richesse mais il est important qu'un volet humain et social s'impose rapidement à l'échelle mondiale pour assurer à tous les peuples une qualité de travail et de vie décente. Des associations non gouvernementales (ex. : Les Magasins du monde – Oxfam, Entraide et Fraternité, etc.) ont dénoncé les excès de la mondialisation (ex. : campagne « Made in dignity ») et tentent de privilégier un commerce qu'elles qualifient d'équitable ❺.

Lexique

délocalisation
Déplacement d'une activité ou d'une fonction implantée dans un lieu vers un autre lieu. Exemples : d'un pays du Nord vers un pays du Sud, du centre-ville vers la périphérie.

éthique
Qui respecte les principes de la morale ainsi que certaines valeurs (Ex. les droits de l'homme, le développement durable).

Organisation Non Gouvernementale (ONG)
Association de personnes, indépendante du pouvoir politique, qui agit pour soutenir des actions dans les pays du Sud ou du Nord. Ex. : Amnesty International, Médecins sans Frontières, Entraide et Fraternité, Oxfam, Iles de Paix, Frères des Hommes, etc.

Fiches

fiche 12 : clés de lecture de l'organisation des territoires-sociétés
fiche 14 : localisation des activités
fiche 17 : développement et aménagement du territoire
fiche 19 : blocages du développement économique
fiche 25 : politiques économiques
fiche 26 : population active
fiche 29 : dette du tiers-monde
fiche 40 : gestion rationelle de l'environnement

4 La leçon de Seattle

Croire que l'échec de Seattle mettra un frein à la mondialisation de l'économie serait cependant une erreur grossière. D'abord, parce que l'internationalisation croissante des échanges est un mouvement irréversible. Stimulé depuis 1989 par l'écroulement du mur de Berlin et la fin du bloc soviétique, il porte en lui sa propre dynamique : cette année, le commerce mondial a progressé de quelque 9 %... On voit mal, d'autre part, qui freinerait un processus érigé en modèle économique par l'Amérique du Nord, l'Europe, le Japon et les pays émergents ! Les accents varient, certes, mais la partition est unique : dans la grande symphonie planétaire, ce sont les marchés qui donnent le tempo et le business qui enflamme l'orchestre.
Gardons-nous cependant d'une vision caricaturale : la mondialisation est, aussi, porteuse de développement potentiel et, donc, d'une qualité de vie accrue. Les politiques protectionnistes ont, toutes, prouvé leur inefficacité. Toujours largement pratiquées des deux côtés de l'Atlantique, les aides directes ou déguisées aux secteurs en difficulté ont souvent d'excellentes justifications sociales. Économiquement, pourtant, elles ne font que retarder d'inévitables réformes structurelles, tout en les rendant plus douloureuses encore. Les agriculteurs européens en savent quelque chose...
De là à sacraliser une foi béate en un libre-échange affublé de toutes les vertus et géré par une OMC au fonctionnement opaque, il y a une sacrée marge. C'est elle que les manifestants de Seattle ont refusé de franchir, en dénonçant les vices d'un ultra-libéralisme au service des seuls puissants, États ou firmes transnationales. Les vrais « vainqueurs » de Seattle, outre les pays en voie de développement qui ont rappelé leur existence, ce sont d'ores et déjà celles que l'on appelle les ONG, les organisations non gouvernementales. (...)

Extrait de S. Renard, dans *Le Vif l'Express*, 10 décembre 1999.

5 Le commerce équitable

MAX HAVELAAR : un jus d'orange certifié « équitable »
Est-il possible de produire et de commercialiser des produits dans le respect de la dignité humaine et celui de l'environnement ? Oui ! Des organisations ont mis en place des critères dits de commerce équitable sur l'ensemble des filières de plusieurs denrées. Démonstration avec l'une d'entre elles Max Havelaar et son tout nouveau produit un jus d'orange équitable !
Des petits producteurs boutés hors du marché, des ouvriers saisonniers soumis à des conditions de travail infernales, la culture de l'orange n'est décidément pas une sinécure ! [...] Ainsi, au Brésil, on observe une forme extrême de concentration dans le secteur du jus d'orange. 90 % de la production destinée à l'exportation viennent de la région de Sao Paulo et les deux tiers de cette production sont cultivés par des moyennes et grosses entreprises. Ce qui fait que la plus grande partie du processus de transformation est détenue par quatre sociétés. Cette situation malmène les petits producteurs qui ne dépassent pas les 50 ha, alors que ceux de taille moyenne peuvent compter jusque 200 ha et que 9 % de l'ensemble des entreprises du secteur exploitent plus de 200 ha !
Les cueilleurs principalement des travailleurs saisonniers parmi lesquels beaucoup d'enfants - tout comme les cultivateurs, sont mal payés. Puisque ces gestionnaires tentent de maintenir le coût du travail au niveau le plus bas possible et que les cultivateurs sont soumis aux pressions du secteur de la transformation, dont les onze sociétés se sont mis d'accord entre elles pour fixer systématiquement le prix de la caisse d'orange... au niveau le plus bas évidemment ! Outre le contrôle des coûts, ce secteur de la transformation s'est efforcé aussi de garantir son approvisionnement en rachetant des plantations et de maîtriser la distribution en possédant ses propres cargos et terminaux de stockage dans les pays consommateurs (exemples : Cutrale à Rotterdam qui a racheté une unité de transformation de Minute Maid, filiale de Coca Cola [...].
Le jus d'orange vendu sous le label Max Havelaar cherche à encourager les collaborations entre les petits paysans afin qu'ils aient accès à de meilleurs leviers de négociation, à mieux protéger les ouvriers dans les grandes plantations et à favoriser le contrôle de la plus grande partie de la chaîne commerciale par les producteurs. A travers l'organisation internationale FLO (Fairtrade Labelling Organisations International qui regroupe dix-sept associations Havelaar en Europe et ailleurs), Max Havelaar détermine des critères du commerce équitable.
Concernant le jus d'orange, outre la protection des droits sociaux, Havelaar exige aussi le respect d'un certain nombre de critères environnementaux : le port de vêtement de sécurité est exigé, l'usage des produits chimiques doit être limité et leur entreposage contrôlé. Un prix minimum est fixé et la FLO paye une prime de 100 dollars par tonne. Cette prime va aux ouvriers des moyennes et grandes plantations pour des améliorations d'ordre social et environnemental. Les petits producteurs peuvent employer une partie de la prime pour améliorer les moyens de production. L'achat de jus d'orange se fait auprès d'entreprises qui se fournissent chez des producteurs enregistrés. Une clé de répartition du prix minimum est définie préalablement entre l'entreprise de transformation et les producteurs.

S. Noblecourt, dans *Le Ligueur*, 11 septembre 2002.

Fiche

29 Dette

La plupart des pays sont endettés et ce n'est pas forcément un problème en soi. Les difficultés apparaissent lorsque les États ne parviennent plus à payer les intérêts de la dette ou même à ne plus rembourser le capital emprunté.

1. LA DETTE DE L'UNION EUROPÉENNE

Les dettes publiques des pays européens explosent ces dernières années notamment suite à la crise américaine des **subprimes** et de la faillite de **Lehman Brothers** qui a provoqué en cascade une crise bancaire en Europe. Les États ont dû venir au secours du système financier européen pour sauver les banques et l'épargne des ménages en recourant à des emprunts massifs ❶ ❷. D'autre part, la crise financière grecque mais également du Portugal, de l'Espagne, de l'Italie et dans une moindre mesure de la Belgique ont engendré une crise de méfiance vis-à-vis des pays européens dans leurs capacités à gérer collectivement cette crise.

Et pourtant, le traité de Maastricht imposait des critères stricts aux États pour pouvoir adhérer à la monnaie unique (l'euro) et notamment l'interdiction d'avoir un déficit public annuel supérieur à 3 % du PIB et d'avoir une dette publique supérieure à 60 % du PIB. La zone EURO a été créée mais, les États n'ont pas respecté ces critères de convergence. De nombreux pays de la zone EURO ont connu ces dernières années des déficits allant jusqu'à 7 - 8 % du PIB (15 % pour la Grèce en 2009) augmentant considérablement le volume total de la dette ❷.

Pratiquement tous les pays de la zone euro doivent agir pour réduire leur endettement. Pour ce faire, les pays peuvent théoriquement intervenir sur plusieurs éléments :

- l'inflation. En effet, une inflation élevée réduit l'importance relative de la dette. Mais, la politique monétaire de la banque centrale européenne est de limiter l'inflation et la banque centrale est totalement indépendante des États ;
- la croissance. Une augmentation de la croissance réduit l'importance relative de la dette. Mais, les pays européens ont des croissances faibles de l'ordre de 1 à 2 % depuis des années ;
- la **dévaluation** monétaire. Dans la zone EURO, il est impossible de dévaluer ;
- la réduction du déficit budgétaire. C'est la seule variable d'ajustement qui est à la disposition des gouvernements. Et là, le choix se résume à augmenter les recettes et/ou à diminuer les dépenses en espérant que cette politique n'entraînera pas de **récession** qui elle-même empêcherait la diminution relative de la dette.

2. LA DETTE EXTÉRIEURE DES PAYS DU SUD

La **dette extérieure** des pays du Sud est passée de 9 milliards de dollars US en 1955 à plus de 2 000 milliards en 2010 ❸. Dans les années 90, la dette extérieure des pays européens et d'Asie a fortement augmenté et s'est même amplifiée dans les années 2000.

L'origine de la dette des pays du Sud est l'aide au développement ! Ce concept apparaît après la deuxième guerre mondiale. Les États-Unis veulent engager les pays les plus pauvres dans la voie du développement économique par l'aide extérieure (❶, p. 75), c'est-à-dire un transfert de capitaux et de technologie, qui avait pour effet, entre autres, de trouver des débouchés pour les produits de consommation des sociétés développées.

Lexique

dette extérieure
Dette contractée auprès de banques ou institutions étrangères (en dollar américain, en euro ou en yuan chinois).

dévaluation
Action de dévaluer c'est-à-dire diminuer la valeur d'une monnaie par rapport aux monnaies étrangères.

Lehman Brothers
Est une banque d'investissement multinationale proposant des services financiers diversifiés. Elle fit officiellement faillite le 15 septembre 2008 (faute de repreneurs) suite à la crise financière mondiale née de la crise des subprimes. Début 2010, un rapport de la justice américaine révèle que, depuis 2007, la banque masquait son endettement.

récession
Ralentissement conjoncturel du niveau de l'activité économique (PIB).

subprimes
Les subprimes sont des prêts hypothécaires à risque aux États-Unis. À partir de 2007, le remboursement de ces prêts est devenu impossible pour de nombreux Américains, entraînant une crise financière à l'échelle mondiale.

Pour comprendre

- Le rôle de la dette dans le développement
- Le rôle du Fonds Monétaire International

Mots-clés

- Fonds Monétaire International (FMI)
- Dette extérieure
- Crise
- Développement
- Politique d'ajustement structurel

1 Évolution de la dette des pays de l'Union européenne

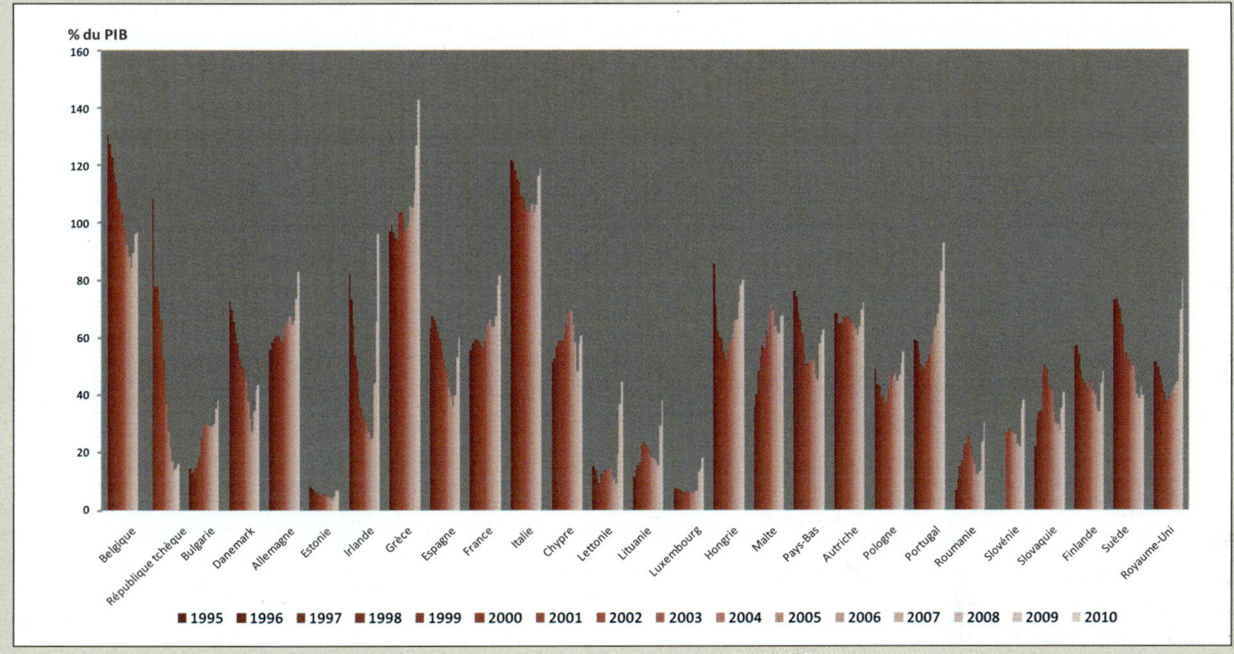

Source: EUROSTAT

2 La dette de la zone euro (16 pays)

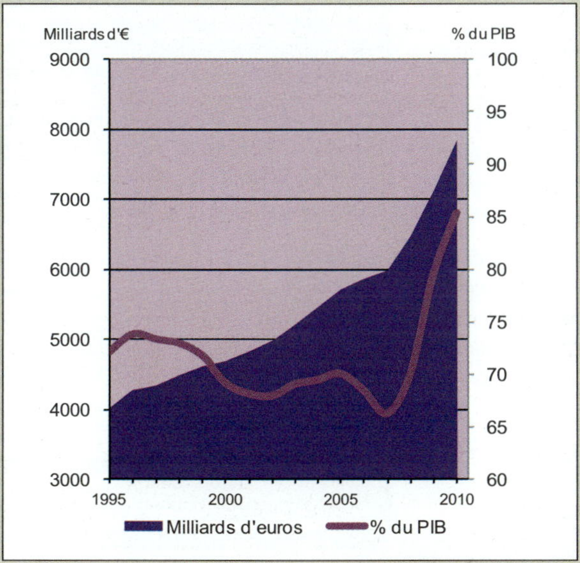

Source: EUROSTAT

3 La dette extérieure

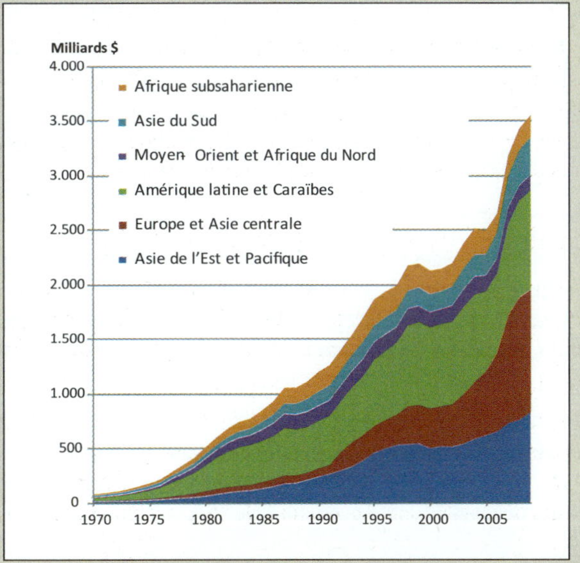

Source: Banque mondiale.

Cette politique devait permettre une entrée rapide des pays du Sud dans le « club » des pays industrialisés. À l'exception des nouveaux pays industriels – NPI, elle ne procure que dépendance et fait entrer certains pays dans une spirale de l'endettement.

Suite au choc pétrolier de 1974, les pays exportateurs de pétrole (OPEP) ont placé leurs excédents dans les banques des pays du Nord. Celles-ci ont alors prêté massivement aux pays du Sud. Les pays endettés sont devenus de plus en plus dépendants (dépendants des taux d'intérêt et des cours internationaux des matières premières). La situation financière des pays du Sud aurait peut-être été supportable si leurs recettes d'exportations avaient continué à croître à un rythme plus soutenu. La récession aidant, ils ont vu les termes de l'échange se détériorer très vite, créant les conditions d'une aggravation accrue et les conduisant à un surendettement incontrôlable. Dans certains cas, la solution fut finalement l'annulation de la dette de certains pays du Sud.

Le véritable point de départ de la crise de l'endettement date de 1982 : le Mexique s'est révélé incapable d'assurer le service de sa dette, suivi rapidement par d'autres pays (Argentine, Brésil, Pérou). Les défaillances ont provoqué une réelle panique. En 1994-1995, le Mexique récidive. Mais cette fois, les États-Unis réagissent très rapidement et octroient un prêt de 50 milliards de $ au Mexique. En 1997, la crise frappe durement les pays du Sud-Est asiatique. Cette fois, on parle de 100 milliards de $ de prêts pour résoudre cette crise.

Pour payer leurs dettes, les pays du Sud doivent faire de nouveaux emprunts à des conditions très strictes. Ils doivent obtempérer aux exigences du FMI ④. Ces exigences ont pour nom le programme d'ajustement structurel. Ce vaste programme de réformes économiques vise à dégager des excédents financiers pour rembourser la dette. Il se fait souvent au détriment de l'agriculture vivrière et des programmes sociaux (éducation et santé) ⑤ ⑥. Les effets de ces crises sont toujours les mêmes : chute du PIB et des salaires, augmentation du taux d'inflation et du taux de chômage.

3. DES QUESTIONS

Depuis près de quinze ans, des plans d'ajustement structurel sont imposés à la plupart des pays fortement endettés pour « solutionner leurs problèmes ». Les nouveaux crédits sont suspendus si les autorités refusent le plan. Cette situation soulève des questions.

Faut-il privilégier une approche purement financière prônée par le FMI (remboursement de la dette) au détriment d'une approche plus humaine et sociale ?

Rembourser signifie se procurer des devises. Cette solution entraîne une exploitation intensive et irresponsable des ressources des pays endettés ④ ⑤ ⑥. Faut-il sacrifier les équilibres naturels et les écosystèmes de ces pays pour maintenir l'équilibre du système financier mondial ?

Le financement des pays en développement est de plus en plus fondé sur le marché international des capitaux. Or, la mondialisation a entraîné une très grande volatilité des capitaux. Les investisseurs placent de l'argent à court terme pour obtenir le meilleur rendement. Or, les pays en développement investissent souvent à long terme. À la moindre incertitude, les investisseurs retirent leurs placements et s'en vont ailleurs. Peut-on envisager un développement durable en fonction d'une logique à court terme ?

La dette des pays du Sud est devenue le plus important obstacle à leur développement. Sa diminution ou sa remise est une des conditions du rétablissement de la croissance économique dans ces pays. Et cette question devient également valable pour des pays comme la Grèce !

Lexique

Organisation des Pays Exportateurs de Pétrole (OPEP)
Elle a été créée en 1960 afin de contrôler la production et les prix du pétrole. Les pays membres sont : l'Algérie, l'Arabie Saoudite, les Émirats Arabes Unis, le Gabon, l'Indonésie, l'Iran, le Koweït, la Libye, le Nigeria, Qatar et le Venezuela.

termes de l'échange
Indice qui mesure le pouvoir d'achat des exportations d'un pays donné. La détérioration des termes de l'échange d'un pays signifie qu'avec la même quantité de produits exportés, le pays ne peut plus s'acheter la même quantité de produits importés (ex. : 10 tonnes de pétrole = une moto. Si, après plusieurs années, il faut 20 tonnes de pétrole exportées pour se procurer la même moto importée, on dira qu'il y a détérioration des termes de l'échange).

Web

FMI
www.img.org

Fiches

fiche 28 : mondialisation

4 Les politiques d'ajustement structurel du FMI

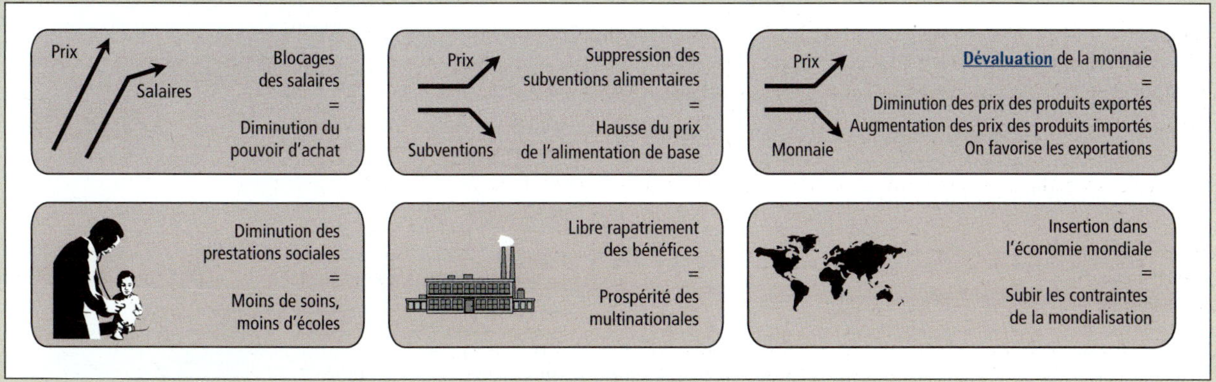

D'après R. H. Strahm, *Pourquoi sont-ils si pauvres ?*, A la Baconnière-La Déclaration de Berne, 1986 et J.-Y. Sepot, *L'économie du Monde*, Nathan, 1998.

5 Philippines : payer la dette extérieure, c'est mourir !

En 1989, des représentants du FMI se rendirent à Manille pour négocier un prêt de 1,3 milliard de dollars au gouvernement à court de liquidités. En échange de ce prêt, le FMI demandait aux autorités de mettre en place des réformes économiques : libéralisation des importations, limitation du déficit, compétitivité internationale. Derrière ces mesures, des conséquences sociales : hausse des prix à la consommation, réduction des dépenses en matière d'aide sociale, élimination des subsides aux secteurs défavorisés, blocage des salaires, augmentation du chômage. La pilule ainsi prescrite à l'économie philippine par le FMI se résume en quatre mots : Gagnez plus, dépensez moins. Pour les plus démunis, cela se traduit par : Travaillez plus, mangez moins.

Pour se procurer des devises, le gouvernement favorisa l'exode de main-d'œuvre (il y aurait 7 millions d'expatriés). Leurs transferts annuels (entre 5 et 8 milliards de dollars, selon les sources) maintiennent le pays à flot, plus que les performances à l'exportation. Expédiés dans des pays étrangers dont ils ignorent la langue et où ils se retrouvent isolés, les Philippins sont souvent les victimes d'abus de la part de leur employeur : salaires non payés, heures supplémentaires obligatoires et même mauvais traitements sont monnaie courante, surtout pour les femmes. Autre solution, se tourner vers l'exportation pour sortir de l'endettement. Cette campagne d'exportation a provoqué un dommage considérable au fragile écosystème de ces régions tropicales, notamment par la destruction des forêts tropicales pour l'exportation de bois ou le développement de cultures commerciales. C'est la terre elle-même qui paie la dette.

Les effets de la crise ont été désastreux et souvent fatals à toute une partie de la population, femmes, enfants, agriculteurs, pêcheurs, travailleurs émigrés… ainsi qu'à l'environnement. Est-il acceptable que les ressources des pays pauvres convergent vers des îlots de richesse du monde industrialisé ? Si l'on s'en tient aux lois du marché, une telle transfusion est entièrement normale et logique. Mais, comme le dit le directeur de l'UNICEF, J. Grant, les temps sont révolus où les institutions financières pouvaient limiter leurs préoccupations à des matières purement économiques. Du point de vue social, politique et éthique, le système commercial et financier mondial nécessite un changement fondamental.

D'après D. Hildebrand, *Payer, c'est mourir*, Voix du Tiers-Monde, Entraide et Fraternité, janvier 1993, n° 8.

6 Philippines : le point en 2004

La présidente Arroyo a déclaré en public que le pays ne pouvait plus joindre les deux bouts et a donc proclamé la « crise fiscale ». Le déficit du budget des autorités prend des proportions démesurées. On s'attend cette année à un déficit de 200 milliards de pesos et les autorités tentent de toutes les façons possibles de boucher le trou. […]

Les autorités ne veulent pas non plus se soustraire au remboursement de la dette extérieure qui, aujourd'hui, s'élève à quelque 61 milliards de dollars, soit 77,4 % du PNB. Le seul remboursement des intérêts, repris automatiquement dans le budget, absorbe déjà un tiers de ce dernier. […]

Dans un article récent, IBON Foundation, une ONG qui oriente ses recherches sur les questions sociales, émet un certain nombre de propositions susceptibles de boucher le trou du budget et même de rapporter assez pour des suppléments de dépenses dans les équipements sociaux tels les soins de santé et l'enseignement. IBON propose de prélever des taxes plus lourdes sur les importations de produits agricoles et industriels, taxes qui avaient été fortement réduites suite aux pressions de l'OMC. IBON propose également de concéder moins d'avantages fiscaux et primes à l'investissement aux investisseurs étrangers et de fixer une limite au remboursement des dettes extérieures.

Dr Wim De Ceukelaire, International Action for Liberation, 4 septembre 2004.

Fiche 30 Révolution de la Terre

Dans l'univers existent des centaines de milliards d'**étoiles**. Parmi celles-ci se trouve une étoile modeste, le Soleil. Autour de lui gravitent des **planètes**, des **comètes** et des **astéroïdes**. Cet ensemble se nomme le système solaire : il comprend neuf planètes. La Terre occupe la troisième position et comme toutes les autres planètes, elle décrit une orbite elliptique autour du Soleil. Ce mouvement s'appelle la **révolution**.

On caractérise la révolution de la Terre par sa durée (un an), sa forme (elliptique) et la position de l'axe de rotation de la Terre par rapport au plan de l'orbite terrestre ❶. Autour de la Terre, gravite un satellite : la Lune.

1. VARIATION DE LA LONGUEUR DES JOURS ET DES NUITS

L'axe de **rotation** de la Terre est incliné de 66°33' par rapport au **plan de l'écliptique**. Il reste parallèle à lui-même durant le temps de révolution de la Terre. Cette inclinaison ainsi que la révolution terrestre expliquent les variations de la longueur des jours et des nuits en un même lieu ❷.

La position de la Terre aux **équinoxes** et aux **solstices** permet de bien comprendre le phénomène :

- aux équinoxes, le cercle d'éclairement de la Terre passe par les deux **pôles**. Ainsi, à ces dates, le jour est égal à la nuit partout à la surface de la Terre. Il y a donc 12 heures de clarté et 12 heures de nuit.
- aux solstices, la différence entre le jour et la nuit est à son maximum. Le cercle d'éclairement ne passe plus par les pôles mais par les **cercles polaires**, tout en éclairant toujours une demi-sphère.
  - Le 21 juin, le jour est plus long que la nuit dans l'hémisphère Nord et ce, d'autant plus que l'on se rapproche du pôle Nord où il fait jour tout le temps (= soleil de minuit). Dans l'hémisphère Sud, le jour est plus court que la nuit. Au pôle Sud, la nuit est permanente (= nuit polaire).
  - Le 22 décembre, la situation est inversée. Dans l'hémisphère Nord, la nuit est plus longue que le jour et d'autant plus longue que l'on se rapproche du pôle Nord où elle est totale (= nuit polaire). Dans l'hémisphère Sud, le jour est plus long que la nuit. Au pôle Sud, le jour est permanent (= soleil de minuit).
  - Seule la région de l'équateur connaît des jours égaux aux nuits tout au long de l'année.

2. TRAJET APPARENT DU SOLEIL EN BELGIQUE

Si la longueur du jour varie, le trajet apparent du Soleil varie également ainsi que les positions des levers, des couchers et de la hauteur du Soleil à midi ❸. Voici la situation à 50° de latitude nord (Uccle) :

- du 22 décembre au 21 juin, le trajet du Soleil dans le ciel est de plus en plus grand. Le 22 décembre, le Soleil se lève au sud-est pour se coucher au sud-ouest tandis que le 21 juin, il se lève au nord-est pour se coucher au nord-ouest. À midi, la position du Soleil dans le ciel est de plus en plus haute pour atteindre son maximum le 21 juin, soit une **hauteur** de 63°27' au-dessus de l'horizon ;
- du 21 juin au 22 décembre, le trajet du Soleil est de plus en plus court dans le ciel. Les levers du Soleil se déplacent du nord-est au sud-est, tandis que les couchers se déplacent du nord-ouest au sud-ouest. À midi, la position du Soleil dans le ciel est de plus en plus basse pour atteindre son minimum le 22 décembre soit une hauteur de 16°33' au-dessus de l'horizon ;

Lexique

angle d'incidence
Angle que forment les rayons du soleil avec la verticale du lieu.

astéroïde
Petite planète.

cercles polaires
Parallèles situés à 66°33' au nord et au sud de l'équateur. Le cercle polaire arctique se situe à 66°33' de latitude nord et le cercle polaire antarctique se situe à 66°33' de latitude sud. Ils délimitent deux zones à l'intérieur desquelles il existe, en hiver, des nuits dépassant 24 h et allant jusqu'à 6 mois aux pôles, et, en été, des jours dépassant 24 h et allant jusqu'à 6 mois aux pôles.

comète
Astre du système solaire décrivant autour du Soleil une ellipse allongée. Elle comprend un noyau et une queue.

équateur
Parallèle qui divise le globe en deux parties égales : les hémisphères.

équinoxe
Moment de l'année où la durée du jour est égale à la durée de la nuit (21 mars et 23 septembre).

étoile
Astre doué d'un éclat propre dû aux réactions thermonucléaires dont il est le siège.

hauteur du Soleil
Angle compris entre l'horizon et les rayons du Soleil.

plan de l'écliptique
Plan de l'orbite de la Terre autour du Soleil.

planète
Astre sans lumière propre qui tourne autour d'une étoile sous l'influence de l'attraction universelle.

pôles géographiques
Chacun des deux points de la surface de la Terre situés à l'intersection de l'axe de rotation : pôle Nord et pôle Sud.

révolution de la Terre
Mouvement orbital périodique de la Terre autour du Soleil. La période de révolution est égale à 365 jours 5 heures 48 minutes et 45 secondes.

rotation de la Terre
Mouvement de la Terre autour de l'axe des pôles. La période de rotation est de 23h 56'.

solstice
Dans l'hémisphère Nord, moment de l'année où la durée du jour est la plus longue (21 juin) ou la plus courte (22 décembre).

Pour comprendre

- Le trajet apparent du soleil
- La succession des saisons
- La répartition zonale des températures
- Les climats

Mots-clés

- Révolution de la Terre
- Rotation de la Terre
- Solstice
- Équinoxe
- Saisons thermiques

1 Révolution de la Terre autour du Soleil vue par un observateur extérieur au système solaire

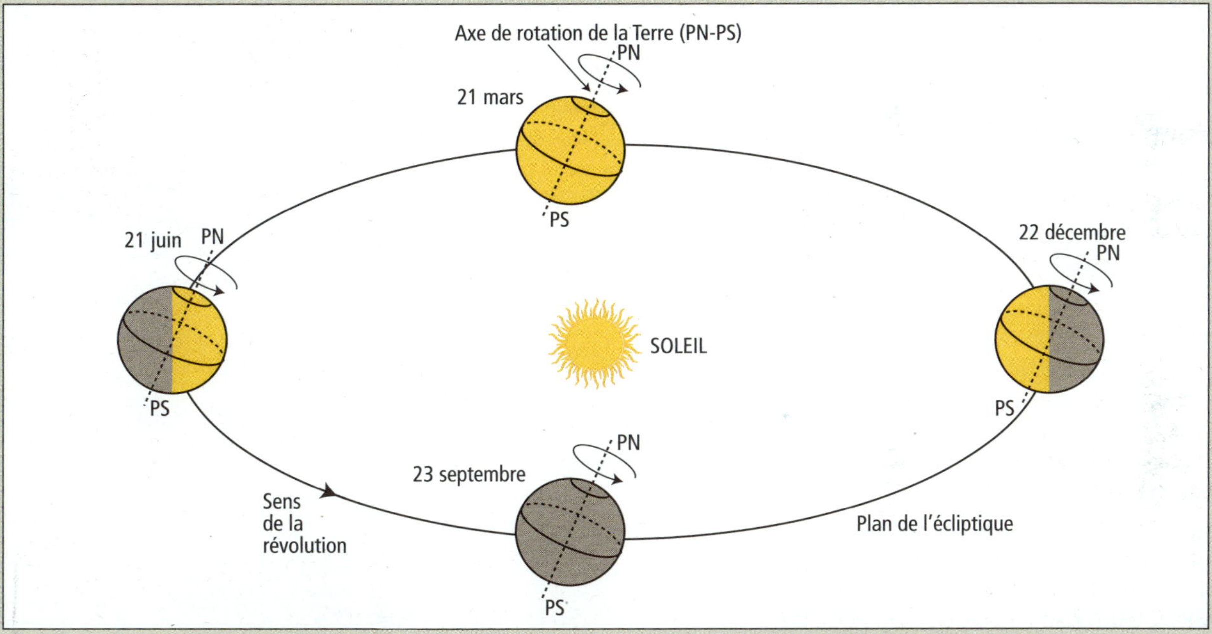

D'après *Le Grand Atlas*, De Boeck-Wesmael, 1996.

2 Durée du jour et de la nuit au solstice du 21 juin et aux équinoxes

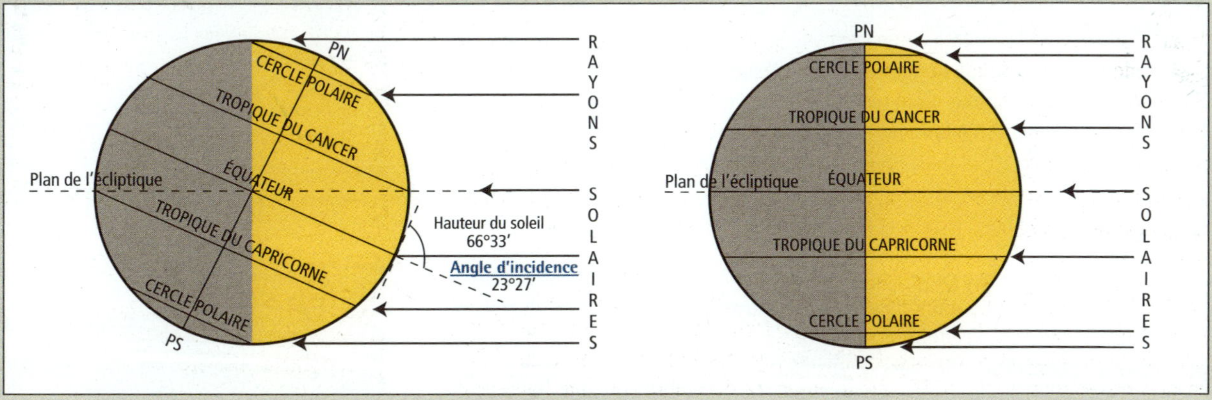

D'après *Espace et Société: Espace naturel*, Érasme, 1976.

- le Soleil se lève à l'est et se couche à l'ouest aux équinoxes ;
- dans nos régions, le Soleil n'est jamais au **zénith**. Cette situation se rencontre seulement dans la région se situant entre les **tropiques**.

3. DE LA RÉVOLUTION DE LA TERRE AUX SAISONS THERMIQUES

La quantité d'énergie reçue à la surface de la Terre dépend de la hauteur du Soleil et de la durée du jour. Ces deux facteurs varient en fonction de la latitude et de la saison.

3.1 HAUTEUR DU SOLEIL

Plus la hauteur du Soleil est élevée, plus la quantité d'énergie reçue au sol est importante. En effet, pour deux faisceaux énergétiques de section identique, le faisceau oblique réchauffe une surface plus importante que le faisceau perpendiculaire ou zénithal ❹. La quantité d'énergie solaire reçue par unité de surface est donc plus faible lorsque la hauteur du Soleil diminue. Par exemple, si la hauteur du Soleil est de 60°, la quantité d'énergie reçue correspond à 90 % de la quantité reçue par des rayons au zénith. Par contre, pour une hauteur de 30°, la quantité d'énergie est réduite de moitié.

La hauteur du Soleil varie :

- en fonction de la latitude. La quantité d'énergie solaire reçue à la surface de la Terre diminue des régions tropicales vers les régions polaires ❻ ;
- en fonction de la saison. Dans l'hémisphère Nord, l'été boréal débute le 21 juin : la hauteur du Soleil est la plus élevée ❺. À midi, les rayons solaires sont au zénith au tropique du Cancer et atteignent une hauteur de 63° à notre latitude. Le 22 décembre, c'est le début de l'hiver boréal. À midi, la hauteur du Soleil n'atteint que 16° à notre latitude. La situation inverse se produit dans l'hémisphère Sud : le 21 juin débute l'hiver austral et le 22 décembre, l'été austral. Aux équinoxes, les rayons solaires sont, à midi, au zénith à l'équateur.

3.2 DURÉE DU JOUR

Celle-ci varie également en fonction de la saison. Si, à l'équateur, la durée du jour et de la nuit ne varie pas, partout ailleurs elle augmente en été et diminue en hiver quand on se rapproche des pôles. A notre latitude, la durée du jour dure approximativement 16 heures le 21 juin et 8 heures le 22 décembre !

On constate donc qu'à une latitude donnée, le réchauffement terrestre dépend de la hauteur du Soleil et de la durée du jour. Comme on l'a vu, ces deux facteurs varient en fonction de la saison. Les saisons thermiques sont donc étroitement liées à la révolution terrestre ❼.

4. LE CALENDRIER

Pour des raisons évidentes, l'année civile doit comporter un nombre de jours entiers. Or, la durée de la révolution est de 365 jours 5 heures 48 minutes. L'année est donc divisée en 12 mois de 30 ou 31 jours à l'exception du mois de février qui en compte 28 ou 29. Le calendrier comporte 3 années de 365 jours et une 4e année de 366 jours dite **année bissextile**.

Lexique

année bissextile
Année comportant 366 jours. En ajoutant un jour tous les quatre ans, le calendrier est en avance d'un jour tous les 128 ans et de 3 jours en 300 ans. Dès lors, trois années bissextiles sont supprimées sur une période de 4 siècles. Ainsi les années 1700, 1800 et 1900 n'ont pas été bissextiles alors que l'an 2000 l'a été.

parallèle
Cercle imaginaire situé sur la Terre dans un plan parallèle à celui de l'équateur et servant à mesurer la latitude. Ils sont numérotés de 0° (équateur) à 90° au nord et au sud de l'équateur.

tropiques
Parallèles situés à 23°27′ au nord et au sud de l'équateur. Le tropique du Cancer se situe à 23°27′ de latitude nord et le tropique du Capricorne se situe à 23°27′ de latitude sud. Ils délimitent une zone à l'intérieur de laquelle le soleil passe à la verticale de chaque lieu deux fois par an. Le 21 juin, le Soleil est au zénith au tropique du Cancer tandis que le 22 décembre, le soleil est au zénith au tropique du Capricorne.

zénith
Point de la sphère céleste situé à la verticale d'un lieu.

Fiches

fiche 33 : dynamiques des masses d'air

3 Trajet apparent du Soleil à 50° lat. N.

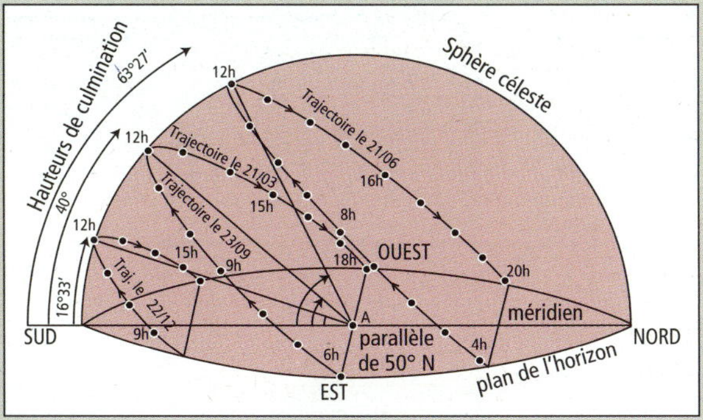

4 Énergie reçue en fonction de la hauteur du Soleil

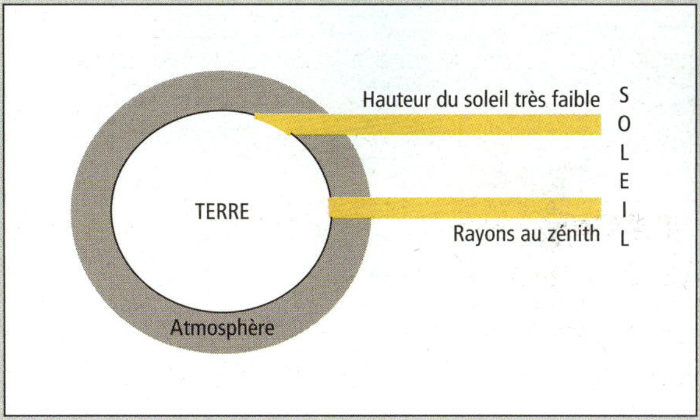

5 Hauteur du Soleil sur l'horizon à midi dans l'hémisphère Nord

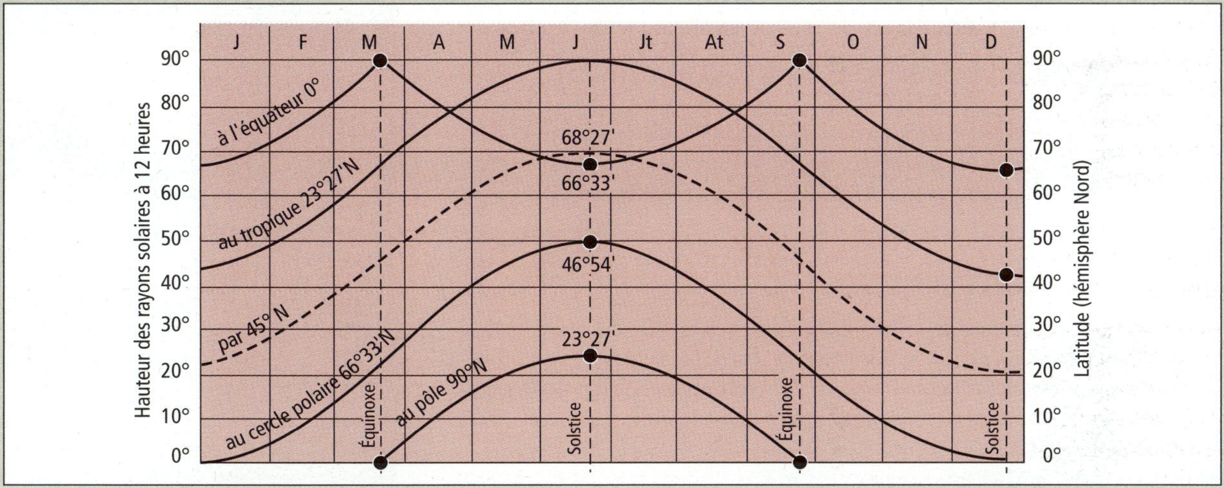

P. Estienne et A. Godard, *Climatologie*, Armand Colin, 1979.

6 L'énergie solaire reçue à la surface de la Terre

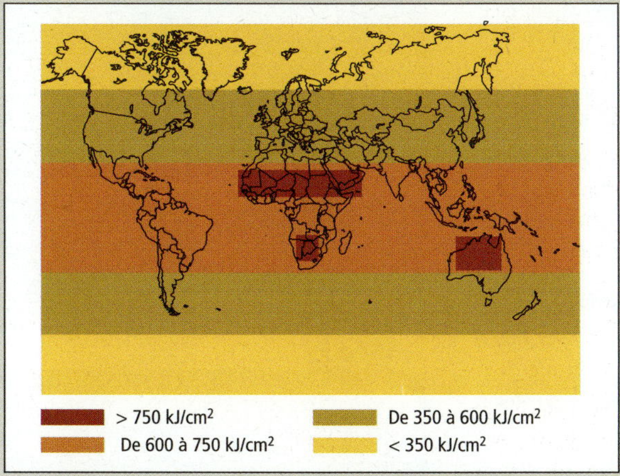

D'après P. Estienne et A. Godard, *Climatologie*, Armand Colin, 1979.

7 Synthèse systémique

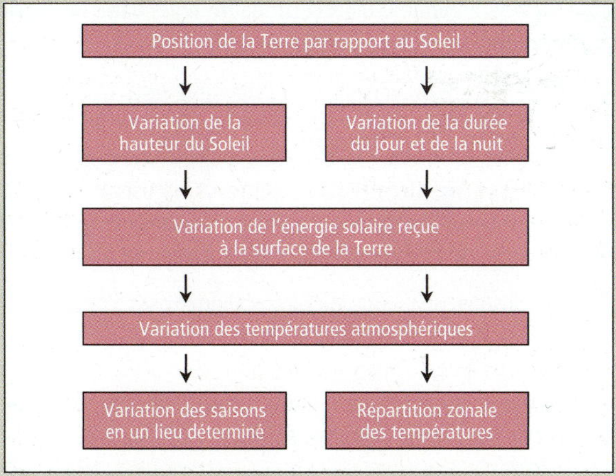

Fiche **31** Rotation de la Terre et marées

1. ROTATION DE LA TERRE

Si la Terre tourne autour du Soleil, elle est également animée d'un autre mouvement que l'on nomme la **rotation**. Elle tourne d'ouest en est autour d'un axe qui passe par les pôles (axe de rotation) en une période de 23 heures 56 minutes.

1.1 L'ALTERNANCE DES JOURS ET DES NUITS 1

À chaque instant, une demi-sphère est tournée vers le Soleil ; cette face est éclairée alors que l'autre est dans l'obscurité. Comme la Terre tourne sur elle-même d'ouest en est, il y a alternance de jours et de nuits. Le Soleil semble donc se lever à l'est et se coucher à l'ouest. La durée des nuits varie en fonction de la latitude et de la position de la Terre sur son orbite.

1.2 L'APLATISSEMENT DES PÔLES

La Terre n'est pas une sphère parfaite puisqu'elle est soumise à la force centrifuge. Celle-ci est plus forte à l'équateur qu'aux pôles. En effet, à l'équateur, un point à la surface de la Terre est soumis à une plus grande vitesse linéaire alors qu'aux pôles cette vitesse est nulle. Cela entraîne un renflement de la Terre au niveau de l'équateur et un faible aplatissement au niveau des pôles. Le rayon polaire mesure 6356 kilomètres soit 20 kilomètres de moins que le rayon équatorial.

1.3 LA DÉVIATION DE L'AIR ET DE L'EAU

Une particule d'air ou de liquide qui se déplace dans notre hémisphère est déviée vers la droite par rapport à la direction de son déplacement et inversement dans l'autre hémisphère. Cette déviation produite par la rotation de la Terre est appelée l'effet de **Coriolis**. Elle influence la direction des vents ainsi que celle des courants marins.

1.4 LES FUSEAUX HORAIRES

Comme la Terre tourne sur elle-même, le Soleil ne se lève pas partout au même moment à la surface du globe. Lorsque le Soleil passe devant le méridien d'un lieu, il est 12 heures, heure solaire ou heure « vraie ». Mais cette heure vraie varie de méridien en **méridien**, ce qui n'est pas pratique pour la lecture du temps.

Dès lors, on utilise l'heure universelle ou **temps universel**. Comme la Terre tourne de 360° en 24 heures, elle est divisée en 24 fuseaux horaires de 15° chacun. À l'intérieur d'un même fuseau, l'heure est uniforme, elle est appelée l'heure légale. Le fuseau de référence est celui du **méridien de Greenwich**. L'heure d'un fuseau s'obtient en ajoutant ou en soustrayant un nombre d'heures correspondant au nombre de fuseaux par rapport à celui de référence. La ligne de changement de date correspond au méridien de 180°.

Pour différentes raisons, beaucoup de pays s'alignent sur l'heure des pays voisins (ex. : les pays de l'Europe de l'Ouest ont adopté l'heure des pays de l'Europe centrale). Dans nos pays, on a également adopté l'**heure d'été** pour des raisons économiques. Le territoire de pays étendu est divisé en plusieurs fuseaux ; ceux-ci ne sont pas toujours délimités par les méridiens mais par des limites administratives.

Lexique

Coriolis (force de)
Force s'exerçant sur tout corps en mouvement à la surface de la Terre, due à la rotation de celle-ci.

heure d'été
Heure adoptée au printemps et en été par de nombreux pays, en vue de réduire les dépenses d'énergie, et qui est en avance en général de 60 minutes sur l'heure en vigueur pendant le reste de l'année (heure d'hiver).

méridien
Demi-cercle imaginaire passant par les deux pôles et perpendiculaire à l'équateur. Tous les points ayant midi au même moment sont sur le même méridien. Ils sont numérotés de 0° à 180° à l'est ou à l'ouest du méridien de Greenwich.

méridien de Greenwich
Méridien de référence pour le calcul de la longitude. Greenwich se situe dans la banlieue de Londres. Jusqu'en 1884, le méridien de référence était celui de Paris, la différence étant de 2 dégrés.

rotation de la Terre
Mouvement de la Terre autour de l'axe des pôles. La période de rotation est de 23h 56'.

temps universel (TU ou GMT)
Temps civil de Greenwich.

Web

une site dynamique sur les zones éclairées de la Terre
www.fourmilab.ch/cgi-bin/uncgi/ Earth/ action?opt=-p

Pour comprendre

- L'alternance des jours et des nuits
- Les fuseaux horaires
- Les marées

Mots-clés

- Révolution de la Terre
- Rotation de la Terre
- Solstice – équinoxe
- Fuseau horaire

❶ Variation de la durée du jour et de la nuit

Zone d'éclairement le 21 juin

Zone d'éclairement le 21 mars (ou le 21 septembre)

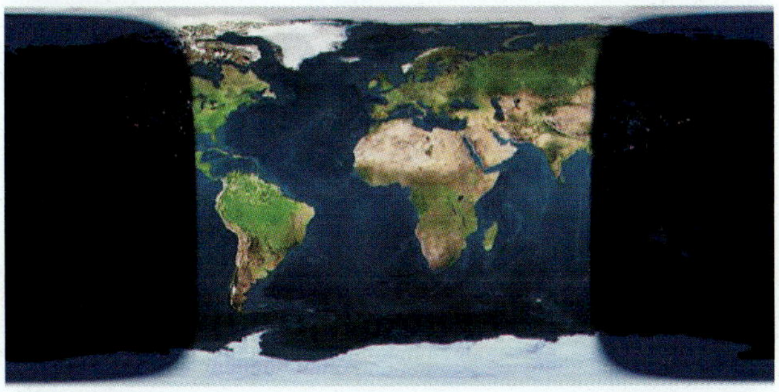

Zone d'éclairement le 21 décembre

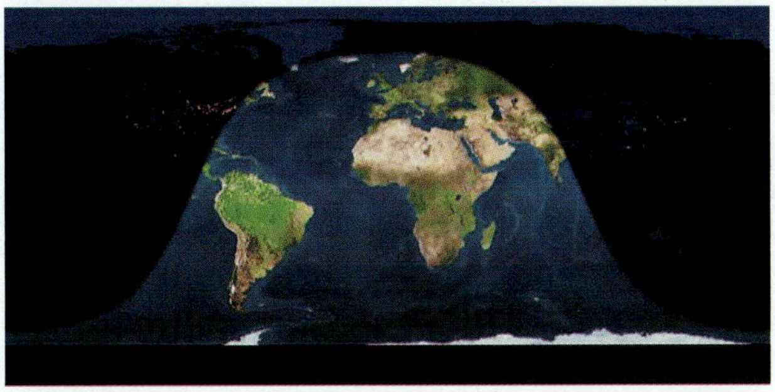

2. LES MARÉES

En une journée, la mer avance et recule deux fois sur le littoral belge. La **marée** montante est appelée le **flux** (ou le flot). La marée descendante est appelée le **reflux** (ou le jusant). Lorsque la mer se retire, elle découvre l'**estran**.

Ces mouvements sont liés à la **force d'attraction** de la Lune et du Soleil. Bien que la masse du Soleil soit beaucoup plus importante que celle de la Lune, celle-ci joue un rôle déterminant sur le phénomène des marées car notre satellite est beaucoup plus proche de la Terre que le Soleil ❷.

2.1 LA PÉRIODICITÉ DES MARÉES EN BELGIQUE

En Belgique, il s'écoule en moyenne 12 heures 25 minutes entre deux marées montantes ou 24 heures 50 minutes pour que le cycle soit complet ❸. Ce temps correspond au **jour lunaire**. L'heure des marées varie donc de jour en jour.

2.2 L'AMPLITUDE DES MARÉES

L'amplitude des marées varie en fonction des **phases de la Lune** et de la forme du rivage.

2.2.1 Les phases de la Lune

Les phases de la Lune se déterminent en fonction de la position du Soleil, de la Lune et de la Terre ❷. Lorsque ces astres sont alignés, des marées plus fortes sont observées. Elles sont appelées **marées de vive-eau**; elles ont lieu au moment de la **pleine Lune** et de la **nouvelle Lune**. Les marées de moins fortes amplitudes sont appelées **marées de morte-eau**. Elles ont lieu au moment du premier et du dernier **quartier de Lune**. Le 23 septembre et le 21 mars sont les deux seules dates de l'année (appelées **équinoxes**) où le soleil se trouve «dans le plan de l'équateur» et où sa force d'attraction se fait le plus sentir sur nos mers et océans. Cela donne les fameuses marées d'équinoxe de printemps et d'automne.

2.2.2 Les formes du rivage

Lorsque le flux atteint des baies ou des golfes, l'amplitude de la marée augmente. Les plus grandes marées sont observées dans la baie de Fundy au Canada (l'amplitude atteint 20 mètres) et au Mont Saint-Michel (amplitude de 15 mètres). Par contre, dans les mers intérieures, les marées sont toujours de faible amplitude (mer Méditerranée).

2.3 PARTICULARITÉS DES MARÉES

- Le moment d'une marée haute ne se fait pas exactement au passage de la Lune dans le méridien du lieu. Elle se produit en général plus tard car la masse liquide se déforme lentement.
- Des irrégularités peuvent être provoquées par la présence de hauts fonds, de baies, etc.
- Tous les océans du globe n'ont pas deux marées par jour. Il existe des régions qui ne subissent qu'une marée alors que d'autres peuvent en subir trois.
- Dans les estuaires de grands fleuves, la marée montante y entre en formant une vague qui remonte le cours d'eau loin à l'intérieur des terres. Ce phénomène porte le nom de **mascaret**.

Lexique

équinoxe
Moment de l'année où le jour est égal à la nuit (21 mars et 23 septembre).

estran
Surface du littoral comprise entre la marée haute et la marée basse.

flux
Montée de la mer provoquée par la marée.

force d'attraction
Loi, énoncée par Newton, selon laquelle deux masses s'attirent mutuellement suivant une force proportionnelle au produit de leur masse et inversément proportionnelle au carré de la distance qui les sépare.

jour lunaire
Intervalle de temps qui sépare deux passages de la Lune au même méridien.

marée
Mouvement oscillatoire du niveau de la mer dû à l'attraction de la Lune et du Soleil.

marée de morte-eau
Marée de faible amplitude, qui se produit lorsque la Lune est en quadrature.

marée de vive-eau
Marée de nouvelle ou de pleine lune pendant laquelle l'amplitude est maximale.

mascaret
Vague formée par la marée montante dans un estuaire. Elle se propage vers l'amont du cours d'eau.

nouvelle Lune
Phase au cours de laquelle la Lune se trouve entre le Soleil et la Terre. Elle tourne alors vers la Terre son hémisphère obscur et, de ce fait, est invisible.

phases de la Lune
Aspects différents que présente la Lune selon sa position par rapport à la Terre et au Soleil.

pleine Lune
Phase au cours de laquelle la Terre se trouve entre le Soleil et la Lune. Celle-ci tourne vers la Terre son hémisphère éclairé et, de ce fait, est visible sous l'aspect d'un disque entier.

quartier de Lune
Phase de la Lune au cours de laquelle la moitié du disque lunaire est visible.

reflux
Marée descendante.

2 Les marées et les phases de la Lune

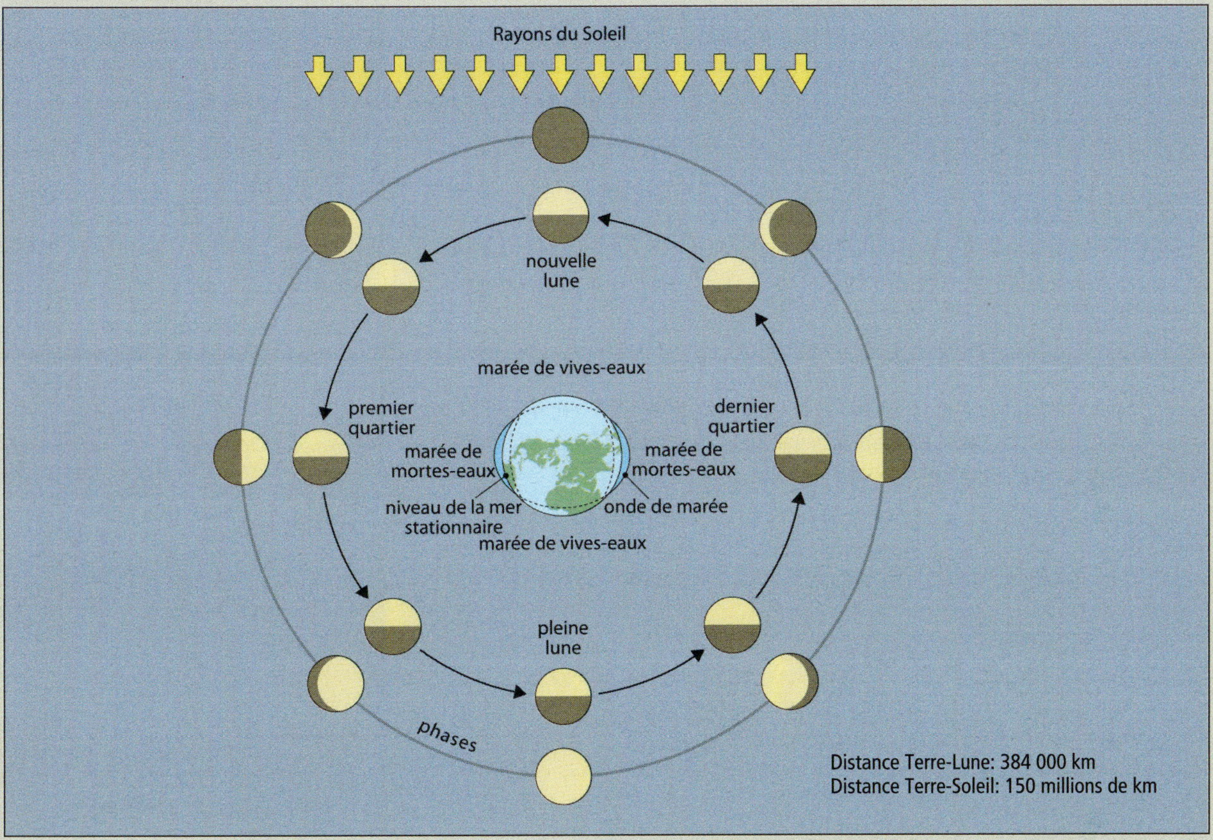

Atlas L'Homme et la Terre, De Boeck, 2012.

3 Amplitude des marées à Ostende le 14 février 2000

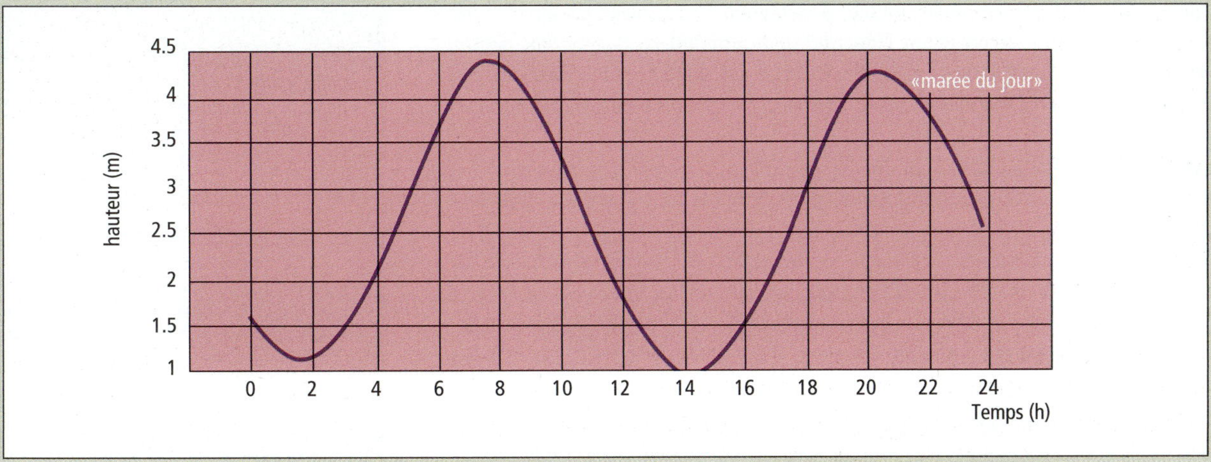

Service hydrographique et océanographique de la Marine.

Documents

Fiche

32 Le temps qu'il fait

Le temps qu'il fait ou le **temps atmosphérique** dépend principalement de la variation, dans la **troposphère** ❸, de quelques facteurs : la **température**, la **pression atmosphérique**, le vent et l'**humidité atmosphérique** ❶.

1. LA TEMPÉRATURE

La température de l'air dépend de la quantité d'énergie apportée par le rayonnement solaire. En traversant l'atmosphère, l'énergie solaire subit des pertes par **absorption**, **diffusion** et **réflexion** ❷. En moyenne, 50 % de l'énergie solaire atteint la surface terrestre et est absorbée par la Terre. Cette énergie est ensuite émise sous forme infrarouge (**chaleur**).

En un lieu, les facteurs influençant la température à la surface de la Terre sont ❶ :

- la **hauteur du soleil** : plus la hauteur du soleil est élevée, plus la quantité d'énergie solaire absorbée par unité de surface terrestre est grande.
  - En effet, pour deux faisceaux de rayons solaires de section identique, le faisceau oblique éclaire une surface plus importante que le faisceau perpendiculaire au sol (❹, p. 129). Donc, une même quantité d'énergie calorifique est dispensée sur une superficie supérieure.
  - Lorsque la hauteur du Soleil est élevée, les rayons solaires ont une épaisseur d'atmosphère à traverser moins grande, ce qui réduit les pertes énergétiques (❹, p. 129).

Ainsi, la température augmente au cours de la journée et atteint son maximum lorsque le Soleil est le plus haut dans le ciel avec un décalage de quelques heures. Ensuite, elle diminue et atteint son minimum juste avant l'aube. La hauteur du Soleil à midi varie également au cours de l'année (❸, p. 129) ;

- la **durée d'ensoleillement** : la durée d'ensoleillement correspond à la durée du jour moins la durée de **nébulosité**.
  - La durée du jour : plus la durée du jour est grande, plus la quantité d'énergie solaire absorbée par la Terre est grande.
  - La nébulosité : si le ciel est couvert (nuages), le rayonnement solaire est absorbé par les nuages et la Terre reçoit moins d'énergie solaire durant la journée. Par contre, durant la nuit, le rayonnement émis par la Terre est réfléchi par les nuages. Par conséquent, les écarts thermiques entre le jour et la nuit sont plus importants par ciel dégagé ;
- la **proximité de la mer** : le milieu maritime joue un rôle modérateur. Les régions situées à proximité d'une mer ou d'un océan présentent des températures plus douces en hiver et plus fraîches en été. Cela s'explique par le fait que l'eau de mer se refroidit et se réchauffe quatre cents fois moins vite que le continent. En effet, la mer se réchauffe sur une profondeur de ±100 mètres et a une **chaleur spécifique** double de celle de la terre tandis que les terres se réchauffent sur une profondeur de ±50 centimètres. Par conséquent, l'**amplitude thermique annuelle** est moins importante à proximité des océans ;
- la **proximité des courants marins** chauds (ex. : Gulf Stream) ou froids (ex. : Labrador) ;
- l'**origine des masses d'air** : en Europe, un vent du sud est chaud, un vent du nord est froid.

Lexique

absorption
Phénomène par lequel une partie de l'énergie des rayonnements électromagnétiques est dissipée dans un milieu matériel (ex. : l'air).

amplitude thermique annuelle
Différence en valeur absolue entre la température moyenne du mois le plus chaud et la température moyenne du mois le plus froid.

chaleur
Forme d'énergie qui contribue à élever la température.

chaleur spécifique
Quantité d'énergie qu'il faut apporter à la masse unitaire d'un corps pour élever sa température de 1°C.

diffusion
Rayonnement incident (lumière, rayons X) émis dans toutes les directions lorsqu'il traverse certains milieux.

hauteur du Soleil
Angle compris entre l'horizon et les rayons du Soleil. L'angle d'incidence correspond à l'angle compris entre un rayon solaire et la verticale du lieu.

humidité atmosphérique
Quantité de vapeur d'eau contenue dans l'atmosphère.

nébulosité
Fraction de ciel couverte par des nuages à un moment donné.

pression atmosphérique
Poids de la colonne d'air sur une surface unitaire. La pression atmosphérique normale est de 1013 hectopascals au niveau de la mer. La pression diminue avec l'altitude.

réflexion
Phénomène par lequel des ondes se réfléchissent sur une surface.

température
C'est la sensation que nous éprouvons, par notre corps, du degré de chaleur ou de froid de l'air en un lieu et à un moment donné.

temps atmosphérique
Le temps atmosphérique est la situation atmosphérique à un moment et à un lieu précis.

troposphère
Partie inférieure de l'atmosphère. Elle a une épaisseur de 10 Km en moyenne. La température et la pression y diminuent en fonction de l'altitude.

Fiches

fiche 30 : révolution de la Terre
fiche 31 : rotation de la Terre

Pour comprendre

- Le temps qu'il fait
- Les variations de la température
- L'origine du vent
- La formation des nuages et de la pluie

Mots-clés

- Température
- Pression (anticyclone – dépression)
- Précipitation
- Vent

1 Interactions entre les facteurs météorologiques

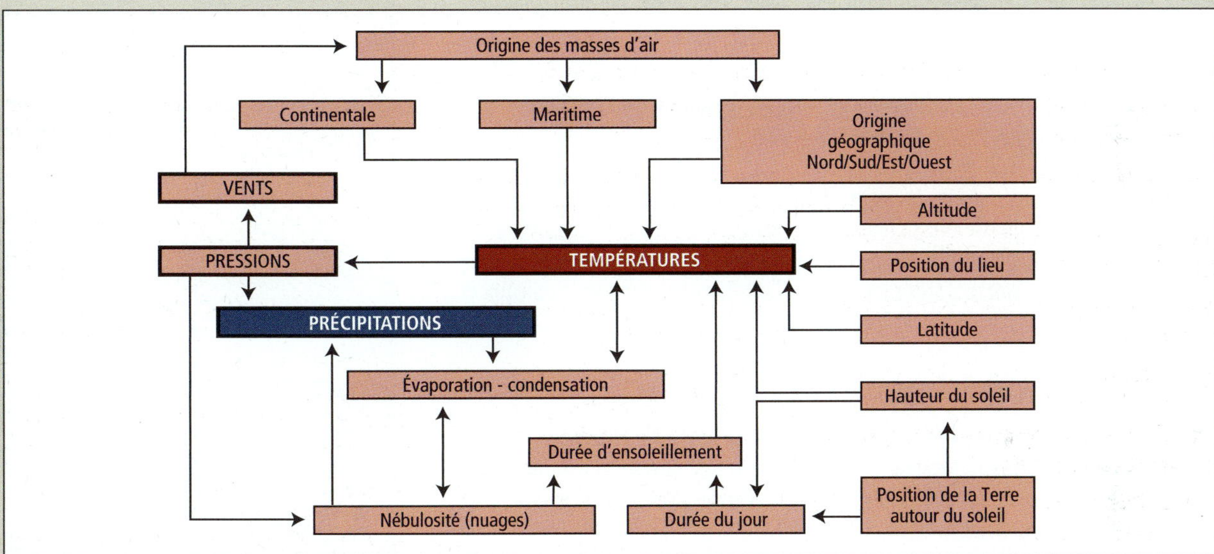

2 Bilan radiatif terrestre

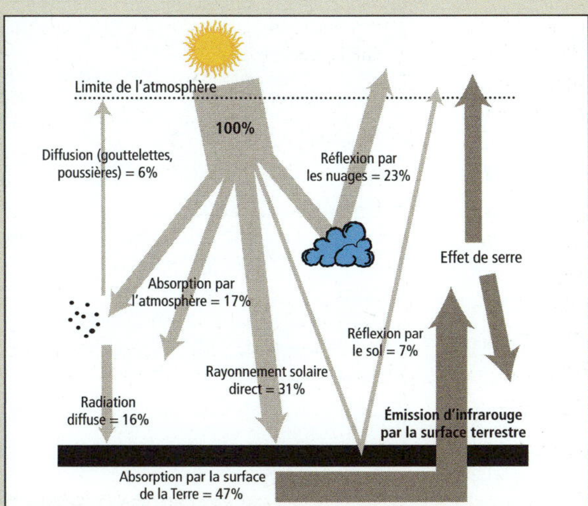

D'après P. Estienne et A. Godard, *Climatologie*, Armand Colin, 1979.

3 Coupe atmosphérique

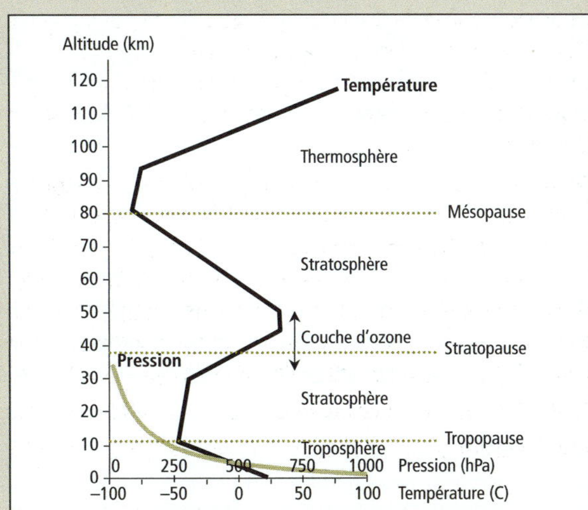

P. Estienne et A. Godard, *Climatologie*, Armand Colin, 1979.

- l'**orientation par rapport au relief** : un versant exposé au Sud (**adret**) recevra plus d'énergie qu'un versant exposé au Nord (**ubac**) dans l'hémisphère Nord ;
- l'**altitude** : les températures diminuent en moyenne de 0,7°C par 100 mètres ❸. Cela s'explique principalement par le fait que plus l'altitude augmente, plus la pression atmosphérique est faible. Par conséquent, la masse d'air se **détend** et se refroidit.

2. LA PRESSION ATMOSPHÉRIQUE

À la surface de la Terre, on distingue des zones de basses et de hautes pressions.

- Dans les zones de haute pression (pression > à 1013 hPa), l'air descend. On dit qu'il est subsident ❹ ❻. En arrivant au sol, il **diverge** dans le sens horlogique (hémisphère Nord). On parle également d'anticyclone.
- Dans les zones de basse pression (pression < à 1013 hPa), l'air monte. On dit qu'il est ascendant ❹ ❻. Au niveau de la tropopause, il diverge. Au sol, il converge dans le sens anti-horlogique ou cyclonique (hémisphère Nord). On parle également de dépression, de cyclone, de tornade ou de typhon.

Les différences de pression engendrent des **vents** ❹. Ceux-ci se déplacent de la zone de haute pression vers la zone de basse pression au niveau du sol tout en étant parallèles aux isobares. Ils sont d'autant plus forts que les différences de pression sont grandes. Cela se traduit sur une carte par des **isobares** très rapprochés. C'est dans les cyclones tropicaux et les tornades que l'on enregistre les vents les plus violents.

3. L'HUMIDITÉ ATMOSPHÉRIQUE ET LES NUAGES

L'air de la troposphère contient une certaine quantité de vapeur d'eau. Elle provient principalement de l'évaporation de l'eau (océans, mers, lacs, etc.) et de l'évapotranspiration des végétaux. La vapeur d'eau peut se transformer en gouttelettes d'eau en suspension (= nuage) selon le principe de la **condensation**. Elle se réalise lorsque l'**humidité absolue** de l'air atteint la **saturation** ❺. À ce moment, il y a formation de nuages. Cette condensation est pratiquement toujours provoquée par un refroidissement de la masse d'air. Cette diminution de la température est provoquée par :

- un refroidissement par contact : l'arrivée d'air humide (masse d'air maritime) sur une surface froide (continent en hiver) provoque la formation de **brouillard**.
- un refroidissement par ascendance : au fur et à mesure de l'ascendance, une masse d'air se détend et se refroidit. Le refroidissement par ascendance agit sur des masses d'air de grand volume. C'est en définitive ce mécanisme qui est responsable de toutes les **précipitations** abondantes (averses, orages). Les ascendances sont provoquées par :
  - la convergence de deux masses d'air au sein d'une zone dépressionnaire. Elle provoque la formation de nuages et de précipitations ❻. Exemples : convergence des alizés au niveau de l'équateur et passage de perturbations dans les zones tempérées ;
  - des températures très élevées. Elles provoquent une ascendance thermique et souvent des orages (**mouvement de convection** dans les régions équatoriales) ;
  - le relief : dans ce cas, le relief force la masse d'air à s'élever, il s'agit des précipitations orographiques.

Les précipitations peuvent prendre différentes formes en fonction du type de nuages. Les plus connues sont les **pluies** associées aux **stratus** ainsi que les **averses** associées aux **cumulus**.

Lexique

adret
Versant d'une vallée exposé au soleil et opposé l'ubac, dans les régions montagnardes.

averse
Précipitation de forte intensité et de courte durée.

brouillard
Concentration, à proximité du sol, de fines goutte lettes d'eau en suspension formant un nuage qu limite la visibilité à moins de 1 km.

condensation
Passage de l'état gazeux à l'état liquide.

convection (mouvement de)
Élévation d'une masse d'air échauffée au contact du so

cumulus
Nuage à extension verticale qui peut provoquer de averses.

détente d'un gaz
Il s'agit d'une augmentation du volume du gaz e d'une diminution de la densité des molécules. Donc la température diminue, car la distance entre le molécules augmente et les chocs entre elle deviennent moins fréquents.

diverger
S'écarter.

humidité absolue
Quantité de vapeur d'eau contenue dans un volum d'air (g/m^3).

humidité relative
Pour une température donnée, rapport entre l'humi dité absolue d'un volume d'air et l'humidité de satu ration de ce même volume d'air. Elle s'exprime e pourcent.

isobare
Ligne d'égale pression.Sur une carte, ligne joignant le points de même pression atmosphérique.

pluie
Précipitation de faible intensité et continue dans l temps.

précipitations
Formes variées sous lesquelles l'eau liquide ou solid (neige) tombent sur le sol.

saturation (humidité de)
Quantité maximale de vapeur d'eau que peut conten 1 m^3 d'air. Sa valeur dépend de sa température ❺.

stratus
Nuage à extension horizontale qui peut provoque des brouillards et des pluies.

ubac
Dans la montagne, versant à l'ombre, par oppositio à l'adret.

vent
Déplacement d'air d'une zone de haute pression ver une zone de basse pression.

Fiches

fiche 33 : dynamiques des masses d'air

4 Mouvement schématique de l'air dans les hautes et basses pressions (hémisphère Nord)

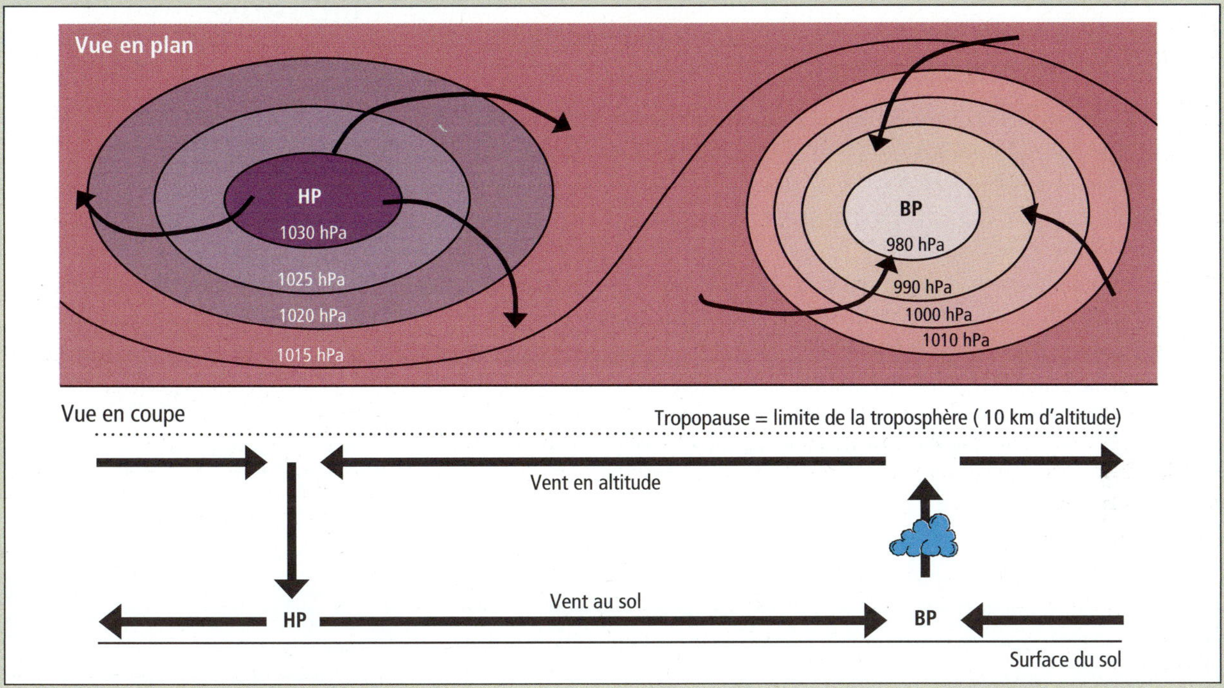

5 Mécanisme de saturation, de condensation et de formation des nuages

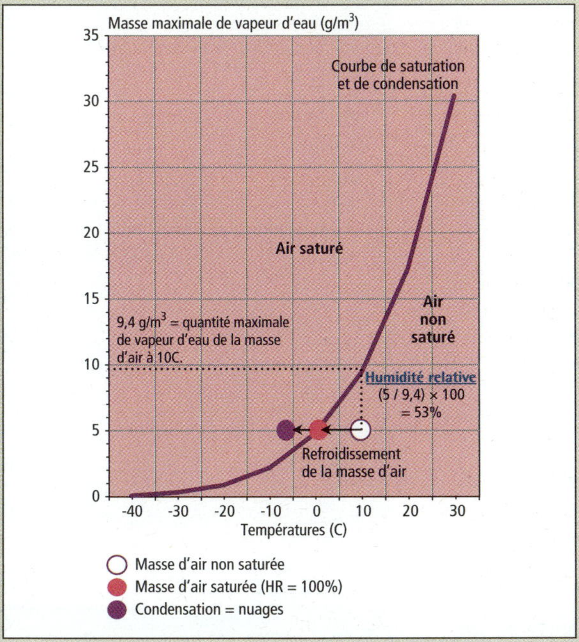

D'après P. Estienne et A. Godard, *Climatologie*, Armand Colin, 1979.

6 De la dépression aux précipitations… de l'anticyclone au beau temps

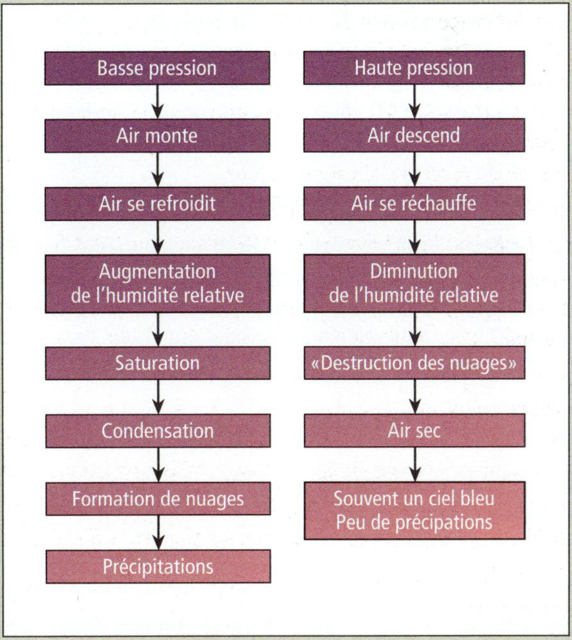

Fiche

33 Dynamiques des masses d'air

1. LA CIRCULATION ATMOSPHÉRIQUE GÉNÉRALE

À partir des valeurs moyennes de pression au sol, on peut avoir un aperçu schématique de la circulation atmosphérique à la surface de la Terre. Ce système comprend ❶ :

- deux bandes de hautes pressions dans les régions polaires et surtout aux latitudes tropicales. La **subsidence** de l'air entraîne une **divergence** au niveau du sol et une raréfaction des précipitations ;
- deux bandes de basses pressions centrées pour la première sur l'équateur et pour la seconde aux latitudes de ± 50° nord et sud. L'air est **convergent** au sol et connaît de fortes **ascendances** qui génèrent des précipitations.

Entre ces centres de pression, il règne une **circulation méridienne** de l'air qui permet un équilibre entre l'air chaud tropical et l'air froid polaire. Sans cette circulation, l'équateur se réchaufferait sans cesse et les pôles se refroidiraient continuellement.

1.1 ENTRE L'ÉQUATEUR ET LES TROPIQUES

Aux latitudes intertropicales, les vents soufflent du nord-est dans l'hémisphère Nord et du sud-est dans l'hémisphère Sud : ce sont les **alizés**. Au voisinage de l'équateur, les alizés des deux hémisphères se rencontrent dans la zone de convergence intertropicale (CIT). Cette convergence et l'ascendance qui en résulte entraînent de fréquentes précipitations dans les régions équatoriales. À hauteur des tropiques, les hautes pressions maintiennent en permanence un air sec (déserts du Sahara, d'Arabie).

1.2 ENTRE LES TROPIQUES ET LES CERCLES POLAIRES

Aux latitudes moyennes, entre 35° et 65° de latitude, les vents dominants sont des vents d'ouest. C'est la raison pour laquelle les prévisions météorologiques en Europe dépendent du temps qu'il fait sur l'Atlantique. Cette zone correspond à la rencontre des masses d'air tropical et des masses d'air polaire qui provoque la formation de **perturbations** qui finissent par engendrer des dépressions circulant dans le flux général d'ouest.

1.3 DÉPLACEMENT SAISONNIER DES CENTRES DE PRESSION

Ce dispositif général se déplace vers le Nord pendant l'été boréal. Par conséquent, les anticyclones subtropicaux remontent vers les moyennes latitudes et assurent quelques mois secs dans les régions méditerranéennes. En hiver, on observe un repli en direction de l'équateur des cellules anticycloniques, ce qui permet aux perturbations atlantiques d'influencer plus souvent le temps en Europe.

2. LES MOUSSONS

La configuration des continents et des océans en régions tropicales engendre le phénomène de mousson (Asie, Afrique).

Sur l'océan Indien et principalement sur l'Indonésie et la mer de Chine méridionale, on assiste à un renversement saisonnier des vents que l'on appelle la **mousson** ❷.

En été, les vents humides proviennent des océans Indien et Pacifique et engendrent une saison des pluies très marquée. Le reste de l'année, les vents continentaux du nord provoquent une sécheresse plus ou moins longue et un temps plus froid.

Lexique

alizé
Vent persistant qui souffle des hautes pressions tropicales vers l'équateur.

ascendance
Mouvement de montée de la masse d'air.

circulation méridienne
Circulation de l'air suivant les méridiens (axe Nord-Sud).

convergence
Mouvement de deux masses d'air se dirigeant l'une vers l'autre.

divergence
Écartement.

mousson
Vent de Sud-Ouest soufflant en été dans l'océan Indien. Le sens du mot a été étendu peu à peu comme mousson d'été (du Sud-Ouest) et mousson d'hiver (du Nord-Est).

perturbation
Modification de l'état de l'atmosphère accompagnée de vents violents et de précipitations abondantes. L'évolution de la perturbation donne naissance à la dépression.

subsidence
Mouvement de descente de la masse d'air.

Fiches

fiche 31 : rotation de la Terre et marées
fiche 32 : le temps qu'il fait

Pour comprendre

- Le temps qu'il fait
- La répartition des zones climatiques
- Les tempêtes, les tornades

Mots-clés

- Masse d'air
- Front
- Perturbation
- Mousson

1 Répartition des grandes cellules de pression

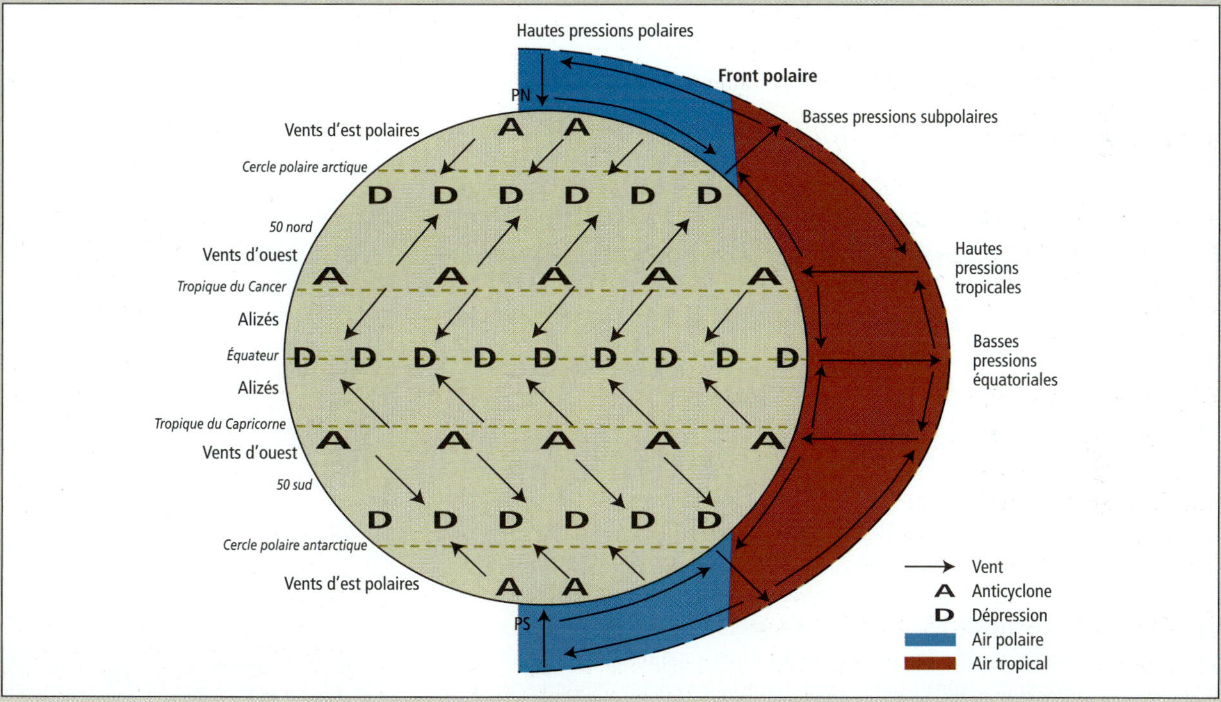

D'après *Le Grand Atlas*, De Boeck, 2004.

2 Le mécanisme des moussons en Asie

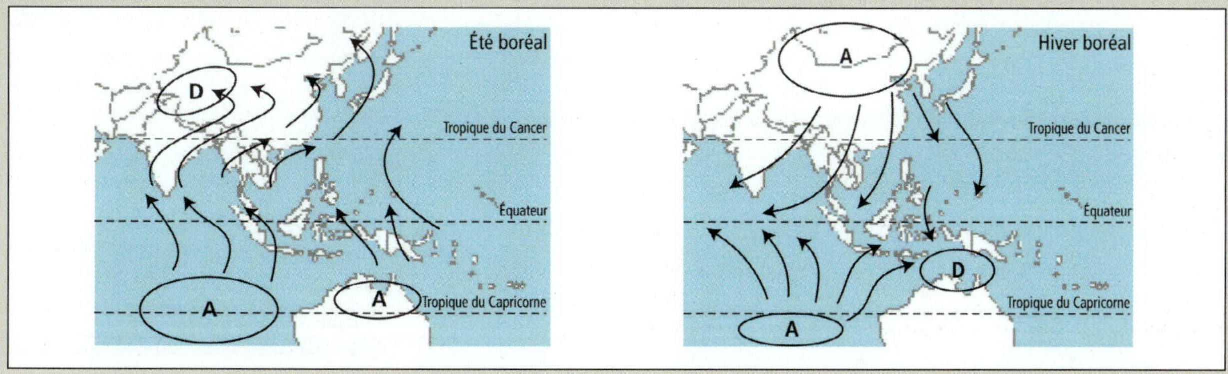

3. LES MASSES D'AIR EN EUROPE

Une masse d'air est un grand volume d'air dont les propriétés physiques (température, humidité, densité, pression) sont relativement uniformes dans le plan horizontal. Cependant, en raison de la rotation de la Terre, ces masses d'air sont mobiles, déformables et transformables. L'Europe est sous l'influence de masses d'air :

- polaire (froid) : les masses d'air polaire se forment vers 60°/70° de latitude ou au voisinage des pôles. On distingue l'**air polaire maritime**, l'**air polaire continental** et l'**air polaire arctique** ;
- tropical (chaud) : les masses d'air tropical se forment au niveau des cellules anticycloniques subtropicales. On parle d'**air tropical maritime** si la région d'origine est au-dessus des océans et d'**air tropical continental** si la région d'origine se situe au-dessus d'un continent.

4. LES FRONTS

La rencontre de deux masses d'air très contrastées génère des surfaces de discontinuité que l'on appelle **fronts** : c'est la **frontogenèse**. On distingue plusieurs types de fronts :

- le front arctique qui naît de la rencontre de l'air arctique - ou antarctique - avec l'air polaire ;
- le front polaire qui naît de la rencontre de l'air tropical et de l'air polaire. C'est celui qui est primordial pour le temps de nos régions tempérées ;
- le front intertropical qui correspond à la CIT ;

Le long des fronts naissent des mouvements ondulatoires que l'on appelle perturbations. Ces perturbations se succèdent souvent les unes aux autres constituant des trains ou des familles de perturbations. À nos latitudes, ces trains de perturbations se succèdent d'ouest en est et s'affaiblissent en pénétrant plus avant à l'intérieur du continent eurasiatique.

À l'origine, la perturbation n'est qu'une simple ondulation dérivant dans le flux général d'ouest ❸ ❹. L'air polaire a tendance à descendre vers le sud et l'air tropical à remonter vers le nord. Un mouvement tourbillonnaire prend naissance, le front se déforme, il se creuse et une dépression naît ❺. L'air polaire plus dense et plus rapide s'insinue sous l'air tropical plus léger. Il se forme un front froid le long duquel l'air chaud monte verticalement. Cette ascendance entraîne un refroidissement de la masse d'air qui se condense. Des nuages à extension verticale apparaissent, ils sont souvent de type cumuliforme. Ils donnent des averses et il existe des risques d'orages. À l'avant de la perturbation, l'air chaud glisse sur l'air froid qui le précède. Ce glissement engendre également un phénomène de condensation de la masse d'air. Des nuages d'extension horizontale de type stratiforme apparaissent avec des risques de pluie. En quelques heures ou quelques jours au plus, l'air froid obligera la totalité de l'air chaud à s'élever, le front froid rattrape le front chaud car ce dernier est freiné dans sa progression par l'air froid qui le précède. On assiste ainsi à la mort de la perturbation, elle se comble et le front devient un front d'**occlusion**.

Lexique

air polaire arctique
Air froid et instable (averses de pluie, de neige, de grêle) issu de l'anticyclone polaire (vent du nord).

air polaire continental
Air froid et sec en hiver, chaud et sec en été, originaire de Russie (vent d'est à nord-est).

air polaire maritime
Air humide et frais en été et plus doux en hiver, originaire de l'Atlantique Nord (vent du nord-ouest à ouest).

air tropical continental
Air chaud et sec provenant du Sahara ou du Sud-Est de l'Europe (Balkans).

air tropical maritime
Air chaud et humide provenant de l'anticyclone des Açores (vent du sud-ouest).

front
Surface de discontinuité entre deux masses d'air.

frontogenèse
Naissance et évolution d'un front.

occlusion
Mécanisme de rejet en altitude des masses d'air chaud d'une dépression tempérée.

3 Évolution d'une perturbation

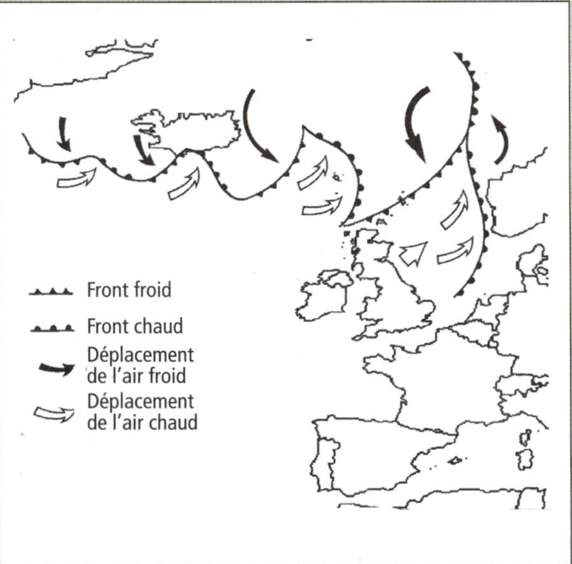

D'après *Les hommes et la Terre*, collection J.-R. Pitte, Nathan, 1996.

4 Image satellitaire d'une perturbation (canal infrarouge)

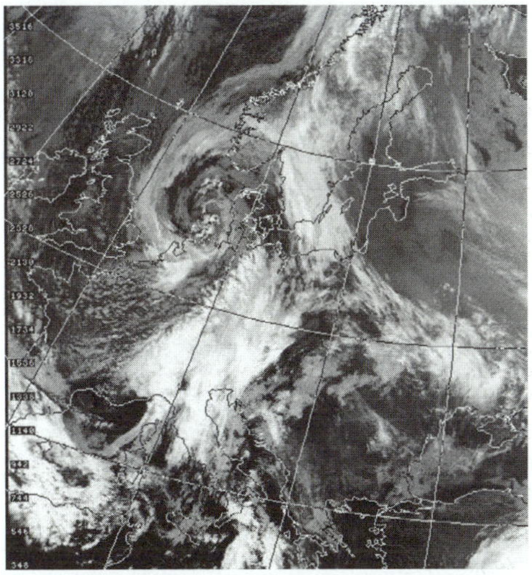

Blanc = air le plus froid = sommet des nuages
Noir = surface terrestre

The Dundee Satellite Receiving Station, Dundee University, UK – 6/11/99 13: 57.

5 Vue en plan et en coupe d'une perturbation atlantique

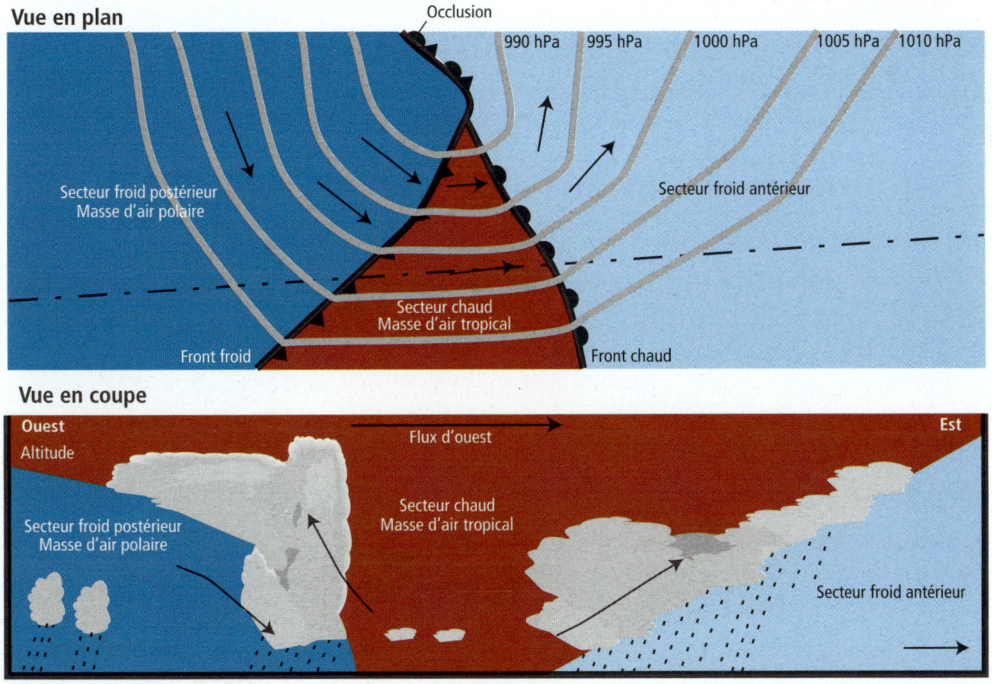

D'après P. Estienne et A. Godard, *Climatologie*, Armand Colin, 1979.

Fiche

34 Zones bioclimatiques

Les zones bioclimatiques traduisent l'interaction entre le **climat**, le relief, le **sol**, la végétation et dans une certaine mesure, l'action des hommes ❶. En fonction de la température, il est possible de déterminer trois grandes zones bioclimatiques ❷ : chaude, tempérée et froide. Ces conditions naturelles d'ordre climatique influencent l'existence de milieux naturels qui sont, dans certains cas, profondément modifiés par l'homme (ces zones sont également appelées **géosystèmes**).

1. CLIMATS CHAUDS

Ils se situent entre l'équateur et 30° de latitude. La température est élevée toute l'année ❷. Néanmoins, il est possible de distinguer plusieurs zones en fonction du régime des précipitations ❸.

1.1 LA ZONE ÉQUATORIALE

Les précipitations sont abondantes (> à 1 500 mm) et souvent réparties de manière uniforme tout au long de l'année. Ce climat est appelé équatorial ou tropical humide. Cette zone correspond au domaine de la forêt dense et luxuriante caractérisée par son étagement : de très grands arbres de plus de 50 m dominent des arbres de 10 à 20 m. Ce sont des espèces **ombrophiles**. Cette forêt est toujours verte et très diversifiée. Ce milieu est insalubre car il favorise la prolifération des insectes et des microbes. Les sols sont généralement pauvres de type **latéritique**. Les cours d'eau ont un débit important toute l'année et offrent, dans certains cas, un bon moyen de pénétration dans la forêt.

1.2 LA ZONE TROPICALE À SAISONS PLUVIOMÉTRIQUES CONTRASTÉES

Elle est caractérisée par l'alternance de saisons sèches et de saisons humides. Dans l'hémisphère Nord, la saison des pluies se produit toujours pendant les mois de l'**été boréal**. La durée de la saison des pluies et la quantité de précipitations diminuent au fur et à mesure que l'on s'éloigne de l'équateur et la durée de la saison sèche augmente vers les tropiques. La végétation se modifie également en s'éloignant de l'équateur. La forêt dense s'éclaircit pour faire place à la forêt claire et ensuite à la **savane**. Quand la saison sèche s'allonge, c'est la **steppe** qui apparaît. Les sols sont généralement rouges (latérite) et peu fertiles.

Le climat de **mousson** est une variante du climat tropical à saisons pluviométriques contrastées. Il concerne essentiellement l'Asie. Sa principale caractéristique est la présence d'une saison des pluies très marquée à des latitudes identiques à celles des déserts du Sahara ou d'Arabie par exemple. Cette zone est fréquemment soumise aux **cyclones tropicaux** (fiche 33, point 2).

1.3 LA ZONE ARIDE OU DÉSERTIQUE

Elle est caractérisée par des précipitations inférieures à 250 mm par an. C'est la zone des **ergs** et des **regs**. La végétation se réduit à quelques plantes **xérophiles**.

Lexique

climat
État moyen de l'atmosphère en un lieu donné, défin par un certain nombre de moyennes, principalemen de températures, de précipitations et de direction des vents.

cyclone tropical
Il s'agit d'une dépression très violente avec des vent dépassant les 200 km/h et des précipitations trè abondantes dans un laps de temps très court. On le appelle également typhons.

erg
Vaste étendue couverte de dunes dans les zone arides.

été boréal
Été de l'hémisphère Nord.

géosystème
Zone formée par un ensemble en équilibre d'élé ments du climat, des eaux, du sol, de la végétation e du relief. Il peut inclure des éléments anthropiques.

latéritique (sol)
Sol rougeâtre qui contient souvent une grande teneu en hydroxydes de fer et d'alumine entraînant parfoi une induration en surface rendant le sol difficilemen cultivable (du latin later = brique).

mousson
Vents saisonniers qui soufflent, surtout dans l'Asi méridionale, alternativement vers la mer en hiver (du nord-est) et vers la terre en été (du sud-ouest).

ombrophile
Qui aime l'humidité.

reg
Étendue désertique formée de cailloux où les parti cules fines ont été enlevées par le vent.

savane
Formation végétale constituée de hautes herbes Parfois arborée, parfois arbustive, elle résulte de l dégradation anthropique de la forêt.

sol
Formation superficielle meuble formée par l'altératior des roches et par l'apport de matières organique provenant de la végétation.

steppe
Mosaïque de formations végétales ouvertes et basses constituées de plantes xérophiles, herbacées ou ligneuses, souvent en touffes espacées.

xérophile
Se dit d'une plante adaptée aux conditions de séche resse.

Web

statistiques climatiques
www.worlclimate.com

Fiches

fiche 33 : dynamiques des masses d'air

Pour comprendre

- *La répartition des zones bioclimatiques*
- *Les interactions climat – sol – végétation – relief*

Mots-clés

- Climat
- Milieu naturel
- Sol
- Association végétale

Documents

1 Les interactions

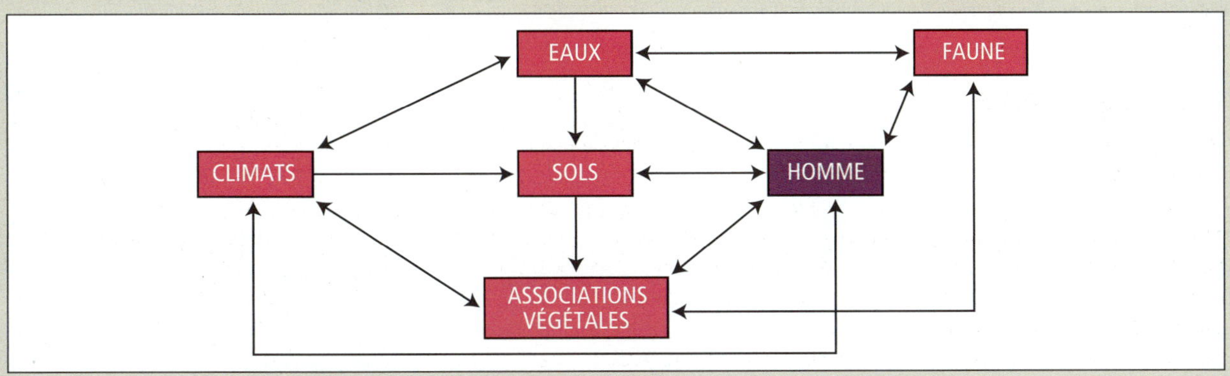

2 Une trame zonale

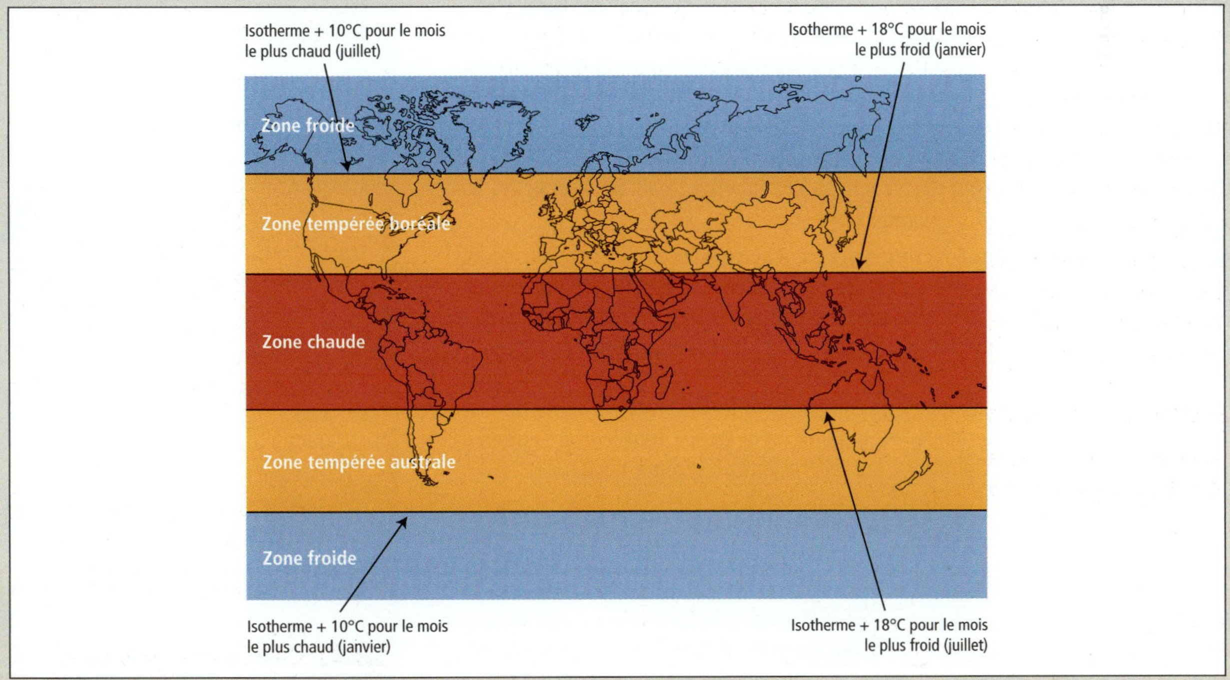

D'après *Les hommes et la Terre*, collection J.-R. Pitte, Nathan, 1996.

2. CLIMATS TEMPÉRÉS

Ils se situent entre 30° et 60° de latitude ②. Ces climats sont influencés par la circulation des vents d'ouest. Ils sont caractérisés par quatre saisons thermiques : deux bien tranchées, l'été et l'hiver, et deux intermédiaires, le printemps et l'automne ③.

2.1 LA ZONE TEMPÉRÉE CHAUDE

Un des climats les plus caractéristiques est le climat méditerranéen. Il présente des étés chauds et secs et des hivers doux et humides. On trouve ce climat en Méditerranée mais aussi en Californie, au Chili, dans la région du Cap et dans le Sud-Ouest de l'Australie. La végétation est constituée par une forêt basse et clairsemée. La période de croissance est limitée au printemps et à l'automne. Cette forêt laisse apparaître des formes dégradées comme la **garrigue** ou le **maquis**. Les rivières connaissent un double pic de **crue** au printemps (fonte des neiges) et à l'automne entraînant parfois les sols par érosion. En été, l'**étiage** est important et de nombreuses rivières sont asséchées.

Aux mêmes latitudes que le climat méditerranéen, sur la façade orientale des continents, règne un climat de type subtropical. Les hivers sont également doux et humides avec parfois des vagues de froid importantes. En revanche, les étés sont beaucoup plus pluvieux et le climat s'apparente plus aux régions tropicales. Il s'agit principalement de la Chine côtière et des zones côtières du Golfe du Mexique. Ces deux zones sont fréquemment soumises aux cyclones tropicaux.

2.2 LA ZONE TEMPÉRÉE FROIDE

En fonction de la proximité de la mer, on distingue une zone maritime et une zone continentale.

- **La zone maritime** se localise sur la face occidentale des continents où elle occupe une étroite bande côtière. En Europe, cette zone est plus vaste. L'ensemble de la Belgique se trouve dans cette zone. Les principales caractéristiques résident dans la faible **amplitude thermique annuelle** et des précipitations qui se répartissent tout au long de l'année. Cette zone est le domaine de la forêt de feuillus associée à un sol souvent fertile (**sol brun**). Néanmoins, cette forêt se transforme et on assiste à un **enrésinement** de plus en plus important. Malgré des variations importantes, mais occasionnelles du débit, les cours d'eau présentent un **régime** assez régulier.
- **La zone continentale** : au fur et à mesure que l'on pénètre à l'intérieur des continents, les caractéristiques océaniques s'estompent : les étés deviennent de plus en plus chauds et les hivers de plus en plus froid. L'amplitude thermique annuelle augmente, les précipitations diminuent. Le printemps est de courte durée et l'on assiste à un réveil brusque de la végétation. En-dessous de 10°C de température moyenne, on rencontre la **taïga** sur les **podzols**. Dès que la température moyenne augmente, une forêt de feuillus s'installent. Dans les régions plus méridionales, la prairie et la steppe font leur apparition à cause de la raréfaction des précipitations. Les rivières ont un **régime nival**.

3. CLIMAT FROID

Ce climat se rencontre au-delà de 60° de latitude ②. Un froid permanent sévit, accompagné de faibles précipitations souvent sous forme de neige. Durant les longs mois d'hiver, ces régions sont un véritable désert froid et le sol est gelé en permanence (**permafrost**). En été, seule la partie superficielle du sol dégèle ; c'est le domaine de la **toundra** ③.

Lexique

amplitude thermique annuelle
Différence en valeur absolue entre la température moyenne du mois le plus chaud et la température moyenne du mois le plus froid.

crue
Montée des eaux d'un cours d'eau.

enrésinement
Remplacement, partiel ou total, d'un peuplement d'arbres feuillus par des résineux.

étiage
Niveau moyen le plus bas d'un cours d'eau.

garrigue
Association végétale buissonnante et herbacée des terrains calcaires méditerranéens.

maquis
Association végétale broussailleuse dense qui couvre les terrains siliceux.

permafrost
Sol des régions froides, gelé en permanence sur une certaine profondeur.

podzol
Sol acide et pauvre, à horizon intermédiaire cendreux, des régions froides et humides.

régime d'une rivière
Évolution du débit d'une rivière au cours d'une année.

régime nival
Régime des cours d'eau alimentés par la fonte des neiges (hautes eaux de printemps et basses eaux d'hiver).

sol brun
Sol fertile des régions tempérées, développé sur roche mère parfois calcaire, sous couvert forestier.

taïga
Forêt de conifères qui longe en une ceinture presque ininterrompue le nord de l'Eurasie et de l'Amérique, au sud de la toundra.

toundra
Dans les régions de climat froid, formation végétale discontinue, qui comprend quelques graminées, des lichens et quelques arbres nains (bouleaux).

3 Les zones bioclimatiques

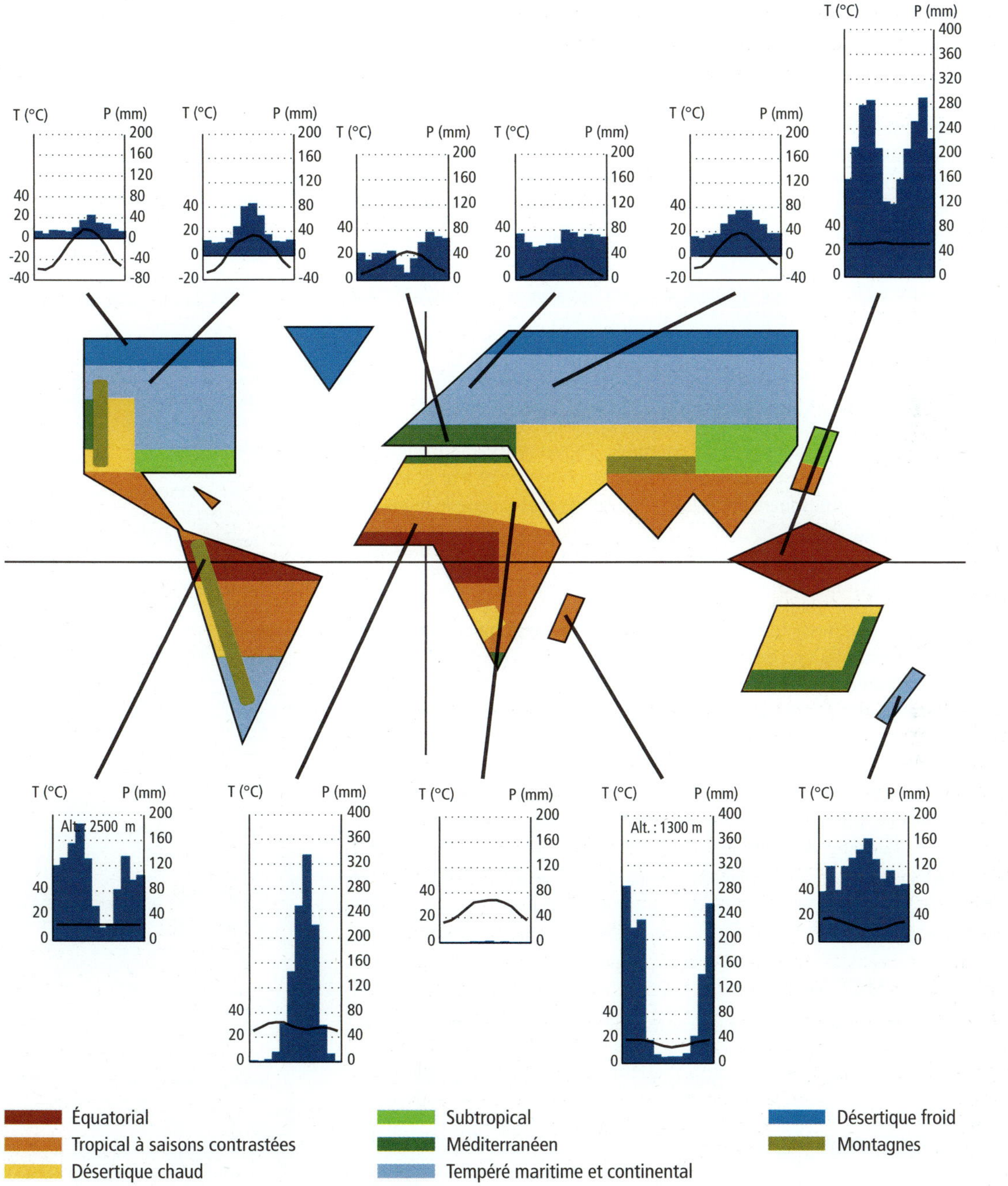

La trame zonale qui vient d'être décrite reste très simplifiée par rapport à la réalité. Tout se complique du fait des rapports mer-Terre, de la continentalité et de la présence du relief.

Fiche 35

Mouvements des plaques tectoniques

1. DÉFORMATIONS DE LA CROÛTE TERRESTRE

1.1 LES SÉISMES 3

Les **séismes** correspondent à une rupture des roches au sein de la **lithosphère**. Les ondes libérées par un séisme sont appelées «ondes sismiques», et comme les rides qui naissent à la surface de l'eau quand on y jette un caillou, elles rayonnent à partir d'un point dénommé le **foyer** du tremblement. L'**épicentre** correspond à la zone où les dégâts sont les plus importants. Un séisme puissant est presque toujours suivi de secousses appelées répliques qui peuvent se prolonger pendant des mois. Les ondes sismiques se propagent sous forme de sphères concentriques à l'intérieur du globe. Il est donc possible de les enregistrer à plusieurs milliers de kilomètres du foyer grâce à des **sismographes**. L'analyse de ces tracés permet aux spécialistes de déterminer:

- la position de l'épicentre;
- la **magnitude** du séisme (2, p. 159);
- la structure interne du globe constituée d'un ensemble d'enveloppes approximativement concentriques et individualisées par leur composition chimique et leur état physique. C'est ainsi que, sous la lithosphère et jusqu'à 2900 km de profondeur, le **manteau** terrestre enveloppe le **noyau** central 1.

1.2 LE VOLCANISME 2

Une éruption volcanique se manifeste toujours par une montée du **magma** contenant des gaz dissous. Elle naît aux endroits où l'**écorce terrestre** présente des cassures suffisamment larges pour laisser monter le magma en fusion. Ainsi, jalonnant des **failles** de la croûte terrestre, les volcans sont presque toujours disposés en alignements. Le type d'éruption est lié d'une part, à la composition chimique de la **lave** qui commande sa viscosité et, d'autre part, à sa teneur en gaz dissous. C'est ainsi qu'en règle générale, une éruption de lave fluide comme un basalte laissera s'échapper facilement les gaz et sera caractérisée par une émission de torrents de lave sans véritables phénomènes explosifs (ex.: Mauna-Loa à Hawaï). Par contre, plus le magma est visqueux, plus forte est la tendance des gaz à s'échapper de manière explosive et à pulvériser la lave en matériaux de différentes tailles telles des bombes volcaniques ou des cendres (ex.: Stromboli en Italie), ou encore des nuées ardentes (ex.: le mont St-Helens aux États-Unis, le Pinatubo aux Philippines).

1.3 LES CHAÎNES DE MONTAGNES

D'autres déformations sont visibles au sein de la croûte terrestre et témoignent des bouleversements dont elle est l'objet. Il s'agit des grandes zones **plissées** et **faillées** qui jalonnent la surface de la terre et qui correspondent aux principales chaînes de montagnes 4.

2. LA TECTONIQUE DES PLAQUES

La théorie de la tectonique des plaques est née en partie de l'analyse de la localisation des activités sismique et volcanique en rapport avec l'étude des fonds océaniques menée par les navires océanographiques.

Lexique

croûte terrestre (ou écorce)
Partie superficielle de la lithosphère, de nature et d'épaisseur différentes au niveau des continents et des océans.

épicentre
Point de la surface terrestre situé à la verticale du foyer. Il s'agit de l'endroit où le séisme est le plus violent.

faille
Fracture de la lithosphère accompagnée d'un déplacement relatif vertical, horizontal ou oblique, des deux compartiments ainsi séparés.

foyer
Source du tremblement de terre située en profondeur.

lave
Matière en fusion émise par un volcan et qui se solidifie en refroidissant pour former une roche volcanique.

lithosphère
Partie superficielle et solide de la Terre, épaisse de 70 à 100 km, composée de la croûte et de la partie supérieure du manteau.

magma
Matière en fusion localisée à l'intérieur du globe. Lorsque le magma s'épanche à la surface de la lithosphère, il porte le nom de lave. Solidifié, il donne une roche magmatique (ex.: basalte ou granite).

magnitude (d'un séisme)
Énergie libérée par le séisme au niveau du foyer. Elle est exprimée par un chiffre compris entre 0 et 9 sur l'échelle ouverte de Richter. Attention, cette échelle est exponentielle. Chaque degré supplémentaire correspond à une énergie dégagée 30 fois plus importante.

manteau
Enveloppe interne du globe située entre la croûte terrestre et le noyau central.

noyau
Partie centrale du globe terrestre formée d'un alliage à base de fer et mesurant 3500 km de rayon. Vu sa composition chimique, il se comporte comme un colossal aimant et génère donc un immense champ magnétique qui enveloppe notre globe et nous protège des vents solaires chargés de particules mortelles.

pli
Ondulation de couches rocheuses sous l'action de mouvements de l'écorce terrestre.

séisme
Mouvements brusques de l'écorce terrestre, caractérisés par leur soudaineté, leur courte durée et leurs effets destructeurs.

sismographe
Appareil très sensible qui enregistre de façon continue les ébranlements du sol appelés ondes sismiques. Les enregistrements s'appellent des sismogrammes.

Pour comprendre

- La formation et la répartition des montagnes
- La formation et la répartition des séismes et des volcans
- La formation des océans

Mots-clés

- Collision
- Dorsale
- Subduction
- Courant de convection

❶ Structure interne de la Terre

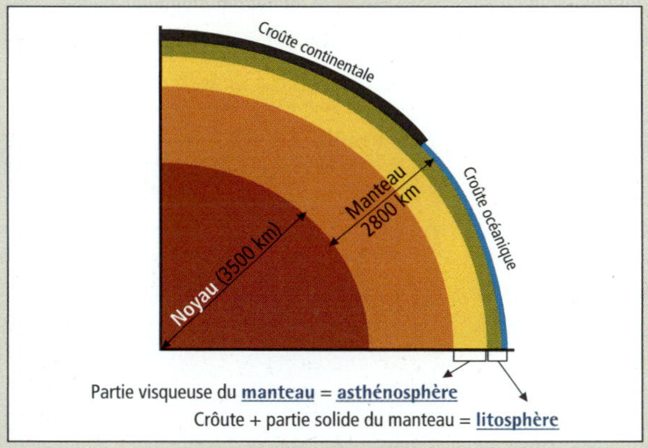

❷ Un strato-volcan

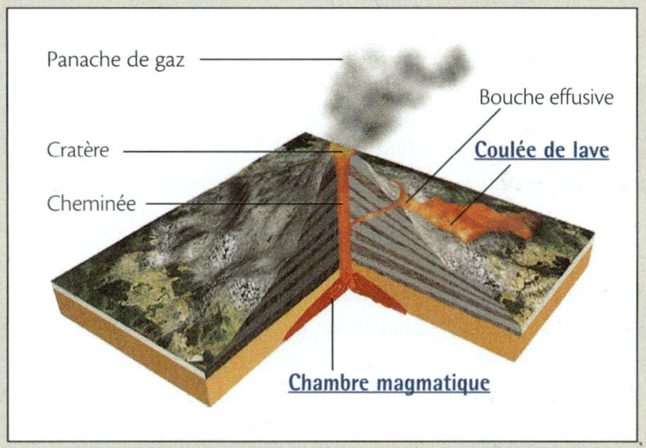

❸ Mécanismes de la tectonique des plaques

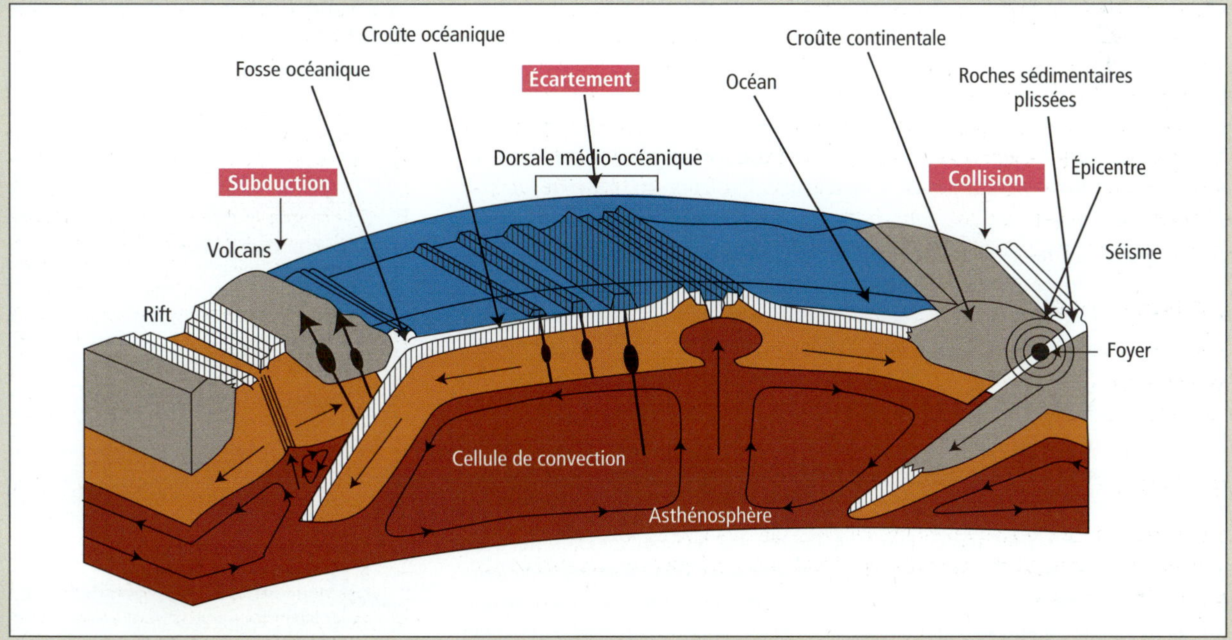

D'après Ch. Jacques et D. Duquenoy, *La Terre notre planète*, tome 1, La Procure, 1988.

35 Mouvements des plaques tectoniques

La lithosphère est fragmentée en une douzaine de **plaques** rigides (sept grandes et d'autres plus petites). La localisation des séismes permet de tracer les contours de ces plaques qui ne coïncident pas avec les limites des continents ④.

Ces plaques se déplacent les unes par rapport aux autres à des vitesses atteignant quelques mètres ou quelques dizaines de mètres par siècle. Elles s'écartent, se rapprochent ou coulissent en glissant sur l'**asthénosphère**. La partie supérieure des plaques est constituée d'une croûte continentale (constituée principalement de granite) et/ou d'une croûte océanique (constituée principalement de basalte).

2.1 LE MOTEUR DE CES MOUVEMENTS

L'**énergie interne de la Terre** se dissipe en général aux frontières des plaques tectoniques, soit de manière mécanique (séismes, plissements), soit de manière thermique (activité volcanique). Cette énergie est ainsi le moteur de vastes courants de convection qui animent le manteau ③. En effet, la différence de température entre le manteau profond et le manteau supérieur est à l'origine de courants ascendants de magma qui fracturent la lithosphère et engendrent les dorsales. Les zones de subduction et de collision correspondent, quant à elles, à la convergence de ces courants et à leur enfoncement dans le manteau.

2.2 L'OUVERTURE DES OCÉANS...

Les plaques s'écartent symétriquement de part et d'autre de l'axe des **dorsales** (**rift**) par suite du mouvement d'ascendance et de remontée de laves basaltiques provenant de l'asthénosphère ③. Ce mécanisme qui se déroule le long d'une ligne de 70 000 km de volcans essentiellement sous-marins assure la formation d'une nouvelle croûte océanique, l'ouverture des **océans** et, le cas échéant, l'écartement des continents. L'exemple initial de l'ouverture d'un **océan** est représenté par le rift de l'est africain, le stade ultérieur par le rift de la mer Rouge et le stade final par la dorsale médio-atlantique séparant l'Europe et l'Afrique de l'Amérique. Le cœur des dorsales est donc un immense volcan qui vomit huit fois plus de lave que l'ensemble des volcans terrestres.

2.3 QUAND DEUX PLAQUES S'AFFRONTENT...

Les dimensions de la surface du globe restant constante, l'expansion océanique doit nécessairement être compensée ailleurs par une diminution de surface. Les plaques sont en effet détruites ou rétrécies dans leurs zones de convergence. Plusieurs cas peuvent alors se présenter ③ :

- si le choc se produit entre une plaque continentale et une plaque océanique, cette dernière, plus dense, s'enfonce obliquement dans l'asthénosphère sous la plaque continentale en raclant devant elle des **sédiments** accumulés sous les eaux marines depuis des millions d'années. Il s'agit d'une zone de **subduction**. Il apparaît alors une chaîne de montagnes côtières, une grande fosse océanique pouvant dépasser 10 000 mètres de profondeur, des séismes violents et une activité volcanique explosive (ex. : Cordillère des Andes) ;
- si le choc a lieu entre deux plaques océaniques, une plaque passe par-dessous l'autre, ce qui provoque l'apparition d'une **fosse océanique** (ex. : fosse des Mariannes) et d'un arc insulaire volcanique (ex. : Les Mariannes) ;
- lorsque deux continents sont portés l'un vers l'autre par les mouvements de leurs plaques respectives, ni l'un ni l'autre ne peut s'enfoncer dans l'asthénosphère de densité plus grande. Les masses continentales sont, en effet, insubmersibles. Il en résulte une collision qui provoque un **plissement**. Ce processus provoque un raccourcissement de la lithosphère conduisant à la formation d'imposantes chaînes de montagnes comme les Alpes ou l'Himalaya. Ce choc entretient une très forte activité sismique.

Lexique

asthénosphère
Couche visqueuse du manteau située sous la lithosphère entre 100 et 700 km de profondeur.

dorsale
Relief sous-marin à double pente, large de 1000 à 2000 km, au centre duquel se produit la naissance du plancher océanique.

énergie interne de la Terre
Elle provient de l'énergie emmagasinée lors de la formation de la Terre mais aussi de la radioactivité de certains de ses constituants.

fosse océanique
Zone de grande profondeur océanique (jusqu'à près de 12000 mètres) engendrée par la subduction.

geyser
Source de vapeur ou d'eau chaude jaillissant par intermittence.

océan
Vaste étendue d'eau marine dont le fond est constitué par une croûte océanique et dont la profondeur est en moyenne de 5000 m.

plaque tectonique
Morceau de lithosphère se comportant de manière rigide, qui se déplace sur l'asthénosphère.

plissement
Mouvement de déformation des couches rocheuses à l'origine d'un ensemble de plis ; cet ensemble lui-même.

rift
Fossé d'effondrement large de 10 à 20 km, localisé au centre des dorsales, limité par des abrupts de failles en gradins et au centre duquel se fabrique la croûte océanique par injection de magma.

sédiment
Dépôt meuble laissé par les eaux, le vent et les autres agents d'érosion, et qui, d'après son origine, peut être marin, fluviatile, lacustre, glaciaire, etc.

subduction
Enfoncement oblique d'une plaque de lithosphère océanique sous une autre plaque (océanique ou continentale).

Fiches

fiche 36 : érosion et sédimentation
fiche 38 : Risques naturels

❹ Les reliefs sous-marins, continentaux et les plaques tectoniques

Islande : bordure ouest du rift

États-Unis : Yellowstone (source d'eau chaude - geyser)

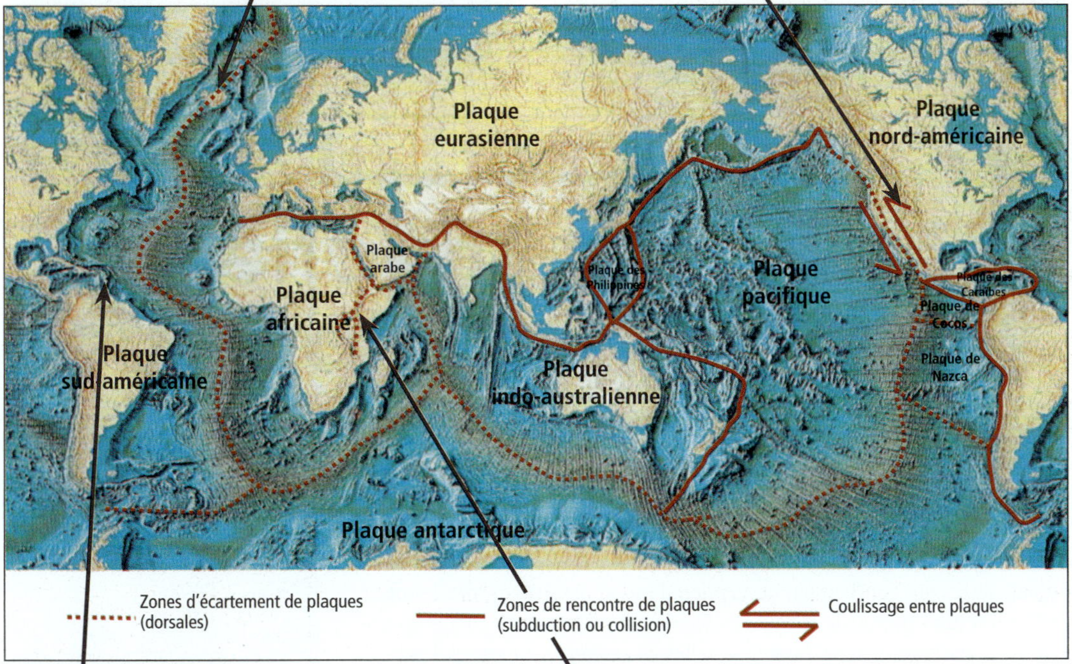

Martinique : montage pelée

Ouganda : vallée du rift

Fiche

36 Érosion et sédimentation

1. LES FACTEURS D'ÉROSION

Les **mouvements tectoniques** engendrent des reliefs qui, dès qu'ils sont au contact de l'atmosphère et de l'eau, subissent des phénomènes de destruction. Le **modelé** du relief dépend de cinq facteurs principaux: la durée ②, la nature et la structure (**porosité**, **perméabilité**) des roches, la pente, l'environnement bioclimatique et les activités humaines (déboisement, surpâturage, surexploitation des terres, etc.).

2. LA DESTRUCTION DES ROCHES

L'érosion est une succession de phénomènes physiques et chimiques qui façonnent les reliefs. Au départ, la destruction des roches porte le nom de **météorisation**. Les matériaux produits (meubles ou en solution) sont alors transportés puis déposés. C'est ainsi qu'un agent d'érosion peut être à la fois agent de destruction, agent de transport et agent de dépôt ④. Il existe deux grands types de météorisation: la destruction mécanique et la destruction chimique appelée aussi **altération**.

2.1 LES PROCESSUS DE DESTRUCTION MÉCANIQUE

Ils sont très variés et dépendent principalement des conditions climatiques ①:

- la destruction mécanique due aux contraintes exercées dans la roche par de fortes amplitudes thermiques quotidiennes (plusieurs dizaines de degrés Celsius par 24 heures). La roche s'effrite alors en surface. Les milieux concernés par ce phénomène sont principalement les milieux arides tels les déserts;
- la fragmentation de la roche sous l'effet des alternances gel-dégel. Lorsque l'eau contenue dans la porosité de la roche se met à geler, elle exerce des pressions allant jusqu'à 15 kg/cm^2. Lors du dégel, il y a décompression. Après plusieurs cycles gel/dégel, les fissures s'agrandissent et les débris se détachent. C'est ainsi que plus une roche est poreuse, plus elle est **gélive** (craie, calcaire). Ce phénomène concerne surtout les régions froides des hautes altitudes et latitudes;
- le processus de désagrégation engendré par l'alternance de la teneur en eau de certaines roches. Les argiles en particulier gonflent par absorption d'eau et dessèchent lors de son évaporation. Cette succession détruit la roche. Les régions principalement concernées sont celles où il y a de fortes variations d'humidité, telles les régions tropicales ou subtropicales;
- l'action du sel qui affecte principalement les régions littorales là où l'air chargé d'eau salée s'insinue dans la roche. Lorsque ces sels cristallisent, ils exercent une pression qui désagrège la roche;
- l'action des agents de transport (les cours d'eau, la mer, les glaciers, le vent) qui usent les roches en place par les frottements qu'ils exercent et les débris qu'ils véhiculent. Cette érosion est à l'origine notamment du façonnement des vallées fluviales et glaciaires ⑤⑥⑦⑧⑨;
- les végétaux qui, par leurs racines s'insinuant dans les anfractuosités de la roche, exercent une pression qui fragmente la roche en débris et élargit ces fissures.

Lexique

altération des roches
Modification chimique superficielle d'une roche, due notamment aux agents atmosphériques.

diagenèse
Transformation des débris de roches meubles en sédiments compacts, sous l'action d'une augmentation de pression et de température.

gélif
Susceptible de se fendre sous l'action du gel (ex.: roches gélives).

métamorphisme
Transformation des roches à l'intérieur de la lithosphère par augmentation de la pression et/ou de la température.

météorisation
Ensemble des actions de désagrégation des roches par les agents atmosphériques.

modelé
Forme de relief qui résulte de l'action de l'érosion.

mouvement tectonique
Mouvement lié aux déplacements des plaques.

perméabilité
Propriété d'une roche qui se laisse traverser par l'eau.

porosité
Rapport entre le volume des vides d'une roche et son volume total.

sol
Formation meuble à la surface de la croûte terrestre, provenant de l'érosion des roches et de l'apport de matières organiques (décomposition de la végétation qui a colonisé ce sol).

temps géologiques
Les temps géologiques sont divisés en grandes ères établies en fonction de la formation des chaînes de montagnes et des changements importants dans l'évolution des êtres-vivants. C'est ainsi que nous vivons à l'ère cénozoïque qui a commencé il y a environ 65 millions d'années. Elle correspond à la période du plissement alpin (ex.: formation des Alpes et de l'Himalaya). L'ère mésozoïque est caractérisée par l'expansion des grands reptiles. L'ère paléozoïque correspond aux plissements calédonien (ex.: massif écossais) et hercynien (ex.: massif ardennais).

Pour comprendre

- Les processus d'érosion, de transport et de sédimentation
- Les formes de relief
- Le cycle des roches
- Les grandes catégories de roches

Mots-clés

- Érosion
- Modelé
- Sédimentation
- Transport
- Cycle

1 L'érosion, le transport et la sédimentation

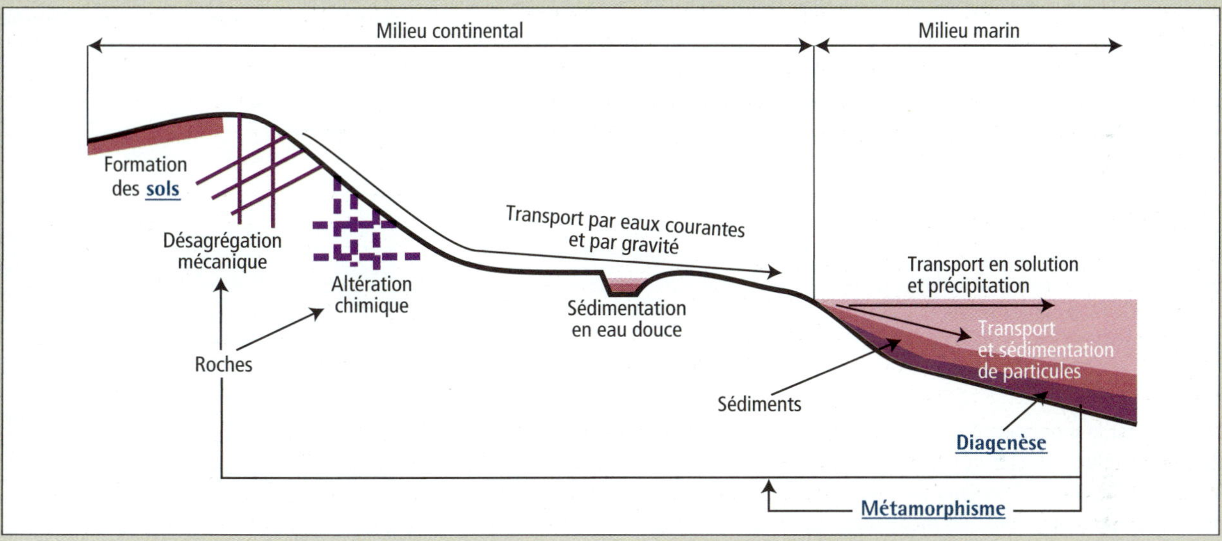

2 Les **temps géologiques** à l'échelle du calendrier

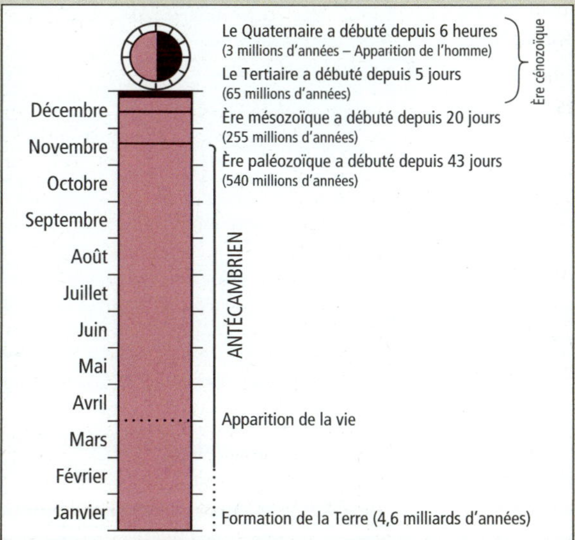

3 Les principales roches en Belgique

Composition \ État	Meuble ou friable	Cohérent	Métamorphique
Conglomératiques	Galets	Poudingues	Poudingues à ciment cristallin
Argileuses	Argiles	Schistes	Phyllades
Siliceuses	Sables	Grès	Quartzites
Carbonatées	Craies	Calcaires	Marbres
Carbonées	Lignites	Houilles	Anthracites

→ **Diagenèse**

2.2 LES PROCESSUS DE DESTRUCTION CHIMIQUE

L'eau est le principal agent responsable dans les mécanismes d'altération chimique. Celle-ci se manifeste, par exemple, par la dissolution qui consiste en une mise en solution d'éléments solides solubles dans l'eau. En effet, les roches carbonatées (ex. : les calcaires) et les roches salines sont, sous certaines conditions, solubles dans l'eau. Ce processus de dissolution donne ainsi naissance à des formes originales comme les **grottes**, les **dolines**, etc. Un autre processus essentiel de destruction chimique par l'eau est l'**hydrolyse** : en effet, l'eau altère les roches d'autant plus qu'elle est chargée d'acides qui proviennent par exemple de la décomposition de la végétation. Ce processus tient une place importante dans la formation des sols.

3. LES AGENTS DE TRANSPORT

Les produits des destructions mécanique et chimique de la roche sont soumis à l'action de la pesanteur. La **gravité** est l'agent de transport essentiel associé aux autres agents tels l'eau et l'air. On distingue une série de processus de transport ④ suivant l'agent de transport, les matériaux mobilisés, les volumes déplacés, le mécanisme en jeu et le milieu bioclimatique. Chaque année, les quantités de débris issus des processus d'érosion et transportés vers les océans forment une masse totale de 25 milliards de tonnes. Parmi tous ces **sédiments**, 90 % sont transportés par les eaux courantes, 8 % par les glaciers, 1 % par les vagues et les courants littoraux et 1 % par le vent.

4. LA SÉDIMENTATION

La sédimentation est le processus d'accumulation des sédiments et de formation des **roches sédimentaires**. En effet, tous les débris produits par l'érosion des reliefs sont transportés essentiellement par les cours d'eau et ensuite déposés principalement dans les mers ④. Les roches sédimentaires comprennent les roches détritiques issues de l'érosion mécanique (les argiles, les sables, les galets) et les roches d'origine chimique engendrées par la **précipitation** des matières dissoutes dans l'eau (roches salines, stalactites, etc.). C'est le cas aussi des roches issues du développement et de l'accumulation de matières organiques d'origine océanique ou continentale comme les calcaires, les charbons et les hydrocarbures (pétrole et gaz naturel).

Ces roches sédimentaires peuvent contenir des **fossiles** et elles peuvent aussi se disposer en **strates** formées par l'entassement successif des sédiments au fond des mers ① ⑥. Sous les effets combinés du temps et de leur poids, ces dépôts, souvent meubles à l'origine, peuvent se consolider en roches cohérentes ① ③. Ce processus de transformation d'une roche porte le nom de **diagenèse**.

Les roches sédimentaires peuvent être ramenées directement au-dessus du niveau de la mer par les mouvements tectoniques et à nouveau subir les effets de l'érosion. Elles peuvent aussi être entraînées dans les profondeurs du globe à la faveur d'une **subduction** et se transformer alors sous les effets combinés de la température et de la pression en **roches magmatiques** ou **métamorphiques** ③, qui, à leur tour, pourront un jour affleurer. Ainsi se réalise ce que les géologues dénomment le cycle des roches ①.

Sous l'effet des mouvements tectoniques, les roches sédimentaires se déforment et donnent naissance à des **plis** de type **synclinal** ou **anticlinal**. Dans certains cas, la roche se casse et provoque l'apparition de **failles**.

Lexique

anticlinal
Pli dont la concavité est tournée vers le bas et a cœur duquel on observe les couches les plus vieilles.

doline
Dépression fermée dans les régions calcaires.

faille
Fracture de la lithosphère accompagnée d'un déplacement relatif vertical, horizontal ou oblique, de deux compartiments ainsi séparés.

fossile
Débris ou empreinte de plante ou d'animal dans un roche sédimentaire.

gravité
Force qui attire un corps vers le centre de la terre.

grotte
Cavité naturelle de grande taille, ouverte dans le roches calcaires.

hydrolyse
Décomposition par l'eau de certains composé chimiques.

pli
Ondulation de couches rocheuses sous l'action d mouvements tectoniques.

précipitation
En chimie, phénomène à la suite duquel un corp solide prend naissance dans un liquide.

roche magmatique
Roche issue du refroidissement du magma. On distingue les roches volcaniques (ex.: le basalte) et le roches plutoniques (ex.: le granite).

roche métamorphique
Roche issue de la transformation d'autres roches sou l'effet d'une élévation de température et de pressior Elle est formée de cristaux et présente un aspec feuilleté (ex.: le gneiss ou le micaschiste).

roche sédimentaire
Roche qui résulte de l'action des agents d'érosion e de transport puis d'un dépôt.

sédiment
Dépôt meuble laissé par les eaux, le vent et les autre agents d'érosion, et qui, d'après son origine, peut êtr marin, fluviatile, lacustre, glaciaire, etc.

strates
Couches de roches sédimentaires empilées dan l'ordre de leur formation.

subduction
Enfoncement oblique d'une plaque de lithosphèr océanique sous une autre plaque (océanique ou continentale).

synclinal
Pli dont la concavité est tournée vers le haut et a cœur duquel on observe les couches les plus jeunes.

Fiches

fiche 35 : mouvements des plaques tectoniques

4 Érosion, transport et dépôt

Principaux agents d'érosion et de transport	Types de dépôt
Eaux courantes	Cône de déjection Plaine alluviale Terrasse fluviale Delta
Mer (courants et vagues)	Plage
Glacier	Moraine
Vent	Dune Loess
Gravité	Cône d'éboulis

5 Érosion et formes d'une vallée

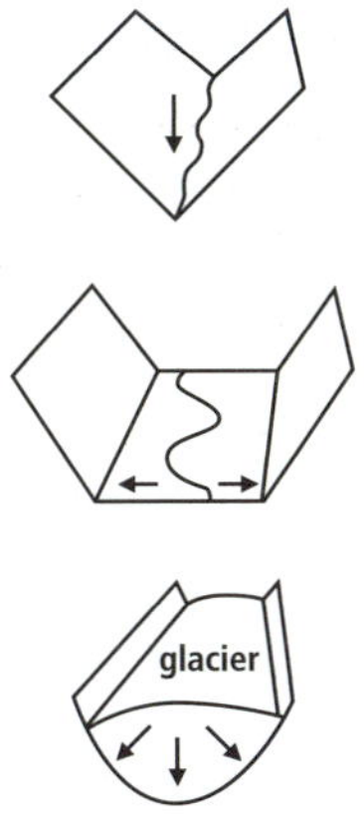

Vallée en forme de V
Érosion verticale dominante par la rivière
Vallée à fond plat (= plaine alluviale)
Érosion latérale dominante par la rivière
Vallée en forme d'auge
Érosion verticale et latérale par le glacier

6 Arizona : paysage du Grand Canyon

7 Belgique : vallée de la Semois

8 Norvège : vallée glaciaire

9 Normandie : les falaises d'Étretat

Fiche

37 Ressources énergétiques et minérales

1. LES RESSOURCES ÉNERGÉTIQUES

Notre mode de vie dépend largement des ressources énergétiques dont nous disposons. Les ressources énergétiques sont multiples. Elles proviennent pour la plupart de l'activité directe ou indirecte du Soleil ❶. Globalement, elles peuvent être classées en deux grandes catégories.

1.1 LES ÉNERGIES RENOUVELABLES

Il s'agit des énergies qui proviennent :

- directement du Soleil sous forme de lumière et de chaleur (rayonnement solaire) ;
- indirectement du Soleil à partir des cycles constamment restitués de l'eau (énergie hydraulique), du vent (énergie éolienne), de la **biomasse** du monde végétal, de l'**énergie géothermique**.

De manière générale, ces sources d'énergie sont quasi inépuisables. Mais, elles connaissent de nombreux points faibles tels leur caractère intermittent (vent, soleil), leur caractère diffus et leur distribution inégale dans l'espace. C'est ainsi que comparées aux autres formes d'énergie, les quantités d'énergie produites par ces sources sont plus faibles. Ces constats en font pour l'instant des sources d'énergie d'appoint mais qui pourraient prendre à l'avenir de plus en plus de place au vu des graves problèmes de pollution générés par l'utilisation des énergies épuisables.

1.2 LES ÉNERGIES ÉPUISABLES

Elles constituent les principales sources d'énergie que nous utilisons ❷.

1.2.1 Les combustibles fossiles

Ils fournissent de loin la plus grande partie de la consommation humaine actuelle, notamment dans les domaines du chauffage, de l'industrie et des transports. Ils proviennent d'une énergie différée, c'est-à-dire de l'énergie solaire qui a été stockée et transformée par des végétaux et des animaux, et qui est maintenant exploitée comme combustible (charbons, pétrole, gaz naturel) et comme matière première à la base de nombreux produits synthétiques dans le cas du pétrole.

Au rythme de l'exploitation actuelle, les réserves évaluées de pétrole ❸ et de gaz sont d'environ un demi-siècle seulement alors que celles du charbon avoisinent les trois siècles. Toutefois, ces statistiques dépendent des progrès technologiques en matière d'extraction et de **prospection** mais aussi des prix de ces ressources sur le marché mondial et du rythme de la consommation. Les zones de production et de consommation ne coïncident pas. Des échanges sont donc indispensables pour approvisionner les pays industrialisés et depuis peu, la Chine ❹.

Le pétrole et le gaz naturel sont devenus en l'espace de quelques décennies le sang de l'économie mondiale. Leur importance stratégique est donc telle qu'ils sont sans doute les biens les plus convoités et les plus surveillés au monde, ce qui explique qu'ils sont à l'origine de nombreux conflits (ex. : guerre du Golfe).

Lexique

biomasse
Masse de matière vivante (animale ou végétale).

énergie géothermique
Énergie extraite des eaux chaudes ou de la vapeur présente dans la croûte terrestre.

prospection
Recherche des gisements minéraux.

Fiches

fiche 36 : érosion et sédimentation

Pour comprendre

- Les différentes sources d'énergie utilisées
- Les problèmes d'approvisionnement énergétique
- L'avenir énergétique
- Ressources minérales

Mots-clés

- Énergies renouvelables
- Énergies épuisables
- Combustible fossile
- Combustible nucléaire

1 Origine des ressources énergétiques

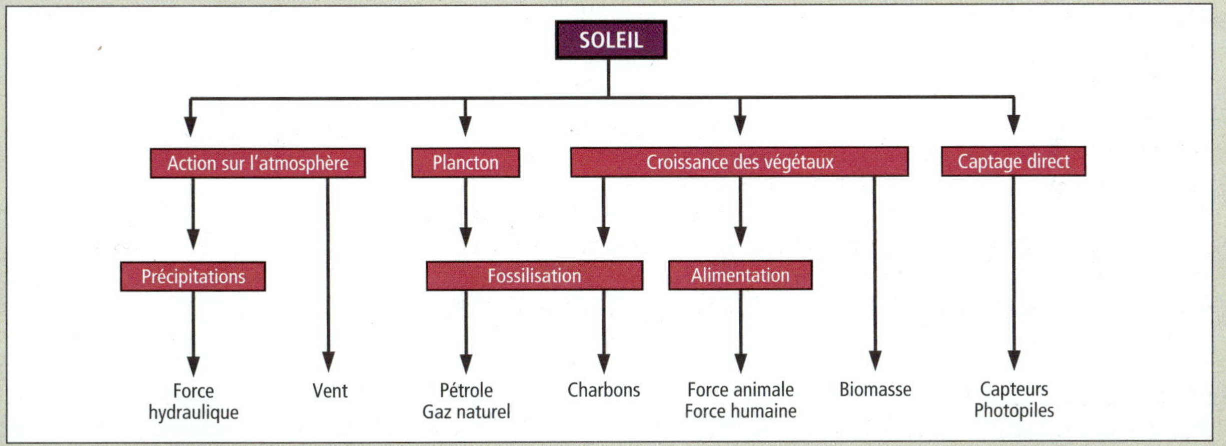

D'après J. Tricart et J. Kilian.

2 Évolution de la structure de la consommation d'énergie dans le monde

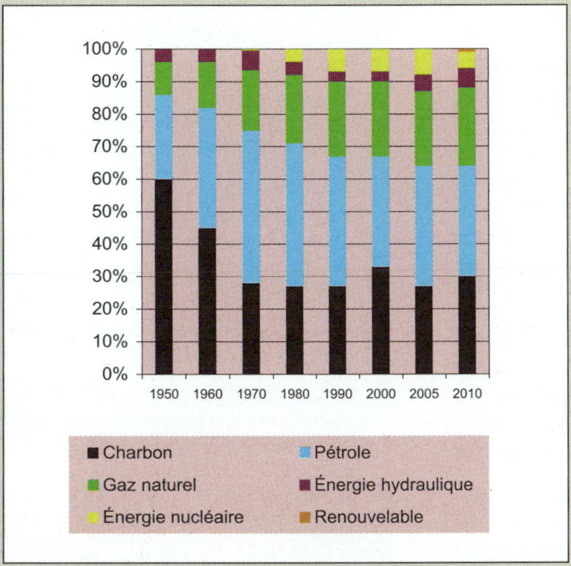

Sources: Images Économiques du monde, BP.

3 Évolution de la répartition des réserves prouvées de pétrole

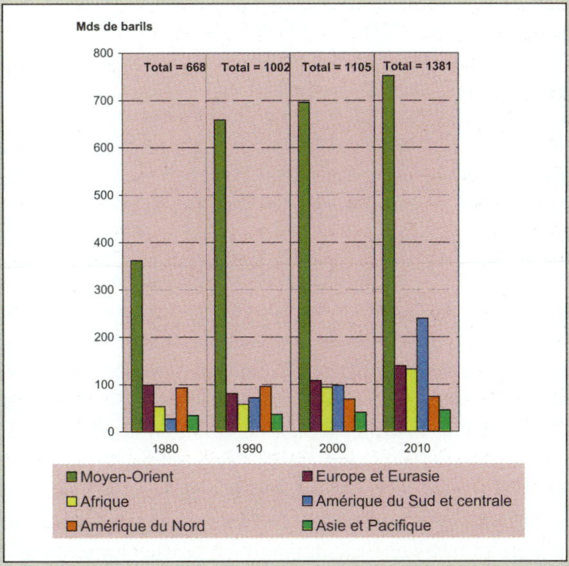

Source: BP.

1.2.2 Les combustibles nucléaires

L'énergie nucléaire est aujourd'hui principalement utilisée dans la fabrication d'électricité. En nombre de centrales nucléaires en activité sur leur territoire, les pays développés sont bien entendu au premier rang 5. L'utilisation de cette source d'énergie comporte de réels problèmes en matière de traitement et stockage des déchets radioactifs, de vieillissement et de démantèlement des centrales, de dangers d'accidents et d'utilisation à des fins militaires. Bref, les risques que l'énergie nucléaire fait courir à l'environnement entraînent aujourd'hui sa remise en cause.

1.3 L'AVENIR ÉNERGÉTIQUE

L'avenir énergétique devra faire face à de nombreux défis. Tout d'abord, l'épuisement progressif des **gisements** actuels ; un effort technologique important pour accéder à de nouveaux gisements et pour développer de nouvelles énergies (**fusion thermonucléaire**, **pile à combustible**) ; une croissance de la consommation ; des contraintes d'environnement de plus en plus fortes qui pourraient à terme impliquer une remise en question de l'utilisation de certaines énergies comme le charbon ou la fission nucléaire. En tout état de cause, ces défis risquent de se traduire par un coût plus élevé de l'énergie.

2. LES RESSOURCES MINÉRALES

Notre civilisation est bâtie sur la valorisation systématique des ressources minérales. Que ce soit dans l'industrie avec des domaines aussi variés que la chimie, la **sidérurgie**, la **métallurgie**, l'aéronautique, l'industrie alimentaire, la construction, l'informatique, l'aérospatiale, l'armement ou encore dans les transports, les ressources minérales sont indispensables. Les villes du monde entier sont le résultat de la maîtrise des ressources minérales. La construction des infrastructures et des bâtiments nécessitent l'utilisation de **matériaux** provenant de roches très variées 6.

Les deux guerres mondiales ont par exemple démontré l'importance stratégique des minerais non-ferreux, particulièrement le titane. Les avions et les fusées intègrent massivement ce métal dans les parties les plus exposées aux fortes températures (bords d'attaque des ailes, coiffes des missiles, etc.). À l'aube du troisième millénaire, le vanadium, le cobalt, le molybdène ou le tungstène sont de plus en plus recherchés. Tous ces éléments sont en réalité très rares mais heureusement pour l'homme, ils sont concentrés en certains endroits et donc exploitables comme **minerais**. Les lieux de concentration de cette substance minérale utile constitue un **gisement**.

C'est ainsi qu'une part non négligeable du commerce international, des communications, des emplois, de la consommation, bref de l'activité économique au sens large, est dépendante des éléments constitutifs du sous-sol qui englobent à la fois les minéraux métalliques (minéraux du fer, du cuivre, du plomb, du nickel, du zinc, de l'aluminium, du manganèse, du cobalt, l'or, l'argent, etc.) et les minéraux non-métalliques (le soufre, la calcite, la dolomie, le graphite, le gypse, la fluorine, le talc, la silice, etc). La caractéristique essentielle de ces ressources minérales est leur non-renouvellement à l'échelle des activités humaines. L'exploration des fonds océaniques ainsi que les dragages ont permis de découvrir de vastes champs sous-marins de nodules métalliques surtout localisés dans le Pacifique. Mais les mises en exploitation et en production sont pour l'instant techniquement et économiquement non rentables.

Lexique

fusion thermonucléaire
Fusion des noyaux d'atomes d'hydrogène (deutérium et tritium) accompagnée d'un dégagement énorme d'énergie. La fusion nucléaire constitue la source d'énergie du soleil.

gisement
Masse minérale en concentration suffisante que pour rendre son exploitation rentable.
Accumulation naturelle, locale, de matière minérale, solide, liquide ou gazeuse, susceptible d'être exploitée.

matériaux
Matières d'origine naturelle ou artificielle entrant dans la construction d'un bâtiment.

métallurgie
Ensemble des industries et des techniques qui assurent la fabrication des métaux.

minerai
Tout minéral qui contient une ou plusieurs substances chimiques en proportions telles qu'on puisse les isoler industriellement.

pile à combustible
Générateur électrochimique d'énergie permettant de transformer directement l'énergie chimique en énergie électrique. Le combustible le plus en vue est l'hydrogène.

sidérurgie
Métallurgie du fer.

4 Principaux flux pétroliers (2010)

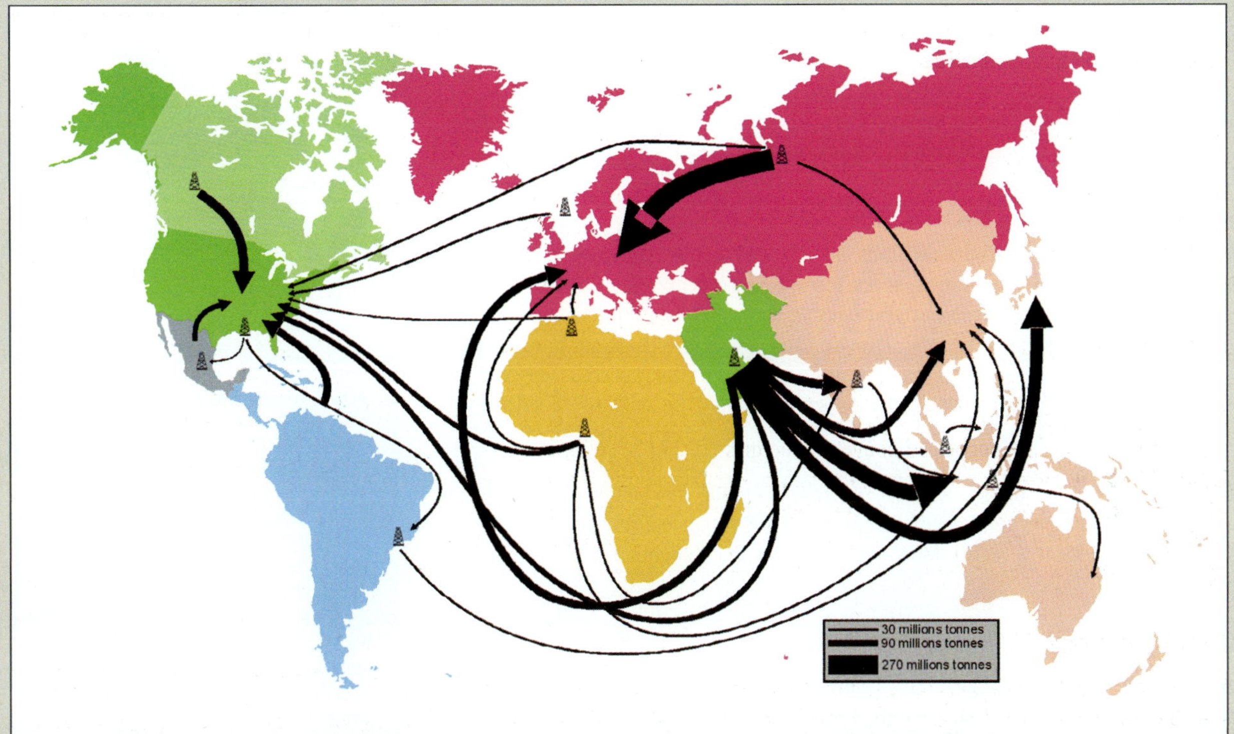

Source : BP.

5 Évolution de la consommation d'énergie nucléaire dans le monde

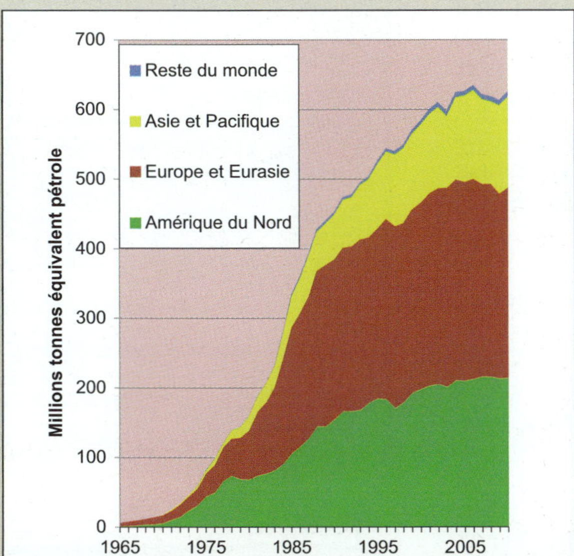

Source : BP.

6 Valorisation des roches et des minerais

Quartzite	Pavés de rue
Grès	Moellons
Calcaires et granites	Marbre (après polissage)
Phyllades	Ardoises naturelles
Argiles	Briques ou tuiles (après cuisson)
Calcaire et argiles	Ciment (après cuisson)
Sables + galets + ciment + eau	Béton
Sable blanc	Verre (après cuisson)
Silicium	Puces électroniques
Coltan	Matériel électronique
Titane	Aéronautique

Fiche

38 Risques naturels

Dans le monde, les risques naturels sont engendrés par certaines manifestations des forces de la nature appelées phénomènes naturels. On parle de risque naturel quand ces phénomènes viennent menacer avec plus ou moins d'intensité les activités humaines causant des dommages allant d'une simple pierre tombée dans un jardin aux grandes catastrophes.

1. LES PRINCIPAUX RISQUES NATURELS ❶

Les menaces naturelles sont multiples : séismes, activité volcanique, **cyclones tropicaux**, **tornades**, tempêtes, foudre, inondations, crues torrentielles, sécheresses, avalanches de neige, glissements de terrain, **tsunami**, effondrements de cavités souterraines, chutes de pierres et de blocs, écroulements de falaise, feux de forêt, vagues de froid, chute de corps célestes, etc. Les phénomènes naturels les plus destructeurs ont tué au cours des vingt dernières années plus de trois millions de personnes et ont fait un milliard de sinistrés, entraînant des pertes considérables. De plus, le nombre de victimes des catastrophes majeures augmente régulièrement depuis 1960 de 6 % par an – plus du double du taux de croissance démographique mondial. Au-delà du bilan tragique des victimes des catastrophes naturelles, ce sont les fondements économiques et financiers de nombreux pays pauvres qui sont gravement affectés. Mais quels sont les phénomènes naturels les plus dangereux ?

1.1 LES TREMBLEMENTS DE TERRE

Les séismes les plus destructeurs apparaissent dans les zones de rencontre entre plaques tectoniques. Quand un séisme devient-il dangereux ? En général, il commence à provoquer des dégâts sérieux (écroulement des bâtiments dans des circonstances défavorables liées à la nature du sol et à la fragilité des constructions) au-dessus de la magnitude 5 sur l'**échelle de Richter** ❷. Treize mille personnes en moyenne en meurent chaque année. Dans l'état actuel de la recherche, on ne sait toujours pas prédire de façon fiable l'instant d'un séisme. Les actions les plus efficaces à mener sont dans le domaine de la protection des populations : identifier les zones de failles et éviter d'y construire des bâtiments ; établir des règles de construction parasismiques ; préparer la population à réagir en cas de séismes ; organiser des plans de secours, etc.

Lorsque les sésimes se produisent dans les océans, ils peuvent générer une immense vague (tsunami) qui peut provoquer le long des côtes des dégâts considérables. Ce sont surtout les côtes du Pacifique et de l'océan Indien qui sont concernés par ce phénomène ❸ ❹.

1.2 L'ACTIVITÉ VOLCANIQUE

L'activité volcanique tue en moyenne entre 500 à 1000 personnes par an. Contrairement au volcanisme de dorsales et à celui de points chauds, le volcanisme de subduction est responsable des plus grandes catastrophes étant donné son caractère explosif dû à la viscosité de ses laves et à sa forte teneur en gaz. Si les coulées de lave engendrent surtout des dégâts matériels, les **coulées de boue**, les **nuées ardentes** et les **écoulements pyroclastiques** sont les phénomènes les plus meurtriers. La prévision des éruptions volcaniques est surtout basée sur l'étude de l'activité sismique annonciatrice d'une éruption et sur la mise en évidence des modifications topographiques et thermiques qui affectent l'édifice volcanique. Comme tous les volcans actifs ne peuvent être surveillés, surtout dans les pays pauvres, peut-être faudrait-il établir autour de certains volcans un périmètre de sécurité.

Lexique

cyclone tropical
Centre de basses pressions très creusées, à très forte et très rapide rotation de l'air et forte capacité de destruction. Il porte également les noms d'ouragan ou typhon. Il naît à la suite d'une invasion d'air froid sur les mers très chaudes (26°C en surface). Il intéresse surtout l'océan Indien, le golfe du Mexique, les Antilles et les côtes ouest de l'océan Pacifique.

échelle de Richter
Mesure de l'amplitude maximale des ondes sismiques enregistrées par un sismographe standard à 100 km de l'épicentre.

écoulement pyroclastique
Coulée de cendres et de ponces fluidifiées et très chaudes (500°C) qui s'étalent horizontalement à plus de 200 km/h, jusqu'à plusieurs dizaines de kilomètres de leur source. Ce phénomène porte également le nom de coulée d'ignimbrites. Leur dynamisme et leur texture sont comparables à ceux des nuées ardentes mais les volumes concernés sont beaucoup plus considérables.

magnitude (d'un séisme)
Énergie libérée par le séisme au niveau du foyer. Elle est exprimée par un chiffre compris entre 0 et 9 sur l'échelle ouverte de Richter. Attention, cette échelle est exponentielle. Chaque degré supplémentaire correspond à une énergie dégagée 30 fois plus importante.

nuée ardente
Avalanche de matériaux solides ou pâteux enveloppés dans une atmosphère de gaz à très haute température.

tornade
Perturbation atmosphérique tourbillonnante, de petite dimension mais très intense, aux effets destructeurs.

tsunami
Raz de marée créé par un déplacement brusque du fond de la mer (suite à un séisme ou à une éruption volcanique) ou par un glissement de terrain survenant dans la mer.

Fiches

fiche 35 : mouvement des plaques tectoniques

Pour comprendre

- L'origine et la prévention des risques naturels
- Les catastrophes naturelles
- La responsabilité humaine

Mots-clés

- Risque naturel
- Phénomène naturel
- Prévision
- Prévention

❶ Les risques naturels

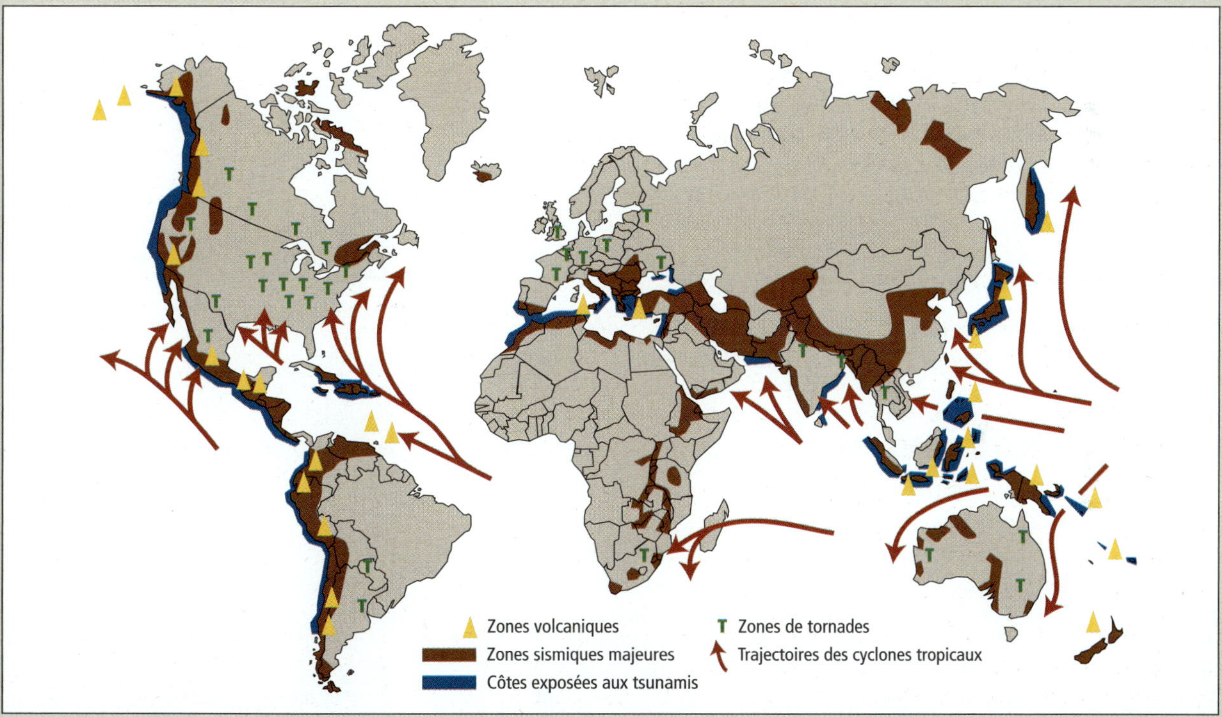

D'après Munich Re.

❷ Échelles de Mercalli et de Richter

Il existe deux échelles de mesure des séismes: l'échelle de Mercalli et l'échelle de Richter.

L'échelle de Mercalli est basée sur les dégâts observés; elle comprend douze degrés d'intensité.

1: secousses repérées par des instruments sensibles uniquement.
2 à 4: secousses ressenties par l'homme sans dégâts.
5 à 6: objets renversés; le plâtre des murs tombe.
7 à 9: chute des plafonds, cheminées et pans de murs.
10: effondrement des maisons; de larges fissures s'ouvrent dans le sol.
11 à 12: catastrophe; les ponts s'écroulent, les rails sont tordus; modifications topographiques.

Cette échelle relève de l'observation. Un enquêteur va sur le terrain pour évaluer les dégâts et fixe le niveau d'intensité du séisme par comparaison avec l'échelle de Mercalli. Il s'agit d'une simple description des effets du séisme. De fait, la chute d'un immeuble renseigne autant sur sa fragilité que sur la force des secousses. De plus, elle n'est valable que dans les zones où il existe des infractructures.

Dès lors, une échelle plus objective a été mise au point: **l'échelle de Richter** universellement utilisée aujourd'hui. Elle est basée sur le calcul de la **magnitude** du séisme. Il s'agit de la mesure de l'amplitude maximale des ondes sismiques enregistrées sur un sismographe standard à 100 km de l'épicentre. Les plus grands séismes enregistrés avaient une magnitude avoisinant le degré 9.

Notons toutefois que la fertilité des sols volcaniques, sous climat chaud et humide, fait vivre 300 millions d'individus à travers le monde. En effet, les cendres volcaniques contiennent des minéraux (ex. : K, P, Ca, Mg, Ph) indispensables à la vie : c'est de l'engrais qui tombe du ciel !

1.3 LES INONDATIONS ET LES SÉCHERESSES

Les inondations touchent en moyenne 260 000 personnes par an et occasionnent plusieurs dizaines de milliers de morts. Des pays comme la Chine ou le Bangladesh (dont 85 % du territoire est inondable) ont déjà payé un très lourd tribut aux inondations. Sur des zones limitées (quelques hectares à quelques dizaines de kilomètres carrés), de très fortes intensités de pluie pendant quelques minutes à quelques heures (cyclone tropical, tornade, orage) occasionnent des « crues-éclairs » et suffisent à créer des dommages considérables. Des précipitations persistant plusieurs jours, voire plusieurs semaines (les **moussons**) vont conduire à la submersion progressive de très grands territoires par débordement des cours d'eau. Limiter les dommages dus à ce phénomène en évitant de s'installer en zone inondable est la première des solutions qui vient à l'esprit. Ce n'est malheureusement pas si simple dans la mesure où on ne peut pas rayer de la carte le Bangladesh ou d'autres zones inondables très peuplées tout en sachant bien qu'ils représentent des territoires agricoles parmi les plus riches et les plus faciles à valoriser. On peut toutefois en limiter l'accès ou édicter des règles constructives précises. Les aménagements hydrauliques, l'amélioration des prévisions météorologiques, l'organisation de plans de secours et l'information aux personnes concernées (services d'annonce de crues) sont des axes de protection des populations.

Quant aux sécheresses, elles ont représenté des événements dramatiques eu égard au nombre de personnes qui ont péri dans des catastrophes naturelles au cours des cinquante dernières années.

2. LA RESPONSABILITÉ HUMAINE

Le bilan tragique des catastrophes naturelles s'alourdit chaque année dans le monde du fait essentiellement d'une dégradation d'**origine anthropique** du milieu naturel et d'une expansion urbaine irréfléchie. La pression démographique et les déficiences politiques ne font que les exacerber. Par exemple, la frénésie du déboisement dans les pays pauvres a détérioré 40 % des forêts tropicales. À ce rythme, ces forêts auront disparu dans de nombreux pays dans 20 ou 30 ans, favorisant l'érosion des sols et la désertification ❺. Cette dernière progresse en Afrique de 60 000 km^2 par an et n'épargne pas les pays plus développés de l'Europe du Sud. Aujourd'hui, près d'un milliard de personnes vivent sur des terres en voie de désertification. Quoi qu'il en soit, les moyens de prévention ou de réduction des effets des catastrophes naturelles sont multiples : occupation rationnelle du territoire et notamment orientation de l'urbanisation dans les zones les moins exposées, modification des actions anthropiques génératrices de risques, normes de construction adaptées, réalisation d'ouvrages correctifs (stabilisation des pentes, régulation et canalisation des cours d'eau, lutte contre l'érosion, etc.), installation de réseaux d'auscultation des phénomènes dangereux, organisation des systèmes d'alarme et de secours, etc. Bref, les solutions ne manquent pas ; ce qui fait défaut, c'est la volonté des décideurs et des grands bailleurs de fonds internationaux d'appréhender ce défi de manière globale en essayant de remédier aux véritables causes des tragédies vécues par les populations victimes de ces catastrophes naturelles. Mais cela nécessiterait une remise en question radicale du mode de développement. Étant donné les dépenses énormes qu'elles doivent consentir lors des catastrophes naturelles, les grandes compagnies internationales d'assurances se penchent depuis quelques années sur cette problématique.

Lexique

anthropique (origine)
Dont la formation résulte essentiellement de l'action humaine, en parlant d'un paysage, d'un sol, etc.

mousson
Vent de sud-ouest soufflant en été dans l'océan Indien. Le sens du mot a été étendu peu à peu comme mousson d'été (du sud-ouest) et mousson d'hiver (du nord-est)

Fiches

fiche 11 : zone tropicale

fiche 39 : actions humaines et leurs conséquences

3 Thaïlande : Khao Lak avant et après le tsunami

Image satellite du 13 janvier 2004

Image satellite du 29 décembre 2004, 3 jours après le tsunami

Ikonos Image © Crisp 2004

4 Thaïlande : tsunami (décembre 2004)

© Geoffrey Huntley

5 Processus de la désertification

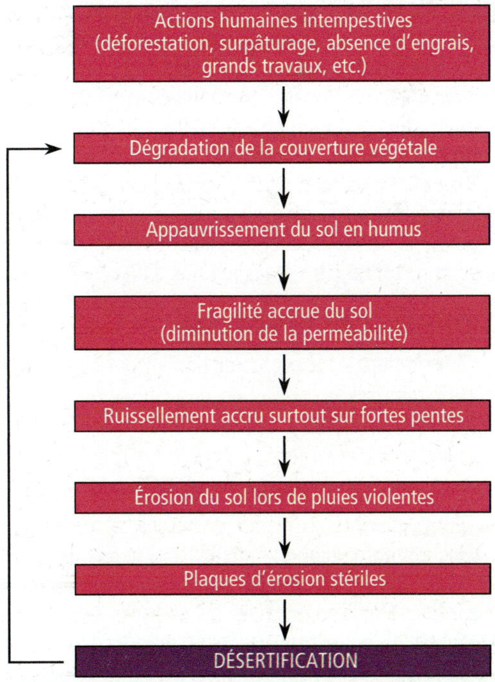

Fiche 39

Actions humaines et leurs conséquences

1. L'EFFET DE SERRE

1.1 MÉCANISME

Moins 18°C, voilà ce que serait la température moyenne de l'air si l'effet de serre n'existait pas. Le principe est le suivant. Le soleil expédie ses rayons vers la Terre. Ceux-ci traversent l'atmosphère et environ 50 % d'entre eux parviennent à la surface du sol et le réchauffent. Le sol renvoie alors cette chaleur vers l'espace sous forme de rayonnement infrarouge. Mais heureusement pour nous, une partie de cette chaleur est piégée par l'atmosphère, notamment par différents gaz dont les plus importants sont la vapeur d'eau et le gaz carbonique (CO_2) responsable chacun pour près de la moitié de l'effet de serre ❷. Ce piège à chaleur agit comme une grande serre qui entourerait la planète d'où le nom « effet de serre ». Grâce à lui, la Terre maintient la température moyenne de son atmosphère à 15°C. Cependant, depuis le début de l'ère industrielle, l'homme rejette dans l'atmosphère des gaz (gaz carbonique, méthane, oxydes d'azote, etc.) qui augmentent artificiellement l'effet de serre et ont contribué à la hausse de la température moyenne de notre planète d'environ 0,6°C au cours du vingtième siècle. Selon le rapport du « Groupe intergouvernemental sur les changements climatiques », le réchauffement de la planète pourrait atteindre 1,4°C à 5,8°C au cours du 21e siècle.

1.2 CONSÉQUENCES DU RÉCHAUFFEMENT DE L'ATMOSPHÈRE

L'augmentation de la température a déjà provoqué une hausse estimée entre 10 et 20 centimètres du niveau marin au cours du siècle dernier. D'ici la fin du 21e siècle, ce niveau aura monté partout de 10 à 90 centimètres. Ce phénomène, dû à la dilatation de l'eau sous l'effet du réchauffement et à la fonte des glaciers et des **calottes glaciaires**, devrait engloutir une partie des terres situées à proximité du niveau de la mer (100 millions de personnes vivent à moins d'un mètre d'altitude). Le réchauffement mettrait aussi en danger de nombreuses espèces végétales ou animales (ours polaire) et pourrait être à l'origine de la disparition du premier « poumon » de la Terre : le **phytoplancton** (produisant 80 % de l'oxygène terrestre et absorbant une part non négligeable de dioxyde de carbone). D'autres conséquences comme l'augmentation de phénomènes climatiques extrêmes (ouragans, sécheresses, inondations) ou la modification des courants marins pourraient être désastreuses tout comme la recrudescence de maladies respiratoires, cardio-vasculaires, cutanées (cancers de la peau) ou liées à des piqûres d'insectes (**paludisme**, **dengue**).

1.3 SOLUTIONS FACE À CE PROBLÈME

- Coopération internationale : le protocole de Kyoto. Ce protocole, signé en 1997 à Kyoto, fixe des objectifs chiffrés de réduction des émissions de gaz à effet de serre afin de lutter contre le réchauffement climatique. Il impose depuis le 16 février 2005, date de sa mise en œuvre, à une trentaine de pays industrialisés d'atteindre les objectifs quantitatifs de réduction ou de limitation de leurs émissions de gaz à effet de serre.
- Actions citoyennes : les déplacements (préférer les transports en commun, la marche à pied ou le vélo ; conduire économique, éviter l'usage de la climatisation dans les voitures...) ; l'énergie (limiter la température des pièces, utiliser des ampoules économiques, bien isoler sa maison, préférer les énergies renouvelables) ; les déchets (tri des déchets ménagers) ; la nourriture (éviter de manger trop de viande rouge).
- Actions des industriels et des collectivités (communes, provinces, régions) : de par les investissements pris par ces acteurs (transport public, voitures de société, construction de bâtiments, gestion des déchets, ou dans d'autres secteurs), la prise en compte de l'effet de serre est l'affaire de tous.

Lexique

calotte glaciaire
Épaisse couche de glace terrestre (de quelques centaines de mètres jusqu'à 3 km d'épaisseur) installée sur un socle continental et formée en plusieurs dizaines de milliers d'années par la consolidation des neiges. On la désigne aussi sous le nom d'Inlandsis.

dengue
Maladie virale transmise par un moustique et présente dans le Sud-Est asiatique, dans le Pacifique, en Amérique du Sud et en Afrique. On estime que les cas de dengue se comptent par dizaines de millions chaque année dans le monde et que 20 000 personnes en meurent chaque année.

paludisme
Le paludisme est l'infection parasitaire la plus répandue dans le monde, notamment dans les pays d'Afrique tropicale au sud du Sahara où il représente la première cause de morbidité et de mortalité. Le paludisme menace 40 % de la population mondiale dans quelques 90 pays et cause la mort de plus d'un million de personnes par an.

phytoplancton
Végétaux de petite à très petite taille en suspension dans l'eau.

Pour comprendre

- Les causes des problèmes environnementaux
- Les conséquences des actions humaines sur l'environnement
- Les solutions aux agressions de l'environnement

Mots-clés

- Effet de serre
- Déforestation
- Protocole de Kyoto

1 La planète dévastée

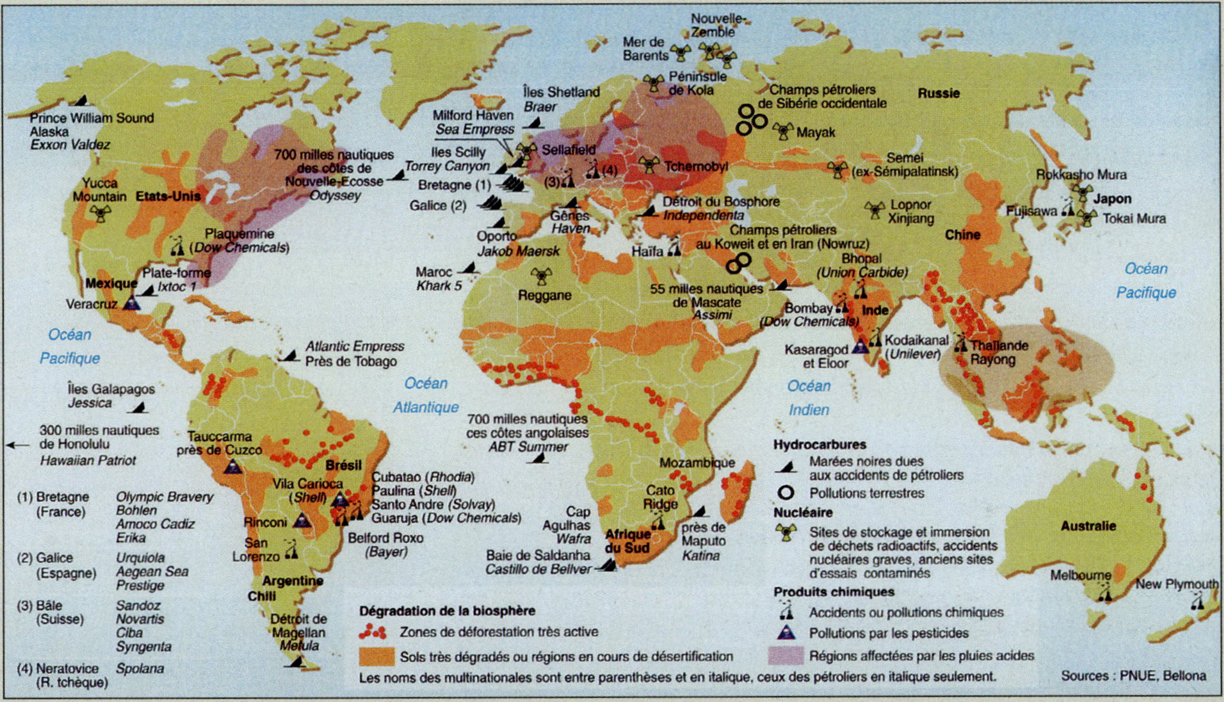

L'atlas du Monde Diplomatique, 2003, p. 66.

2 Schéma de l'effet de serre

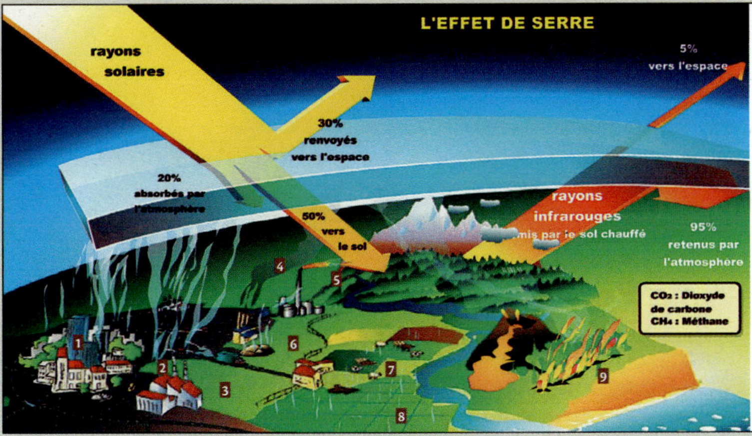

Sources de CO_2 liées aux :

(1) Villes :	14 %
(2) Industries :	19 %
(3) Transports :	14 %
(4) Énergie :	43 %

Sources de CH_4 (méthane) liées aux :

(5) Pétrole :	19 %
(5) Charbon :	14 %
(6) Déchets :	11 %
(7) Bétail :	30 %
(8) Rizières :	22 %
(9) Incendies :	11 %

CEA/DCOM.

2. LA DÉFORESTATION DANS LES RÉGIONS TROPICALES

La forêt tropicale est située entre les tropiques. Trois pays, à savoir le Brésil, la RD Congo et l'Indonésie se partagent plus de la moitié de la surface totale des forêts tropicales. Imaginez la destruction ininterrompue de cette forêt, de jour comme de nuit, à une cadence de 22 hectares par minute soit presque quatre fois le territoire de la Belgique chaque année ❸ ❹.

2.1 PRINCIPALES CAUSES DE LA DÉFORESTATION

- Le besoin de nouvelles terres agricoles et de bois pour répondre à la pression démographique dans ces pays souvent pauvres.
- Le besoin de nouvelles terres par les grandes sociétés commerciales qui obtiennent des concessions pour cultiver des plantes destinées à l'exportation comme le soja, les bananes, le café ou le cacao ou encore pour pratiquer de l'élevage à grande échelle en vue d'alimenter les filières multinationales de l'agroalimentaire.
- Des entreprises du Nord achètent du bois exotique (teck, moabi, méranti, acajou, merbeau, ébène, ...) moins cher que le bois local qui servira à la fabrication de meubles, de châssis ou de pâte à papier destinés aux marchés de consommation de nos pays.
- La construction de routes ou de barrages.
- L'endettement de l'État : la dette extérieure contractée par de nombreux pays du Sud pousse ces pays à favoriser la déforestation pour se procurer des devises.
- Les politiques douanières des pays riches qui favorisent l'importation du bois tropical par des tarifs douaniers bas.
- La guerre et la corruption : certains pays utilisent le commerce du bois pour financer des conflits régionaux.
- Les phénomènes naturels comme les insectes ravageurs, les maladies ou des évènements climatiques extrêmes (ouragans).

2.2 LES CONSÉQUENCES DE LA DÉFORESTATION

- Menace sur la biodiversité : alors que la forêt tropicale ne représente plus que 7 % de la surface terrestre, elle renferme encore 3/4 des espèces vivantes de la planète. Son agonie contribuerait, de façon angoissante, à réduire les ressources génétiques mondiales. Sous les tropiques, on dénombre 100 à 150 espèces d'arbres par hectare, alors que nos bûcherons rencontrent au maximum 10 arbres différents par hectare de forêt. C'est dans la forêt tropicale humide que des chercheurs sont venus puiser la matière première à l'origine de nombreux produits médicaux.
- Menace sur les peuples indigènes : la déforestation a des effets particulièrement graves sur les populations locales qui perdent des sources essentielles de nourriture, de bois de feu, de matériaux de construction et de plantes médicinales.
- Menace sur l'environnement : les forêts influencent le changement climatique et sont aussi influencées par lui : elles fixent le dioxyde de carbone et de ce fait leur destruction pourrait avoir une incidence significative sur le réchauffement de la planète au 21e siècle. De plus, les forêts constituent un bouclier naturel contre l'érosion des sols et les inondations.

2.3 LES SOLUTIONS

- Le boycott des bois tropicaux non certifiés et la lutte contre la fraude.
- L'éducation des consommateurs.
- La création de zones forestières protégées et la reforestation.
- L'aide au développement : réduction de l'endettement des pays pauvres et amélioration des conditions de vie de leurs habitants.

Lexique

boycott
Attitude libre, volontaire et idéologique de refus systématique de consommer les produits ou services d'une entreprise ou d'une nation. Le but étant d'obliger celles-ci à répondre à une demande précise.

concession
Dans ce cas précis, il s'agit de l'attribution d'un droit de propriété et d'exploitation d'un terrain.

3 Déforestation en Amazonie : Rondania (composition colorée)

Image Lansat-5 (1/08/1986)

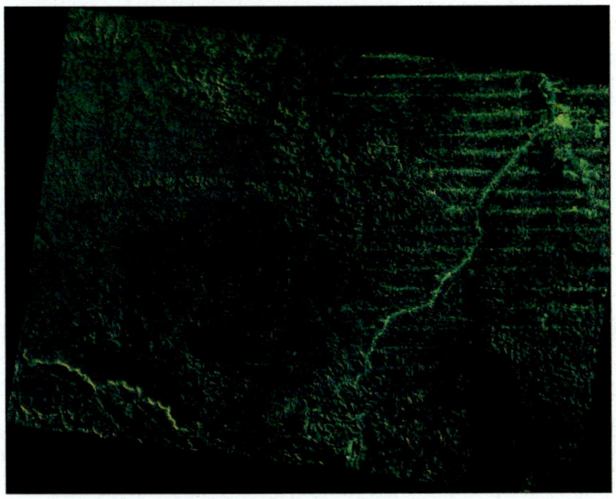

Image Lansat-4 (22/06/1992)

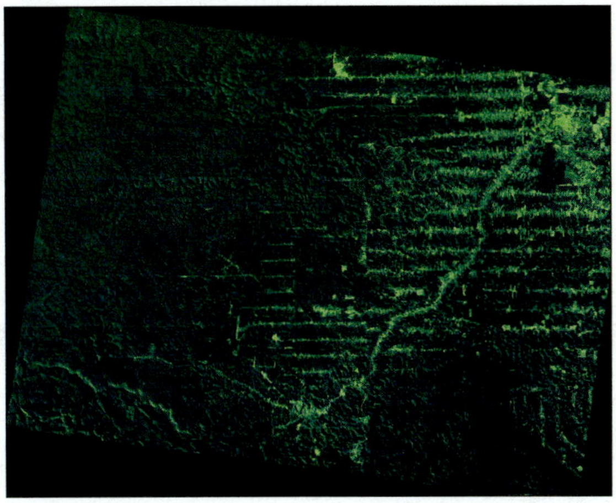

Le phénomène humain du déboisement commence, particulièrement dans les forêts tropicales denses du Brésil quand une route est construite. Le dégagement de la végétation le long de ces routes tend alors à se répandre pour créer un modèle apparenté à un squelette de poissons. Les espaces entre « les os squelettiques » sont également soumis à la déforestation.

Légende : En vert foncé, la végétation - En vert clair, les zones déboisées.

NASA/Goddard Space Flight Center Scientific Visualization Studio

4 Changement annuel de la superficie forestière par région et sous-région

	1990-2000		2000-2010	
	1 000 ha/an	**%**	**1 000 ha/an**	**%**
Afrique	**-4 067**	**-0,56**	**-3 414**	**-0,49**
Afrique de l'Est et australe	-1 841	-0,62	-1 839	-0,66
Afrique du Nord	-590	-0,72	-41	-0,05
Afrique de l'Ouest et centrale	-1 637	-0,46	-1 535	-0,46
Asie	**-595**	**-0,10**	**2 235**	**0,39**
Asie de l'Est	1 762	0,81	2 781	1,16
Asie du Sud et du Sud-Est	-2 428	-0,77	-677	-0,23
Asie de l'Ouest et centrale	72	0,17	1 31	0,31
Europe	**877**	**0,09**	**676**	**0,07**
Fédération de Russie	32	n.s.	-18	n.s.
Europe sans la Fédération de Russie	845	0,46	694	0,36
Amérique du Nord et centrale	**-289**	**-0,04**	**-10**	**0**
Caraïbes	53	0,87	50	0,75
Amérique centrale	-374	-1,56	-248	-1,19
Amérique du Nord	32	n.s.	188	0,03
Océanie	**-41**	**-0,02**	**-700**	**-0,36**
Amérique du Sud	**-4 213**	**-0,45**	**-3 997**	**-0,45**
Monde	**-8 327**	**-0,20**	**-5 211**	**-0,13**

Source : FAO.

Fiche

40 Gestion rationnelle de l'environnement

1. L'AFFAIRE DE TOUS ET DE CHACUN

Le **développement durable** est l'équilibre à trouver entre la recherche de l'amélioration qualitative et quantitative du niveau de vie de tous les habitants de notre planète et la préservation du « capital naturel » pour les générations futures. Le développement économique s'appréhende désormais d'une manière globale où toutes les composantes de l'environnement (au sens large) interviennent ; il met en jeu autant les ressources naturelles que les composantes économiques, sociales et culturelles des sociétés humaines.

De nombreuses activités humaines contribuent lentement à mettre en danger l'équilibre des **écosystèmes**. Il s'agit de **pollutions** insidieuses dont les effets ne sont souvent perceptibles qu'à long terme (effet de serre, destruction de la couche d'ozone, pluies acides, érosion des sols, etc.). Cependant, c'est souvent lors de « catastrophes écologiques majeures » (accidents nucléaires, marées noires, pollutions des nappes phréatiques, etc.) que l'opinion publique est alertée ❶. Gérer rationnellement l'environnement nécessite de se préoccuper de tous les dangers qui pèsent ou pèseront sur les écosystèmes. De plus, la plupart des pollutions ne connaissent pas de frontières. Il est donc impératif de les envisager globalement.

Un premier pas a été fait dans ce sens lors du « Sommet de la Terre » qui s'est déroulé à Rio en 1992 ❷. De grands principes visant à une bonne gestion des ressources de la planète ont été énoncés. Mais, en matière environnementale, on sait combien il est difficile de passer de la théorie à la pratique.

Tous les **acteurs spatiaux** (les individus, les collectivités, les entreprises, les États, etc.) contribuent à l'aménagement du territoire aux différentes échelles. Leurs intérêts sont parfois contradictoires, surtout en matière d'environnement. Dès lors, de réels débats de sociétés s'imposent :

- un État doit-il favoriser les performances économiques de toutes les entreprises aux dépens du respect de l'environnement ?
- qui doit supporter le coût économique des catastrophes écologiques ?

Chaque individu doit également se poser des questions citoyennes :

- suis-je prêt à payer plus pour acquérir des biens dont la production a veillé à respecter l'environnement ?
- suis-je prêt à acheter des produits qui utilisent moins d'emballages pour réduire la production de déchets ?

Les produits que nous consommons sont souvent au centre des enjeux environnementaux. En effet, leur production a un « coût écologique » dont il convient d'être conscient. S'interroger à propos du respect de l'environnement revient donc à s'interroger sur notre « façon de consommer ». Une production de biens dont le seul objectif est de minimaliser les coûts de production va souvent à l'encontre des préoccupations environnementales et des conditions sociales des travailleurs. Il est donc important que chaque citoyen, lorsqu'il consomme, s'interroge sur les retombées environnementales de son acte.

De plus, la portée planétaire des enjeux liés à l'environnement impose à l'homme de s'interroger sur la solidarité entre les peuples à l'échelle de la Terre. En effet, la consommation de certains biens produits à l'autre bout de la planète peut avoir des répercussions locales,

Lexique

acteur spatial
Personne morale (État, commune, entreprise, association, etc.) ou personne physique (citoyen) qui agit sur le territoire et l'aménage.

développement durable
Le développement durable (ou soutenable) est un développement qui répond aux besoins du présent sans compromettre la capacité des générations futures de répondre aux leurs.

écosystème
Système localisé d'êtres vivants et de leur milieu de vie (forêt, lac, champ, etc.). Il inclut la matière vivante, les chaînes alimentaires, l'habitat de l'espèce ou du groupe. Il est un modèle d'interaction entre les êtres vivants (biocénose) et le biotope (le milieu de la biocénose). Les écosystèmes s'observent à des échelles différentes : la biosphère tout entière est un écosystème.

pollution
Contamination par le rejet de déchets ou sous-produits solides, liquides ou gazeux pouvant mettre en danger la santé de l'homme, des plantes et des animaux, ou pouvant attaquer des matériaux, réduire la visibilité ou provoquer des odeurs désagréables.

Web

ressources naturelles et développement durable
www.worldbank.org/energy

Fiches

fiche 17 : développement et aménagement du territoire

fiche 39 : actions humaines et leurs conséquences

Pour comprendre

- Les choix du développement
- Les actions citoyennes

Mots-clés

- Développement durable
- Cycle de l'eau
- Gestion rationnelle
- Coût écologique

1 Les avancées du « Sommet de la Terre »

La Conférence des Nations unies sur l'environnement et le développement (CNUED) s'ouvrit le 3 juin 1992 à Rio. [...] Deux traités internationaux d'importance y ont notamment été adoptés [...]. Malgré les réserves des États-Unis, la Convention sur le climat entrée en vigueur en 1994 prône la nécessité de réduire les émissions de gaz à effet de serre. Quant à la Convention sur la biodiversité, qui n'a été signée par Washington qu'après l'élection de Bill Clinton à la présidence, elle soumet l'utilisation du patrimoine génétique mondial à une série de conditions et tente de définir des normes là où régnait une situation de non-droit.

La déclaration de Rio, adoptée après de laborieuses négociations par la centaine de chefs d'État présents au sommet, n'en a pas moins ouvert la porte à tous les blocages ultérieurs en affirmant dans le même temps que la protection des écosystèmes planétaires fait partie intégrante du processus de développement et que les États ont pour devoir d'œuvrer à leur sauvegarde, que les différents États du globe ont des responsabilités « communes, mais différenciées » dans cette entreprise formule destinée à satisfaire les pays en développement et que la souveraineté nationale prime en dernier ressort sur les exigences du bien commun.

Il ne fait guère de doute que le « sommet de la Terre » a tenté, à travers son volumineux Agenda 21 notamment, de jeter les bases d'un 21e siècle vivable, et qu'il a donné à l'écologie ses lettres de noblesse internationales. Son programme d'action repose sur l'idée que l'humanité est à un tournant de son histoire et fait la liste des conditions nécessaires à la mise en œuvre d'un développement durable, c'est-à-dire écologiquement sage et socialement équitable. Au premier rang d'entre elles figurent la lutte contre la pauvreté, la modification des modes de consommation « non viables », la nécessité de prendre en compte les coûts écologiques en faisant en sorte que les prix reflètent la valeur et la rareté des ressources, et l'urgence d'une transition énergétique.

Sophie Bessis, *L'État du monde*, La découverte, 1998.

2 Une catastrophe écologique : le naufrage de l'Érika

Le naufrage de l'Erika provoque une gigantesque marée noire sur plus de 400 kilomètres de côtes, du Finistère à la Charente-Maritime. Et le groupe TotalFina, qui a affrété l'Erika, s'empêtre dans sa communication. Depuis le naufrage du pétrolier, le 12 décembre dernier, le groupe nie toute culpabilité, proclamant que la responsabilité de la pollution incombe à l'armateur. [...]

Il a fallu attendre le 30 décembre pour que TotalFina prenne des engagements clairs. Ses dirigeants se disent désormais prêts à financer la totalité des travaux de pompage de l'Erika. Ils se sont aussi engagés à mettre en place un fonds de 6 millions € pour aider aux actions de nettoyage des côtes. Et la compagnie pétrolière a rappelé sa promesse de restaurer les équilibres écologiques. Mais dans le même temps, elle répète que la législation fait reposer la responsabilité de la catastrophe sur l'armateur.

Les choses pourraient changer. Le nouveau directeur général chargé des transports et de l'énergie à la Commission européenne a indiqué que l'Europe a l'intention de faire jouer la responsabilité des affréteurs en cas de catastrophe écologique provoquée par un navire. En plus de la prise en charge du nettoyage de son pétrole, le public attend toujours de TotalFina qu'il décide de prendre toutes les mesures pour transporter son pétrole dans des bateaux plus sûrs.

C.Sf., Tendances, 6 janvier 2000.

régionales et parfois même planétaires.

2. L'EXEMPLE DE L'EAU

Le cycle de l'eau ③ est fondamental pour la vie sur Terre puisqu'il « produit » de l'eau douce par le mécanisme d'évaporation et de condensation. Mais, cette eau douce ne représente que 3 % de l'eau disponible sur terre ④ et on estime que 0,03 % de l'eau terrestre convient à l'alimentation ! Le cycle de l'eau influence non seulement la quantité et la qualité de l'eau disponible pour l'homme mais il joue également un rôle extrêmement important dans d'autres mécanismes environnementaux (la régulation des climats, l'érosion, la dispersion de certains agents polluants, etc.).

L'eau est indispensable à la vie. Elle intervient dans la plupart des activités humaines. Pourtant, l'accès à l'eau potable n'est pas garanti à tous les habitants de la Terre. Chez nous, l'eau pourrait même venir à manquer ⑤ ! L'accroissement démographique et l'élévation du niveau de vie entraînent des besoins en eau de plus en plus importants. L'augmentation des prélèvements peut perturber le cycle de l'eau et, à terme, menacer les réserves disponibles et leur qualité. Certaines conséquences de ces prélèvements sont biens connues : les industries qui en consomment beaucoup rejettent parfois des eaux très polluées ; les eaux usées des particuliers portent parfois gravement atteinte au milieu naturel. Mais, dans son souci de « maîtriser l'eau », l'homme perturbe parfois son cycle. Si les barrages permettent de réguler certains cours d'eau et d'accroître les réserves disponibles, ils favorisent l'évaporation et peuvent entraîner des perturbations climatiques. Le barrage d'Assouan (Égypte) a, par exemple, réduit l'importance des crues du Nil qui déposaient des alluvions indispensables à l'agriculture. L'irrigation, qui consomme 70 % de l'eau douce prélevée dans le monde, favorise également l'évaporation et peut faire diminuer finalement la quantité d'eau disponible.

L'eau peut parfois devenir un enjeu stratégique. Par exemple, l'approvisionnement en eau n'est pas étranger au conflit qui oppose Israël à plusieurs de ses voisins. On constate donc que l'approvisionnement en eau potable n'est pas uniquement un problème à gérer à l'échelle locale. Il s'agit d'une ressource qu'il convient de gérer à l'échelle de la planète.

Chez nous, l'eau est devenue un bien de consommation dont le prix ne cesse d'augmenter. Notre société a pris conscience du caractère limité de cette ressource et de la nécessité de la préserver. Le coût de l'épuration des eaux usées sera désormais intégré à son prix de revient. Il s'agit là d'un exemple concret d'une politique de développement durable !

Afin de garantir un approvisionnement équitable, l'ONU recommande notamment de réaliser un inventaire complet des ressources disponibles, de fixer des normes de qualité, de créer des zones protégées pour le rechargement des nappes phréatiques, de limiter les pollutions en contrôlant notamment les dépôts des déchets en sous-sol, de fixer des quotas de pompage et de favoriser une consommation rationnelle.

À travers ces recommandations générales, chaque citoyen est amené à s'interroger sur « ce qu'il peut faire concrètement » afin de participer activement à une gestion rationnelle de l'eau.

Web

office international de l'eau
www.oieau.fr

Fiches

fiche 21 : contrastes du peuplement
fiche 32 : le temps qu'il fait

3 Le cycle de l'eau (schéma simplifié)

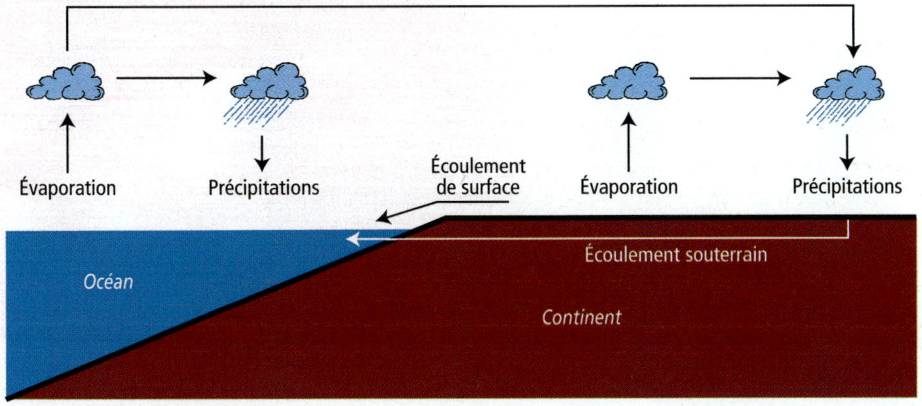

L'énergie solaire reçue par la Terre est le moteur du cycle de l'eau. Elle circule sous les états gazeux et liquide et peut se stocker temporairement à l'état solide (glace). Près de la moité de l'énergie solaire qui arrive sur Terre sert à l'évaporation, principalement des océans. Cette vapeur d'eau se condense et est restituée aux océans et continents sous forme de précipitations (eau douce).

4 Les réserves en eau

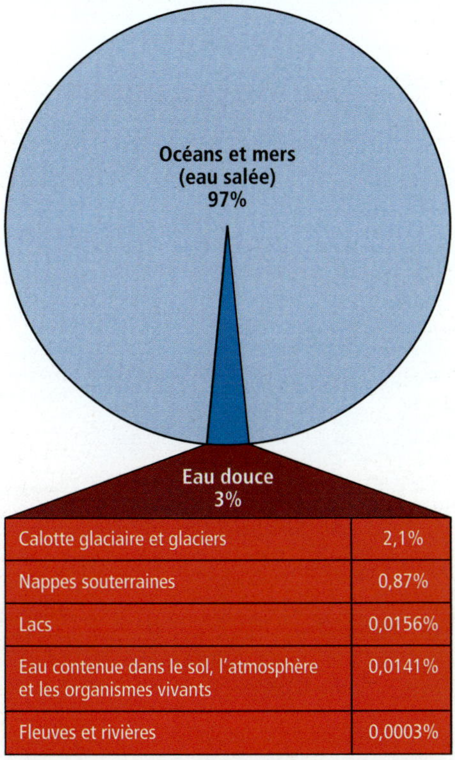

Calotte glaciaire et glaciers	2,1%
Nappes souterraines	0,87%
Lacs	0,0156%
Eau contenue dans le sol, l'atmosphère et les organismes vivants	0,0141%
Fleuves et rivières	0,0003%

Source: WWF.

5 Pénurie d'eau: que faire ?

L'aggravation de la crise pousse à chercher des solutions pour pallier la pénurie d'eau. Le Conseil mondial de l'eau propose une batterie de solutions pour éviter le pire. Voici ses principales recommandations.

- **Limiter l'expansion des cultures irrigées.** Il ne s'agit pas de diminuer les surfaces cultivables mais de limiter leur expansion. L'agriculture est en effet la principale source de consommation d'eau dans le monde.
- **Limiter le gaspillage.** La modernisation des infrastructures est une nécessité: au Maroc, par exemple, en raison de la vétusté de certaines canalisations en terre, pour un litre d'eau introduit dans le réseau, on récupère l'équivalent d'un dé à coudre à la sortie!
- **Hausse de la productivité.** L'idée est de diminuer la quantité nécessaire à l'arrosage par la mise en place de techniques adaptées comme le goutte à goutte au lieu de l'arrosage plein champ.
- **Améliorer les cultures.** La sélection des plants, éventuellement grâce aux techniques OCM permettra de concevoir des variétés qui résistent mieux à la sécheresse.
- **Accroître les réserves.** Il s'agit de collecter l'eau de pluie et, grâce à de petits barrages de réalimenter régulièrement les nappes souterraines.
- **Gérer les ressources.** Une réforme des institutions chargées de gérer les ressources en eau pourrait apporter davantage d'efficacité. En particulier, le Conseil recommande de pratiquer une politique de vérité des prix et de cesser les subventions aux plus gros consommateurs.

Le Nouvel Observateur, ATLASÉCO, 2006.

Fiche

41 Références spatiales dans le monde

1 Des repères à l'échelle d'un planisphère

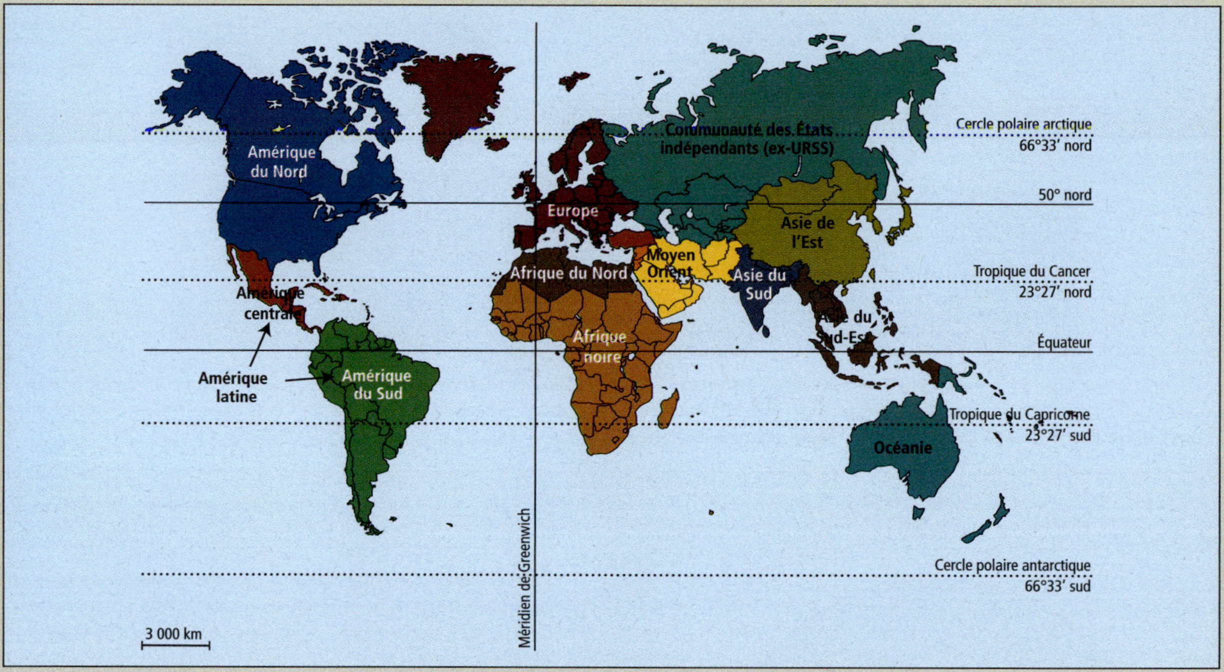

2 Principales chaînes de montagne, principaux fleuves, océans, mers, détroits et golfes

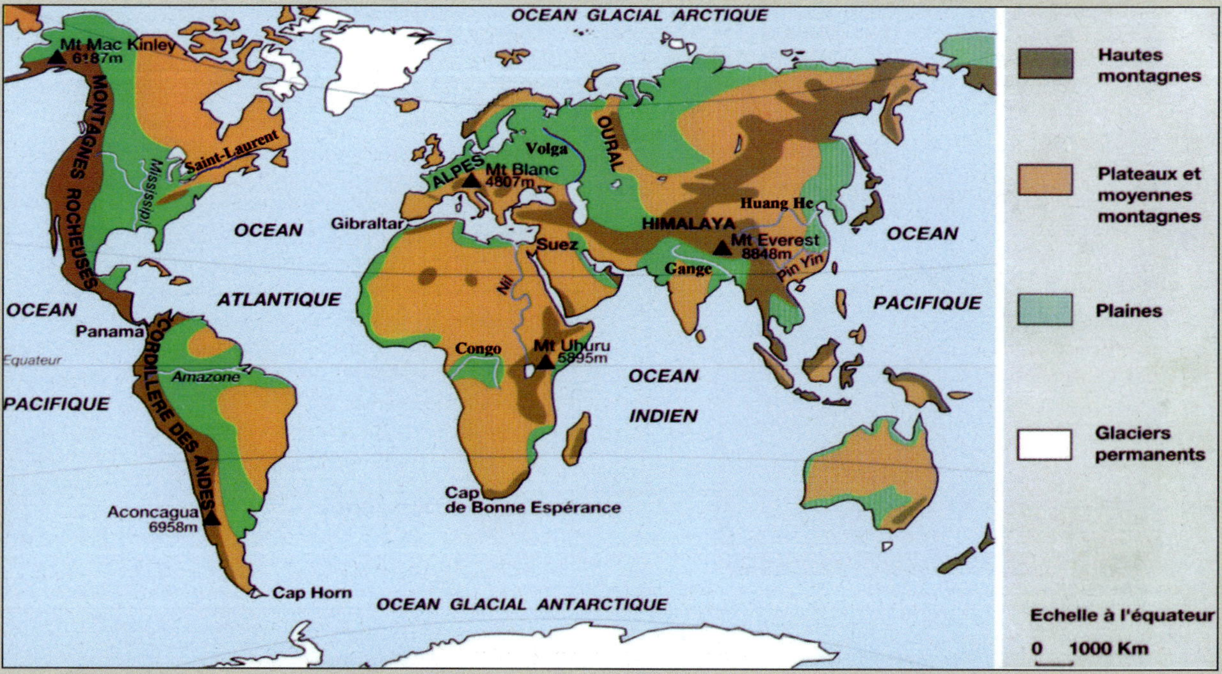

3 Principaux blocs économiques

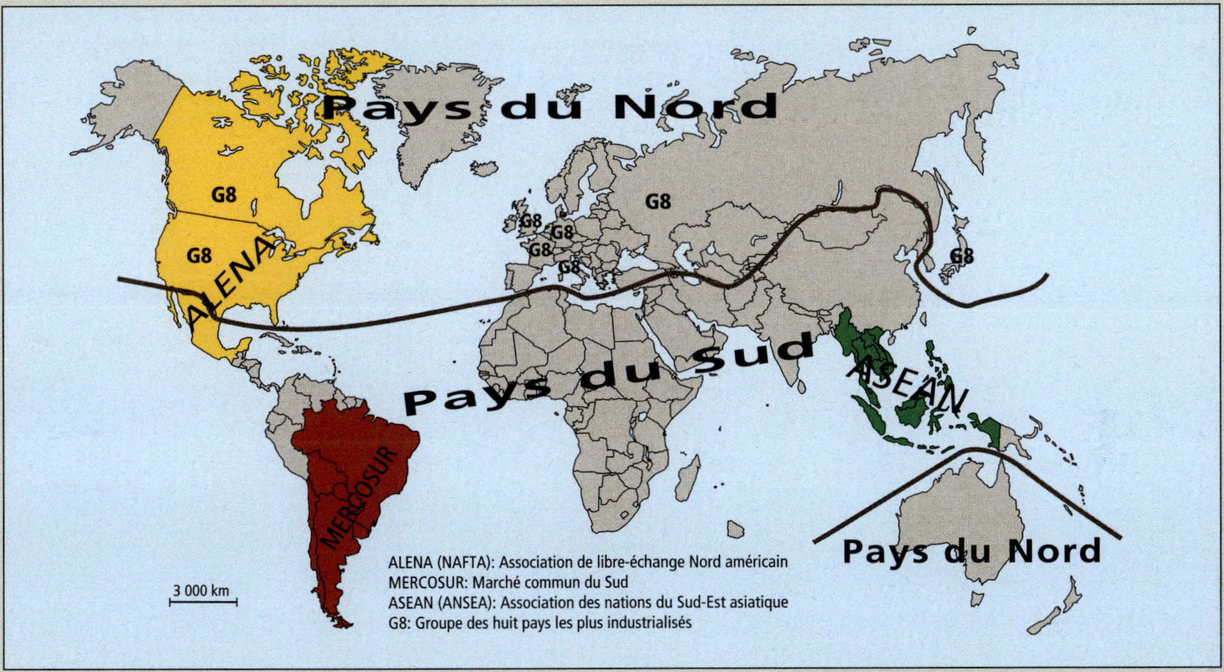

4 Les aires de civilisation

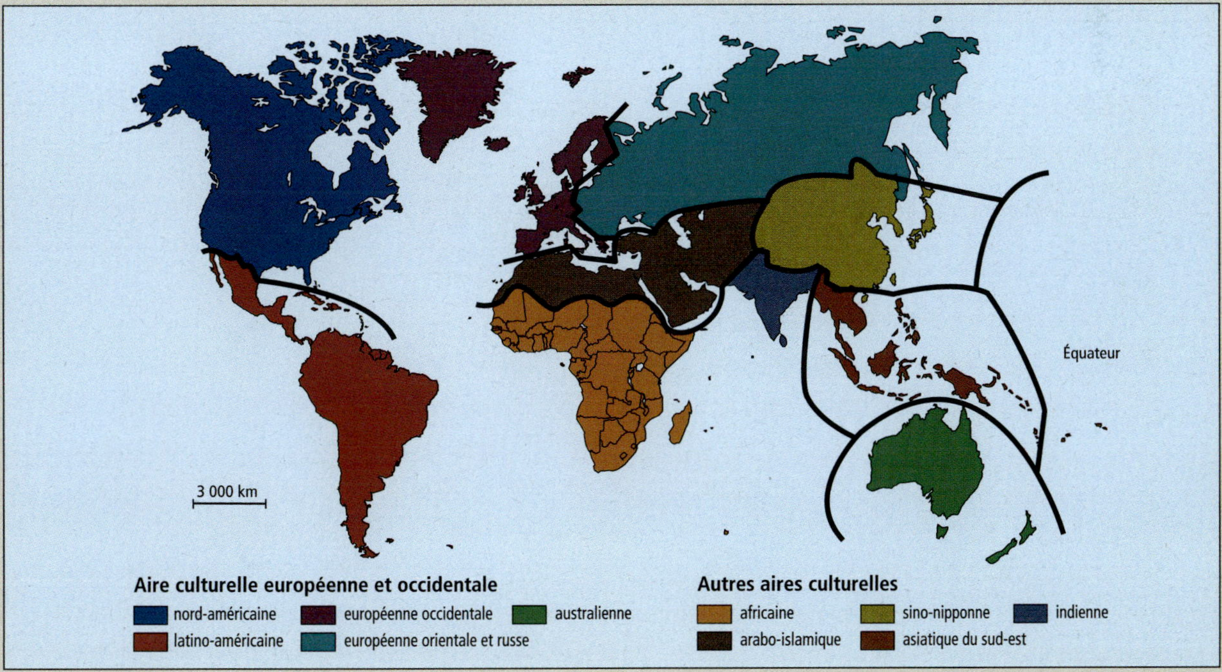

5 Les principales métropoles mondiales **FICHE 21**

6 Les grands domaines bioclimatiques **FICHE 34**

Fiche 42

Références spatiales en Europe

1 L'Europe politique

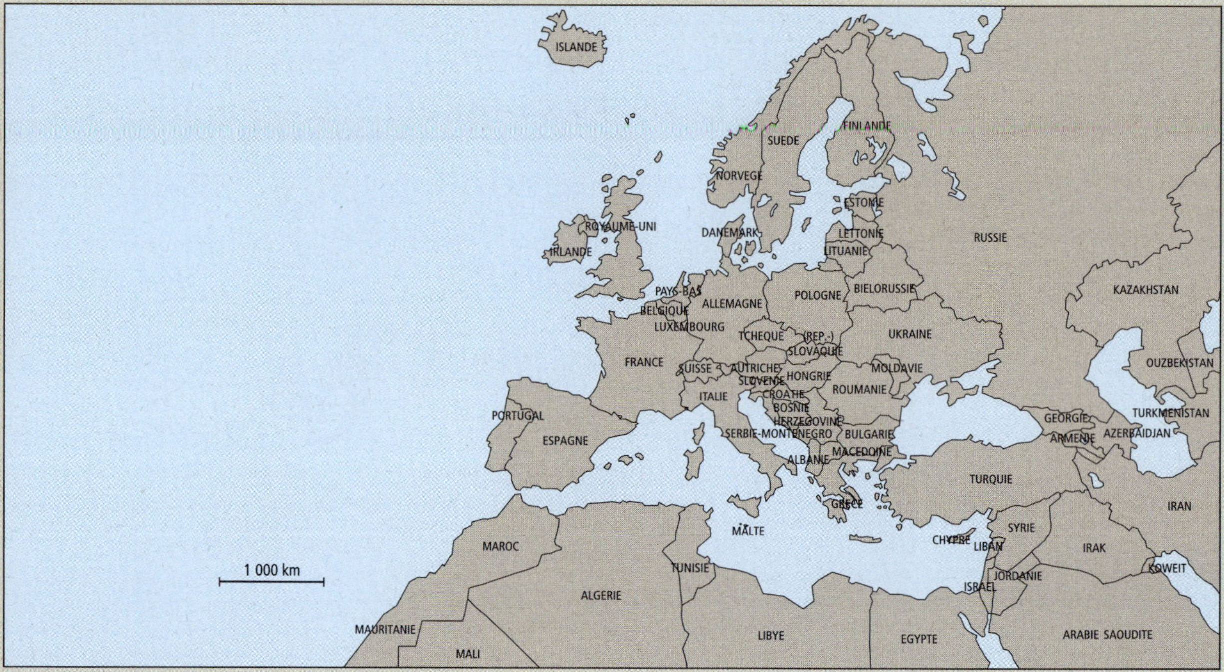

2 Les ensembles politiques

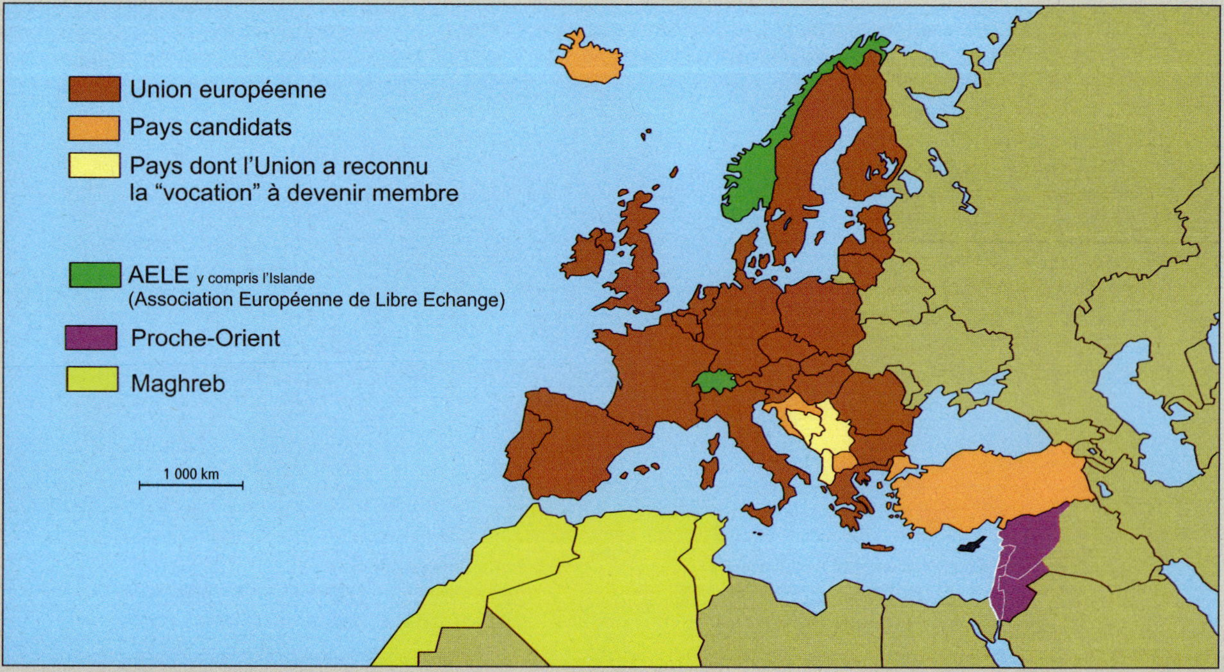

3 L'Union européenne : la zone EURO

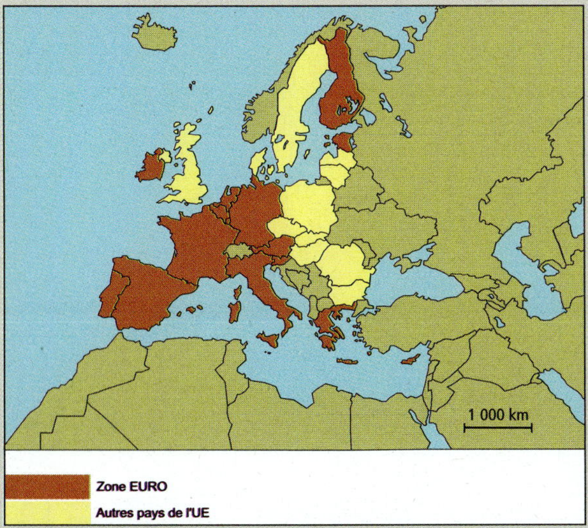

4 L'Union européenne : espace Schengen*

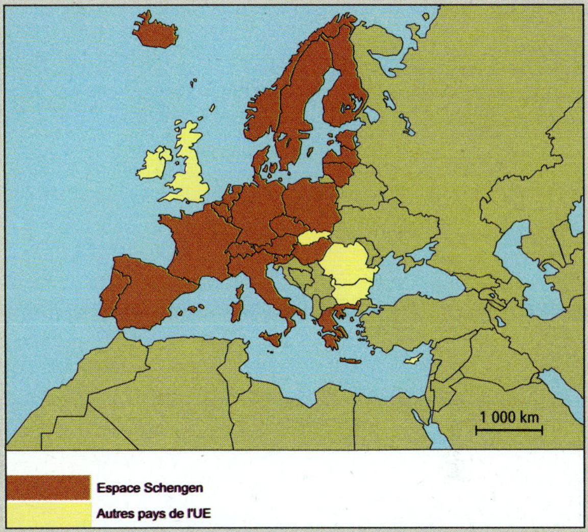

* Espace à l'intérieur duquel les personnes ne sont plus contrôlées aux frontières.

5 L'Europe physique

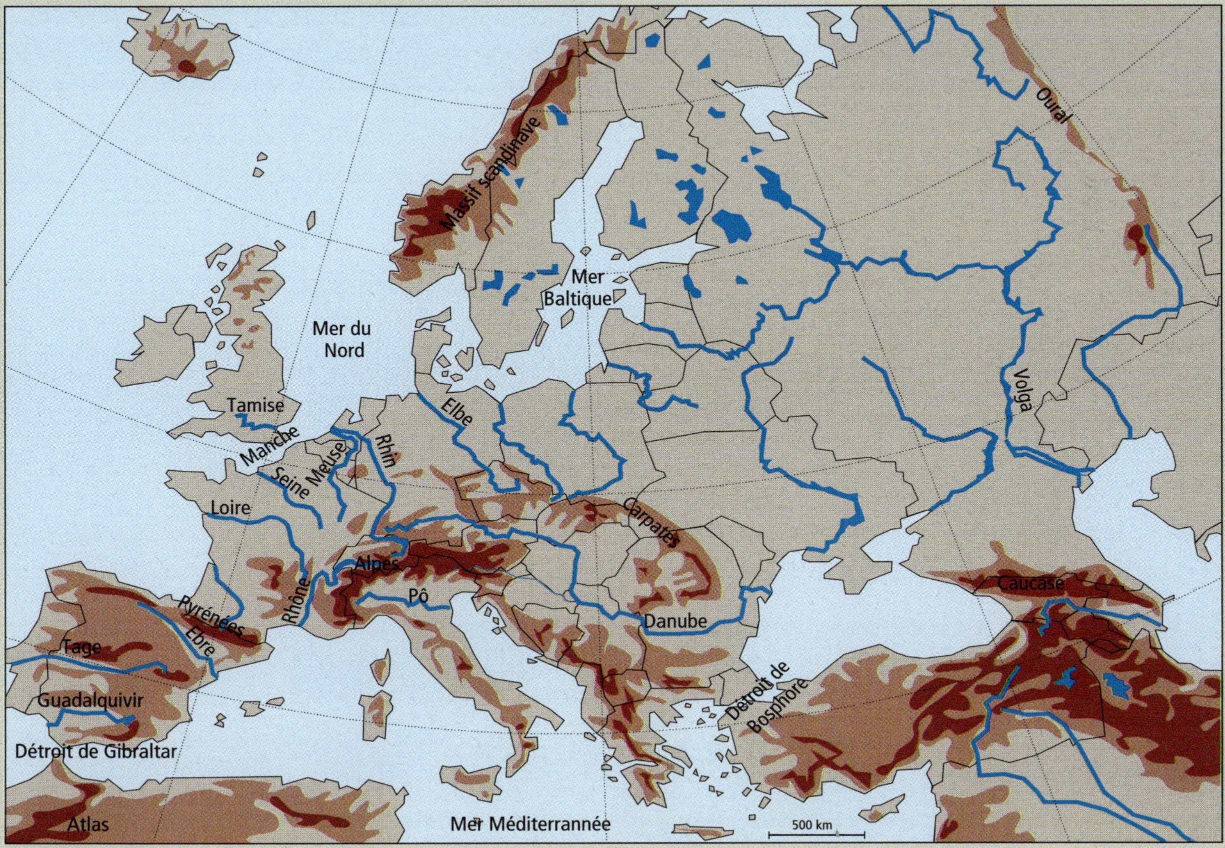

Documents

Fiche

43 Références spatiales en Belgique

1 La Belgique vue par satellite

2 La Belgique physique

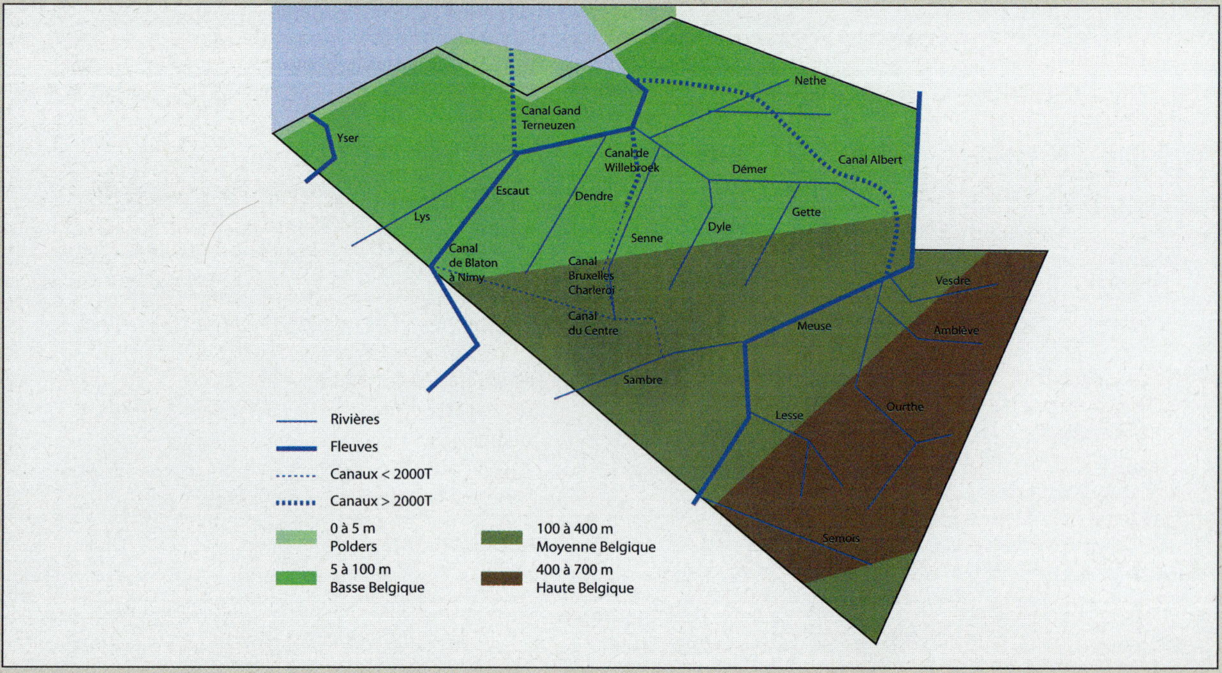

Cartographie : Thomas Questier

3 Les provinces

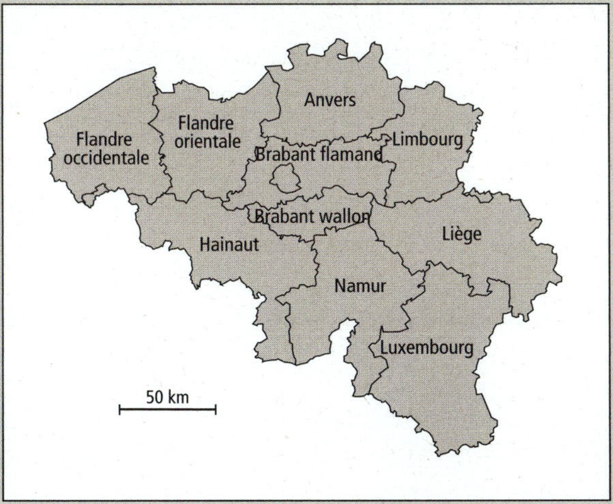

4 Les arrondissements

5 Les Communautés

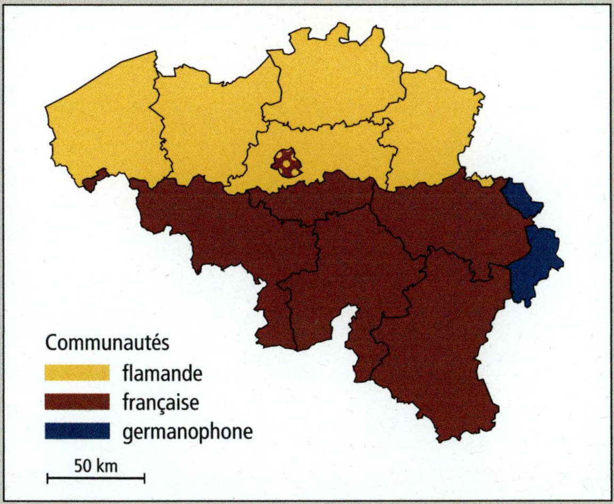

6 Les Régions

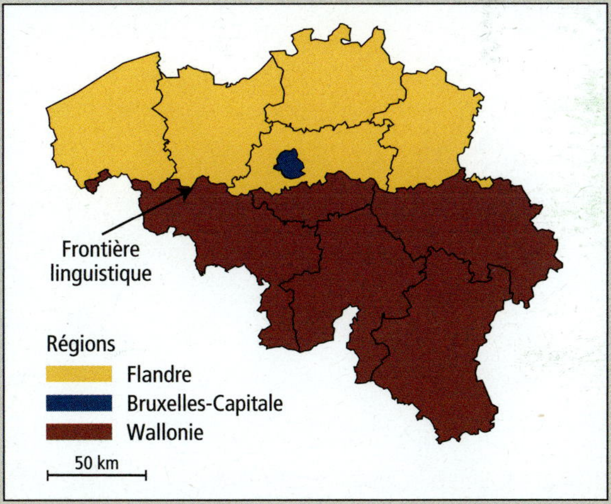

7 La hiérarchie urbaine en Belgique **FICHE 12**

B. Savoir-faire

Luc Bosson
Corinne Evrard
Olivier Gobert
Christian Jacques

Fiche 44 Localiser et situer un objet de recherche

LE SITE ET LA SITUATION

- Le site est la localisation par rapport au contexte naturel : le relief, l'hydrographie, l'exposition, etc.
- La situation est la localisation par rapport au contexte humain : les limites administratives, les villes, les axes de communications, etc.

L'ÉCHELLE CARTOGRAPHIQUE

Elle exprime le rapport entre une distance représentée sur la carte et la distance réelle. Exemple : une carte au 1/250 000 signifie que 1 cm sur la carte représente une distance réelle de 250 000 cm, soit 2,5 km.

Il existe deux manières d'indiquer l'échelle d'une carte :

- l'échelle numérique : 1/250 000
- l'échelle graphique : 0 — 10 km

1. LOCALISER À L'AIDE DE L'ATLAS

- Pour localiser un lieu avec précision, on utilise l'index des lieux qui (ex. : *Le Grand Atlas*, De Boeck, p. 205) :
  - classe les lieux par ordre alphabétique ;
  - mentionne la page (ou la planche) où apparaît la carte adéquate ;
  - précise la localisation grâce à un système de quadrillage ou par les coordonnées géographiques du lieu recherché.
- Pour trouver rapidement une carte générale, on utilise l'index des cartes qui présente sous la forme d'un document d'assemblage les cartes générales de l'atlas. Exemple du *Grand Atlas* (De Boeck).

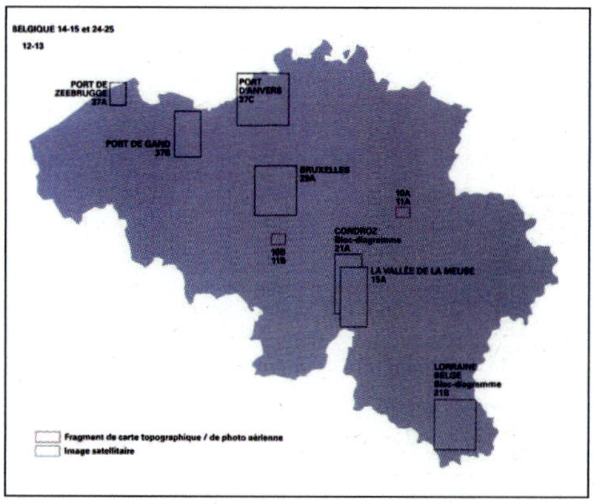

- Pour trouver une carte traitant d'un sujet, on utilise la table chorographique ou thématique qui classe par continent et/ou pays les sujets abordés dans l'atlas (ex. : *Le Grand Atlas*, De Boeck, p. 4).
- Pour analyser judicieusement une carte, on se réfère à la légende attachée à la carte et/ou à la légende générale du début de l'atlas.

2. CHOISIR L'ÉCHELLE D'ANALYSE ET CHANGER D'ÉCHELLE

Pour aborder une recherche, il convient de choisir l'échelle d'analyse adéquate qui permet, en fonction de la situation-problème, de localiser les éléments analysés les uns par rapport aux autres (= localisations relatives).

Au cours d'une recherche, on s'aperçoit souvent que d'autres éléments plus précis ou plus généraux interviennent dans l'analyse. On utilise alors d'autres cartes à d'autres échelles ; on pratique ainsi le changement d'échelle. Il consiste à analyser des cartes qui représentent un territoire à des échelles différentes. Cela permet d'envisager le territoire dans des contextes différents ❶.

Tâches de l'élève

L'élève est confronté à un objet de recherche, il doit :

- *pouvoir le localiser efficacement à l'aide de l'atlas ;*
- *choisir l'échelle d'analyse la plus adéquate et pratiquer le changement d'échelle ;*
- *représenter son contexte spatial par une carte simple.*

1 Du changement d'échelle au changement des perceptions

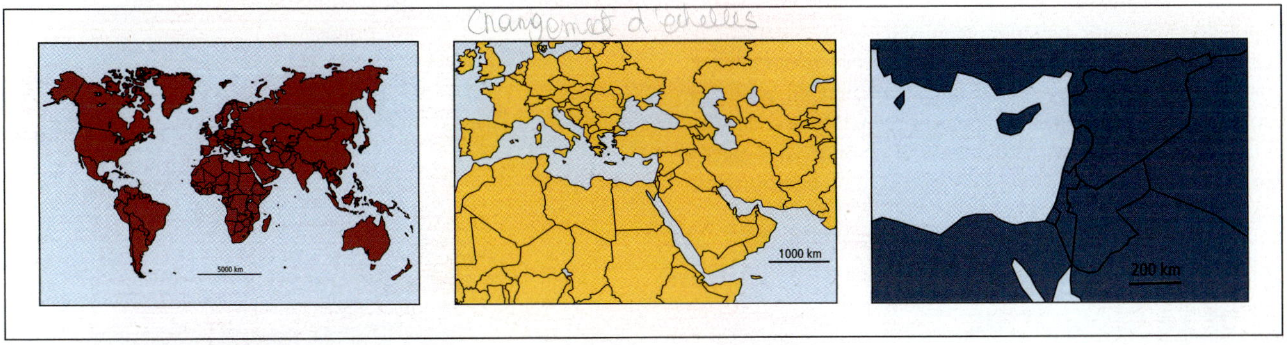

3. REPRÉSENTER LE CONTEXTE SPATIAL PAR UNE CARTE SIMPLE

En fonction des éléments importants de la situation-problème, on dessine une carte simple (ou schématique) qui rend compte du contexte spatial du territoire **2**.

2 Le contexte du conflit israélo-palestinien

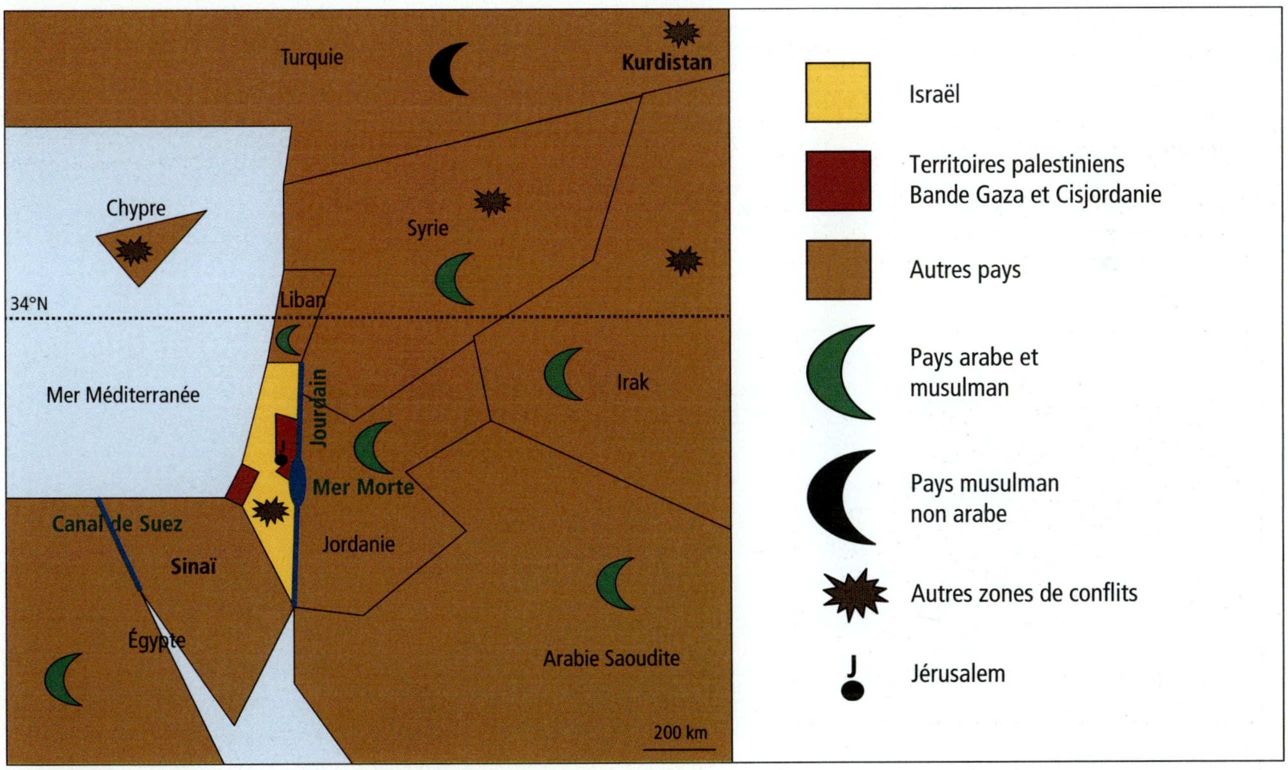

Fiches

Afin de réaliser une carte correcte, on se référera aux fiches suivantes :
fiche 49 : analyser des cartes
fiche 52 : réaliser une carte de synthèse

Fiche 45 Choisir une méthode de travail

Avant de choisir une méthode de travail, il est important de s'assurer que le travail à réaliser a un caractère géographique. Voici quelques outils (pts 1 à 4) qui permettent de vérifier le caractère géographique d'un travail (préparation, relecture, auto-évaluation) ou tout simplement qui peuvent vous aider à formuler, à partir de documents, des questions ou une situation-problème.

Tâches de l'élève

- *À partir d'un fait d'actualité, l'élève identifie une situation-problème de type géographique.*
- *En fonction d'une situation-problème de type géographique, l'élève choisit une démarche de travail lui permettant d'apporter une réponse à la question qu'il s'est posée.*

1. LES QUESTIONS-CLÉS DE LA GÉOGRAPHIE

Répondre aux questions suivantes est une manière de mettre en évidence des problèmes géographiques à partir de documents divers.

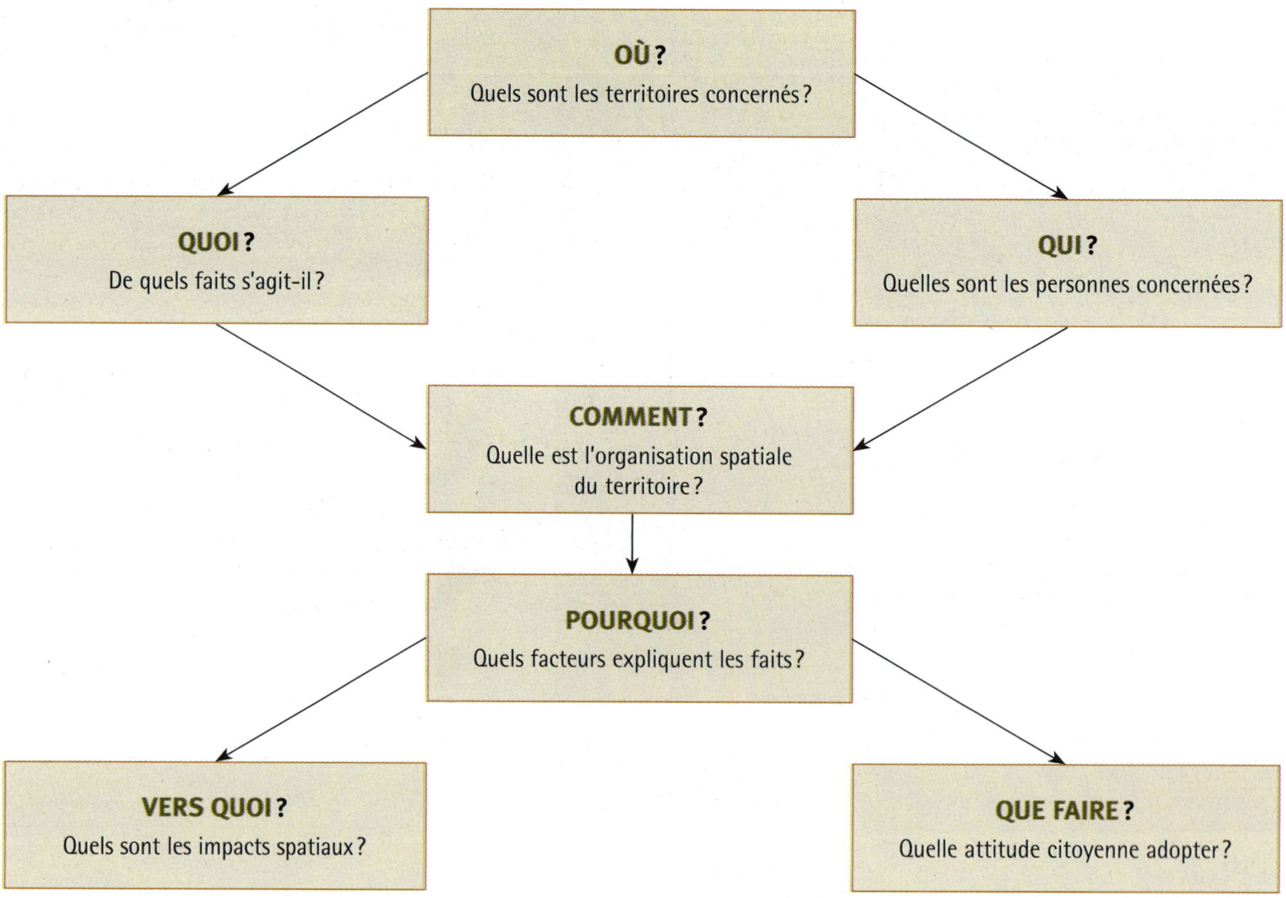

D'après un feuillet de la Fédération belge des professeurs de Géographie, 1986.

2. LES CINQ CRITÈRES D'UNE APPROCHE GÉOGRAPHIQUE[1]

Une approche est géographique lorsqu'elle est :

1. **spatiale** => elle se base sur le territoire et son organisation ;
2. **anthropocentrée** => les hommes sont au centre de la problématique ;
3. **multiscalaire** => elle est envisagée simultanément à des échelles différentes ;
4. **globale** => elle établit des liens et ne découpe pas artificiellement en thèmes ;
5. **dynamique** => elle tient compte des évolutions dans le temps.

❶ Une onde de choc dévastatrice (tsunami du 26/12/2004 en Asie du Sud-Est)

Depuis deux semaines, chaque matin, le bilan comptable tourne à l'obsession, pourtant, nul ne le connaîtra avec exactitude avant plusieurs mois. Il faut donc être prudent sur les chiffres malgré les images quotidiennes insoutenables, hors de tout repère; d'autant que jamais un tel désastre n'a touché tant de pays à la fois principalement Sri Lanka, l'Indonésie, l'Inde, la Thaïlande, la Malaisie, les îles Maldives, plus faiblement la Birmanie et même les côtes d'Afrique de l'Est ce qui complique considérablement le macabre comptage. Mais dans cette zone géographique, parfait paradis touristique pour Occidentaux, une trentaine d'autres nations ont eu aussi à déplorer des victimes. [...] Cent cinquante mille morts, voire davantage? Ces ordres de grandeur sont à relativiser en raison du nombre très élevé de disparus et des risques d'épidémie à venir. [...] Nous le savions depuis l'explosion du réacteur nucléaire de Tchernobyl en 1986, les accidents environnementaux peuvent toucher tous les habitants du « village global », selon la métaphore du sociologue canadien Marshall McLuhan. Sauf que le « cataclysme » de Sumatra s'impose désormais comme la première catastrophe à l'échelle planétaire.

Le Vif/L'Express, 7 janvier 2005.

En fonction de ces critères, l'approche géographique du tsunami (26/12/2004) se traduira de la manière suivante :

1. localiser les territoires concernés par le tsunami et mettre en évidence leur organisation spatiale ;
2. mettre les hommes au centre de cette catastrophe et, donc, ne pas se limiter à en expliquer les causes naturelles ;
3. tenir compte des éléments naturels et humains qui se passent ailleurs qu'en Asie du Sud-Est mais qui ont pu influencer le phénomène et ses lourdes conséquences ;
4. identifier correctement les relations (causes, conséquences, interrelations) entre tous les éléments abordés au point précédent (ex. : la littoralisation des activités humaines) ;
5. tenir compte du passé des territoires concernés et envisager l'avenir (ex. : la mise en place d'un système de prévention).

[1] d'après D. Belayew, 1991.

3. IDENTIFIER UNE SITUATION-PROBLÈME DE TYPE GÉOGRAPHIQUE

Une **question** est une simple demande d'information (exemple : quels territoires ont été touchés par le tsunami ?).

Une **situation-problème** va plus loin qu'une simple question ; c'est une interrogation sur des relations probables entre plusieurs facteurs qui interviennent dans l'explication d'un fait.

En partant toujours du document ❶, voici un exemple de situation-problème : à côté des causes naturelles du tsunami, existe-t-il une relation entre le nombre élevé de victimes, la répartition de la population et son niveau de développement ?

4. POUR ALLER PLUS LOIN : VERS UNE APPROCHE INTERDISCIPLINAIRE

Les questions citoyennes qu'on se pose sont souvent d'ordre général. Aucune discipline ne peut prétendre tout expliquer à elle seule. Avant d'intégrer plusieurs disciplines pour expliquer un phénomène (ex. : la géographie, la physique, la sociologie, etc.), il convient d'identifier correctement ce que chacune d'entre elles permet de comprendre.

Comme toute discipline, la géographie est définie par l'objet qu'elle étudie (les dynamiques spatiales, voir ci-dessus) et par des démarches de travail qui lui sont propres (voir ci-dessous).

À partir des situations-problèmes de chaque discipline, il s'agit de mettre en évidence des liens qui permettent d'aller plus loin dans l'explication des phénomènes étudiés. Ces liens relèvent alors d'une approche interdisciplinaire.

5. CHOISIR UNE DÉMARCHE DE TRAVAIL

En fonction de la situation-problème, c'est-à-dire de l'objectif de la recherche, il convient de choisir une démarche de travail. Trois démarches sont proposées ci-dessous ; il en existe d'autres.

5.1 LA DÉMARCHE INDUCTIVE : PARTIR DE CAS PARTICULIERS POUR CONSTRUIRE UNE THÉORIE

	La démarche inductive	Exemple : La recherche consiste à expliquer la localisation des nouveaux complexes commerciaux en Belgique.
	Observation, localisation et description d'un cas particulier ↓	Un nouveau complexe commercial dans la périphérie de mon agglomération
→	Identification de la problématique de recherche et proposition d'hypothèses explicatives ↓	Existe-t-il des liens entre la localisation, la répartition de la population et les voies de communication ?
Contradiction	Collecte, analyse et relations entre les informations et confrontation des hypothèses avec le cas particulier *CONFIRMATION* ↓	Le complexe commercial se localise en bordure de l'agglomération et à proximité d'un nœud autoroutier
Contradiction	Confrontation avec des situations voisines *CONFIRMATION* ↓	En Belgique, la plupart des nouveaux complexes commerciaux s'installent en bordure des agglomérations et à proximité des nœuds autoroutiers
	Énoncé d'une règle générale permettant de répondre au problème posé = *un « modèle explicatif » ou un « modèle théorique »*	*Affinements et nuances :* En Belgique, certains centres commerciaux qui drainent une clientèle plus large s'installent parfois plus loin des agglomérations mais toujours à proximité d'un nœud autoroutier

5.2 LA DÉMARCHE DÉDUCTIVE : PARTIR D'UNE THÉORIE POUR EXPLIQUER DES CAS PARTICULIERS

	La démarche déductive	Exemple : La recherche consiste à expliquer la localisation des séismes et des volcans à l'échelle planétaire.
	Identification de la problématique de recherche ↓	Quels phénomènes naturels expliquent la localisation des séismes et des volcans à l'échelle planétaire ?
→	A partir de connaissances partielles ou intuitives, identification d'une théorie en lien avec la problématique *(= postulat théorique de départ)* ↓	La théorie de la tectonique des plaques explique la localisation des séismes et des volcans
Contradiction	Confrontation de la théorie avec la situation réelle *CONFIRMATION* ↓	Après avoir bien compris la théorie, confrontation de la carte des plaques tectoniques et de la localisation des séismes et des volcans
	Énoncé d'une règle générale permettant de répondre au problème posé = *un « modèle explicatif » ou un « modèle théorique »*	*Affinements et nuances :* Certains séismes de moindre importance, localisés ailleurs, s'expliquent par une autre théorie

5.3 UNE DÉMARCHE D'ANALYSE D'UN TERRITOIRE : LE PLAN D'ÉTUDE D'UN PAYS OU D'UNE RÉGION

La démarche se décompose en deux étapes.

1. Choisir une situation-problème de type géographique en fonction (par exemple) des contraintes naturelles, des ressources disponibles, de la situation géographique, des contrastes régionaux, du niveau de développement, du contexte politique, etc.
2. À l'aide du « système géographique », choisir un plan d'étude pour mettre en évidence les liens entre les composantes géographiques du territoire.

LE SYSTÈME GÉOGRAPHIQUE

A. Composantes naturelles
(relief, sous-sol, hydrologie, climat, sol, etc.)
(Géographie physique)

↕

D. Composantes régionales
(formes d'aménagement et de différenciation de l'espace, les paysages, etc.)
(Géographie régionale)

C. Composantes économiques
(activités, transports, échanges, etc.)
(Géographie économique)

↔

B. Composantes sociales
(démographie, rapports sociaux, culture, migrations, choix politiques, etc.)
(Géographie sociale)

D'après Hugonie, 1991.

En fonction de problématiques de recherche, voici plusieurs plans d'étude.

Problématiques de recherche	Plans proposés
Les disparités de développement en Chine	D → A → B → C
La mise en valeur de l'Amazonie	C → B → A → D
Les tensions liées à l'eau au Moyen-Orient	B → A → C → D
Les régions économiques en Belgique	C → D → A → B

Les → indiquent un cheminement possible dans le système géographique.

Situation-problème : Quels facteurs spatiaux peuvent en partie expliquer les disparités de développement entre les régions belges ?

C : Axes et réseaux de communication / Pôles de développement / Barrières et ouvertures

↓

D : Contrastes d'aménagement entre une zone portuaire et une friche industrielle en reconversion

↓

A : Contraintes naturelles : relief, hydrographie, accès maritime, historique de l'exploitation des ressources naturelles

↓

B : Mondialisation / Taux de chômage / « Plan Marshall » wallon

Quelques conseils pour mettre en œuvre cette méthode…

- Pour mener cette démarche seul, il convient d'avoir une connaissance préalable de la région ou du pays étudié et de disposer de documents de qualité.
- Choisir judicieusement la problématique de recherche géographique et ne pas simplement « présenter » les composantes du territoire en les juxtaposant.
- Veiller à ce que l'approche soit systémique, c'est à dire en identifiant le plus souvent possible les relations entre les composantes (le recours à l'organigramme est vivement recommandé ; voir **FICHE 53**).
- Pour identifier et expliquer certaines relations, il convient de pratiquer le changement d'échelle (voir **FICHE 44**).

Fiche 46 Traiter des informations

Tâches de l'élève

La recherche personnelle, basée préalablement sur le choix d'une situation-problème (FICHE 45), place l'élève en situation de projet dans le cadre d'un exercice complet au niveau des apprentissages : collecter l'information en privilégiant la diversité des documents, la comprendre, l'interpréter, la critiquer et la présenter. Dès lors, à partir d'un recueil de documents, l'élève met en évidence des éléments susceptibles d'alimenter une recherche géographique.

Pour aborder ce sujet, voici deux documents ❶ ❷ qui serviront de ligne directrice à cette fiche. Il s'agit de textes relatifs au conflit israélo-palestinien et dont les sources sont très distinctes.

❶ Le conflit israélo - palestinien

Depuis la 2e Intifada le 28 septembre 2000, le blocus imposé par Israël en Palestine occupée entraîne la mort de nombreuses personnes. Certaines meurent soit dans les ambulances bloquées aux barrages, soit dans les hôpitaux sous équipés. Ce sont aussi les bombardements systématiques des populations civiles par les hélicoptères, les chars, et les avions de l'armée israélienne [...]. Les enfants sont tirés comme des lapins par les snipers israéliens. Actuellement plus de 600 enfants sont incarcérés et torturés dans les prisons israéliennes au mépris du droit international. Bien sûr, tous les symboles d'une quelconque souveraineté palestinienne sont bombardés, rasés et les assassinats des responsables d'organisations politiques palestiniennes sont devenus monnaie courante [...]. Quant à l'économie, le blocus l'a complètement paralysée. Le chômage touche 60 % de la population active et des milliers d'arbres fruitiers et d'oliviers ont été arrachés par l'armée israélienne ou les colons. Pendant ce temps, la confiscation des terres palestiniennes se poursuit ainsi que la colonisation. Depuis des années, l'armée, les colons et la police mènent une politique programmée par les différents gouvernements israéliens. Cela n'a rien d'étonnant car la logique d'expropriation des terres se poursuit depuis plus de 100 ans. Le mouvement sioniste et l'État d'Israël en sont les responsables. Israël est le seul responsable de la guerre coloniale menée contre le peuple palestinien ainsi que des attentats commis contre les Israéliens car il perpétue un système colonial barbare qui entraîne une résistance légitime [...]. Mais actuellement, avec l'aide des États-unis, il a entamé la liquidation de la population et de la résistance populaire palestinienne. Il veut achever la destruction de la Palestine commencée en 1948. La communauté internationale, dont l'ONU et l'Europe, responsables de la création en 1947/1948 de l'État d'Israël, ont non seulement abandonné le peuple palestinien, ils sont réduits à l'état de vassaux par les États-unis et Israël. Plus rien n'arrête l'Oncle Sam qui domine économiquement et militairement le monde. Les peuples ne sont pas seulement devenus des marchandises, mais des cibles à abattre en cas de résistance au « système ». Et malheureusement beaucoup en font les frais. Les peuples afghan et irakien en sont des exemples et nous ne pouvons accepter qu'aujourd'hui l'Irak soit bombardé [...].

Mouvement Justice pour la Palestine.

1. COLLECTER L'INFORMATION

Il existe une grande variété de données relatives au traitement d'une problématique. Hormis les cartes, statistiques, graphiques et photographies qui sont analysées dans les autres fiches techniques, certaines données se présentent sous la forme de textes généraux ou spécialisés issus de journaux (quotidiens, hebdomadaires, mensuels), de livres ou de magazines plus ou moins spécialisés (encyclopédies, revues Géo, National Geographic...). D'autres données audiovisuelles sont également disponibles. (extraits de JT, reportages comme « Envoyé spécial », « Des racines et des ailes », « C'est pas sorcier »...).

Les informations collectées sont plutôt descriptives ou plutôt explicatives. Dès lors, elles ne peuvent pas faire l'objet d'un même traitement. Cependant, il y a des règles générales à respecter notamment celles qui permettent l'identification des sources de l'information :

- qui est l'auteur de l'information ?
- à quelle date a été produite cette information ?
- quelle est la tendance politique (au sens large) du média ou de l'auteur ?
- quelle est la fiabilité de la source ?

Analyse du document 1

La source est mentionnée au bas de l'article. Le nom du mouvement apparaît clairement. Il s'agit du Mouvement Justice pour la Palestine. Toutefois, il n'y a pas de nom d'auteur. Il n'y a pas non plus de date à laquelle le texte a été écrit. Quant aux convictions politiques de ce mouvement par rapport à la problématique, elles sont clairement évoquées dans l'intitulé du mouvement. Bref, ce document doit être analysé avec la plus grande réserve du point de vue de son objectivité.

2. COMPRENDRE L'INFORMATION

Il s'agit d'examiner minutieusement l'information et de repérer le sens des mots et expressions employées par l'auteur afin de bien comprendre sa réflexion. Il est impératif d'analyser l'information afin de distinguer l'essentiel de l'accessoire. Autrement dit, de repérer et de retenir des éléments utiles, significatifs et pertinents par rapport au travail envisagé. Cette première étape permet de comprendre la structure, l'organisation d'un texte, le cheminement de la pensée de son auteur.

Analyse du document 1

Il est indispensable dans un premier temps de faire une recherche dans le dictionnaire afin d'identifier une série de termes indispensables à la compréhension du sujet tels que « intifada », « blocus », « sniper », « colon », « expropriation », « mouvement sioniste », « ONU », « Oncle Sam ». D'autres expressions nécessitent également une recherche de sens : par exemple, que veut dire l'auteur lorsqu'il parle de « Palestine occupée », « souveraineté palestinienne », « guerre coloniale », « vassaux des États-unis » ?

3. INTERPRÉTER

Afin de pouvoir répondre à la problématique initiale, il est nécessaire de sélectionner et d'extraire les contenus qui permettent de mettre en valeur les idées maîtresses de la pensée de l'auteur et d'établir des liens entre-elles. Ce travail nécessite d'être capable de dégager d'un texte, par exemple, des unités d'information pertinentes à partir de mots-clés et de pouvoir les reformuler. Cet exercice correspond bien à la phase d'interprétation.

Analyse du document 1

Il s'agit ici de résumer les idées principales évoquées dans le document. D'après ce « Mouvement Justice pour la Palestine », l'État d'Israël soutenu par les États-unis est responsable de la situation dramatique dans laquelle vivent les Palestiniens : occupation et expropriation de territoires, assassinats, attentats, tortures, bombardements, chômage, tous les malheurs de la Palestine sont attribués à Israël et aux États-unis. Quant à la communauté internationale (ONU et Europe), elle est pointée du doigt comme responsable de la création de l'État d'Israël au détriment des territoires palestiniens et passive face à ce drame.

4. CRITIQUER

Il est très important de ne pas se contenter d'une seule source d'informations pour répondre à la problématique envisagée mais de comparer les informations d'origines différentes. Cette démarche permet de confronter les réflexions, de développer l'argumentation et la critique, et de nuancer l'analyse du sujet. En principe, plus on dispose d'informations sur un même sujet et plus on a de chances d'approcher la vérité. Il est indispensable durant cette étape de faire appel à des sources d'informations objectives et relativement neutres afin d'établir une critique fiable des données analysées.

Analyse du document 1

Afin de réagir par rapport à cette première source d'information, voici un second texte sur le même sujet mais d'un tout autre point de vue.

❷ Israël est en droit absolu de se défendre

L'attaque israélienne en territoire syrien pour bombarder un camp du Djihad Islamique, organisation terroriste financée par l'Arabie Saoudite et soutenu par le régime terroriste de Damas, est parfaitement justifiée. Il est dans le premier devoir d'un État de défendre son intégrité territoriale et la vie de ses citoyens. En la circonstance, la Syrie qui permet l'entraînement de terroristes islamistes sur son territoire est totalement complice du terrorisme international et participe de la subversion des Arabes commandités de Palestine contre la sécurité d'Israël. Il est encore une fois étrange de voir les démocraties européennes, qui ont une histoire antisémite très chargée, ne pas soutenir un État démocratique agressé et créé par le besoin qu'ont ressenti les Juifs d'être chez eux, dans leur État. L'évidence est qu'il n'y aura pas de paix possible au Proche Orient tant qu'Israël sera entourée d'États dictatoriaux et racistes. Il est inacceptable de voir les États européens condamner ce qui est un acte de pure autodéfense qui intervient après l'attentat de samedi et qui a tué 19 personnes, juives et arabes. On se demande quelle est la cohérence des États européens, et parmi eux le pire d'entre eux, la France, qui déclarent lutter contre le terrorisme et condamnent ensuite un allié qui lutte pour le même objectif, objectif totalement vital pour lui. Israël lutte pour sa vie, les Arabes commandités luttent pour détruire Israël. C'est ça la seule vérité, la seule réalité [...]. Un des buts de la guerre de libération de l'Irak est de redessiner l'équilibre stratégique au Moyen Orient. On peut regretter que l'Arabie Saoudite et la Syrie n'aient pas été envahies [...]. Quand comprendront- ils qu'il n'y a rien à négocier avec des islamistes, qu'il n'y a aucun compromis possible sur la vie des gens ? Israël est un État sain, dans son droit. Israël doit pouvoir conduire les opérations de défense de ses citoyens au nom de l'intégrité de son territoire, au nom de la liberté et des principes démocratiques qui fondent son État. Les enfants arabes de toutes nationalités ont autre chose à faire que de mourir contre les tirs de ceux qui défendent simplement une liberté dont ont les prive.

C. Lamirand, www.action-liberale.org, 6 octobre 2003.

Analyse du document 2

Collecter l'information : la source est mentionnée au bas de l'article. Le nom de l'auteur apparaît clairement ainsi qu'un site internet. La date à laquelle le texte a été écrit est mentionnée. Quant aux convictions politiques de ce mouvement, elles sont évoquées dans la source.

Comprendre : à nouveau, il est important dans un premier temps de faire une recherche dans le dictionnaire afin d'identifier une série de termes indispensables à la compréhension du sujet tels que « Djihad Islamique », « intégrité territoriale », « subversion », « histoire antisémite », « Juif », « États dictatoriaux », « islamiste ».

Interpréter : d'après l'auteur de l'article, l'état d'Israël est en droit absolu de se défendre afin d'assurer l'intégrité de son territoire et la sécurité de ses habitants face à la menace du terrorisme islamiste financé notamment par l'Arabie Saoudite. L'auteur regrette que certaines démocraties occidentales, en l'occurrence la France, condamnent les interventions de l'armée israélienne en territoire syrien à l'encontre des terroristes du Djihad Islamique.

Critiquer : avec ce second point de vue à nouveau très orienté, il s'avère utile d'approfondir la recherche en consultant des sources plus objectives comme des articles du Monde ou du Vif-L'Express ❸ par exemple, ou encore des sites internet plus impartiaux comme **www.espace-citoyen.be**. Ce travail d'investigations permettra d'affiner l'analyse du problème et de poser un regard plus critique et plus nuancé sur ce conflit.

3 L'imbroglio du Proche-Orient

Israël devait être le havre au sein duquel les Juifs seraient enfin chez eux, à l'abri des persécutions qui les ont décimés pendant des siècles, culminant dans l'horreur avec le plan d'extermination entrepris par les nazis. C'était le sens de la création de l'État hébreu en 1948. Paradoxalement, Israël est aujourd'hui l'endroit du monde où les Juifs sont les plus menacés. D'attentat en attentat, les évènements des seize derniers mois ont coûté quelques 250 vies à la population israélienne. Même si ce bilan est moins tragique que celui infligé aux Palestiniens (un millier de morts depuis septembre 2000), il est douloureux et alarmant. La peur permanente a fondamentalement changé la vie des Israéliens. Partir travailler, faire ses courses, conduire et aller chercher les enfants, visiter des amis ou simplement se promener: toutes ces démarches qui balisent le quotidien deviennent, là-bas, des épreuves dont nul ne sait s'il en reviendra vivant. Ne parlons même pas des conditions dans lesquelles survivent les Israéliens habitant les colonies implantées en Cisjordanie et dans la bande de Gaza: grillagés en territoire hostile, ils ne doivent leur salut précaire qu'à la protection d'une armée sans cesse aux aguets. Cette vie absurde, où l'on finit par perdre le goût de tout, pourrait, devrait susciter des questions. Pourquoi en va-t-il ainsi? Voulons-nous continuer comme cela? Est-ce vraiment une fatalité? Comment faire en sorte que cela cesse? Ces questions, beaucoup d'Israéliens se les posent. Mais seule une minorité leur apporte, aujourd'hui, des réponses lucides. Elles tiennent en quelques mots très simples:

1. Les maux que nous endurons sont le produit du désespoir et de la terreur que nous infligeons à nos voisins palestiniens.
2. Cette stratégie se poursuivra et s'empirera aussi longtemps que nos voisins ne disposeront pas de l'État souverain et viable auquel ils aspirent, à côté du nôtre.
3. La construction de l'État palestinien postule l'évacuation complète des territoires qu'Israël occupe illégalement depuis 1967.

Les territoires contre la paix: ce principe est la clé de voûte du processus de paix israélo-palestinien entrepris avec les accords d'Oslo en 1993. Seule son application pourra pacifier le Proche-Orient, après que les parties auront su reprendre les négociations dont l'échec, en 2001, a provoqué le soulèvement palestinien. Malheureusement, nous en sommes loin [...].

J. Gevers, dans *Le Vif-L'Express*, 1er février 2002.

5. PRÉSENTER

La présentation de cette recherche personnelle peut se faire sous la forme d'un dossier qui reprend les éléments suivants:

- énoncé de la problématique étudiée;
- présentation du plan du travail;
- évocation des démarches suivies pour rassembler l'information;
- analyse critique et argumentée du sujet;
- synthèse et état de la réflexion;
- présentation de la bibliographie;

Les résultats de cette recherche peuvent faire également l'objet d'un exposé oral ce qui renforce l'apprentissage et stimule la motivation.

6. S'AUTO-ÉVALUER

Voici quelques critères qui permettent une auto-évaluation du travail réalisé:

- la clarté du plan de travail et la diversité de la bibliographie;
- les démarches entreprises pour rassembler l'information;
- la pertinence et la qualité de la phase de motivation dans le cas d'un exposé oral. Il s'agit au tout début de l'exposé de sensibiliser le public à partir d'un montage audiovisuel (musique et images uniquement);
- la rigueur scientifique des contenus;
- les supports didactiques utilisés (rétroprojecteur, télévision, posters, cartes...) et l'attitude pédagogique dans le cas d'un exposé oral (enthousiasme, gestion du groupe...);
- le soin apporté à la réalisation du dossier;
- l'adaptation de la voix, le débit, le détachement par rapport aux notes et la gestion du temps dans le cas d'une présentation orale du travail de recherche.

Fiche

47 Analyser les images d'un territoire

Tâches de l'élève

À partir d'une image, l'élève réalise un croquis afin de mettre en évidence les éléments qui structurent un territoire.

Cette schématisation intègre différents apprentissages :

- *reconnaître la nature de l'image : photo au sol, photo aérienne oblique ou zénithale, photo satellite ;*
- *s'adapter au changement d'échelle ;*
- *se situer dans l'espace par rapport à des repères ;*
- *mettre en évidence les éléments qui structurent l'espace ;*
- *s'interroger sur les localisations relatives des éléments.*

1. LE CROQUIS PAYSAGER ❶

La particularité de cette représentation, c'est qu'elle est réalisée au niveau du sol. Voici les quelques consignes à mettre en œuvre pour réaliser un croquis paysager :

- positionner la feuille horizontalement ou verticalement suivant le schéma à réaliser ;
- cadrer le paysage : dessiner, sur la feuille, un cadre qui symbolise les limites du paysage à croquer ;
- tracer les lignes de force qui définissent le squelette du paysage : la ligne d'horizon correspond au contact ciel - terre et elle divise le cadre en deux parties de telle façon que le plan aérien, situé au - dessus de l'horizon, occupe environ 1/3 du cadre ; les autres lignes de force comme les verticales (arbre, clocher, pylône, etc.), les horizontales (voirie, alignement de toitures, limite de parcelles, etc.), les obliques (pente du relief, voirie, limite de parcelles, etc.) ou encore les courbes (relief, cours d'eau, etc.). Ces lignes de force découpent le paysage en mailles et isolent des masses, des zones qui correspondent aux grandes affectations du sol ;
- habiller le croquis : dessiner le bâti, les voiries, les cours d'eau, les bois, en utilisant les couleurs appropriées.

L'inconvénient de ce type de croquis est lié aux différents écrans qui masquent le paysage comme par exemple les végétaux, les bâtiments ou encore le relief. Il est dans ce cas précis très difficile d'avoir une vision d'ensemble du paysage sauf si le croquis est réalisé à partir d'un point d'observation élevé.

❶ Le croquis paysager

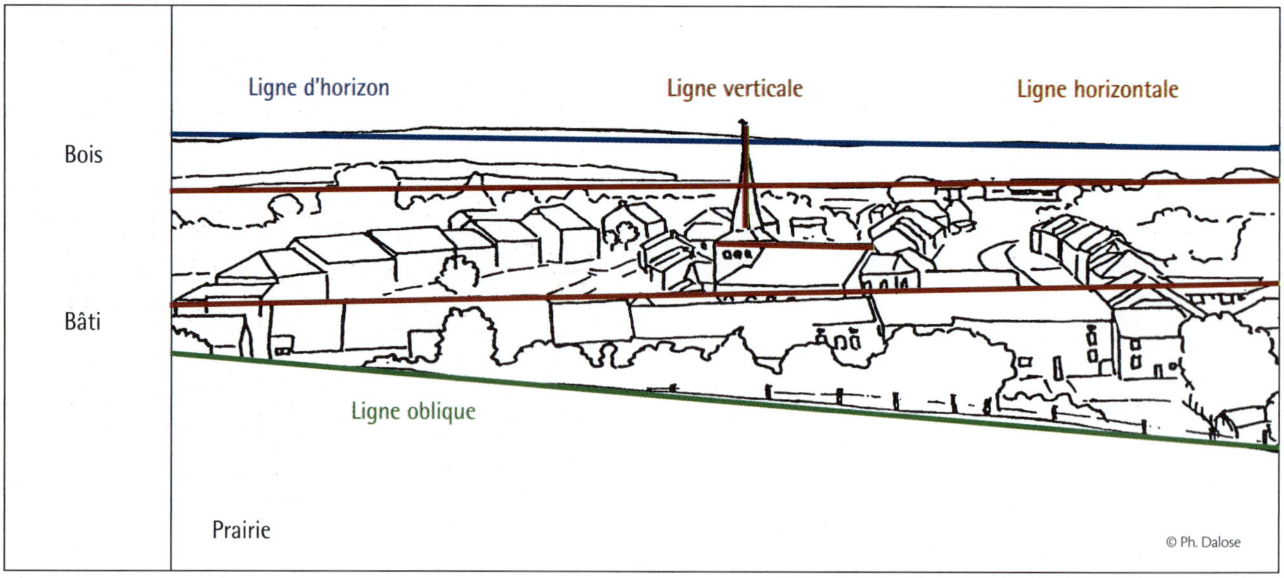

Ph. Dalose, CEFOGEO.

2. LA PHOTO EN VUE AÉRIENNE OBLIQUE OU ZÉNITHALE ❷

La photographie aérienne oblique permet une observation à l'œil nu. La photo en vue zénithale est une photographie verticale qui supprime les écrans et permet donc d'avoir un aperçu sur tous les éléments du territoire. Il s'agit d'une image très appropriée pour obtenir une vision globale du territoire ainsi que pour établir les relations entre les éléments qui le composent. Toutefois, l'orientation est difficile et le relief n'est pas visible sauf si la technique stéréoscopique est utilisée. De plus, à cette altitude, les éléments au sol sont parfois difficiles à identifier. Le recours à la carte géographique et à d'autres documents sera dans ce cas utile afin de construire la légende de la photographie.

Les consignes à suivre pour réaliser un croquis à partir d'une photographie aérienne oblique ou zénithale sont identiques (sauf qu'il n'y a plus de ligne d'horizon à tracer lors d'une photographie zénithale) :

- prendre une feuille de papier calque et un crayon ;
- superposer le calque à l'image et les attacher à l'aide de trombones ;
- tracer le cadre de la photographie sur le calque ;
- regarder la photo et repérer les éléments qui composent l'image : bâtiments, voiries, ligne d'horizon, espaces verts...
- tracer sur le calque les contours de chacun de ces éléments ;
- choisir une couleur pour chacun de ces éléments et l'appliquer sur le calque ;
- construire la légende juste au-dessous du croquis avec pour chaque élément identifié, son intitulé et sa couleur ;
- observer le croquis, le décrire et l'interpréter.

Le croquis réalisé à partir de ces photos a comme avantage de bien distinguer les éléments du territoire les uns par rapport aux autres et d'en avoir une vision beaucoup plus étendue.

Les consignes sont ici moins contraignantes que lors de la réalisation du croquis paysager car il n'est plus nécessaire de cadrer la vue. Les écrans existent toujours mais ils sont atténués étant donné que la photo est prise en altitude. Par contre, plus on prend de la hauteur, plus le relief est écrasé. De plus, l'effet de perspective ne permet pas une évaluation précise des distances.

❷ La ville de Seattle aux États-Unis

Compléter la légende en nommant ce qui correspond à chaque numéro :

1. Centre des affaires (CBD)
2. Grandes surfaces et parking
3. Avenue
4. Superdôme
5. Banlieue pavillonnaire
6. Mont Rainier

Hachette Livre 2000, Histoire-Géographie 6e.

3. L'IMAGE SATELLITE

L'image satellite est une image comme les autres, peut-être plus attractive par son aspect innovant et la qualité des couleurs ainsi que par sa vulgarisation dans les manuels et à la télévision. Il s'agit en fait d'une composition colorée établie à partir de données numériques enregistrées par les capteurs du satellite.

Deux types d'images seront traités dans cette partie : les images fournies par des satellites comme SPOT ou LANDSAT qui permettent d'analyser l'évolution de la couverture terrestre et les images fournies par les satellites d'observation météorologique qui captent des informations de l'atmosphère.

3.1 L'OBSERVATION DE LA TERRE

La première lecture est souvent affective parce qu'on reconnaît l'espace présenté ou qu'on apprécie la composition colorée ③ page 165.

Quoi qu'il en soit, l'analyse d'une image satellite requiert quelques étapes :

- le repérage dans le temps et dans l'espace : de quand date l'image ? Quel territoire est représenté ? À quelle échelle ?
- la lecture de l'image qui permet de reconnaître :
  - les éléments linéaires : cours d'eau, voiries, accidents tectoniques, etc. ;
  - les éléments plus compacts comme les noyaux d'habitat ou les massifs forestiers ;
  - les différentes couleurs qui mettent en évidence les affectations du sol ;
- la cartographie synthétique correspond à la représentation de ces lignes, de ces points, de ces surfaces, sur un calque.
- l'interprétation qui est la véritable exploitation géographique par la formulation de questions et d'hypothèses explicatives. Cette étape doit intégrer la recherche de documents complémentaires (cartes ou plans du territoire étudié) afin de répondre au questionnement et de vérifier les hypothèses émises. Ce travail très formatif aboutit alors à la réalisation d'une légende qui intègre précisément les résultats de cette démarche de recherche.

Web

le site de « SPOT image » propose des images
www.spotimage.fr/html/_.php

3.2 L'OBSERVATION DE L'ATMOSPHÈRE

L'observation se réalise à l'aide de satellites qui captent des informations principalement dans le domaine visible et les infrarouges. Des compositions colorées sont souvent élaborées pour mieux mettre en évidence les phénomènes étudiés.

Dans le domaine de l'infrarouge, les zones nuageuses sont bien visibles car elles correspondent à de l'air froid. Sur l'Europe, les dépressions atlantiques apparaissent nettement ainsi que les ouragans en formation sur l'Atlantique. Ces images permettent bien évidemment de faire des prévisions météos ④ ⑤.

Web

EUMETSAT et l'agence NOAA proposent de nombreuses images
www.eumetsat.int/
www.goes.noaa.gov/

4 Perturbation en Europe

Image Météosat (rayons infrarouges) du 8/01/2005 à 12 h UTC

5 Développement d'un ouragan sur l'Atlantique

Images Météosat (composition colorée) de septembre 2003

Fiche

48 Des statistiques aux graphiques

Tâches de l'élève

L'élève est confronté à une série de statistiques (évolution de la population, structure des importations, comparaison entre deux années, etc.) et il doit mettre en évidence des éléments susceptibles d'alimenter une recherche géographique. Ensuite, il doit communiquer les faits marquants de cette série de chiffres. Comment procéder, comment choisir le bon outil?

1. LIRE UN TABLEAU DE DONNÉES ❶

Les statistiques sont des informations numériques qui servent à quantifier un phénomène. Quelles sont les informations contenues dans un tableau? C'est la première question à se poser. Pour y répondre, une lecture attentive du titre, de l'intitulé des colonnes, de la source des données est indispensable. Après cette lecture, une réponse aisée aux questions suivantes permet de vérifier la compréhension des informations:

- quelle(s) est (sont) la (les) variable(s)?
- quelle est l'année des données ou la période de temps?
- quel est l'intitulé des colonnes?
- quelles sont les unités?
- la source est-elle indiquée? S'il n'existe pas de source au tableau, soyez vigilants et recoupez (vérifiez avec d'autres sources) les informations contenues dans le tableau.

2. TRANSFORMATION DES DONNÉES

Il est possible, en procédant à de petits calculs, d'exprimer autrement les données proposées pour dégager des informations significatives.

2.1 DES VALEURS BRUTES PEUVENT ÊTRE EXPRIMÉES EN POURCENTAGES POUR MIEUX APPRÉCIER UNE RÉPARTITION ❷

Le nombre d'habitants de chaque région a été transformé en % de la population totale.

Exemple en 1997 (région wallonne):

(3 326 000 / 10 192 000) x 100 = 32,6 %

L'exemple montre clairement que la part de chaque région n'a pratiquement pas changé durant cette période.

❶ Un tableau de données

Évolution de la population en Belgique
(en milliers d'habitants)

	Total	Flandre	Wallonie	Bruxelles
1995	**10143**	5880	3315	948
1996	**10170**	5899	3320	951
1997	**10192**	5913	3326	953
1998	**10214**	5927	3332	955
1999	**10239**	5941	3340	959
2000	**10263**	5953	3346	964
2001	**10310**	5973	3358	979
2002	**10355**	5995	3369	992
2003	**10396**	6016	3380	1000

La variable
Le titre
Les unités
Les années
Intitulé d'une colonne
La population en Belgique est de 10.263.000 habitants en l'an 2000
La population de la Wallonie en 2001

Source: DGSIE.

❷ Transformation en pourcentages

Évolution de la population en Belgique par région	Milliers d'habitants	Flandre	Wallonie	Bruxelles
1995	**10143**	58,0 %	32,7 %	9,3 %
1996	**10170**	58,0 %	32,6 %	9,4 %
1997	**10192**	58,0 %	32,6 %	9,4 %
1998	**10214**	58,0 %	32,6 %	9,3 %
1999	**10239**	58,0 %	32,6 %	9,4 %
2000	**10263**	58,0 %	32,6 %	9,4 %
2001	**10310**	57,9 %	32,6 %	9,5 %
2002	**10355**	57,9 %	32,5 %	9,6 %
2003	**10396**	57,9 %	32,5 %	9,6%

Source : DGSIE.

2.2 DES INDICES PEUVENT ÊTRE CALCULÉS POUR COMPARER DES ÉVOLUTIONS ❸

L'objectif est de faciliter la comparaison de données exprimées dans des unités ou des quantités très disparates et de pouvoir rapidement mesurer des différences, des écarts, comme par exemple des écarts à la moyenne.

L'évolution de la population totale a été transformée en indice. La base 100 (année de référence) a été choisie en 1995 et les indices ont été calculés pour les autres années.

Exemple en 2003 (population de la Belgique) :

(10 396 000 / 10 143 000) X 100 = 102

Cet exemple montre que l'évolution de la population est relativement faible.

❸ Transformation en indice

Évolution de la population en Belgique	En milliers d'habitants	Indice (Base 100 = 1995)
1995 (Valeur de référence)	**10143**	100
1996	**10170**	100
1997	**10192**	100
1998	**10214**	101
1999	**10239**	101
2000	**10263**	101
2001	**10310**	102
2002	**10355**	102
2003	**10396**	102

Source : DGSIE.

Principes généraux pour calculer un indice

- Affectez à une valeur de référence l'indice 100 (valeur d'une année de référence, moyenne, etc.).
- Calculez par rapport à cette valeur de référence, l'indice des autres valeurs comme suit :

$$\text{Indice de la valeur y} = \frac{\text{Valeur y (unité) x 100}}{\text{Valeur de référence (unité)}}$$

- Un indice ne comporte jamais d'unité.
- Un indice supérieur à 100 signifie une augmentation ou une valeur supérieure à la valeur de référence (moyenne). Un indice inférieur à 100 signifie une diminution ou une valeur inférieure à la valeur de référence (moyenne).
- L'utilisation de cette méthode peut paraître facile mais demande néanmoins beaucoup de précautions. Il s'agira donc de choisir la valeur de référence avec beaucoup de soin. En effet, les exemples montrent qu'en fonction de l'année de référence choisie, on peut interpréter une hausse ou une baisse du phénomène étudié.

2.3 DES TAUX DE CROISSANCE ❹

On peut calculer un taux de croissance pour n'importe quelle variable (taux de croissance de la population, taux de croissance des revenus, taux de croissance de la production, etc.). Les taux de croissance sont toujours des valeurs relatives, généralement exprimées sous forme de pourcentages. L'objectif est de pouvoir quantifier une variation et de pouvoir comparer ces variations entre des nombres de grandeurs très différentes. Un accroissement de 100 % correspond à un doublement. Le document 5 apporte une relation entre le taux d'accroissement et le doublement de la variable ❺.

❹ Taux d'accroissement

Évolution de la population en Belgique

	En milliers d'habitants	
1995	10143	
2003	10396	2,5%

Source : DGSIE.

Exemple : la population de la Belgique a augmenté de 253 000 habitants entre 1995 et 2003. Est-ce beaucoup, est-ce peu ? Il est important de pouvoir qualifier un accroissement afin par la suite de choisir le graphique le plus approprié. Après le calcul du taux d'accroissement, nous obtenons la formulation suivante : la population de la Belgique a augmenté de 253 000 habitants entre 1995 et 2003, soit 2,5 % en 8 ans, soit environ 0,3 % par an. Nous pouvons maintenant dire que l'évolution est très lente.

Principes généraux pour calculer un taux de croissance

Pour calculer un taux de croissance, il faut effectuer le calcul suivant :

$$T = \frac{(F - I) \times 100}{I}$$

T = Taux de croissance en %
F = valeur finale = valeur à la fin de la période considérée
I = valeur initiale = valeur au début de la période considérée

❺ Taux d'accroissement et doublement des populations

Évolution de la population en Belgique

Taux de croissance annuel de	correspond à un doublement de la population en
1 %	70 ans
2 %	35 ans
3 %	25 ans
4 %	18 ans
5 %	15 ans
10 %	8 ans
100 %	1 an

Il est possible d'estimer la durée nécessaire au doublement d'une population en divisant 70 par le taux de croissance (d'après la revue *Science et Vie*, septembre 1994, p. 68).

3. METTRE EN GRAPHIQUE ❻

Transformer des données chiffrées en un graphique permet une communication plus rapide et plus synthétique de l'information : par rapport à un tableau de statistiques, le graphique donne une image globale et immédiate de l'information. Ainsi, il facilite la mémorisation visuelle de l'information. Il peut également servir d'outils d'analyse lorsque les séries sont importantes (FICHE 51, ❶).

Néanmoins, les graphiques présentent un inconvénient : leur construction n'est jamais neutre. Dès lors, une lecture attentive, avertie et critique des graphiques s'avère être le moyen le plus sûr pour en faire une analyse la plus objective possible.

3.1 LA CONSTRUCTION

Dans un premier temps, il faut définir le message en répondant à la question suivante : qu'est-ce que je veux montrer ?

Le document ❻ montre les différents éléments indispensables pour qu'un graphique soit lisible.

3.2 L'ANALYSE

L'analyse d'un graphique se décompose en trois étapes :
- lire
- décrire
- interpréter

3.2.1 Lire un graphique

Quelles sont les informations représentées sur le graphique? C'est la première question à se poser. Pour y répondre, lisez attentivement le titre, la légende, le mode de construction du graphique, la source du document ou des données 6.

3.2.2 Décrire un graphique

Décrire un graphique, c'est décrire l'évolution d'une variable ; la décomposition d'une variable (répartition à l'intérieur d'un ensemble) ; la position des pays (ou d'autres entités) les uns par rapport aux autres ; la répartition d'éléments par rapport à une variable ; la relation entre deux variables.

Adoptez toujours la démarche suivante : du général au particulier (de la tendance à la situation exceptionnelle). Il s'agit de mettre en évidence les faits principaux, puis, si cela est indispensable, les faits particuliers.

3.2.3 Interpréter un graphique

Interpréter un graphique, c'est expliquer, rendre clairs les faits observés, décris. Il faut rechercher le contexte du phénomène observé (Il faut, si possible, s'enquérir des faits historiques, géographiques ou économiques contemporains du phénomène observé).

En fonction des acquis, il est possible d'émettre des hypothèses sur les faits observés (possibilité d'influence) ou d'expliquer les faits observés (certifier une causalité).

6 Mise en graphique

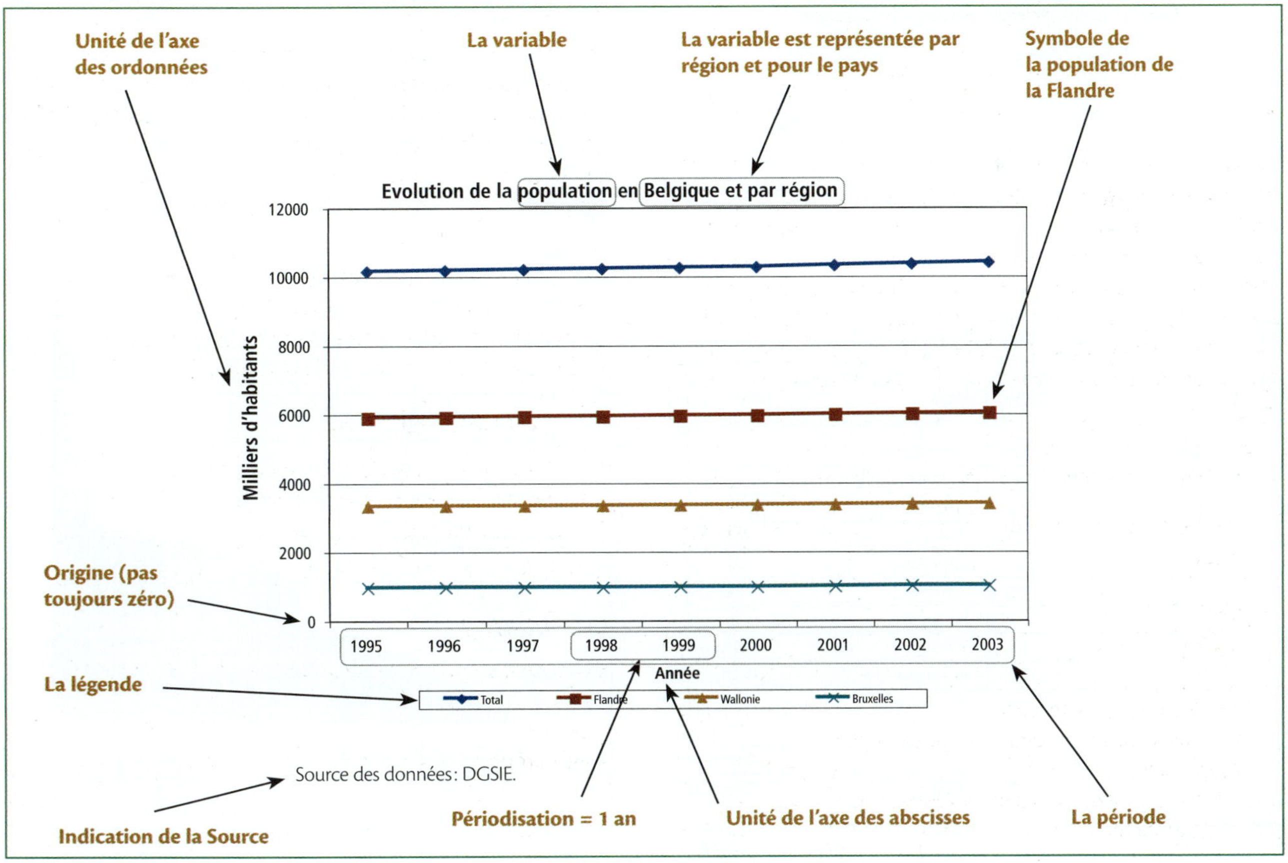

4. DÉTERMINER LE TYPE DE STATISTIQUES

4.1 STATISTIQUES DE POSITION

Les statistiques de position (ou de comparaison) servent à confronter terme à terme, à une date donnée, des valeurs numériques concernant des phénomènes de même nature ⑦.

Exemples : la population de plusieurs pays, la production de pétrole de plusieurs pays, le budget de pays, le PIB, etc.

Mots-clés

- *comparaison*
- *position*
- *égal à*
- *plus grand que*
- *plus petit que*

⑦ PIB par habitant des pays de l'Union européenne 2004 -(EUR 25 = 100)

Pays	2004	Pays	2004
Allemagne	109	Lettonie	43
Autriche	122	Lituanie	47
Belgique	118	Luxembourg	222
Chypre	81	Malte	71
Danemark	121	Pays-Bas	125
Espagne	98	Pologne	46
Estonie	50	Portugal	72
Finlande	114	Tchèquie	70
France	110	Royaume-Uni	119
Grèce	81	Slovaquie	52
Hongrie	61	Slovénie	78
Irlande	140	Suède	116
Italie	105	UE (25)	100

Source : EUROSTAT.

Après avoir classé les pays par ordre croissant de l'indice, nous obtenons les graphiques suivants ⑧ ⑨.

⑧ PIB/hab. en standards de pouvoir d'achat 2004 (EU25 = 100)

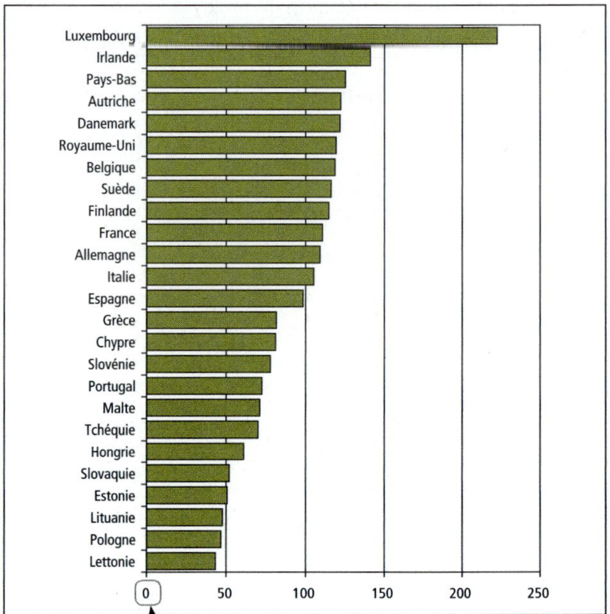

Source : EUROSTAT.

⑨ PIB/hab. en standards de pouvoir d'achat 2004 (EU25 = 100)

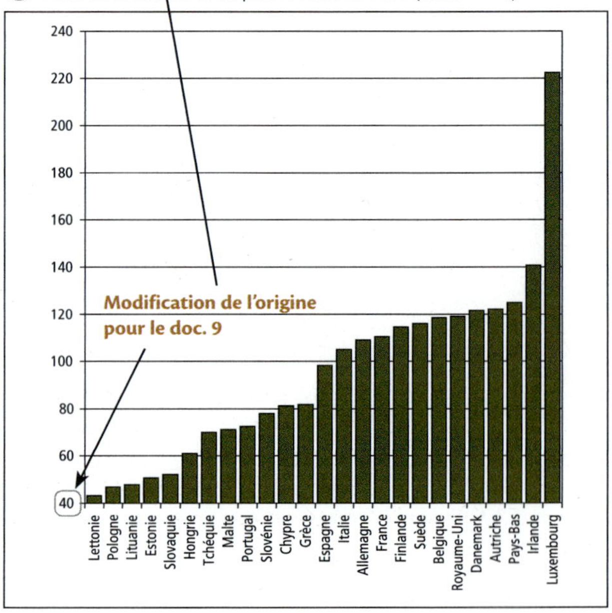

Source : EUROSTAT.

4.2 STATISTIQUES D'ÉVOLUTION

Les statistiques d'évolution servent à exprimer les variations dans le temps d'un phénomène. La série peut être continue (un chiffre chaque année, chaque mois, etc.) ou discontinue (seules certaines années sont prises en compte) ⑩.

Exemples : la variation de la production d'acier, l'évolution de la population, l'évolution des prix, l'évolution des salaires, etc.

Mots-clés

- *évolution*
- *croissance*
- *hausse*
- *déclin*
- *augmentation*
- *diminution*
- *variation*

⑩ Évolution de la population en Belgique (en milliers d'habitants)

	Milliers d'habitants
1995	10143
1996	10170
1997	10192
1998	10214
1999	10239
2000	10263
2001	10310
2002	10355
2003	10396

Source : DGSIE.

Ces données peuvent être mises en graphique de différentes manières en fonction de l'analyse réalisée et de la réponse à la question « Que voulez-vous montrer ? ». Le doc. ⑪ montre une stagnation, une très faible augmentation de la population ; les doc. ⑫ et ⑬ donnent l'impression que l'augmentation de la population est rapide.

Le diagramme ombrothermique doc. ⑭ est un graphique combiné (évolution des T° et répartition des précipitations).

⑪ Évolution de la population en Belgique

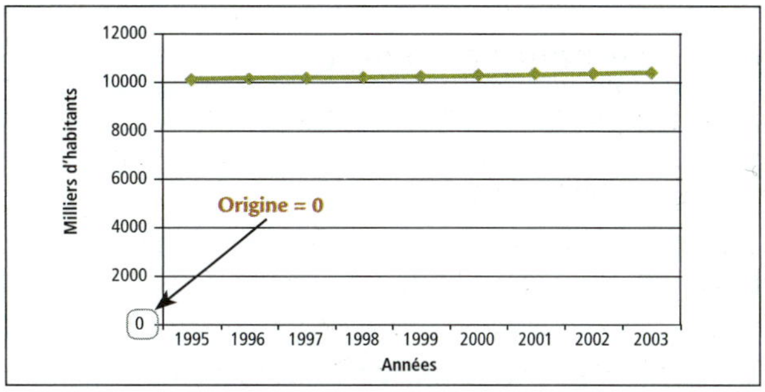

Source : DGSIE.

⑫ Évolution de la population en Belgique

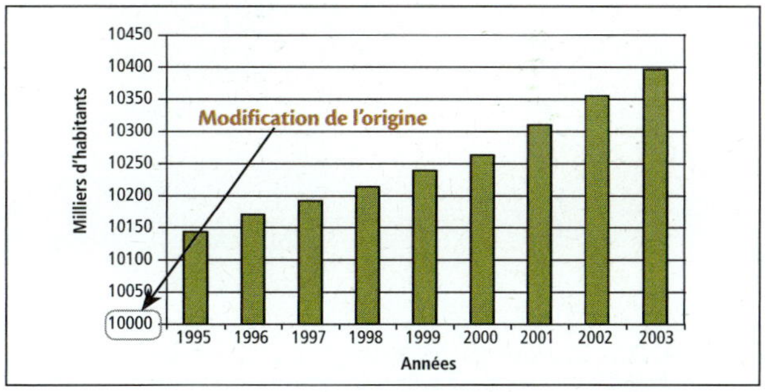

Source : DGSIE.

⑬ Évolution de la population en Belgique

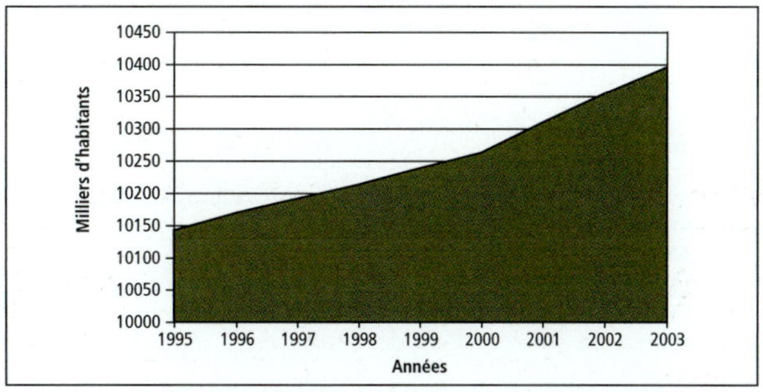

Source : DGSIE.

⑭ Diagramme ombrothermique d'Uccle (Belgique)

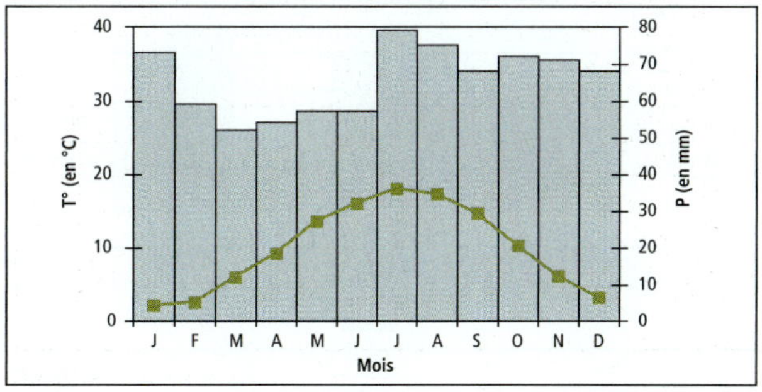

Source : FEGEPRO.

4.3 STATISTIQUES DE RÉPARTITION OU DE DÉCOMPOSITION

Les statistiques de répartition ou de décomposition servent à préciser la distribution d'une valeur totale entre ses différentes composantes 15.

Exemples: la population par continent en 1985, le budget de l'État réparti par ministère, les importations d'un pays réparties par pays d'origine, la répartition de la population par classe d'âge, etc.

Ce type de données peut se traduire par différents graphiques. Encore une fois, il s'agit de trouver la meilleure adéquation entre le message à transmettre et le graphique 16 17 18 19.

Mots-clés
- répartition
- décomposition
- structure de
- pourcentage de
- subdivision

15 Production de pétrole par région (en milliers de barils par jour)

	1983	1993	2003
Amérique du Nord	9 857	8 143	7 190
Amérique latine	6 101	7 347	9 539
Europe de l'Est	12 699	7 922	9 937
Europe de l'ouest	3 357	4 823	5 624
Moyen-Orient	11 149	18 264	20 451
Afrique	4 442	6 166	7 270
Asie et Pacifique	4 797	6 462	7 075
Monde	**52 402**	**59 127**	**67 086**
Dont OPEP	16 615	24 230	26 885

Source: OPEP.

16 Importance de l'OPEP dans la production mondiale

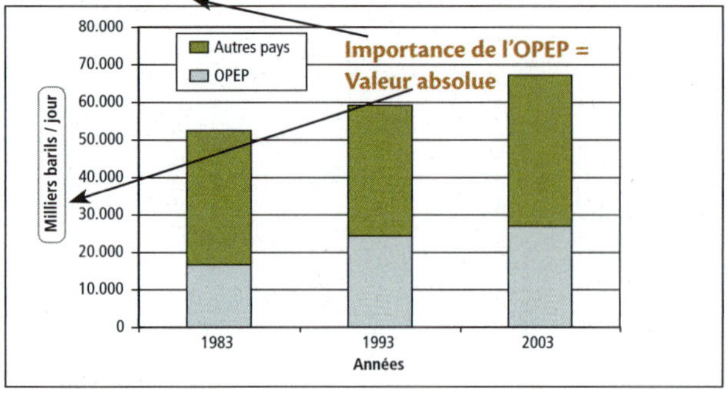

Source: OPEP.

17 Part de l'OPEP dans la production mondiale

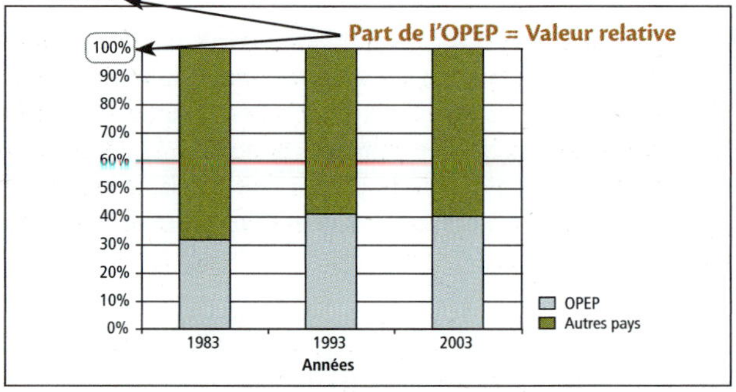

Source: OPEP.

18 Répartition géographique de la production de pétrole en 2003

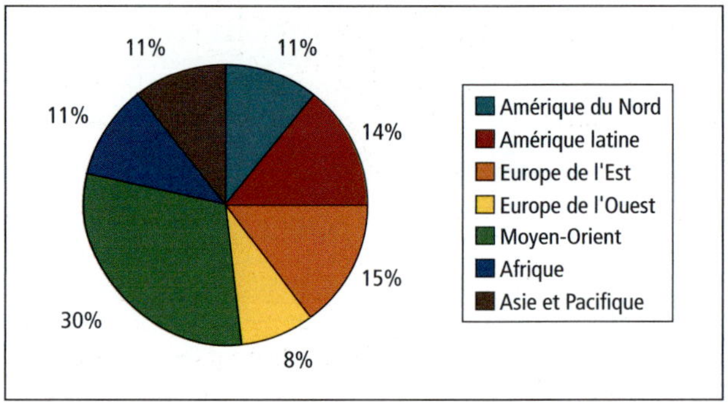

Source: OPEP.

19 Importance de l'OPEP dans la production mondiale

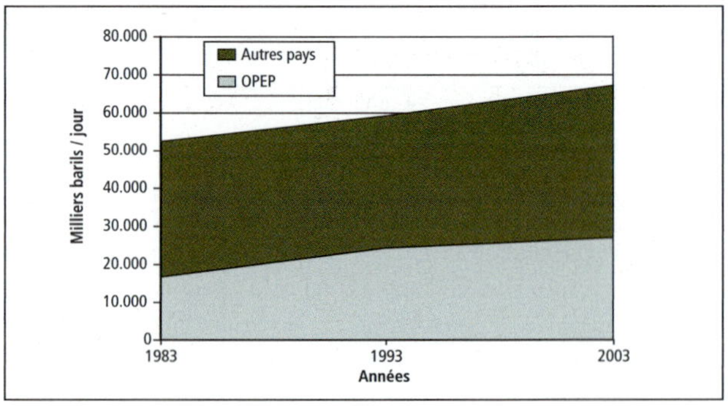

Source: OPEP.

Par rapport aux données du document 15, ce type de graphique est déconseillé car il n'y a que 3 années de statistiques. La représentation adoptée dans le doc. 19 laisse penser que l'évolution a été continue. Or, le tableau statistique (doc. 15) n'apporte aucune information à ce sujet! Cela aurait été différent si des chiffres étaient fournis pour chaque année.

La pyramide des âges est un graphique de répartition, par classe d'âge et par sexe ⓴.

Il s'agit d'une «photographie» d'une population à une date déterminée. Elle sera très utile pour comprendre le passé et l'avenir démographique d'une population et pour effectuer des comparaisons entre plusieurs populations. Nous vous conseillons de toujours représenter le% de chaque classe d'âge par rapport à la population totale. Dans ce cas, il est possible de superposer deux pyramides à des dates différentes.

⓴ Pyramide des âges de la Belgique (estimation 2005)

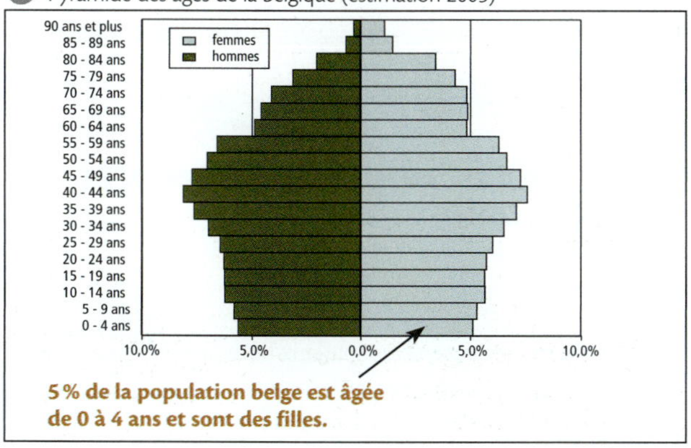

Source: US Census Bureau.

Le diagramme triangulaire est utilisé lorsqu'il y a trois subdivisions et que le nombre d'objets à représenter (de pays) est important ㉑.

㉑ Répartition de la population active par secteur d'activités

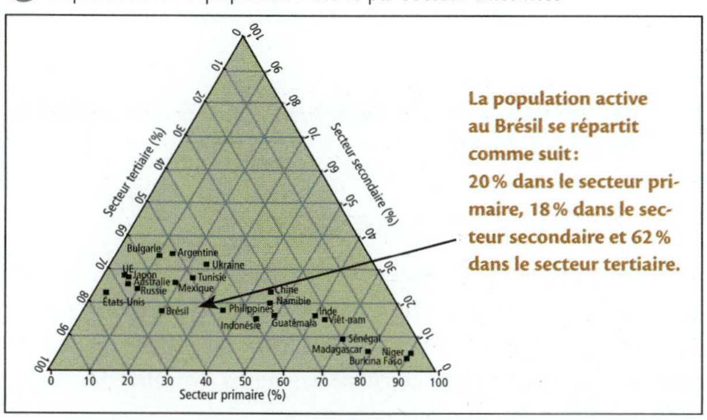

Source: ATLASECO.

Ce graphique permet rapidement de visualiser des groupes de pays aux caractéristiques différentes et donc, dans certains cas, d'établir des typologies (ex.: pays industrialisés, pays «jeunes», pays «vieux», etc.).

4.4 STATISTIQUES DE CORRÉLATION

Les statistiques de corrélation servent à découvrir ou à vérifier si une relation entre deux variables existe. Généralement, ce type de statistiques comporte beaucoup de données.

Exemples: relation entre le taux d'urbanisation et le PIB/habitant, relation entre la croissance économique et l'immigration, etc.

Mots-clés

- *relation*
- *lié à*
- *varie avec*
- *évolue en même temps que*
- *est fonction de*

L'analyse d'un graphique de corrélation consiste à mettre en évidence la relation entre deux indicateurs ㉒. Attention à l'interprétation des relations. En effet, on a souvent tendance à parler rapidement de relation de cause à effet. Or, ce type de graphique peut simplement montrer s'il existe ou non une relation. Et toute relation n'implique pas nécessairement une relation causale. Pour arriver à trouver le sens de la relation (cause => effet), il faut généralement posséder des informations complémentaires.

㉒ Relation entre taux de natalité et taux de mortalité

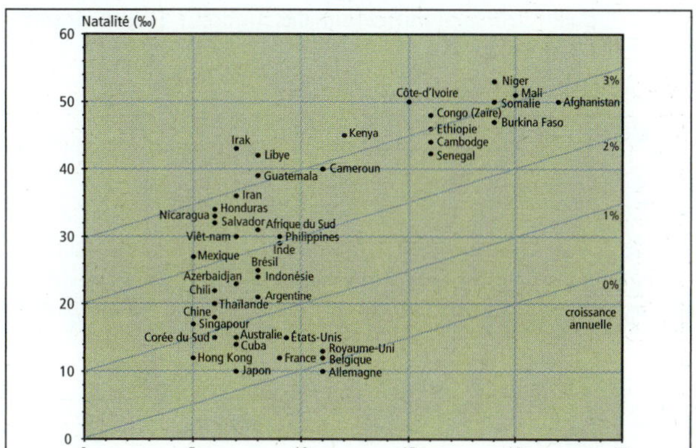

Source: Banque mondiale.

Fiche 49 Analyser des cartes

> **Tâches de l'élève**
> La recherche personnelle, basée préalablement sur le choix d'une situation-problème (FICHE 45), place l'élève en situation de projet dans le cadre d'un exercice complet au niveau des apprentissages : collecter l'information en privilégiant la diversité des documents, la comprendre, l'interpréter, la critiquer et la présenter. Dès lors, à partir d'un recueil de documents, l'élève met en évidence des éléments susceptibles d'alimenter une recherche géographique.

1. LES PRINCIPES GÉNÉRAUX DE L'ANALYSE CARTOGRAPHIQUE

1.1 LIRE LES INFORMATIONS REPRÉSENTÉES SUR LA CARTE ❶

LE TITRE ET LES DONNÉES GÉNÉRALES

- Quel est le sujet de la carte ?
- Quelle est la source des données ?
- Quels sont les éléments cartographiés ?
- Qui est l'auteur de la carte ?
- De quand datent les données ?
- De quel type de carte s'agit-il ? (voir point 2)

LE TERRITOIRE CARTOGRAPHIÉ

- Quel est le territoire cartographié ? Où se situe-t-il ?
- Quels découpages territoriaux ont été choisis ?
  (Ex. pays, régions, provinces...)
- Quelle est l'échelle de la carte ?

LA LÉGENDE DE LA CARTE

- Comment la légende est-elle organisée, hiérarchisée ?
- Que signifient les termes utilisés ?
- Les éléments cartographiés sont-ils qualitatifs ou sont-ils des variables quantitatives ?
- Si ce sont des variables quantitatives (pour chaque variable) :
  - quelle est l'unité de la variable ?
  - comment la variable est-elle ordonnée ? Quelles limites ont été choisies ?
  - quel est le mode d'implantation de la variable sur la carte ? (points, lignes ou surfaces)
  - quelle est la signification des figurés ? (sigles, trames, couleurs...)

> **BONNE HABITUDE**
> Choisir un point de la carte et exprimer sa signification. Exemple : Plus de 14 % de la population du Sud de l'Italie disposent de moins de 60 % du revenu national médian. Il s'agit d'une des régions les plus pauvres de l'Union européenne.

1.2 DÉCRIRE LES INFORMATIONS EXPRIMÉES SUR LA CARTE

DU GÉNÉRAL ...

- Quels grands ensembles spatiaux homogènes apparaissent ?
- Comment se localisent-ils les uns par rapport aux autres ?
- Quels contrastes majeurs sont bien visibles ?
- Y a-t-il d'autres observations importantes ?

... AU PARTICULIER (EN FONCTION DE L'OBJECTIF DU TRAVAIL)

- Dans chaque ensemble homogène, existe-t-il des contrastes plus précis ?
- Certains territoires présentent-ils des particularités ?
- Y a-t-il d'autres observations particulières ?

1.3 INTERPRÉTER LES INFORMATIONS EXPRIMÉES PAR LA CARTE

ÉMETTRE DES HYPOTHÈSES EXPLICATIVES

Comment pourraient s'expliquer les localisations des grands ensembles homogènes, des contrastes, des particularités... ? A partir de connaissances acquises précédemment ou en confrontant d'autres sources d'informations, émettre des hypothèses explicatives au mode conditionnel.

EXPLIQUER (EN FONCTION DE L'OBJECTIF DU TRAVAIL)

Après une recherche plus approfondie (autres sources d'informations, références théoriques, etc.), émettre des explications validées.

1 Lecture d'une carte thématique

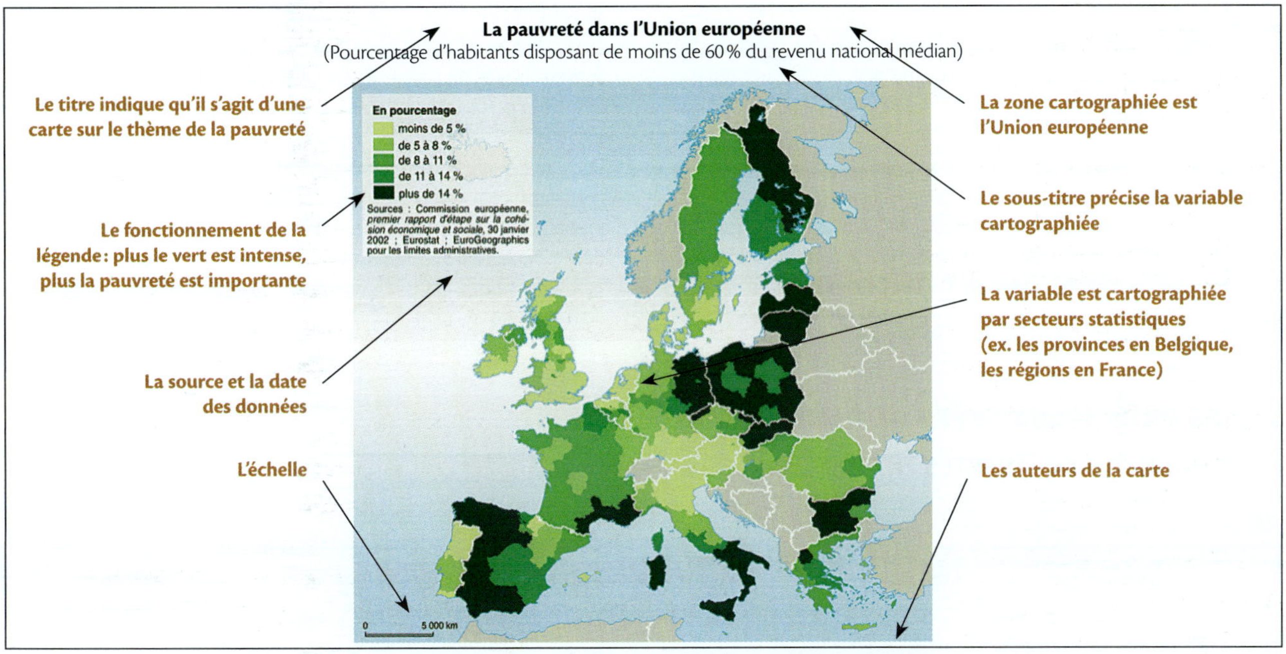

P. REKACEWICZ et I. FIGUEIREDO, dans *Le Monde Diplomatique*, 2003.

1.4 EXPRIMER UNE ANALYSE CARTOGRAPHIQUE = RÉDIGER UN COMMENTAIRE

S'EXPRIMER CORRECTEMENT

- Veiller à l'orthographe.
- Construire des phrases simples judicieusement ponctuées.
- Utiliser des termes géographiques précis.
- Donner quelques exemples pour illustrer.

STRUCTURER LE COMMENTAIRE

- Aller du général au particulier = ne pas commencer par des détails.
- Diviser le commentaire en paragraphes qui rendent compte de la démarche d'analyse (Lire –> Décrire –> Interpréter).
- Mettre en évidence les relations par des expressions simples (Ex. « au même endroit que », « à cause de », « c'est pourquoi », etc.).

BONNES HABITUDES

- Rédiger le commentaire en s'adressant à quelqu'un qui ne dispose pas de la carte.
- Relire le commentaire à haute voie et l'améliorer.

Rédiger un commentaire du document 1 :
LIRE – DÉCRIRE – INTERPRÉTER

LIRE
Cette carte intitulée « La pauvreté dans l'Union européenne » présente le pourcentage d'habitants disposant de moins de 60 % du revenu national médian en 2002. Cette variable est cartographiée selon les secteurs statistiques reconnus par Eurostat : les provinces en Belgique ou en Espagne, les régions en France ou les länder en Allemagne. Cinq classes ont été identifiées allant de moins de 5 % à plus de 14 % et exprimées par une intensité croissante de couleur verte.

DÉCRIRE

On peut tout d'abord observer qu'il existe de fortes «disparités» en matière de pauvreté dans l'Union européenne. De manière générale, on constate que la pauvreté est moins grande dans une zone traditionnellement appelée «centre» de l'Union européenne. Il s'agit, le plus souvent, de régions appartenant à des pays membres de l'Union depuis plus longtemps comme le Royaume-Uni, les Pays-Bas ou le nord de l'Italie.

Les régions les plus pauvres sont souvent localisées en «périphérie» de l'Union européenne comme le sud de l'Espagne et de l'Italie ou des pays ayant adhéré récemment à l'Union (la Pologne, l'Estonie...). Cette relative pauvreté s'explique notamment par leur éloignement du «centre dynamique et densément peuplé» de l'Europe, par l'importance des activités traditionnelles dans leur économie (ex: l'agriculture) ou le retard qu'ils ont accumulé en appartenant au «bloc communiste».

INTERPRÉTER

Certains pays «excentrés» comme l'Irlande ou le Portugal présentent moins de pauvreté. On pourrait peut-être y lire l'effet des aides qu'ils ont reçues de l'Union européenne ainsi que le résultat de «politiques de développement» très volontaristes.

De manière plus précise, des pays «riches» comme la Belgique montrent cependant des régions plus pauvres; c'est notamment le cas de la Wallonie. Différents facteurs peuvent sans doute expliquer ce phénomène mais, souvent, l'ancien «tissu industriel» tarde à s'y reconvertir et le chômage y est devenu «structurel».

2. LES PRINCIPAUX TYPES DE CARTES ❷

2.1 DES CARTES DIFFÉRENTES EN FONCTION DES BESOINS

❷ Les différents types de cartes

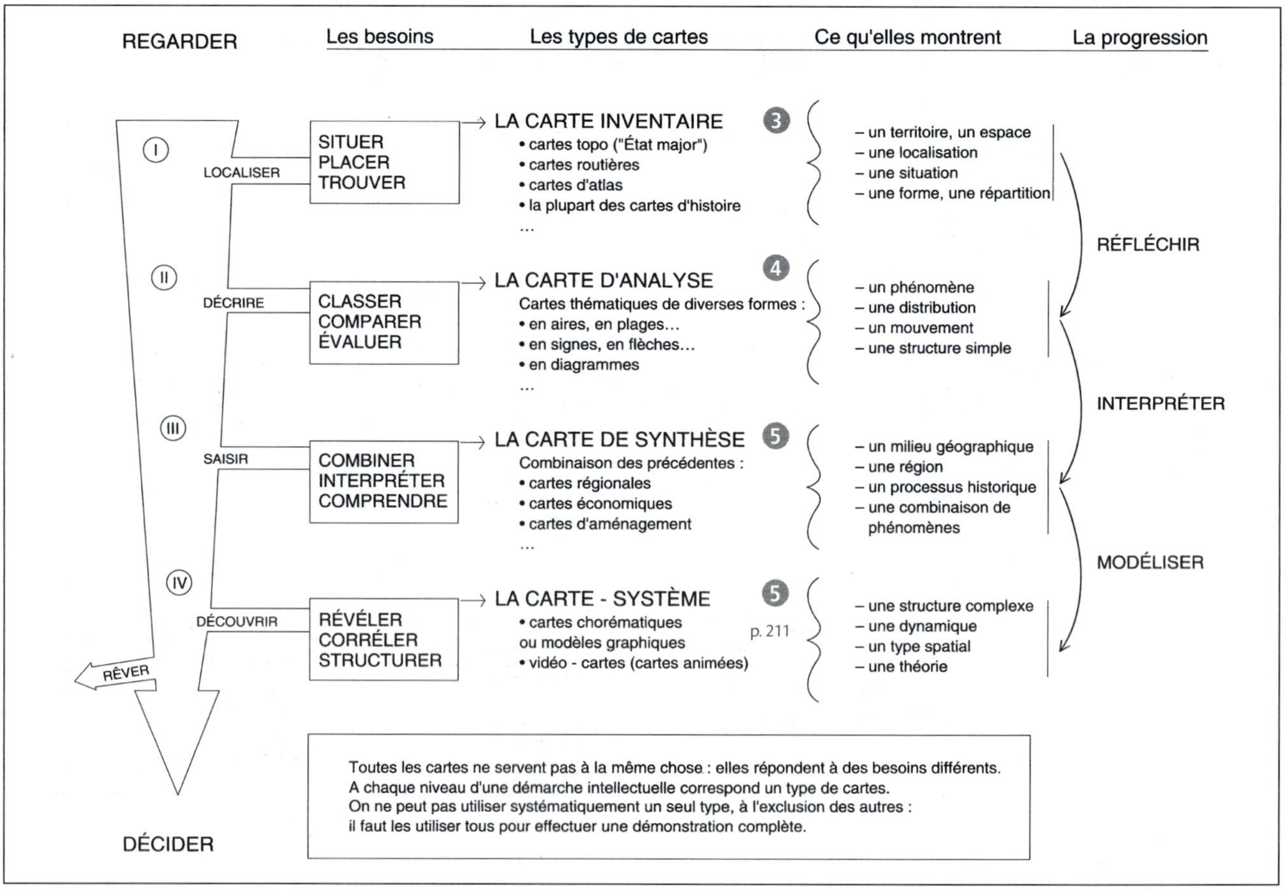

D'après Hugonie, 1995.

2.2 EXEMPLES DE CARTES

❸ La carte inventaire

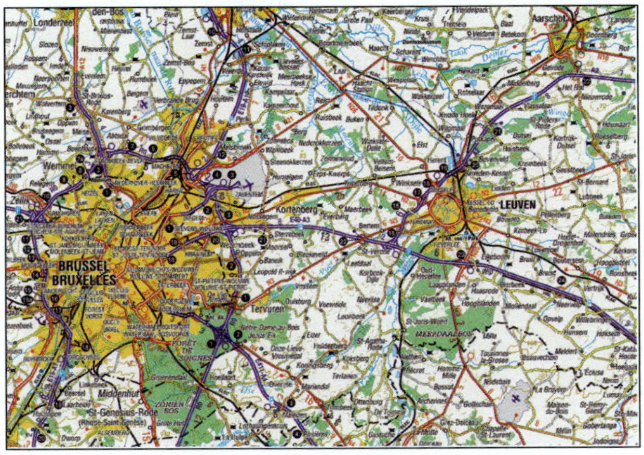

Extrait de la carte topographique de Belgique au 1/250.000 - © I.G.N. (aut.A2192)

❹ La carte d'analyse: le parcours TGV en Région Wallonne

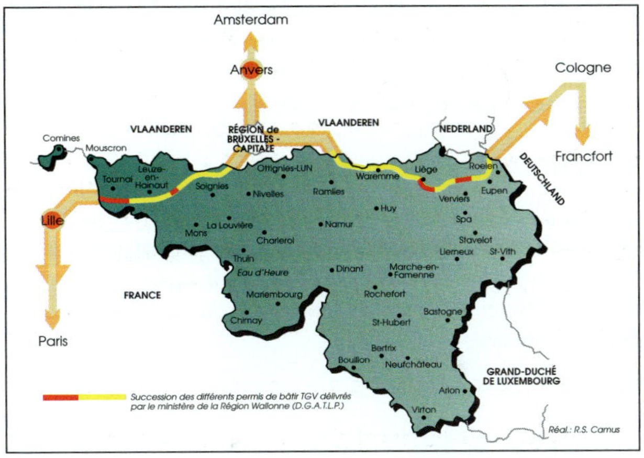

Région Wallonne.

❺ La carte de synthèse: l'économie de la drogue

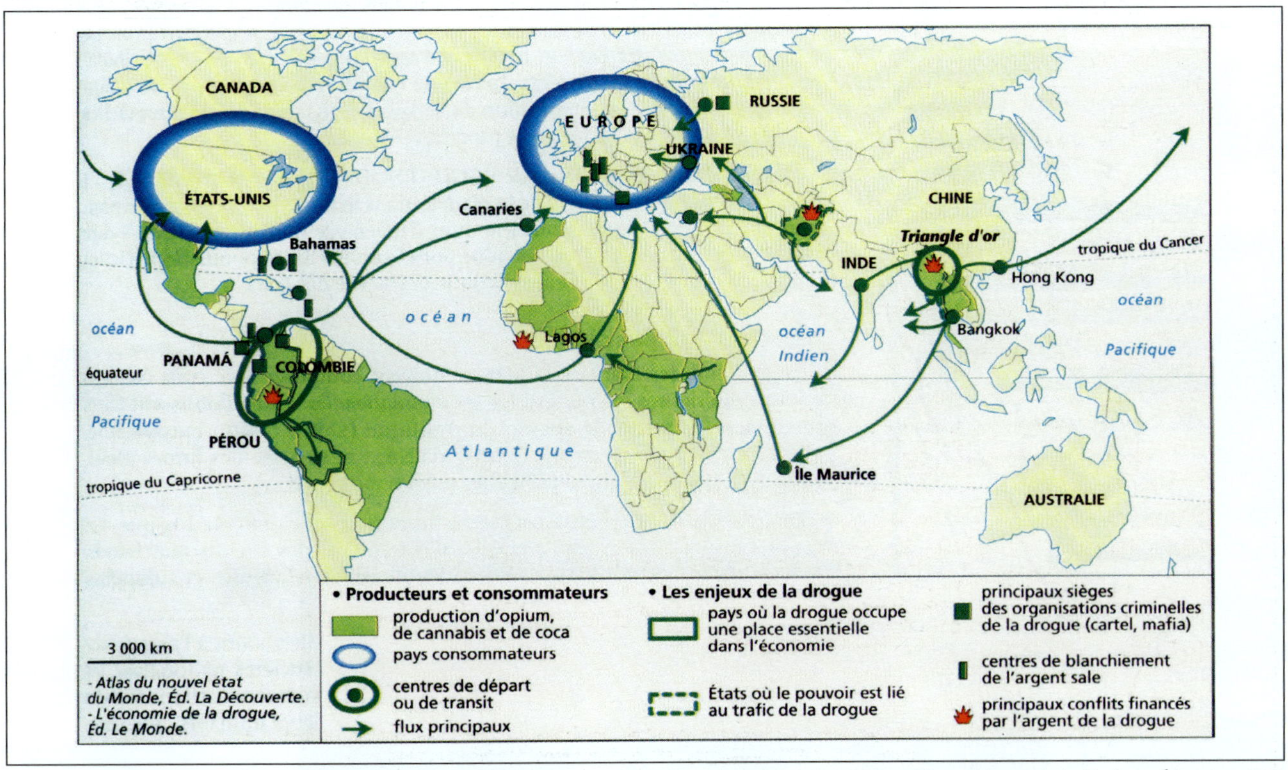

Source: Géographie terminale, Hachette Éducation, 1998.

Fiches

fiche 53 : présenter une synthèse systémique

Fiche

50 De la coupe topographique au transect

1. MÉTHODE

Le procédé consiste à réaliser une coupe à travers le relief d'une région à partir d'une carte topographique ❶. Sur ce type de carte, le relief est symbolisé par des courbes de niveau qui relient les points de même altitude. La différence d'altitude entre deux courbes de niveau est appelée l'équidistance.

Tâches de l'élève

À partir de différents documents (cartes, coupes, textes), l'élève schématise l'organisation spatiale d'un territoire sous la forme d'une coupe ou d'un transect. Ces outils permettent l'identification des localisations relatives des composantes spatiales (bâti, affectations, relief, hydrographie). Une fois réalisé, il est plus aisé d'émettre des hypothèses explicatives sur ces localisations relatives.

1.1 CHOIX DE LA COUPE A-B ❶

Marquer l'emplacement de son profil par une portion de droite comprise entre deux lettres. La coupe doit être tracée le plus perpendiculairement possible aux courbes de niveau de manière à bien mettre en évidence les formes de relief qui caractérisent la région étudiée.

❶ Carte topographique simplifiée des massifs de la Chartreuse et de Belledonne (France)

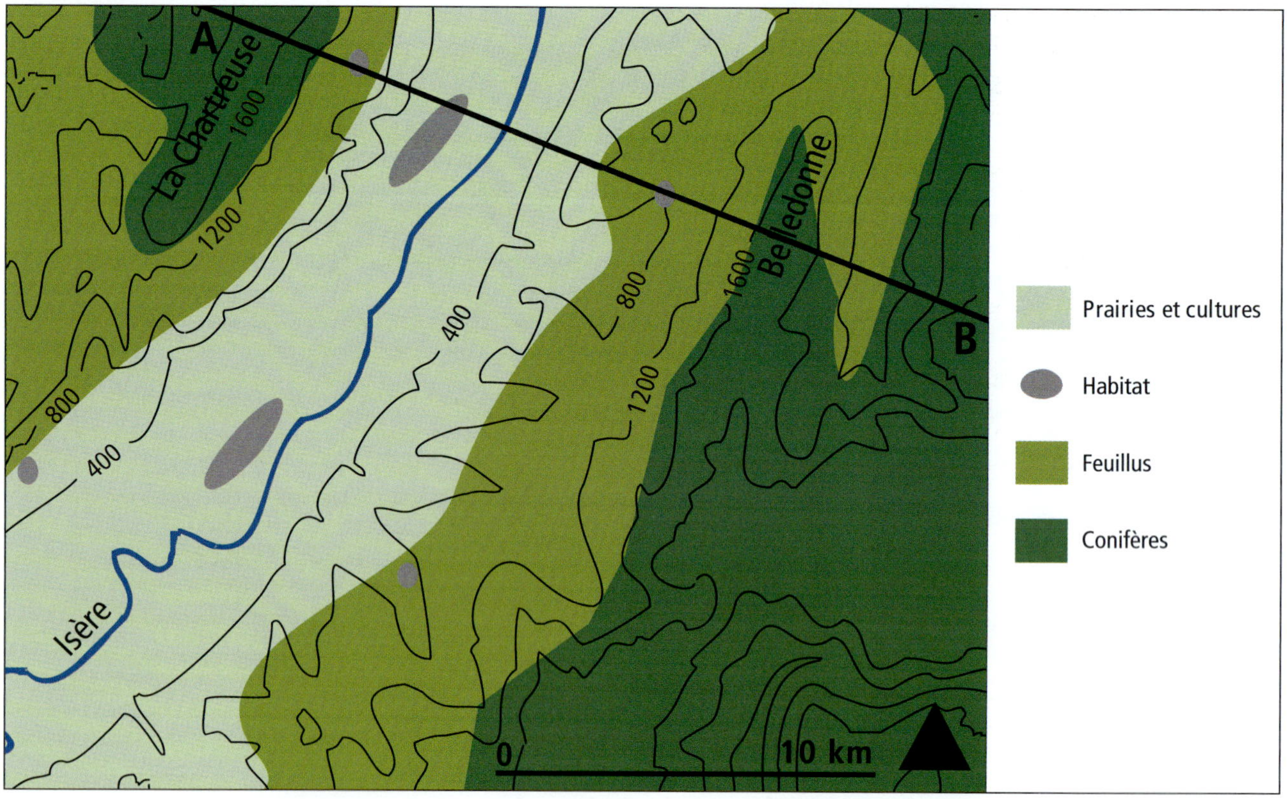

Carte topographique simplifiée d'après IGN, GRENOBLE MONT-BLANC, N°. 53, 1/200 000.

1.2 CHOIX DES AXES ET DES ÉCHELLES ❷

Le profil aura une longueur et une hauteur. La longueur est imposée par l'échelle de la carte (dans ce cas précis, l'échelle des longueurs est de 1/200 000) mais la hauteur sera exagérée afin que la coupe reflète au mieux la perception que l'on a du relief (ici, l'échelle des altitudes sera de 1/ 40 000. Le facteur d'exagération sera donc de 5 X).

L'axe horizontal des longueurs et l'axe vertical des hauteurs seront représentés sur une feuille de papier en fonction des échelles choisies. La graduation de l'axe vertical se fera selon le principe suivant : de l'altitude la plus basse moins la valeur d'une équidistance jusque l'altitude la plus élevée plus la valeur d'une équidistance.

1.3 CONSTRUCTION DE LA COUPE ❷

Une fois les axes tracés, il suffira de faire coïncider ce graphique sous le segment A-B de la carte topographique et d'abaisser les points d'intersection des courbes de niveau avec ce segment sur l'échelle des altitudes. Ces points seront ensuite reliés entre eux de manière à représenter le profil A-B. Le tracé de la coupe qui relie les différents points se fait à main levée.

Le graphique sera accompagné des renseignements suivants :

- un titre ;
- les échelles utilisées ;
- l'exagération des altitudes ;
- les références de la carte ;
- l'orientation de la coupe ;
- les unités utilisées ;
- les points de repère.

EXAGÉRATION DES HAUTEURS

Généralement, on doit exagérer l'échelle des altitudes lorsqu'on construit une coupe topographique.

En effet, si on garde la même échelle que celle de la carte, le relief sera souvent peu visible.

En Belgique, si on utilisait l'échelle traditionnelle des cartes topographiques (1/20 000 ou 1/25 000) pour représenter les altitudes, le relief serait représenté par une distance de l'ordre de 1 cm. En effet, 1 cm = 200 mètres ou 250 mètres ce qui représente le dénivelé dans les Ardennes.

Pour mettre en évidence le relief, il faut changer l'échelle des altitudes.

Comment ? Simplement en multipliant l'échelle des longueurs par un facteur d'exagération. En Belgique, ce facteur d'exagération est souvent 5.

En adoptant ce principe, la nouvelle échelle des altitudes est de 1/5.000 pour une carte au 1/25 000, ce qui signifie que 1cm = 50 m.

$$\frac{1}{25.000} \times 5 = \frac{1}{5.000}$$

La différence d'altitude de 250 m sera représentée par une distance de 5 cm.

Conclusion

Le relief sera mieux perçu visuellement en exagérant l'échelle des altitudes.

- Echelle des longueurs = échelle de la carte ;
- Echelle des altitudes = échelle de la carte multipliée par un facteur d'exagération, généralement compris entre 2 et 5 pour la Belgique.

❷ Coupe A-B de la vallée de l'Isère

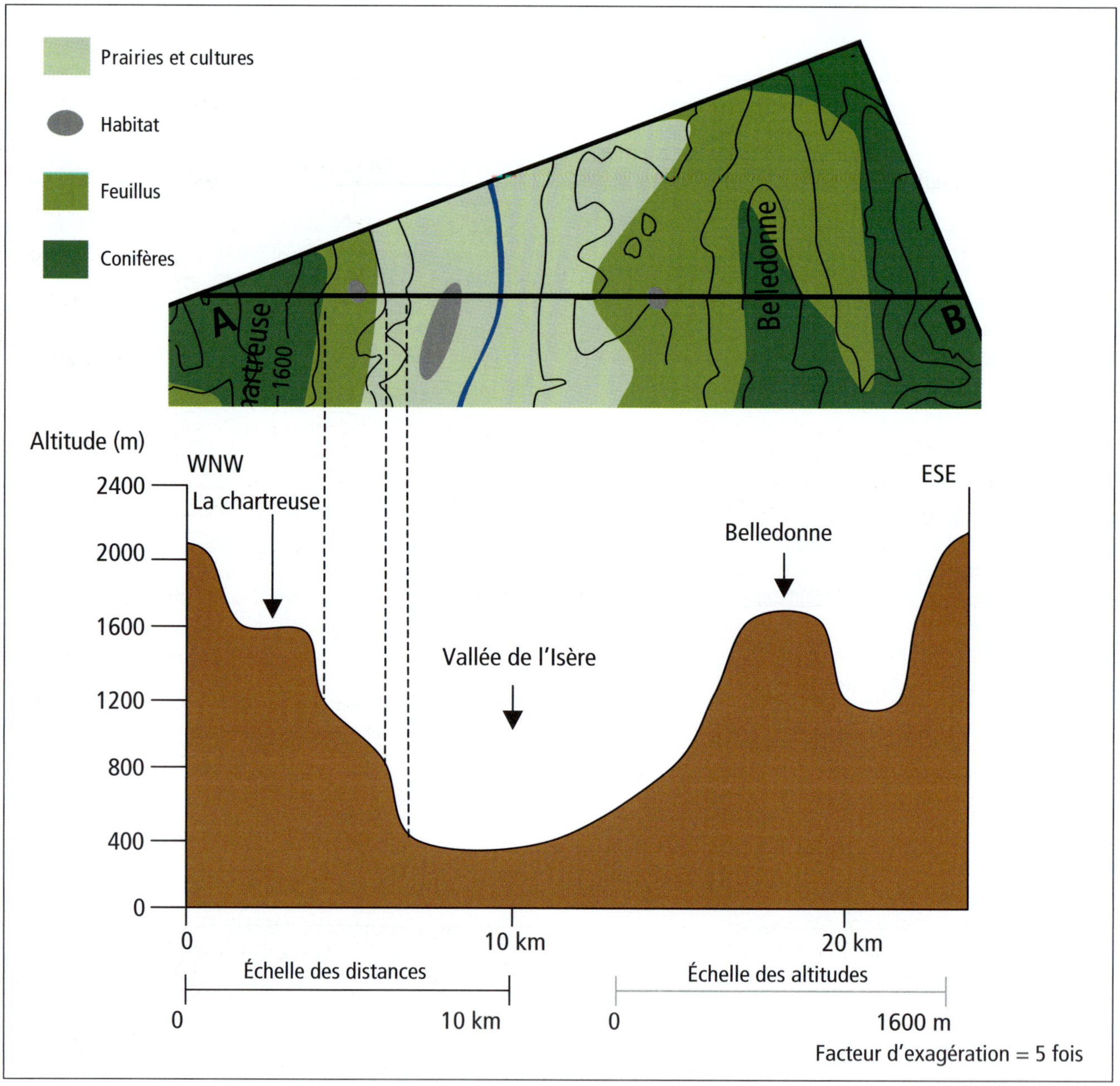

Source : carte IGN, Grenoble - Mont-Blanc, N°. 53.

1.4 L'HABILLAGE DE LA COUPE ❸

Le procédé consiste à indiquer l'affectation du sol sur la coupe soit à partir des informations contenues sur la carte topographique ou à partir d'un document descriptif de l'occupation du sol.

CHOIX DES COULEURS

Il n'y a pas à proprement parlé de règles strictes qui contraignent à utiliser une gamme de couleurs plutôt qu'une autre. Cependant, certains usages tendent à prévaloir. Ce sont ceux que l'on retrouve sur les cartes topographiques.

FINITIONS

Pour terminer le transect, il suffira d'indiquer la légende.

❸ Habillage de la coupe : un transect

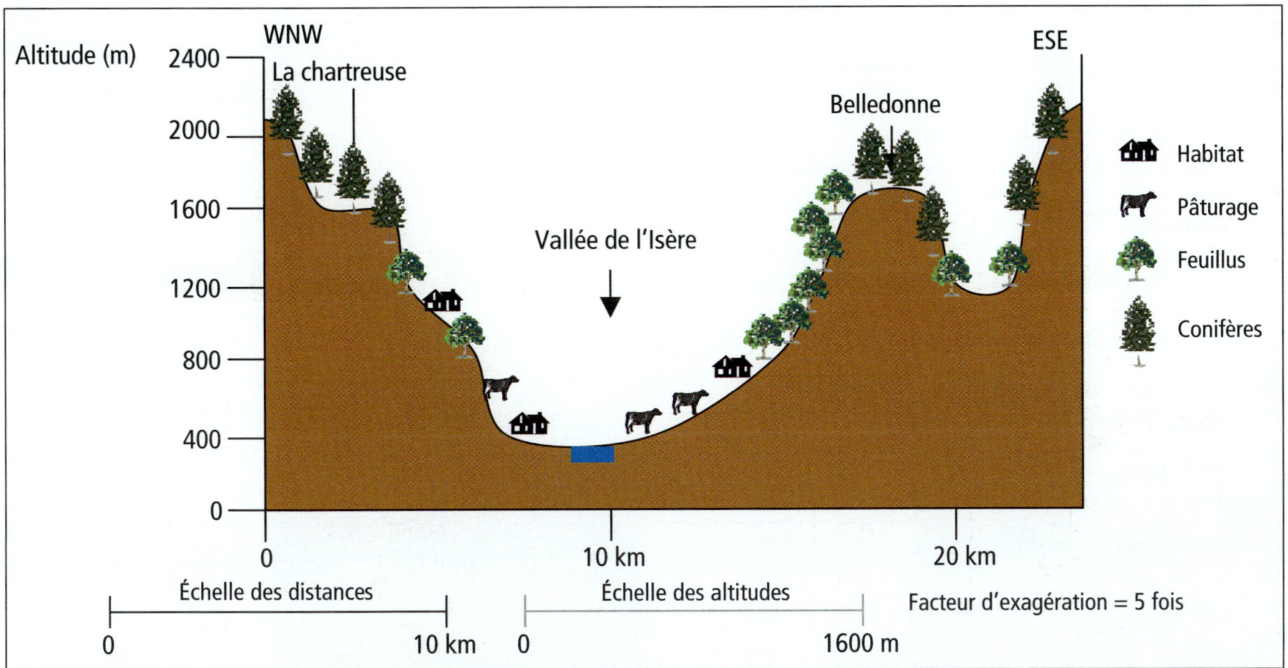

1.5 ANALYSE DE LA COUPE ET DU TRANSECT

Maintenant que la coupe est terminée, la problématique des localisations relatives peut être envisagée. Cela signifie que des hypothèses explicatives peuvent être avancées afin de comprendre cette organisation spatiale. Dans le cas qui nous occupe, il s'agit de comprendre l'étagement des affectations dans le massif alpin. Des hypothèses peuvent être émises puis vérifiées à partir de documents ❹.

❹ L'étagement de la végétation dans les vallées alpines

En montagne, la température diminue d'environ 0,6°C chaque fois que l'on s'élève de 100 mètres. Les précipitations augmentent en conséquence avec l'altitude et finissent par tomber sous forme de neige. Les hivers sont longs et rudes et imposent de fortes contraintes aux activités humaines. L'étagement de la végétation est déterminé principalement par le gradient thermique. Au sein de l'étage alpin par exemple, la température, qui ne dépasse pas 3°C en moyenne dans l'année, y interdit les arbres. Si la température est bien le facteur écologique déterminant dans l'étagement de la végétation en montagne, il en est d'autres qui occupent également une place importante, comme la pluviosité, l'exposition (versant adret et versant ubac) ou encore les types de sols. De cette manière, les limites de ces étages de végétation ne sont pas toujours nettes ni parallèles entre elles.

L'étagement de la végétation est la disposition de la végétation, selon l'altitude, en couches superposées. De la plaine au sommet, se succèdent les étages collinéen, montagnard, subalpin, alpin et nival. Dans le cas des massifs de « La Chartreuse » et de « Belledonne », quatre étages de végétation ont été identifiés. Il s'agit de bas en haut de :

- l'étage des collines (ou collinéen) qui rassemble les villages, les prairies, les cultures et des feuillus comme le chêne, le châtaignier et le frêne. Il ne dépasse pas 900 mètres d'altitude ;
- l'étage montagnard qui est le domaine de la forêt, essentiellement la hêtraie-sapinière, située entre 900 et 1 600 mètres ;
- l'étage subalpin, occupé par la forêt de conifères, qui va jusque 2 000 mètres environ ;
- l'étage alpin qui porte une pelouse rase, où les fleurs ont plus ou moins trois mois pour se développer. Cet étage monte jusqu'à la limite des neiges éternelles soit environ jusque 3 000 mètres.

D'après J. Margot, *Étude du milieu de montagne*, FUNDP, 1994.

Fiche 51

Visualiser des disparités spatiales

Tâches de l'élève

- À partir d'une série statistique portant sur la répartition spatiale d'une variable non visible, l'élève cartographie cette répartition.
- À partir d'une carte thématique représentant la répartition spatiale d'une variable non visible, l'élève schématise cette répartition sur une carte.

1. LA RÉALISATION D'UNE CARTE THÉMATIQUE

Pourquoi cartographier une répartition spatiale?

- Pour localiser correctement les territoires concernés.
- Pour visualiser la répartition spatiale de la variable.
- Pour mettre en évidence des disparités spatiales.
- Pour émettre des hypothèses explicatives à ces disparités spatiales.

Voici une méthode pour réaliser une carte thématique à partir de données chiffrées ❶.

❶ Espagne: PIB/hab. en € par communauté autonome (2002)

1. Andalousie	13 320	9. Estrémadure	12 733
2. Aragon	19 211	10. Galice	15 322
3. Asturies	15 427	11. La Rioja	20 482
4. Cantabrie	16 441	12. Madrid	22 870
5. Castille et Léon	17 037	13. Murcie	14 273
6. Castille-La Manche	14 576	14. Navarre	22 222
7. Catalogne	22 041	15. Pays Basque	21 355
8. Comm.Valencienne	18 231	Moyenne nationale	17 442

Fundacion de las Cajas de Ahorros Confederadas, 2004.

1.1 ÉTABLIR LE GRAPHIQUE CROISSANT DE LA DISTRIBUTION DE LA VARIABLE ❷

❷ Classement des communautés autonomes

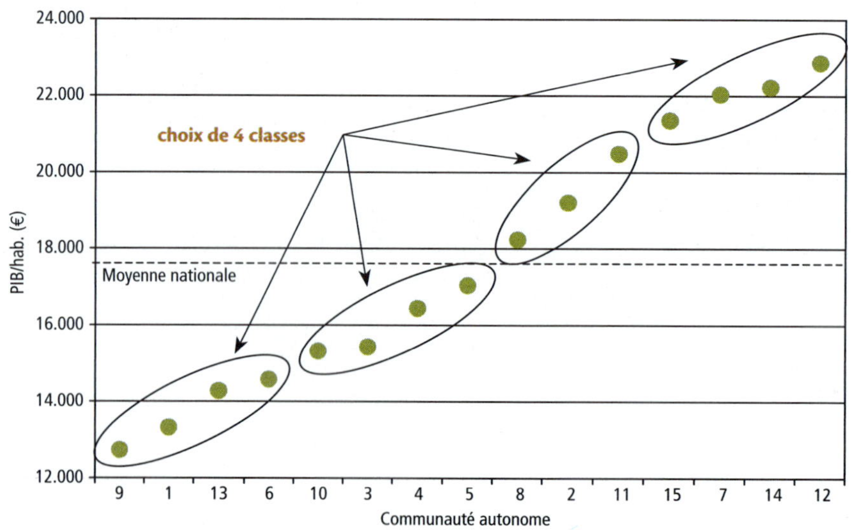

1.2 CHOISIR DES CLASSES ET LEURS LIMITES ❷

Afin de rendre lisible la carte thématique ❸, il convient de choisir 4 ou 5 classes maximum en veillant à regrouper les variables de la manière suivante :

- des variables proches doivent appartenir à la même classe ;
- des variables éloignées doivent appartenir à des classes différentes ;
- l'intervalle des classes ne doit pas nécessairement être constant ;
- certaines limites sont parfois incontournables (ex. une moyenne).

1.3 CHOISIR UN FIGURÉ EN FONCTION DE LA NATURE DE LA VARIABLE

	Le caractère de l'information : **Quantitatif et ordonné** ==> Faire varier le ton ou la densité des hachures		
Avec une couleur			
Avec des hachures			
Avec des points			

❸ Les disparités de développement en Espagne (2002)

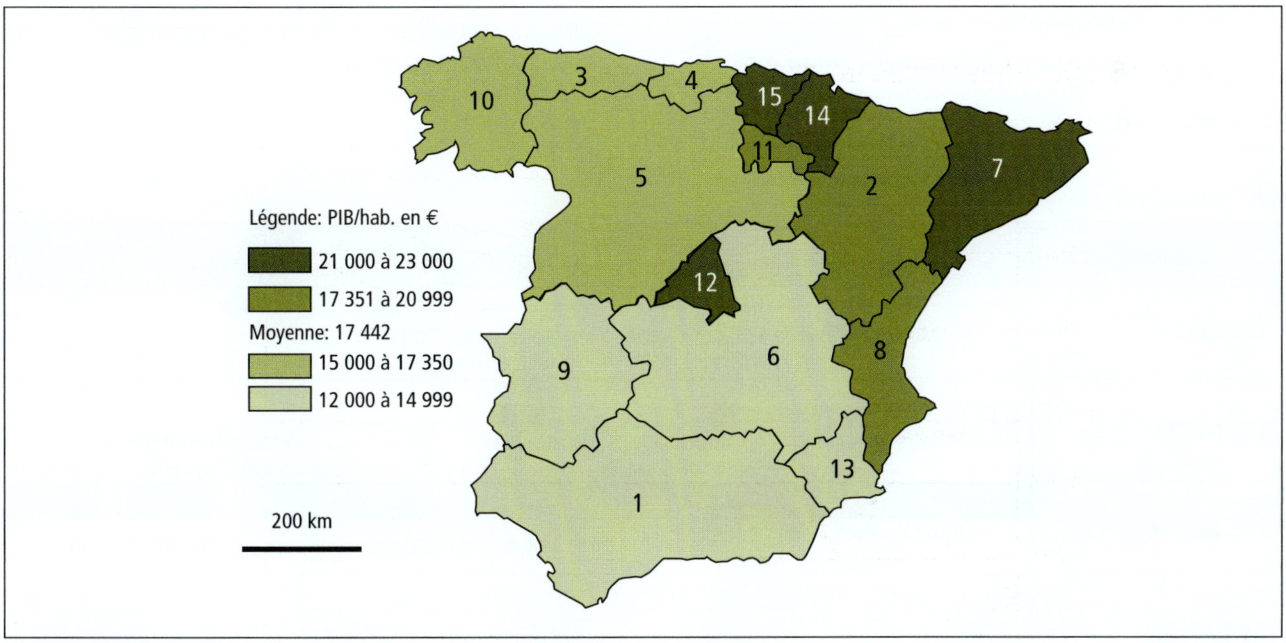

Fiches

fiche 44 : localiser et situer un objet de recherche

2. LA RÉALISATION D'UNE CARTE SCHÉMATIQUE

Pourquoi schématiser une répartition spatiale ?
- Pour résumer une répartition spatiale.
- Pour mémoriser plus facilement une répartition spatiale.
- Pour expliquer à l'aide d'autres sources des disparités territoriales.
- Pour communiquer efficacement.

2.1 ANALYSER CORRECTEMENT LE SUJET

Cerner correctement les limites de l'espace à cartographier et schématiser la forme du territoire ❹.

S'interroger sur le sens de la problématique : À quelle problématique la carte doit-elle répondre ? Que doit montrer la carte synthétique ?

❹ Simplifier le contour de la carte

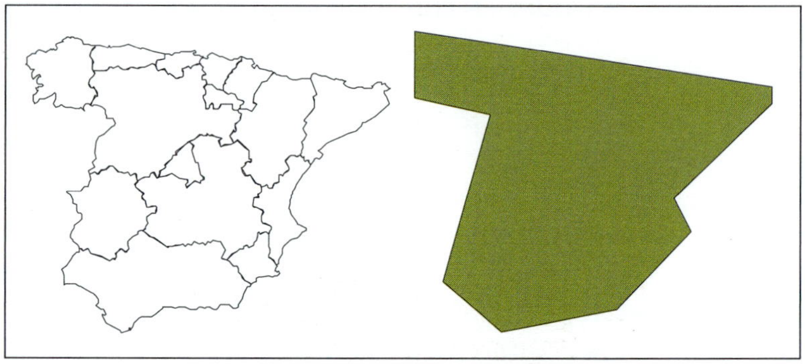

2.2 LISTER, CLASSER ET HIÉRARCHISER LES INFORMATIONS À REPRÉSENTER

- Établir la liste des informations à cartographier pour répondre le plus complètement possible à la problématique. Pour réaliser une carte schématique, il convient de choisir des indicateurs qui conjuguent des informations différentes (axes, points, surfaces).
- Classer les informations à cartographier en deux ou trois thèmes (ou rubriques) qui seront expliqués dans la légende ❺ :
  - des informations qui caractérisent les différents espaces (ex. : régions riches ou moins riches). Ces informations sont représentées par des figurés de surface, elles constituent la toile de fond de la carte schématique ;
  - des informations qui expliquent les disparités territoriales. Elles sont représentées par d'autres figurés, elles donnent des informations complémentaires.

❺ Choisir des figurés adéquats

Les informations	Le langage	
Les axes	Mettre en évidence les différents axes (communications, limites, lignes de rupture, axes de natures différentes)	
Les points	Mettre en évidence les informations ponctuelles : villes, aéroports, ports.	Cette information peut également être proportionnelle
Les surfaces	Mettre en évidence l'opposition entre deux zones	Mettre en évidence un gradient, une progression

Fiches

fiche 45 : choisir une méthode de travail

2.3 RÉALISER LA CARTE SCHÉMATIQUE ❺

En combinant la carte ❸ et une carte d'atlas, il est possible de construire une carte schématique.

❺ Les disparités de développement en Espagne

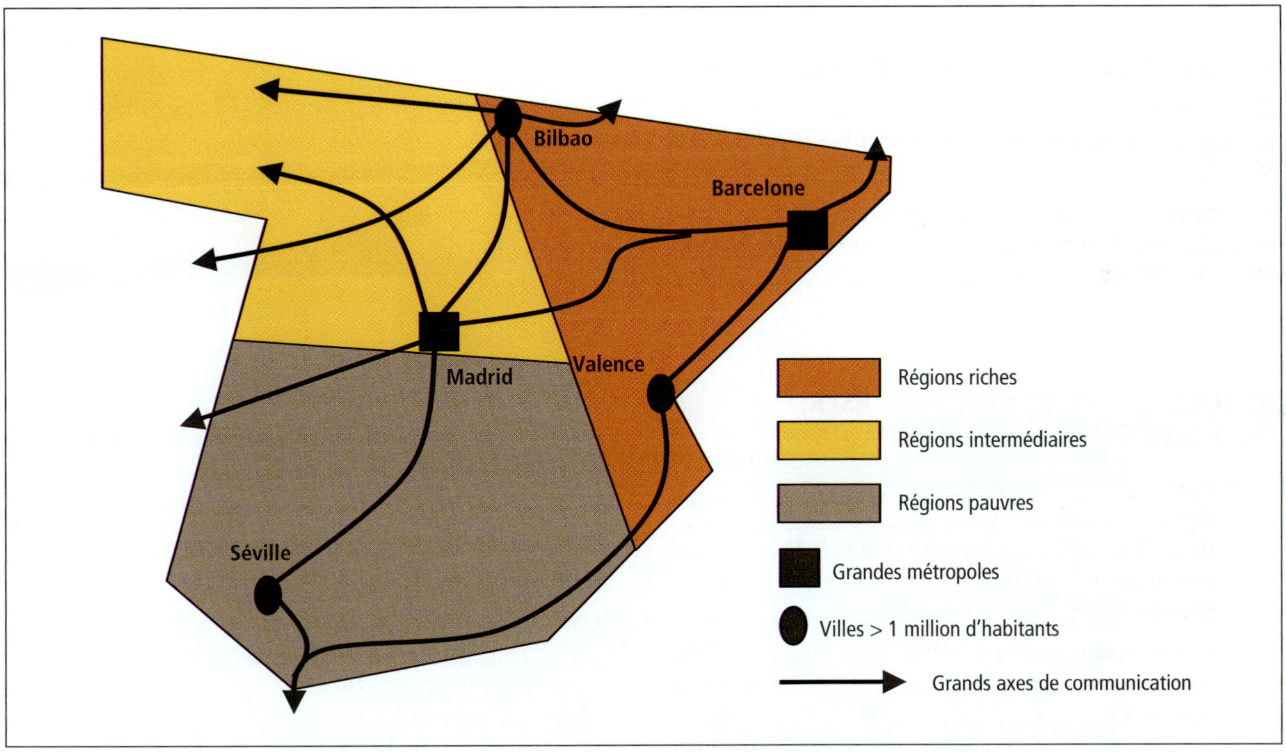

3. ÉMETTRE UNE HYPOTHÈSE EXPLICATIVE À DES DISPARITÉS SPATIALES

3.1 QU'EST-CE QU'UNE HYPOTHÈSE EXPLICATIVE ?

C'est une proposition plausible et vérifiable à partir de laquelle on raisonne pour expliquer la répartition d'une variable ou d'un phénomène.

La confrontation de plusieurs sources (textes, autres cartes, statistiques, etc.) doit permettre de confirmer ou d'infirmer l'hypothèse explicative. Une explication peut rarement expliquer à elle seule une répartition spatiale.

3.2 COMMENT FORMULER UNE HYPOTHÈSE EXPLICATIVE ?

Elle doit être correctement formulée et exprimer clairement le lien avec la répartition spatiale. Voici deux exemples appliqués à la carte ci-dessus :

- la proximité des côtes et du « centre » de l'Europe occidentale explique partiellement pourquoi l'Espagne du Nord-Est est plus développée (lien de cause à conséquence) ;
- le développement des grandes villes a favorisé et a été favorisé par certains grands axes de communication (lien d'interaction).

Fiche 52

Réaliser une carte de synthèse

Les données spatiales sont essentielles pour l'analyse géographique. La carte schématique de synthèse permet de mettre en évidence les structures et caractères essentiels de l'organisation spatiale d'un territoire et de ses dynamiques. Volontairement, on néglige tous les détails, tous les éléments secondaires pour mettre en évidence les faits principaux. Cette synthèse peut être simple (quelques indicateurs utilisés sur un même thème ou sur deux, trois thèmes) ou plus complexe (de nombreux indicateurs sont utilisés). De ce fait, cette technique peut être utilisée très rapidement à partir de la 3e.

Tâches de l'élève

L'élève est confronté à une série de cartes sur une région déterminée (région, pays, etc.). À partir de ces différentes cartes, l'élève souhaite mettre en évidence une synthèse spatiale de son analyse.

1. LE LANGAGE DES CARTES SCHÉMATIQUES

La réalisation d'une carte schématique de synthèse implique une lecture rigoureuse de l'information. En effet, en fonction du type d'information, un langage approprié sera utilisé ①. Ce tableau donne quelques règles pour construire votre carte schématique.

① Choisir des figurés adéquats

Les informations	Le langage	
Les flux	→ ➡ Mettre en évidence une variation du flux	
Les variations	+ - Mettre en évidence les régions dynamiques et les régions en déclin	▲ ▼ Mettre en évidence les régions dynamiques et les régions en déclin
Les axes	Mettre en évidence les différents axes (communications, limites, lignes de rupture, axes de natures différentes)	
Les points	■ ▲ Mettre en évidence les informations ponctuelles : villes, aéroports, ports.	Cette information peut également être proportionnelle
Les surfaces	Mettre en évidence l'opposition entre deux zones	Mettre en évidence un gradient, une progression

Pour réaliser une carte de synthèse, il convient de choisir des indicateurs qui conjuguent des informations différentes (axes, points, surfaces, etc.).

Thèmes	Indicateurs	Types d'information
Le cadre naturel	Carte du relief	Axes (barrières) ou gradient
Économie	Croissance du PIB Évolution de l'emploi Taux de chômage	Variations ou surfaces Variations ou surfaces Variations ou surfaces
Population	Taille des villes Densité de population	Points Surfaces
Transport	Flux autoroutiers Réseau ferroviaire Aéroports	Flux Axes Points

2. DES CARTES THÉMATIQUES À LA CARTE SCHÉMATIQUE

2.1 LA SCHÉMATISATION DU TERRITOIRE

La première étape consiste à schématiser le territoire étudié en simplifiant le contour de la zone à représenter.

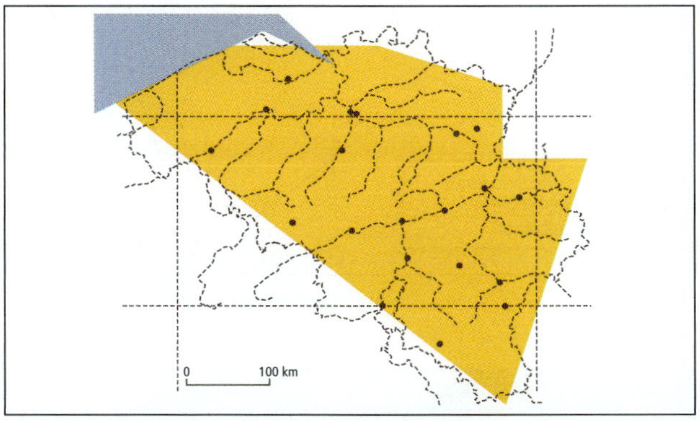

Par la suite, il est possible de mettre des références politiques (villes principales) et/ou références hydrographiques (par ex. cours d'eau principaux).

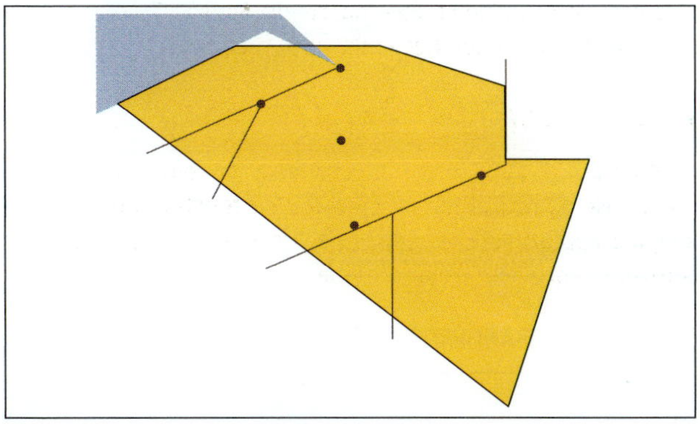

2.2 DES INFORMATIONS DE SURFACE

DENSITÉ DE POPULATION EN 2003

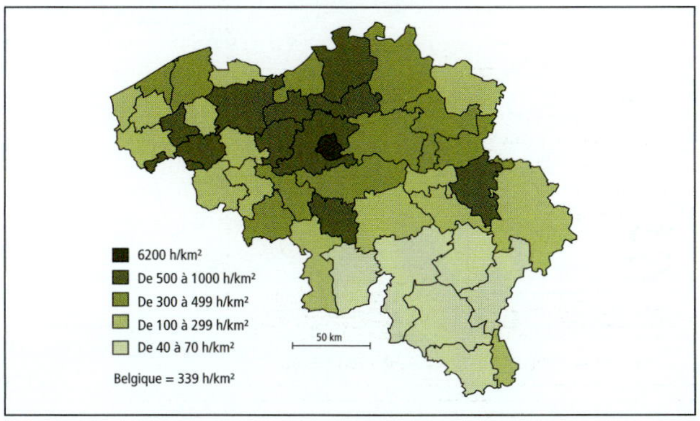

Source: INS.

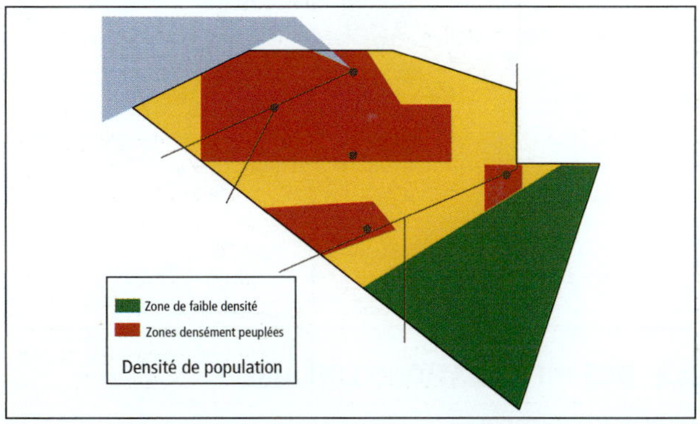

Auteurs: BELAYEW D., BOSSON L. et ORBAN F.

REVENU MOYEN PAR DÉCLARATION FISCALE (2001)

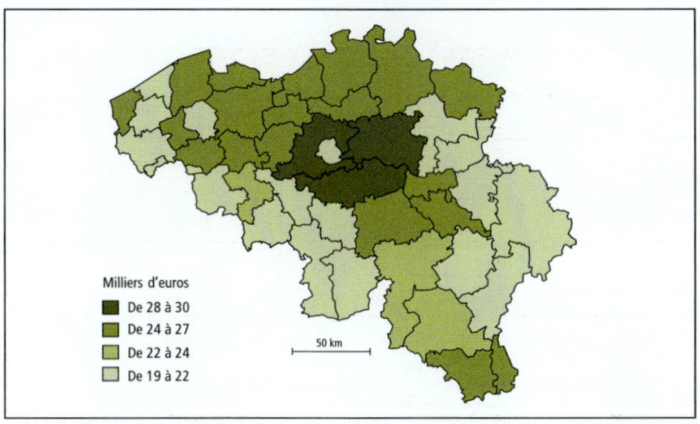

Source: SFP - Économie INS.

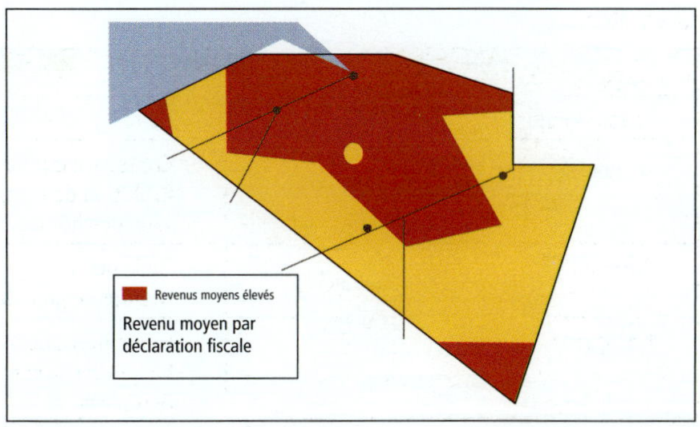

2.3 DES INFORMATIONS PONCTUELLES

NOYAUX D'HABITATS DE PLUS DE 5000 HABITANTS (1991)

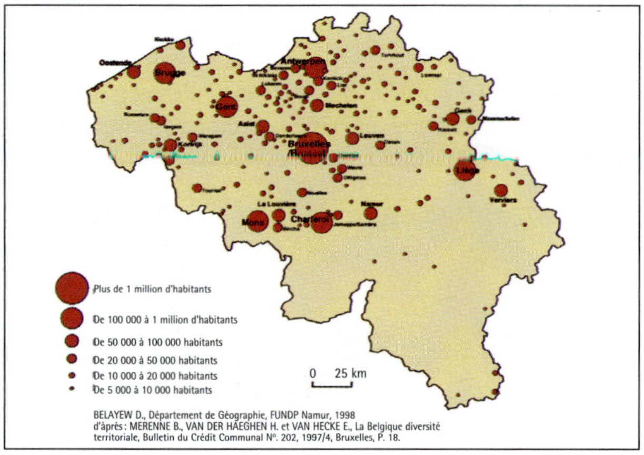

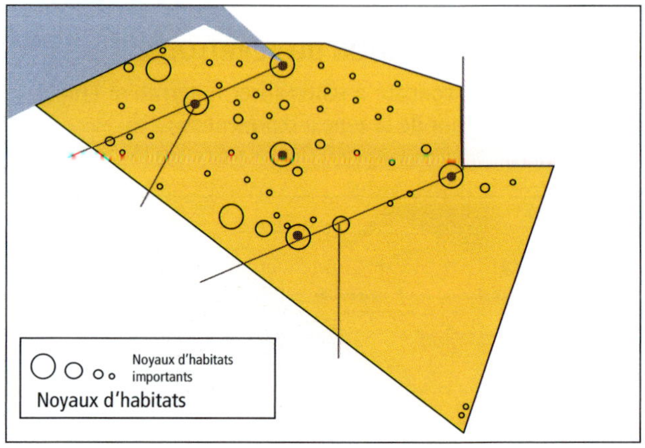

Auteurs: Belayew D., Bosson L. et Orban F.

POPULATION ÉTRANGÈRE (2004)

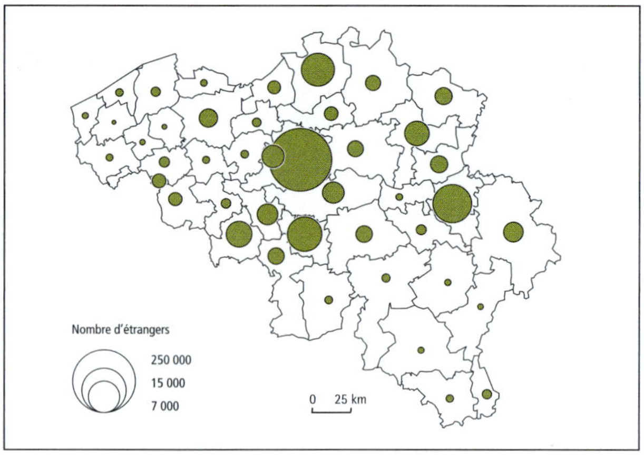

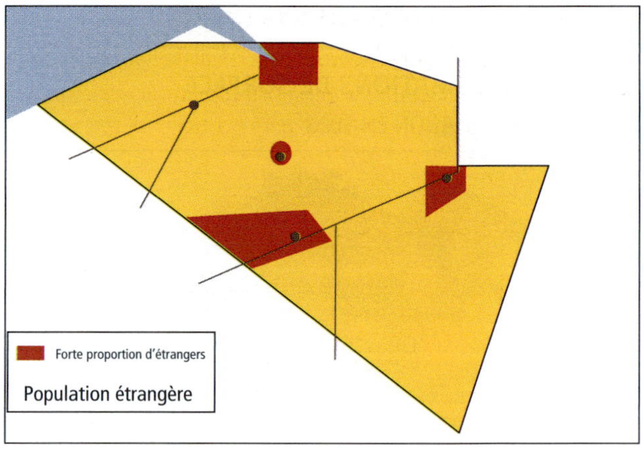

Auteurs: Belayew D., Bosson L. et Orban F.

2.4 DES INFORMATIONS LINÉAIRES

FLUX AUTOROUTIERS

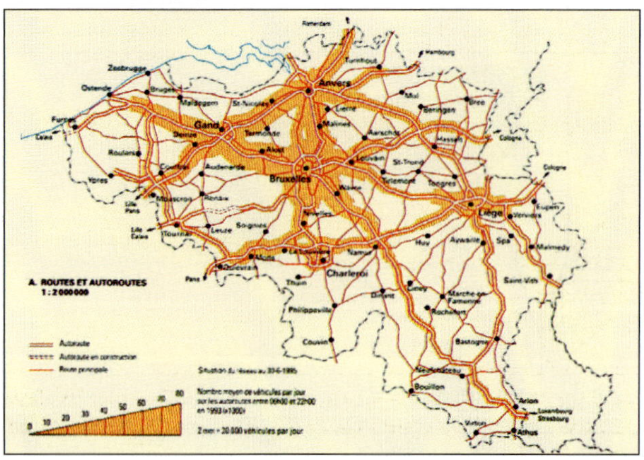

Le Grand Atlas, De Boeck-Wesmael, 2004.

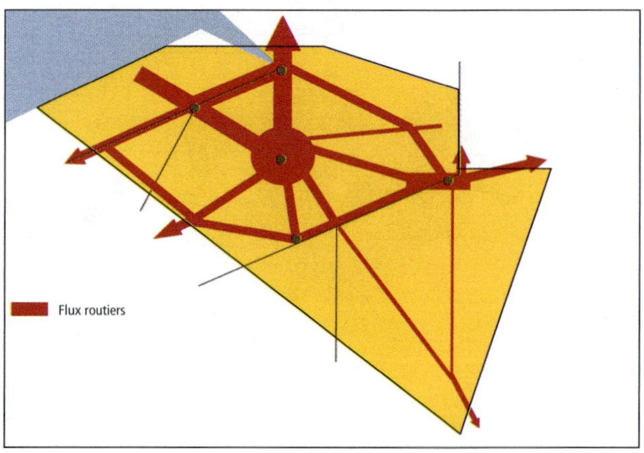

Auteurs: Belayew D., Bosson L. et Orban F.

RELIEF

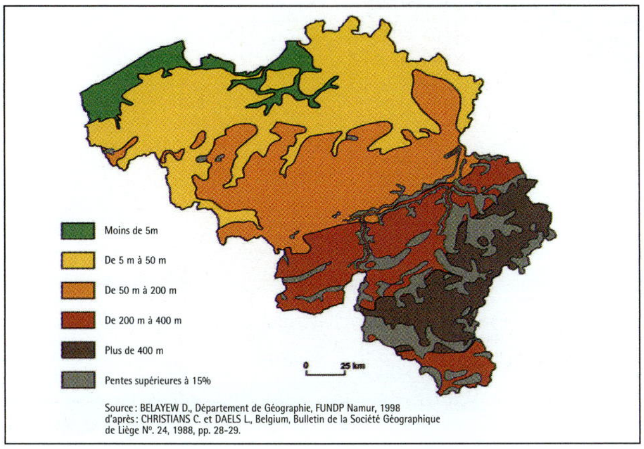

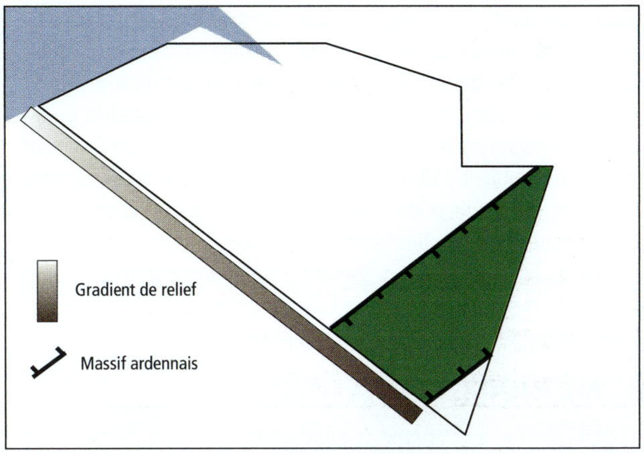

Auteurs : BELAYEW D., BOSSON L. et ORBAN F.

2.5 UNE PROPOSITION DE SYNTHÈSE

Superposez les différentes cartes schématiques réalisées. Pour ce faire, il ne faut pas hésiter à transformer légèrement la représentation des différents schémas afin de garder l'information, sans surcharger la carte. Rédigez une légende synthétique qui caractérise chacun des figurés obtenus par une phrase ou par un titre.

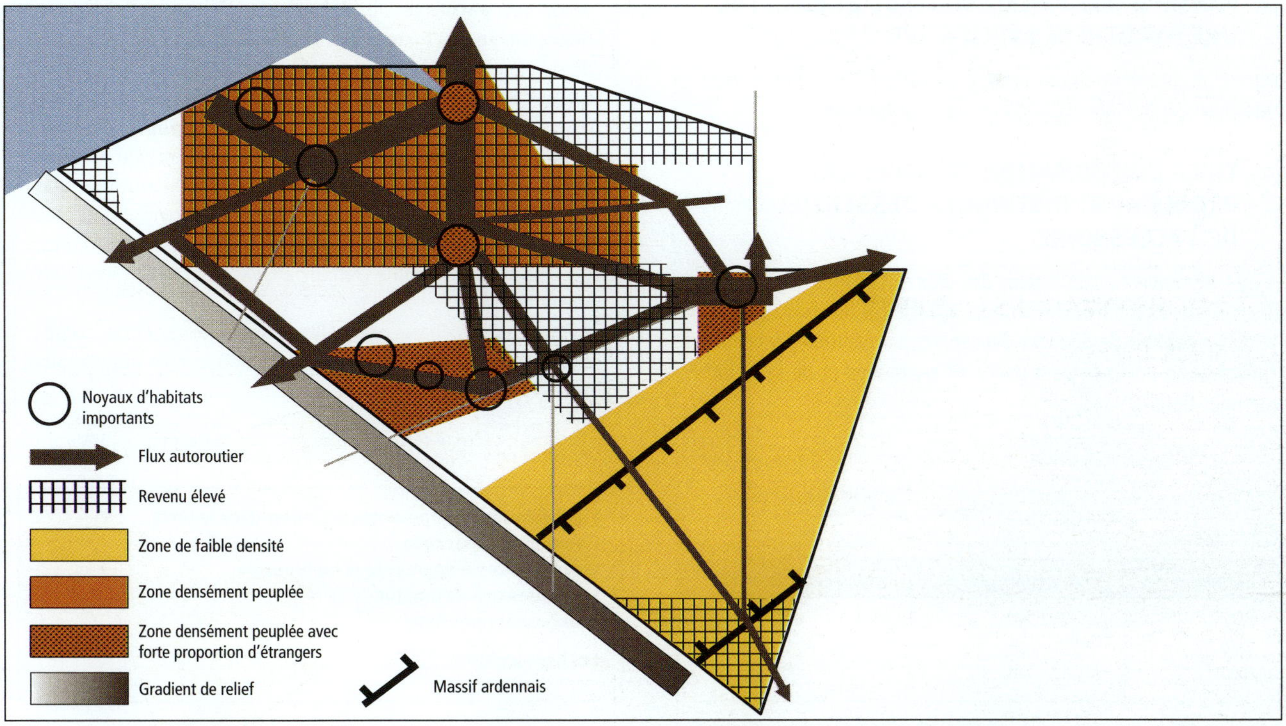

Fiche réalisée d'après D. BELAYEW, L. BOSSON, J. DECROP, Fr. ORBAN, C. PAUL et D. VAN DAM, *Diversité et dynamique de l'espace belge : une approche chorématique*, CEFOGEO ICAFOC Géographie, 1999.

Fiche

53 Présenter une synthèse systémique

L'analyse systémique permet d'aborder, de comprendre et d'expliquer un problème complexe. Elle permet de mettre en évidence les relations multiples que les hommes entretiennent avec les milieux dans lesquels ils vivent et la façon dont ils aménagent et organisent leurs territoires. L'explication géographique prend sa place dans un tout à l'intérieur duquel tous les éléments sont interactifs. L'objectif est d'apprendre à construire des graphes simples (à partir de textes ou de documents) afin d'organiser, d'ordonner et de relier des informations pour faciliter la compréhension et la mémorisation. L'analyse systémique permet d'aller au-delà de la simple relation de cause à effet car elle donne une vision plus globale du problème envisagé.

Tâche de l'élève

Réaliser un organigramme à partir d'un problème géographique et en rédiger une composition écrite.

1. MÉTHODE

On peut définir un système comme un ensemble d'éléments en interaction, interdépendants et solidaires entre-eux. Toute modification de l'un de ses éléments agit directement ou indirectement sur tous les autres. Les notions d'interdépendance et d'interaction entre les sociétés humaines et leurs territoires sont au cœur de l'analyse systémique.

1.1 PARTIR D'UNE PROBLÉMATIQUE ET ÉMETTRE UNE HYPOTHÈSE EXPLICATIVE

Exemple de problématique : la désertification au Burkina-Faso.
Hypothèse explicative : la pression démographique.

1.2 TRIER L'INFORMATION RELATIVE À CE PROBLÈME ET DISTINGUER L'ESSENTIEL DE L'ACCESSOIRE

Il s'agit de repérer et de retenir des éléments utiles, significatifs et pertinents à partir de documents ❶ ❷ ❸. Ce travail nécessite d'être capable de dégager d'un texte, par exemple, des unités d'information pertinentes à partir de mots-clés et de se débarrasser des détails.

❶ Statistiques

Années	Taux de natalité (‰)	Taux de mortalité (‰)
1950	55	45
1970	53	25
2000	46	18

Source des données : Unicef, US census, estimation.

❷

S'il est impossible, pour le moment, de savoir si nous entrons dans une phase de forte sécheresse au sud ou au nord du Sahara, il est en revanche évident que **l'accroissement du nombre des hommes**, qui entraîne **l'extension des surfaces cultivées** et celles des **pâturages**, provoque également une très grave **dégradation des formations végétales et des sols**, y compris dans une période relativement humide, et à plus forte raison dans une période de sécheresse. Au sud et au nord du Sahara, comme sur les marges des autres déserts, la **population est aujourd'hui trois à quatre fois** plus importante qu'au siècle précédent. Les « équilibres » des sociétés « traditionnelles » que l'on célèbre à tort ou à raison, ont pu se maintenir durant des siècles car ils étaient le fait de populations fort peu nombreuses, qui de surcroît, pour une grande part, vivaient plus ou moins en autosubsistance.
Aujourd'hui, les phases **normales de sécheresse** ont des conséquences beaucoup plus graves qu'autrefois, car les populations ont beaucoup augmenté (...)

Source : Y. Lacoste, *Dictionnaire de géopolitique*, Flammarion, 1993, p. 528.

Les différentes composantes présentes dans le texte
Composante naturelle
Composante démographique ou humaine
Composante économique
Composante politique

Les liens logiques

❸

Pour des millions de personnes du Sahel ou d'ailleurs, la désertification est une menace. À la base de cette situation, il y a la **déforestation**. Le recul des forêts tropicales était estimé à 11 millions d'hectares par an, mais ce chiffre a doublé depuis la fin des années 1980. Quelles sont les causes de la déforestation? **Le bois est tout d'abord un combustible.** Près de 90 % des ménages ruraux des pays du tiers-monde utilisent le bois comme source d'énergie unique ou principale. Mais, si l'on déboise des hectares de forêts, c'est aussi pour pouvoir **bénéficier de terres de culture supplémentaires**. Auparavant, le système traditionnel était basé sur une longue période de jachère; on cultivait le sol durant deux ou trois ans, puis on le laissait reposer pendant plusieurs années. Une végétation naturelle se développait ainsi, ce qui permettait de nourrir le bétail. Végétation et déjections animales enrichissaient le sol de matières organiques, l'humus, base première de la fertilité. Pour **accroître la production agricole** exigée par l'augmentation de population, ces exploitants n'ont bien souvent pas d'autre solution que de surexploiter les sols.

Ainsi surexploitées, **les terres arables se dégradent rapidement**. L'humus disparaît, ce qui favorise **l'érosion**. Dès lors, la fertilité du sol ayant diminué, il faut davantage d'hectares pour obtenir la même production alimentaire; on déboise pour exploiter de nouvelles terres ou encore on cultive des terres marginales, plus vulnérables, plus arides, constituées d'une très maigre couche de terre arable qui va rapidement s'épuiser. Ainsi, on **augmente encore les vastes étendues insuffisamment** protégées par la couverture végétale et exposées à l'érosion par le vent et l'eau pendant une partie de l'année. (...)

Autre facteur de surexploitation, **l'élevage**. Depuis quelques dizaines d'années, souvent encouragés par des **politiques nationales** peu clairvoyantes, certaines populations de pasteur ont tenté d'augmenter leurs **troupeaux**. Les animaux trop nombreux épuisent les **herbages et la couche arable** peu épaisse ne résiste pas aux piétinements.

Le Sahel n'est pas le seul endroit menacé par l'érosion et la désertification. Beaucoup d'autres régions du globe sont concernées. Les terres s'érodent et s'épuisent, aussi bien dans des régions où les pluies sont très importantes que dans celles où la pluie fait défaut. **La sécheresse** amplifie bien entendu **la désertification** sans en être la cause principale.

Source: *Transitions*, revue des Iles de Paix, n° 21, octobre 93.

1.3 REFORMULER LES UNITÉS D'INFORMATION EN ÉLÉMENTS PLUS SYNTHÉTIQUES ❹

La démarche consiste à globaliser, à généraliser.

1.4 METTRE EN RELATION CES ÉLÉMENTS PAR DES JEUX DE SIGNES ❹

L'aspect esthétique du schéma ne doit jamais être négligé : il doit être lisible et agréable à lire. Cette phase permet de mettre de l'ordre dans la complexité des phénomènes et d'aborder le concept de système.

1.5 VÉRIFIER LA COMPRÉHENSION DU SCHÉMA ❹

Pour cela, il faut être capable d'en résumer l'idée principale, de préciser l'orientation des flèches, d'indiquer le sens de la lecture. Il est donc impératif de savoir passer du schéma à sa traduction écrite ou orale. Ce travail de reformulation et de verbalisation est absolument nécessaire sans quoi le schéma n'a pas d'intérêt.

Bien réalisé, bien compris et maîtrisé, l'organigramme est un excellent outil pour apprendre à mémoriser les informations les plus importantes, celles qui sont essentielles à la compréhension d'un document, d'un phénomène. En classe, cette forme de trace écrite est aussi un bon moyen pour résumer le contenu d'une séance, mettre en valeur ce qu'il faut absolument retenir.

1.6 NUANCER LE SCHÉMA

Souligner le caractère simplificateur d'un schéma et en dégager ses limites.

4 Un essai de synthèse systémique - organigramme

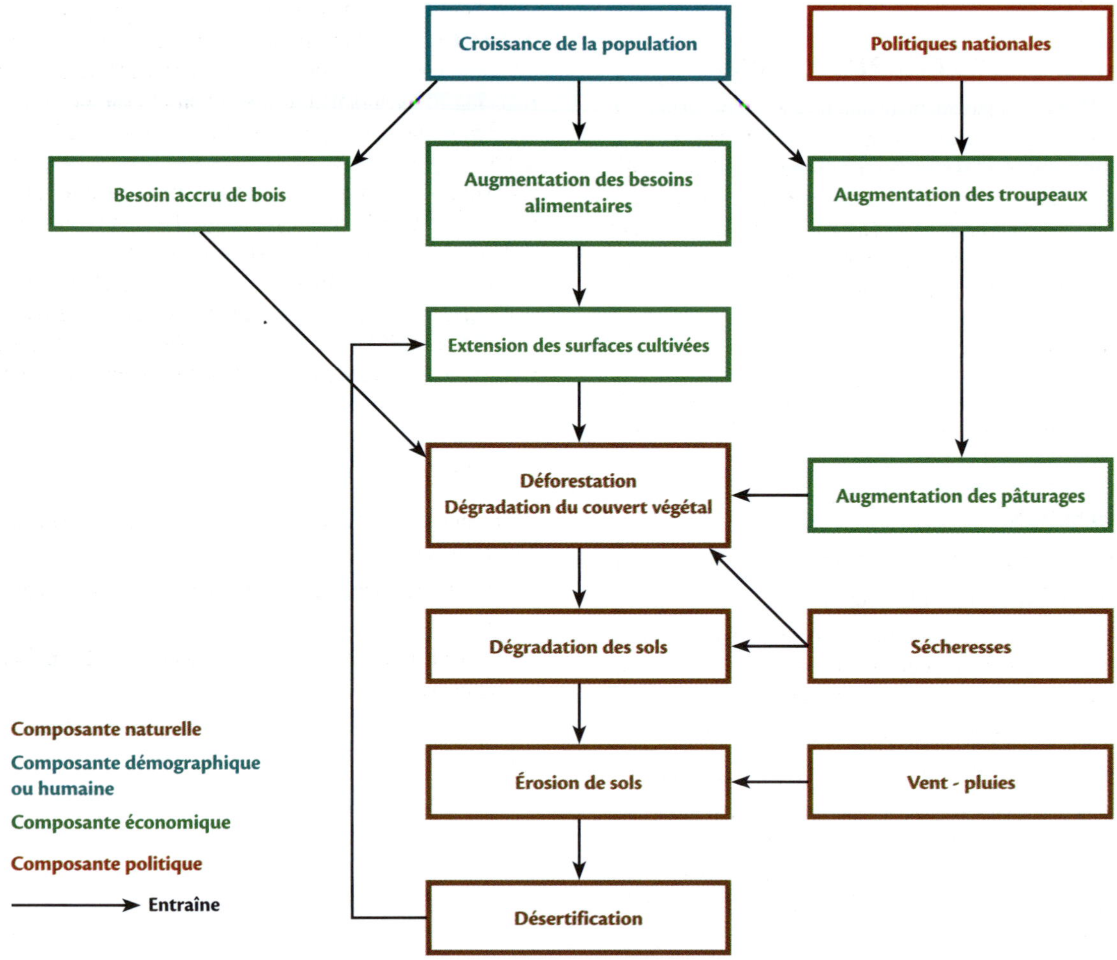

LA MÊME SYNTHÈSE SOUS FORME D'UN TEXTE

La désertification est en grande partie causée par la croissance démographique. Cette croissance importante de la population agit sur le processus de désertification dans la mesure où elle entraîne l'extension des surfaces cultivées pour augmenter la production agricole, l'augmentation des troupeaux et la hausse du prélèvement de bois destiné à cuisiner. Dans un tel contexte, la couverture forestière diminue et de plus en plus de terres sont soumises à l'érosion. En effet, les arbres protègent les sols grâce à leurs racines et leurs feuillages contre la force de frappe des pluies violentes et du ruissellement. Le déboisement est lié aussi aux sécheresses successives que connaît le Sahel. Dans les régions les moins arrosées, là où la végétation est la plus fragile, elles ont été à l'origine de la mort de nombreux arbres. L'irrégularité des précipitations annuelles au Sahel contribue de cette manière à aggraver le processus de désertification. Ce processus entraîne également un cercle vicieux puisque le sol étant moins fertile, il entraîne à nouveau une augmentation des surfaces agricoles.

2. PETITE GRAMMAIRE DES SCHÉMAS FLÉCHÉS

2.1 DES « RÉSERVES » OU « RÉSERVOIRS »

Ce sont des figures symboliques, géométriques, dans lesquelles on inscrit une information, un élément. On utilise le plus souvent des figures orthogonales (rectangles ou carrés), des figures circulaires ou ovoïdes. Les logiciels de dessin sont utiles et permettent de réaliser de « beaux » schémas en très peu de temps. Ces logiciels possèdent souvent des bibliothèques de formes qui apportent parfois un « plus » sur le plan esthétique.

2.2 DES LIGNES

Les lignes sont utilisées pour relier les figures géométriques entre elles. L'épaisseur des traits doit être proportionnelle aux variations d'intensité des relations.

2.3 DES FLÈCHES

Elles peuvent avoir plusieurs significations :

- elles montrent d'abord un lien logique ;
- elles sont ensuite et surtout utilisées pour indiquer le sens d'une relation : sens chronologique ; relation de cause à effet, ou cause/conséquence ; ou encore avant/après ;
- elles peuvent aussi représenter des flux de toute nature ;
- elles illustrent encore la notion de rétroaction ou feedback.

Les flèches peuvent avoir plusieurs significations selon le contexte. Il est donc très important de donner dans une légende claire la signification des flèches. En phase d'initiation, il est utile d'inscrire sur l'organigramme la signification que l'on a voulu donner à chaque flèche.

Exemples de signification :

⟶	Entraîne, provoque, a pour conséquence, conduit à, agit sur, occasionne, génère, cause, amène à, induit, explique, est relié à…
⟷	Relation réciproque, interaction, flux intenses entre, sont étroitement unis, échange(s) dans les deux sens…

3. QUELQUES CONSEILS

Lors d'une première présentation d'un organigramme, il faut donner des explications sur les différentes figures utilisées et sur les règles qui ont présidé à son élaboration. Généralement, l'auteur d'un organigramme a une vision globale de ce qu'il veut représenter ou démontrer. Il a en tête beaucoup d'informations qui ne figurent pas sur son organigramme, mais il est capable de les expliciter si on lui pose des questions. Réaliser un organigramme relatif à l'analyse systémique d'un problème doit être un apprentissage progressif ; on commencera donc par aborder des problèmes simples. Attention au schéma surchargé de flèches entremêlées qui accentue la complexité plutôt que d'éclairer le problème abordé ! L'auteur d'un organigramme doit impérativement songer à sa réception et à sa compréhension par ses lecteurs.

4. AUTO-ÉVALUATION

Pour valider un organigramme personnel, on peut suivre le cheminement suivant :

- observer attentivement le schéma et y relever l'idée principale ;
- s'interroger sur la logique qui a abouti à cette présentation graphique ;
- exercer son esprit critique en identifiant les limites du schéma ;
- expliquer le schéma par écrit ou oralement.

Fiche

54 Décoder les conflits géopolitiques

L'analyse d'un conflit géopolitique est une démarche difficile car :

- les enjeux sont généralement multiples, parfois cachés ;
- les acteurs sont nombreux ;
- de nombreux facteurs explicatifs sont généralement présents ;
- de nombreux documents sont indispensables pour saisir les différentes facettes du conflit.

L'analyse ou la construction de cartes à différentes échelles (locale, régionale, mondiale) sont des outils indispensables dans cette démarche. La carte de synthèse est un outil à utiliser pour mettre en évidence les enjeux et les acteurs.

Fiches

fiche 52 : réaliser une carte de synthèse

Web

l'émission « Le Dessous des Cartes » de ARTE est un bon outil pour la richesse cartographique des conflits analysés

www.arte-tv.com/fr/Magazines/DDC/392.html#

1. DES MOTS-CLÉS POUR MIEUX COMPRENDRE LES CONFLITS

État

L'État est un phénomène juridique. Les limites territoriales sont déterminées par la loi. Chaque État règle souverainement les conditions en vertu desquelles il reconnaît ou accorde sa nationalité. L'État possède trois fonctions : normative (règles générales = législatif), administrative (application des règles = exécutif) et juridictionnelle (sanction = judiciaire). De plus, lorsqu'un peuple proclame un nouvel État, il doit être reconnu par d'autres. Cette reconnaissance permet de lier, d'entretenir des relations avec celui-ci.

État nation

État souverain composé d'individus appartenant à la même nation.

Ethnie

Ensemble d'individus que rapproche un certain nombre de caractères de civilisation, notamment la communauté de langue et de culture.

Guerre

Conflit qui oppose des peuples de deux États différents. Le Conseil de sécurité de l'ONU peut intervenir pour tenter de régler ce conflit ou d'autoriser une intervention armée.

Guerre civile

C'est un conflit entre des peuples au sein d'un même État. Normalement, la Communauté internationale ne peut intervenir sous peine de s'ingérer dans les affaires intérieures d'un État souverain. Ces dernières années, le droit d'ingérence humanitaire est apparu afin de porter secours à la population civile et tenter de faire respecter les droits de l'Homme.

Pays

Territoire habité par une collectivité et constituant une réalité géographique.

Peuple

Ensemble d'hommes vivant en société, habitant un territoire défini et ayant en commun un certain nombre de coutumes, d'institutions.

Nation

Groupe humain constituant une communauté politique, établie sur un territoire défini et personnifié par une autorité souveraine.

Groupe humain, généralement assez vaste, qui se caractérise par la conscience de son unité et la volonté de vivre en commun.

2. COMMENT ANALYSER LES CONFLITS DANS LE MONDE ? [1]

Pour décrire cette méthode, le cas de « l'Azerbaidjan, carrefour caucasien » a été choisi (source : « Le Dessous des Cartes », ARTE/LEPAC, F. Tétart, 1 juin 2005).

Contexte

Ancienne république soviétique située dans le Caucase, l'Azerbaïdjan est au carrefour de plusieurs zones d'influences, que ses richesses pétrolières soumettent à des rapports de forces, de rivalités et de pouvoir, au détriment du jeu démocratique.

[1] D'après R. Rezsohazy, *Action et changement - Méthode d'analyse des dynamismes sociaux et historiques*, UCL.

2.1 IDENTIFIER LES DISPARITÉS TERRITORIALES

- Localiser le territoire de façon précise.
- Mettre en évidence les découpages politiques et administratifs.
- Mettre en relation le contexte naturel, les ressources naturelles et l'affectation du sol.
- Identifier les pôles, les barrières et les ouvertures.
- Repérer les dynamiques territoriales.

Emplacement
L'Azerbaïdjan est au Sud des monts du Caucase, il est riverain de la Mer Caspienne, au carrefour des mondes russe (au Nord), perse (au Sud) et turcophone (à l'Ouest et à l'Est).

Un pays, deux ensembles
L'Azerbaïdjan a une superficie de 86 600 km², mais il est séparé en deux parties inégales :
- l'Azerbaïdjan, qui forme l'essentiel du pays, avec la capitale Bakou ;
- et le Nakhitchevan, une région autonome, enclavée entre l'Arménie et l'Iran, et peuplée de 250 000 habitants (soit à peu près 3 % de la population totale).

Les rivalités russo-turques
Lorsque la Russie reprend le contrôle de l'Azerbaïdjan et de l'Arménie en 1920, elle veut imposer des tracés frontaliers en fonction de ses rivalités avec la Turquie et du pétrole de Bakou.
Quant à la nouvelle Turquie, elle cherche à avantager les peuples turcophones d'Azerbaïdjan.

Le découpage du traité de Kars
Suite au traité de Kars, signé en 1921 entre la Turquie et la Russie bolchevique, le Nakhitchevan est attribué à l'Azerbaïdjan. Même si la Turquie a désormais une frontière commune avec l'Azerbaïdjan, celle-ci reste très courte.
Par ailleurs, vivent alors au Nakhitchevan autant d'Arméniens que d'Azéris, ce qui permet de contrer tout mouvement pan-turc.
Il en est de même avec la région du Haut-Karabakh qui, malgré son peuplement d'Arméniens à 77 %, est attribuée à l'Azerbaïdjan.

La perte du Haut-Karabakh
Les frontières du traité de Kars se maintiennent jusqu'à la Perestroïka. Mais en 1988, le Haut-Karabakh devient l'origine d'une guerre ouverte avec l'Arménie voisine, qui en revendique le rattachement.
Et depuis le cessez-le-feu de 1994, le Haut-Karabakh et la partie qui la relie à l'Arménie (soit près de 20 % de l'Azerbaïdjan) sont occupés par les troupes arméniennes.
Ainsi, alors que l'identité nationale des Azéris était en formation, cette amputation de territoire est vécue comme une injustice et attise le sentiment de vengeance.
Ainsi, les négociations organisées sous l'égide de l'OSCE et coprésidées par la Russie, les États-Unis et la France, n'ont permis au mieux qu'une situation de statu quo.

2.2 IDENTIFIER LES DISPARITÉS SOCIOÉCONOMIQUES ET CULTURELLES

- Identifier les acteurs (ou groupes d'acteurs) du conflit.
- Identifier les disparités socioéconomiques et culturelles des acteurs.
- Mettre en évidence la répartition spatiale des acteurs et, pour chaque acteur, déterminer ses caractéristiques sociales, son niveau de développement, son identité historique et culturelle et son degré d'accès au pouvoir.

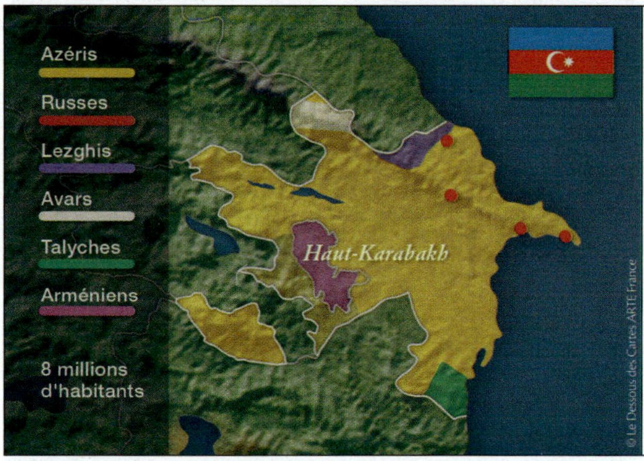

Les Azerbaïdjanais

L'Azerbaïdjan compte 8 millions d'habitants, majoritairement chiites.
90 % des Azerbaïdjanais sont constitués d'Azéris (en jaune sur la carte) apparentés aux Turcs, et plusieurs autres minorités dont :
- 2 % de Russes ;
- 3 % de Lesghis et d'Avars (peuples caucasiens) ;
- 1 % de Talychs (d'origine iranienne) ;
- et 1,5 % d'Arméniens dans le Haut-Karabakh.

Le PIB/hab. de l'Azerbaïdjan est de 3 390 $.

2.3 IDENTIFIER L'ENJEU RÉEL DU CONFLIT

La plupart des conflits sont présentés comme le fruit de tensions ethniques (culture, religion, langue...). En réalité, l'identification des disparités (points 1 et 2) permet souvent de mettre en évidence un ou plusieurs enjeu(x) « caché(s) » dont les médias ne parlent pas toujours.

- Identifier les revendications des acteurs (attention aux revendications « cachées » issues des enjeux « cachés »).
- Mettre en évidence les appuis extérieurs dont peuvent bénéficier les acteurs.

La nouvelle donne autour du pétrole
Au-delà du conflit du Haut-Karabakh, ce sont <u>les ressources en hydrocarbures qui vont être à la base des nouvelles alliances.</u>
Car depuis la découverte de nouveaux gisements en mer Caspienne dans les années 1990, le secteur pétrolier attire 90 % des investissements directs étrangers, et représente 80 % des exportations, tirant la croissance du pays, autour de 10 % depuis 1998, au détriment des secteurs agricole et industriel.

Les difficultés d'évacuation du pétrole
Avec une mer Caspienne enclavée, il n'y a qu'en traversant les pays voisins que l'on peut faire sortir les ressources pétrolières de la région.
À l'époque soviétique, le réseau d'oléoducs russes était à la disposition de l'Azerbaïdjan, mais depuis l'indépendance, et notamment depuis l'arrivée du président de l'Azerbaïdjan Aliev, le pays cherche d'autres issues.
Ce choix est d'autant plus difficile sachant que la voie iranienne est écartée, en raison des pressions du Congrès américain ; et qu'il en est de même pour la voie arménienne, en raison du conflit.

L'oléoduc Bakou-Ceyhan
Afin de pourvoir évacuer le pétrole de la mer Caspienne, le projet de l'oléoduc Bakou-Ceyhan, via la Géorgie, est retenu.
Mais pour qu'il soit rentable, l'oléoduc ne peut servir qu'au seul pétrole azéri, qui ne correspond qu'à 0,5 % des réserves mondiales et à 0,4 % de la production mondiale. Ainsi, il est également prévu pour évacuer le pétrole kazakh.

2.4 IDENTIFIER L'ÉLÉMENT CATALYSEUR DU CONFLIT (DÉCLENCHEUR)

Il convient de mettre en évidence les facteurs politiques, socio-économiques et/ou culturels qui ont fait basculer la situation de tension en conflit. Les facteurs peuvent être internes et/ou externes au territoire.

République soviétique relativement disciplinée, où la dissidence avait été plus discrète que dans d'autres régions de l'URSS, l'Azerbaïdjan a considéré avec une certaine crainte les changements impulsés de Moscou à l'époque de la perestroïka. C'est le conflit du Nagorny-Karabakh qui contribua à la radicalisation de l'opposition puis, en août 1991, à la déclaration d'indépendance rétablissant la souveraineté de l'Azerbaïdjan après quelque sept décennies de pouvoir soviétique.

Le conflit du Nagorny-Karabakh et la fin de la période soviétique

Région autonome de l'Azerbaïdjan soviétique, le Nagorny-Karabakh était, à la fin de la période soviétique, majoritairement peuplé d'Arméniens (75 % de la population) qui, dès 1986, avaient revendiqué le rattachement à la « mère patrie ».

Au lendemain d'une importante manifestation organisée, en février 1988, à Erevan sur le thème du rattachement du Haut-Karabakh à l'Arménie, un véritable pogrom fit, à Soumgaït (centre industriel proche de Bakou), de très nombreuses victimes arméniennes. Notons que la haine alors vouée aux Arméniens par certains Azéris se nourrissait du souvenir de la prospérité de la bourgeoisie arménienne qui, au début du XXe siècle, à l'époque de la fièvre de l'or noir, dominait l'économie de l'Azerbaïdjan. L'Arménien put alors être considéré comme le « ferment des frustrations azéries ».

Après le massacre de Soumgaït, le conflit du Karabakh s'enlisa dans une logique de « purification ethnique » qui, entre 1987 et 1990, entraîna le départ de 200 000 Azéris d'Arménie et de 300 000 Arméniens d'Azerbaïdjan.

Le pouvoir en place à Bakou se discrédita par son incapacité à apporter une solution au conflit. Celui-ci servit de catalyseur, non seulement à l'émergence d'un sentiment national émoussé par soixante-dix années de pouvoir soviétique, mais aussi à la radicalisation de l'opposition. Un Front populaire d'Azerbaïdjan se constitua alors, à l'imitation des fronts populaires baltes et du Front populaire arménien, issu du Comité Karabakh et réclama une révision de la Constitution en vue de la construction d'un État « laïc de droit ». Le Front populaire d'Azerbaïdjan revendiquait notamment la souveraineté sur les ressources de la République, afin de mettre un terme à l'exploitation dont, selon les opposants, celle-ci avait été victime du fait des tutelles successivement exercées par la Russie impériale, puis par l'URSS.

Sénat français - Commission des affaires étrangères. Rapport législatif n° 420 (1997-1998). Rapporteur : André Dulait in L'encyclopédie de l'AGORA.

2.5 EXPLIQUER LE DEGRÉ DE RETENTISSEMENT MÉDIATIQUE DU CONFLIT

En effet, certains conflits durent depuis des décennies et concernent des millions de personnes mais ne trouvent aucun retentissement médiatique.

- Mettre en évidence la position respective des grandes puissances mondiales face au conflit.
- Mettre en évidence la position de la communauté internationale face au conflit.

Les rivalités des grandes puissances

À travers le nouveau tracé Bakou-Ceyhan, l'Azerbaïdjan cherche à sortir de l'espace soviétique, en s'ouvrant sur l'Occident.

Ainsi, depuis 1994, l'Azerbaïdjan participe au « partenariat pour la paix » de l'OTAN. En contrepartie, le pays joue auprès de Washington, le rôle d'État tampon afin de réduire l'influence de la Russie dans cette zone, et d'accentuer l'isolement de l'Iran.

Quant à la Turquie, l'Azerbaïdjan y trouve un appui, notamment en ce qui concerne l'antagonisme avec les Arméniens (armement et des conseillers militaires). Et grâce à cette coopération, Ankara trouve ainsi le moyen d'étendre son influence dans les régions turcophones du Caucase et d'Asie centrale.

Les contraintes russes dans le Caucase

La Russie, en tant qu'ancienne puissance coloniale, cherche à conserver une influence dans le Caucase qu'elle a si longtemps dominé. Moscou voit la région comme un rempart contre l'islamisme, et tente de jouer un rôle d'arbitre dans le conflit du Haut-Karabakh. Ainsi, elle peut continuer à assurer la défense des frontières extérieures de l'Arménie, en y maintenant deux bases militaires. Et depuis l'arrivée au pouvoir de Poutine, un accord a été conclu avec Bakou en 2002, pour que Moscou puisse réutiliser la station radar soviétique de Gabala.

Les deux axes du Caucase

L'adage « les ennemis de mes ennemis sont mes amis » fonctionne bien dans le cas de l'Azerbaïdjan.

Ainsi, les deux axes s'opposant dans le Caucase sont :
- l'axe pro-américain, Bakou-Tbilissi- Ankara ;
- et l'axe Moscou - Erevan - Téhéran.

Fiche 55 Des savoir-faire transdisciplinaires

1. COMMENT FAIRE UNE COMPARAISON ?

1.1 DÉFINITION

> COMPARER ...
> C'est établir les ressemblances et les différences entre deux ou plusieurs choses selon des critères de même nature.
> Ce n'est pas une juxtaposition, ni une une énumération.

1.2 COMMENT PROCÉDER ?

Voici un exemple : réaliser un comparaison, à partir de photos, des zones urbaines en Belgique et au Guatémala.

Classer des éléments, des faits dans des catégories différentes en fonction des critères retenus.

Sujet A Zone urbaine en Belgique		Sujet B Zone urbaine au Guatemala	
• Buildings • Equipements collectifs • Maisons en briques • Voiries équipées • Quartiers résidentiels • Circulation intense au centre ville		• Equipements collectifs déficients • Buildings • Voiries délabrées • Quartiers résidentiels • Circulation intense au centre ville • Maisons en tôles ondulées	
Critère 1 **Les voiries**	**Critère 2** **L'habitat**	**Critère 1** **Les voiries**	**Critère 2** **L'habitat**
• Equipements collectifs • Voiries équipées • Circulation intense au centre ville	• Maisons en briques • Buildings • Quartiers résidentiels	• Equipements collectifs déficients • Voiries délabrées • Circulation intense au centre ville	• Maisons en tôles ondulées • Buildings • Quartiers résidentiels

Trouvez les points communs ou les différences

Critère 1 Les voiries		Critère 2 L'habitat	
Le point commun est : • circulation intense au centre ville.		**Les points communs sont :** • présence de buildings ; • de quartiers résidentiels.	
Les différences sont ... **en Belgique :** • Equipements collectifs • Voiries équipées	**au Guatemala :** • Equipements collectifs déficients • Voiries délabrées	**Les différences sont ...** **en Belgique :** • Maisons en briques	**au Guatemala :** • Maisons en tôles ondulées

2. COMMENT FAIRE LA DIFFÉRENCE ENTRE UNE CAUSE ET UNE CONSÉQUENCE ?

UNE CAUSE ...	provoque ... est antérieure à (avant) ... est le motif de ... est à l'origine de ... a un lien vérifiable avec ...	**une action** **un évènement** **un fait**

UNE CONSÉQUENCE ... **Synonyme : corollaire, résultante**	est provoquée par ... est postérieure à (après) ... est l'effet direct de ... a un lien vérifiable avec ...	**une action** **un évènement** **un fait**

D'après Th. Sojic, document de travail non publié.

3. COMMENT FAIRE LA DIFFÉRENCE ENTRE UN RÉSUMÉ ET UNE SYNTHÈSE ?

Les notions de résumé et de synthèse sont souvent utilisées sans que l'une ne soit distinguée de l'autre. La démarche suivante vous propose une clarification qui met en évidence le caractère plus complexe de la synthèse par rapport au résumé. Les éléments communs entre le résumé et la synthèse sont réduction, fidélité, communicabilité.

UN RÉSUMÉ, c'est ...	UNE SYNTHÈSE, c'est ...
une mise en relation d'informations de même origine dont l'ordre de présentation initial est respecté ; une reformulation sans changer le système de l'énonciation ;	une mise en relation d'informations d'origine différente, mais traitant d'un thème commun ; une reformulation cohérente répondant à une logique propre ;
une réduction fidèle et non exhaustive.	

D'après Th. Sojic, document de travail non publié.

Index

A

B

C

D

E

F

G

H

I

P

Q

R

S

T

U

V

W

X

Z

Bibliographie

ALBERT M., *Capitalisme contre capitalisme*, Seuil - L'histoire immédiate, 1991.

ALBERTINI J.-M., *Mécanismes du sous-développement et développements*, Éditions Économie et humanisme - Les Éditions Ouvrières, 1981.

ALBERTINI J.-M., *L'économie en 200 schémas*, Les éditions de l'Atelier/Éditions Ouvrières, 1994.

BATREL J.-Cl., BERTHIAUD P., BIDRON J., GIRARD D., MATHIEU J.-L., OGIER P., *Géographie Terminales*, Hachette, 1995.

BERTHIAUD P., BIDRON J., CHEMIN A., GIRARD D., LAURENT A., OGIER P., *Géographie seconde*, Hachette, 1996.

BOHETS J., *Le grand dérapage*, Éditions Racine, 1996.

BOURACHOT H., *Dictionnaire des sciences économiques et sociales*, Bordas, 1992.

BRUNEAU M., TAILLARD C., *Géographie universelle- Asie du Sud-Est*, Belin-Reclus, 1995.

BRUNEL S., *Tiers Monde, controverses et réalités*, Éditions Économica, 1987.

BRUNET R., FERRAS R., THERY H., *Les mots de la géographie - Dictionnaire critique*, Reclus - La Documentation Française, 1992.

COLLET G., HERTIG Ph., *Europe, des Europes*, LEP Loisirs et Pédagogie, 1996.

DI MEO G., *Les démocraties industrielles-crise et mutation de l'espace*, Masson, coll. Géographie, 1988

DREZE B., *Tous au chômage - Pour en découdre avec l'exclusion sociale*, Éditions Luc Pire, 1995.

FROMENT R., *L'économie mondiale*, Delagrave, 1993.

GELINAS J. B., *Et si le Tiers Monde s'autofinançait - De l'endettement à l'épargne*, Les éditions écosociété, 1994.

GERIN-GRATALOUP A.-M., *Précis de géographie*, Nathan, 1995.

GOT P., VANDEWATTYNE P., *Une ambition pour le territoire wallon*, Érasme - ARTEL, 1998.

JACQUARD A., *J'accuse l'économie triomphante*, Calman-Lévy, 1995.

LEJEUNE B., MARTIN G., *Guide d'économie*, Bordas, 1993.

MARCHAL J.-Y., *YATENGA - La dynamique d'un espace rural soudano-sahélien*, travaux et documents de l'ORSTOM, n° 167, ORSTOM, 1983.

MAYSTAD Ph., MINET-DERMINE F., *Comprendre l'économie - Le marché et l'État à l'heure de la mondialisation*, Éditions Luc Pire, 1998.

MERENNE B., *Géographie de l'énergie*, Éd. Nathan Université, 1993.

NONJON A., *Concepts et mécanismes de géographie économique contemporaine*, Ellipses, 1992.

PECH P., *Géomorphologie dynamique*, A. Colin, 1998.

PECH P., REGNAULD H., SIMON L., TABEAUD M., *Lexique de Géographie physique*, A. Colin, 1998.

SEPOT J.-Y., *L'économie du monde*, Nathan - Repères pratiques, 1998.

STRAHM R. H., *Pourquoi sont-ils si pauvres ?*, À la Baconnière, 1986.

TOFFLER A. et H., *Créer une nouvelle civilisation : la politique de la Troisième vague*, Fayard, 1995.

VICTOR J.-Chr., RAISSON V., TÉTART Fr., *Le Dessous des Cartes. Atlas géopolitiques*, Éditions ARTE/Tallandier, 2005

Les conflits verts, collection GRIP-informations, Bruxelles, 1992.

« La Constitution belge », dans *Le Soir*, 6/2/2006.

Groupe de Lisbonne, *Limites à la compétitivité - Pour un nouveau contrat mondial*, Labor, 1995.

L'Atlas du Monde Diplomatique - Hors série de *Manière de voir*, janvier 2003.

L'Atlas du Monde Diplomatique, janvier 2003.

RAMSES 2006, *60 ans après la guerre, un monde en recomposition*, IFRI, Dunod, 2005.